U0921018

高等医学院校选用教材

（供成人教育中医药专业、中西医结合专业使用）

中医妇科学

刘宏奇　主编

科学出版社

北京

内 容 简 介

本书是供成人教育中医药专业、中西医结合专业使用的教材。全书分总论和各论两部分。总论介绍了中医妇科学发展简史、中医妇科学基础。各论介绍了妇科常见疾病的概念、诊断与鉴别诊断、病因病机、分型论治。本书针对成人特点,突出实用性,提高读者临床应用的能力。

本书可供成人教育中医药专业、中西医结合专业学生使用,也可作为自学考试应试人员、广大中医药专业工作者以及中医药爱好者的学习参考书。

图书在版编目(CIP)数据

中医妇科学/刘宏奇主编.-北京:科学出版社,2002.2
高等医学院校选用教材(供成人教育中医药专业、中西医结合专业使用)
ISBN 978-7-03-009735-4

Ⅰ.中… Ⅱ.刘… Ⅲ.中医妇科学-医学院校-教材
Ⅳ.R271.1

中国版本图书馆CIP数据核字(2001)第058466号

责任编辑:曹丽英 / 责任校对:潘瑞琳
责任印制:徐晓晨 / 封面设计:黄 乐 黄华斌

科学出版社 出版
北京东黄城根北街16号
邮政编码:100717
北京虎彩文化传播有限公司 印刷
科学出版社发行 各地新华书店经销
*
2002年2月第 一 版 开本:850×1168 1/16
2021年5月第六次印刷 印张:23 1/2
字数:485 000
定价:59.80元
(如有印装质量问题,我社负责调换)

本套教材编写委员会名单

审订委员会主任 陶功定

编写委员会主任 白兆芝

总　主　编 张俊龙

副 总 主 编 施怀生　刘　星

编　　　委 (以姓氏笔画为序)

门九章　马彦平　毋桂花　王茂盛　王晓鹤
冯　明　冯俊婵　白兆芝　乔　模　任建国
刘　星　师建梅　邢维萱　闫润红　宋秀琴
张克敏　张俊龙　李　晶　李明磊　邹本贵
苗润田　施怀生　赵存娥　赵尚华　赵建浩
贾丽丽　项　琪　秦艳红　康　永　冀来喜

《中医妇科学》编写人员

主　　编　刘宏奇

副 主 编　李　华　张文红

编　　委　王玉荣　厉　健　冯俊婵
刘宏奇　李　华　李旭京
李丽香　李　虹　张文红
毕焕英　戴　梅

总　序

我国的成人教育已经有了数十年的历史，中医药学作为我国成人教育的重要组成部分，为中医药人才队伍建设和中医药事业的发展做出了积极的贡献。但时至今日，我国尚无专供中医药成人教育尤其是全日制中医药成人教育使用的系列教材，而统编教材和其他类教材，无论从内容还是要求上都难以切合成人教育自身特点，不能较好满足成人教育当前教学、临床、科研工作的需要。为了提高中医药成人教育教学质量，促进中医药成人教育事业的发展，我们在广泛调研和多方论证的基础上，组织了多年从事中医药成人教育教学工作的一线教师和有关专家，着手进行了适应于医学院校中医药专业、中西医结合专业成人教育教学需要的系列教材的研究与编写工作。

本套教材紧扣成人教育特点，遵循成人教育规律，编写过程中，注意把不同的学科置于中医和中西医结合整体学术体系中，注重经典著作、基础理论和临床学科之间的合理衔接，力求避免学科的割裂和内容的重复，从而体现中医、中西医结合学术体系的系统性和科学性。教材坚持理论联系实际的原则，正确处理继承和发扬的关系，在重点介绍具有实用价值的传统中医药基本理论和基本技能的同时，适当吸收了新中国成立50年来中医药研究的新进展、新技术和新成果，具有一定的创新性。在内容的深度和广度方面，根据新形势要求，从课程性质、任务出发，注意构筑中医药成人教育人才知识与能力素质结构，强调科学思维和创新精神的培养。为便于成人学员更好地自学自修、掌握课程重点内容、理解难点疑点问题、全面检查学习效果，教材在每章节增列了目的要求、重点内容及复习思考题，教材后还附有2~3套模拟试题及答案。

全套教材计有中国医学史、中医学导论、中医藏象学、中医病因病机学、中医防治学、中医诊断学、中药学、方剂学、中医内科学、中医外科学、中医妇科学、中医儿科学、中医骨伤科学、中医眼科学、中医耳鼻喉科学、中医肛肠病学、中医皮肤病学、针灸学、推拿学、内经教程、伤寒论教程、金匮要略教程、温病学、中医各家学说、中西医结合内科学、中西医结合妇产科学、中西医结合儿科学、中西医结合急症学、中西医结合传染病与流行病学、中西医结合临床研究思路与方法学、中药药理学等31门。

此外，根据国务院国发[1993]39号《关于禁止犀牛角和虎骨贸易的通知》，这两种药品已停止供药用，本套教材中古医籍或方剂涉及这两药时，仅供参考，建议使用其代用品。

鉴于目前中医药成人教育中医药专业、中西医结合专业系统教材的编写尚无更多可资借鉴的成功经验，因此在教材的编写中存在着相当的难度，但考虑到中医药成人教育蓬勃发展的需要，我们不揣自陋，在成人教育教材建设上进行了此项尝试。可以肯定，本套教材一定存在着这样那样的不足之处，因而希望同行和读者在使用过程中，提出宝贵意见，以便我们进一步修订和改进，从而为我国中医药成人教育事业做出应有的贡献。

编写委员会

2000 年 5 月

编写说明

中医妇科学是祖国医学的重要组成部分，是中医教育主要临床课程之一。

本书编写的着眼点在于为成人函授、自学考试学员提供一本系统的、便于自学的教材，在编写过程中，我们力求做到知识系统连贯，深入浅出，便于实际应用。本书基本以《中医妇科学》六版教材为蓝本，并参考五版教材、《中华人民共和国中医药行业标准·中医病症诊断标准》，结合临床实际，对疾病病种作了适当调整，删除了目前中医临床很少涉足的临产病一章，增加了目前临床常见且有一定中医治疗效果的妊娠瘙痒、妊娠黄疸、妇人交接出血等节。为便于成人自学，在每一章节前提出了教学的目的要求和重点内容，每一节后设置了复习思考题，使学员在自学过程中，能够把握学习的重点、难点，并能通过复习思考题检验学习的效果。

为了保证本书的编写质量，我们在编写过程中，还参考了罗元恺主编的《高等中医院校教学参考丛书·中医妇科学》、成都中医学院妇科教研室编写的《中医妇科学》等大量著作，在此我们向这些书目的编写人员表示感谢。

由于编写时间仓促，编写人员的学术水平有限，本书的遗误之处在所难免，衷心希望广大读者、同道予以批评指正。

编　者

2000 年 5 月

目　录

总　　论

1

中医妇科学发展简史

目的要求

了解中医妇科学的发展概况。

重点内容

1. 中医妇科学的研究范围。
2. 各历史时期中医妇科学发展概况。

中医妇科学是中医学重要的临床学科之一，它运用中医学的理论，研究妇女的解剖、生理、病理特点，以及妇女特有疾病的预防、诊断治疗规律，并涉及优生、节育诸方面内容。几千年来，为中华民族的繁衍昌盛，提高人口素质，作出了卓越的贡献。

中医妇科学的历史非常悠久。早在夏商周时代，我们的祖先就已经有了关于孕育、胎教和一些妇产科常用药物的知识。甲骨文的卜辞中，记有“贞，子母其毓（育）’不井（死）”，卜问产妇分娩过程中母子的安危。《易经・爻辞》有“妇孕不育”、“妇三岁不育”的记载。《诗经》曰：“东门之墠，藘茹（茜草）在阪”；“中谷有蓷（益母草），暵其乾也”；“采采芣苢（车前草），薄言采之”，茜草、益母草、车前草都是妇科常用药物，说明那时的人们已经懂得采摘这些药物，将其晒干留作备用。《列女传》记录的周文王之母太任怀孕时“目不视恶色，耳不听淫声，口不出傲言，生文王而明圣”，则可看作是胎教的滥觞。周代的医事制度中只设有疾医、疡医、兽医和食医，妇产科尚未被提及。

春秋战国时代，已有了兼职从事妇产科医疗工作的“带下医”。《史记·扁鹊仓公列传》中记载：“扁鹊名闻天下，过邯郸，闻贵妇人，即为带下医。”《左传》中说：“男女同姓，其生不蕃。”说明早在两千多年前，古人已认识到具有血缘关系的同姓近亲结婚，对后代的繁衍会有不良影响，已有了优生优育的思想萌芽。七十年代从湖南长沙马王堆出土的帛书《胎产书》约成书于这一时期，是迄今为止发现的最早的产科专著，因帛书损坏，内容不甚完整。其中载有关于妊娠十月胚胎形成过程、养胎法等。同时出土的《五十二病方》中也有产科的内容，书中记录了少量治疗妇产科疾病的药物，并有了简单的药物配伍。代表这一时期医学最高学术水平的巨著《黄帝内经》奠定了中医学的理论基础，有关妇产科方面的内容有 30 条之多，散见于各篇章之中。《素问·上古天真论》中指出：“女子七岁肾气盛，齿更发长；二七而天癸至，任脉通，太冲脉盛，月事以时下，故有子；……七七任脉虚，太冲脉衰少，天癸竭，地道不通，故形坏而无子也。”这段经文是对妇女一生月经、胎孕生理的高度概括总结，指出只有肾气充盛，天癸成熟，冲任二脉通调的情况下，月经才能正常，女子方可受孕。随着年龄衰老，天癸衰竭，冲任二脉虚损，月经不再来潮，亦无孕育能力。它确立了肾气、天癸、太冲脉、任脉在女性整个生理过程中的重要地位，其意义影响深远。古人已认识到女子胞乃“奇恒之府”，具有既藏又泻的特殊功能。《素问·阴阳别论》说：“阴搏阳别，谓之有子。”《素问·平人气象论》则指出：“妇人手少阴脉动甚者，妊子也。”认为脉象变化可作为诊断妊娠的重要依据。对于妊娠期用药，《内经》明确指出：“有故无殒，亦无殒也，……大积大聚，其可犯也，当衰其大半而止，过者死。”为后学确立了妊娠病用药准则。书中还论述了血枯、血崩、石瘕、肠覃、子喑等疾病的发病现理，并记载了“四乌贼骨一藘茹丸”这张治疗闭经的方剂以及子喑的治法、预后等。这些内容成为中医妇产科学的奠基理论。

秦汉时代，已有了病案的记载。《史记》中记有西汉名医淳于意治疗“怀子而不乳”、“月事不下”两病的最早的妇产科医案；后又有华佗运用针药和手术方法促使稽留胞宫的死胎顺利娩出的病案记录。《后汉书·华佗传》说：“有李将军者，妻病，呼佗视脉。佗曰：‘伤身而胎不去。’将军言：‘闻实伤身，胎已去矣。’佗曰：‘案脉，胎未去也。’将军不以为然。妻稍差，百余日复动，更呼佗。佗曰：‘脉里如前，是两胎。先生者去血多，故后儿不得出也。胎既已死，血脉不复归，必燥著母脊’。乃为下针并令进汤。妇因欲产而不通。佗曰：‘死胎枯燥，执不自生’。使人探之，果得死胎，人形可识，但其色已黑。佗之绝技，皆此类也。”可见当时外科学和妇产科已发展到相当水平。汉代设有“女医”，也称“乳医”，专门从事妇女疾病的医疗工作，正如颜师古所解释的那样：“乳医，视产乳之疾者。”汉代张仲景的《金匮要略》载有“妇人妊娠病脉证并治”、“妇人产后病脉证并治”、“妇人杂病脉证并治” 3 篇，其对妇科病的归类方法比较科学，符合妇女疾病特点，对后世妇科书的编排体例有一定影响。书中内容已涉及经、带、胎、产杂五大类疾病，探讨了妊娠呕吐、妊娠腹痛、产后发热、经闭、癥瘕等疾病的证候或兼脉象及治疗方药，并提出了阴道纳药、阴道冲洗的外治法，所拟温经汤、桂枝茯苓丸、胶艾汤、甘麦大枣汤等方剂组方严谨，疗效确切，至今仍为临床医生所常用。我国现存最早的药学专著《神农本草经》，载药365种，对药物的别名、性味、生长环境、主治功用等作了叙述，其中85味具有治疗妇产科疾病的功效，所提到的妇科病名达20多个。

晋代王叔和的《脉经》从脉学的角度丰富了中医妇科学的内容，并提出了“居经”、“避年”、“激经”这些特殊的月经生理现象。书中对临产脉象作了较详细的描述：“怀娠离经，其脉浮，设腹痛引腰脊，为今欲生也”；“又法，妇人欲生，其脉离经，夜半觉，日中则生也”。还指出：“诊妇人漏血下赤白，日下血数升，脉急疾者死，迟者生。”这种用脉象预测崩漏大出血时病人的预后的方法，是合乎科学道理的。

南北朝时期，虽有一些妇产科专著，如南齐徐文伯的《疗妇人瘕》、褚澄的《褚氏遗书》，北齐徐之才的《逐月养胎法》等，但均已散佚，我们仅能从被后世医书所收录的内容中管窥其貌。《褚氏遗书》针对从晋代开始的早婚早育、多产的不良风气给广大妇女身体健康带来的损害，明确提出寡欲、节育及晚婚的主张：“合男子多则沥枯虚人，产乳众则血枯杀人”；“合男子必当其年，男虽十六而精通，必三十而娶；女虽十四而天癸至，必二十而嫁，皆欲阴阳气完实而交合，则交而孕，孕则育，育而为子，坚壮强寿”，这些主张对于保护妇女健康是有积极意义的。徐之才的《逐月养胎法》较《胎产书》内容更加丰富充实，徐氏动态描述了胚胎发育过程中外观形态方面的变化：“妊娠一月始胚，二月始膏，三月始胞，四月形体成，五月能动，六月筋骨立，七月毛发生，八月脏腑具，九月谷气入胃，十月诸神备，日满即产矣。”内容尽管不够完善，但基本上是符合胚胎和胎儿生长发育过程的。逐月养胎法提到怀孕后应加强营养，“食宜稻粳，羹宜鱼雁”；劳逸有度，“不为力事，寝必安静”，“劳身摇肢，无使定止”；节制房事，“居必静处，男子勿劳”；“调和情志，“和心静养，无使气急”，“无怒大起”；讲究卫生，“沐浴浣衣”；注意胎教，“欲子美好，数视碧玉，欲子贤良，端正清虚”；温凉有度，“无处湿冷，无著炙衣”。这些妊娠期卫生教育的内容符合临床实际，对保证胎儿正常发育，预防流产、早产等妊娠病具有重要意义，因而受到后世推崇，影响甚广。

隋代太医博士巢元方主编的《诸病源候论》在病因证候学方面取得的成就也推动了妇产科学的发展。全书共有妇人病8卷，283候，内容涉及月水不调、经水不利、月水来腹痛、经水不断、带下、不孕、恶阻、子淋、子肿、子烦、难产、产后血运、产后腹痛、产后恶露不绝等等，比以前书籍所载病种有明显增加。《诸病源候论》强调脏腑虚损和风冷致病，以损伤冲任立论，其中许多疾病的证候描述颇为生动，病因病机的认识也不乏合理之处。如谈到阴挺时有这样的记载：“因产用力过度，其气下冲，则阴下脱也”，认为羸瘦或挟疾病的孕妇“不能养胎，兼害妊妇”，应当去胎，以保障孕妇的身体健康，避免分娩时发生危险，这种观点是十分正确的。

唐代是封建社会发展的鼎盛时期，经济繁荣，社会安定，农业、医药发展都十分迅速，自然为妇产科学的发展创造了良好的契机，著作创作较以往明显增多。孙思邈的《千金要方》采用了将妇科病列在卷首的体例，以示重视："先妇人、小儿而后丈夫，……则是崇本之义也。"提高了妇产科在整个医学体系中的地位。孙氏对妇科疾病的特殊性论述颇详，将自己的经验和收集的前人的药方数百首进行了总结。他对疾病的机理认识也较正确，如强调不孕既可由女子"子脏闭塞不受精"引起，也可因男子"有五劳七伤，虚羸百疾"所致。对临产妇人力主安静，强调不宜干扰："凡欲产时，特忌多人瞻视，惟得二三人在旁，待产讫，乃可告于诸人也。若人众看之，无不难产耳。"孙思邈告诫产后妇女说："凡产后满百日，方可会合。不尔，至死虚羸，百病滋长。慎之。"这种对妇女产褥期卫生的正确认识对后世影响很大。王焘的《外台秘要》也大量的记载了治疗妇产科疾病的方剂，妇人方上下两卷共载方480余首。唐大中初年昝殷所著的《产宝》（经后人周补益并作序后成《经效产宝》）是现存理论较完备的产科专著，共3卷，41篇，374方。全书围绕妊娠、分娩、产后病加以论述，并有处理方法和方药治疗，如"擀心下"按摩子宫帮助子宫收缩，以减少产后出血等。昝殷第一次提出了"冲心"之说，并从虚实两方面加以探讨。唐代从医事制度来看虽未设立专科，但从其充实的内容来看，已基本具备设置专科的条件了。

宋代熙宁9年（1076年），掌管医学教育的机构太医局下设9科（大方脉、风科、小方脉、眼科、疮肿折疡、产科、口齿咽喉科、针灸科、金镞兼禁科），共300人，其中产科10人，并设有产科教授。这是世界妇产科历史上最早的独立分科，是中医妇科学发展史上具有重大意义的转折点，它标志着中医妇科已经逐渐成熟，脱离其他学科，成为一门独立的专科了。这种专科的设置促进了妇产科的蓬勃发展，出现了大量有关妇产科理论与临床的专著，较著名的有薛轩的《坤元是保》，齐仲甫的《女科百问》、《产宝杂录》，李师圣、郭稽中的《产育宝庆集方》，陆子正的《胎产经验方》，杨子健的《十产论》等，都对后世产生了很大影响。从妇产科开始萌芽到以后很长的一段时间内，研究的主要内容多偏重于胎产方面，这一方面由于传统传宗接代观念的影响和医疗水平低下造成分娩过程中母子死亡引起人们重视，另一方面是因战争消耗和落后生产力对人口的需求的缘故。随着社会发展，医学水平的提高，人们充分认识到月经病对胎产的影响，逐渐开始重视经带方面的疾病以及杂病。陈自明是宋代名噪一时的妇产科专家，医理精深，临床经验丰富。他有感于当时书籍虽多，但"纲领散漫而无统，内容谆略而未备"，学者无从深入研究，全面了解，因此遍览群书，集宋以前及同时代医家之大成，总结自己的临床经验，并附以家传验方，于1237年撰成《妇人大全良方》一书。全书共24卷，分为调经、众疾、求嗣、胎教、妊娠、坐月、产难及产后八门，载方1118张，附验案48例，内容宏富，对当时的妇产科学作了一次较为全面系统的总结，堪称妇产科发展史上的一个里程碑。正如明代王肯堂所赞颂的那样："《良方》出，闺阃之调将大备矣。"

金元时代是百家争鸣，名医辈出的时代，出现了各具特色的医学流派，其中有代表性的是刘完素、张从正、李杲、朱丹溪，后人称为"金元四大家"。刘完素是寒凉派的代表，以火热立论，认为"六气皆从火化"，"五志过极皆能生火”，治法主用寒凉，这种方法也用于妇科病的治疗。他在《素问病机气宜保命集·妇人胎产论》中提出了全新的理论：“妇人童幼天癸未行之间，皆属少阴；天癸既行，皆从厥阴论之；天癸已绝，乃属太阴经也。”这成为后世医家辨证治疗时少女着重肾经，育龄期妇女着重肝经，绝经期妇女着重脾经的理论依据，产生了深远的影响。刘完素还纠正了以往认为带下一概属寒的偏饽，用清热利湿法治疗带下病。被称为攻下派代表的张从正认为病由邪生，善用汗、吐、下三法以驱病，提出了痰瘀学说。他认为痰水之邪容易与气血互相搏结而为病，因此用涌吐痰湿来治疗带下病，用吐痰祛瘀法治疗崩漏、不孕症。张氏临证经验丰富，所首创的钩取死胎成功的病例，可以说是原始的手术助产法。李杲重视后天脾胃，提出了“内伤脾胃，百病由生”的论点，后世称他为补土派。他注重升发脾胃阳气以除湿的学术观点，给中医妇科学辨证论治开拓了新的思路，他在《脾胃论》中创制的补中益气汤成为治疗妇产科疾病最为常用的方剂之一。朱丹溪是养阴派的倡导者，推崇“阳常有余，阴常不足”之说，滋阴降火是其主要治法，治病中注重保存阴精。对于产前安胎，他提出“白术黄芩为妙药也”，并且在《格致余论》中，首次描述了子宫的形态：“阴阳交媾，胎孕乃凝，所藏之处，名曰子宫，一系在下，上有两歧，一达于左，一达于右。”尽管对子宫解剖结构的认识还显粗糙，但还是比较正确的。总之，四位医家别具一格的学术观点和治疗特色，极大的丰富了中医妇科学的内容。在医事制度上，元代第一次在原有的产科基础上加设妇人杂病科，扩充了妇产科的诊治范围。

及至明清两代，封建社会前进的步伐虽然减慢，但中医妇科仍在不断进步。当时的医学继承了金元及金元以前各家的理论和经验加以综合发挥，使中医妇科辨证论治理论形成系统，此时的医家撰写了不少内容详尽的妇产科专著。因年代距今较近，这些书籍得以大量流传于世。明代薛己是一位既重视后天脾胃，又注重先天肾气的医家，是妇产科历史上较有影响的温补派代表。所著《女科撮要》2卷，上卷列经候不调、带下、乳痈、阴疮等妇科常见病证，下卷列保胎、小产、胎衣不出、产后腹痛等产科病证。每病先论述病因病机及治则，然后列临证治验。保产中提及的烧灼断脐法预防破伤风，是对产儿科的一大贡献：“如因难产，或大寒时，急以大油纸燃，徐徐烧断其脐带。”他对《妇人大全良方》加以整理，修改补充，校订成书。由原有的8门改为10门，共24卷，删去原方600余首，新增方260多个，病案由48例增至530余例，撰成《校注妇人良方》。此书辨证详明，发陈氏所未发，拓展了妇科病的治法。经过整理的《校注妇人良方》，虽不易看到《良方》原貌，但较之原有内容，却更加丰富完备，也更加实用，不失为一部很好的专著。万全的《广嗣纪要》对嗣育问题非常重视，提出“种子者，男则清心寡欲以养其精，女则平心定气以养其血。”其中《择配篇》第一次对螺、纹、鼓、角、脉五种先天性生理缺陷和畸形所导致的不孕作了描述王肯堂的《证治准绳·女科》成书于1602~1607年，书中多采用陈自明、薛己之说，又不落前人窠臼，对其迷信部分摒弃不用，发扬光大其合理部分。其后武之望所著《济阴纲目》基本上以该书为蓝本写成。早从南北朝时起，就已经有了预产期的记载，但未能将详细内容保留下来。李梴在《医学纲目》中说："气血充实，则可保十月分娩。……凡二十七日即成一月之数。"明代医家计算得出的270天的妊娠期，距现在的280天已经十分接近了。李时珍的药学专著《本草纲目》不仅收集了许多防治妇产科疾病的药物，对月经的论述也颇为详细："女子，阴类也，以血为主。其血上应太阴，下应海潮，月有盈亏，潮有朝夕，月事一月一行，与之相符，故谓之月水、月信、月经。"这是用天人相应的理论来解释妇女月经的周期性。另外，他还谈到了逆经及暗经："有行期只吐血衄血，或眼耳出血者，是谓逆行。……有一生不行而受胎者，是谓暗经。"张景岳是明代著名的医学家，提出"阳非有余，阴常不足"之说，强调阳气阴精互为生化，反对滥用苦寒攻伐，形成了全面温补的一派，对妇产科理论发展有深刻影响。所著《景岳全书·妇人规》强调妇女首重调经，调经之法，在于补肾扶脾："调经之要，贵在补脾胃以滋血之源，养肾气以安血之室。"对月经病的诊视，除脉证以外，特别提出辨经色以分辨寒热虚实。他强烈批评了男女授受不亲的封建礼教妨碍望、闻、问、切四诊的错误做法。他创制的右归丸、左归丸、毓麟珠等名方，被历代妇科书籍选用。

清代将元代所设置的产科和妇人杂病科统一为妇人科，也称女科，其实概括了妇、产全科的内容。这一时期著名的著作有《傅青主女科》、《达生编》、《医宗金鉴·妇科心法要诀》和《女科辑要》等。傅山先生的《傅青主女科》系后人辑录而成，编写体例与所用方药有其独创见解。尽管时人与后世对此书争议颇大，但因其处方实用，疗效确切，仍然得到大多数人的首肯，其中的完带汤、两地汤、清经散等，成为临床医生使用频率极高的方剂。1715年，亟斋居士的《达生编》刊行于世，内容涉及胎产、临产、难产救治和产后调护。其所提出的"睡、忍痛、慢临盆"临产六字真言在产科医学尚很落后，根本不具备手术条件的清代，的确为保证妇女顺利分娩方面起了一定的作用。因此书编写简明通俗，故流传甚广。1742年，吴谦等人奉清政府之命编纂了《医宗金鉴》90卷，其中的《妇科心法要诀》专事探讨妇科问题，理论方药均稳妥而切合实用。每病每方均先列歌诀，后用文字注释，使初学者易于理解和记诵，当时被作为教科书来使用。沈尧封的《女科辑要》先选录历代名家有关论述，后阐明自己观点，注重实践，颇多新说。王清任《医林改错》一书对活血化瘀法的发展及唐容川《血证论》注重调和气血的原则，都对妇产科治疗学的发展有较大影响。清代的其他著作如陈士铎的《石室秘录》、肖慎斋的《女科经纶》、陈修圆的《女科要旨》、阎纯玺的《胎产心法》、叶天士的《叶天士女科》、沈金鳌的《妇科玉尺》、徐大椿的《兰台轨范》等，均有各自心得，不一一赘述。

从清朝封建君主制彻底被推翻以来的近一百年间，中医妇科的发展经历了起起伏伏的历史过程。随着鸦片战争中西洋医学的输入，对中国医学产生了一定影响，出现了中西医汇通的浪潮，中医妇科开始溶入西方医学的内容。其代表医家唐容川的《血证论》，探讨了肾气、天癸、冲任与月经产生的机理之间的关系和调经之法；张锡纯的《医学衷中参西录》中有关妇产科方面的医论、医话、医案有创新之见。另外还有其他一些妇科著作流传。但由于当时的国民政府采取了限制甚至取缔中医的政策，因而尽管这一时期医家们作了一些努力，妇科基本上仍处于停步不前的状态。1949 年中华人民共和国成立后，党和政府对中医重度重视，并重视妇幼保健工作，使中医妇科事业有了长足发展。从 1956 年起，各地相继成立了中医学院，使中医教育走上正规化的道路。国家先后组织编写了 6 版中医妇科学教材，开办了许多中医妇科专业进修培训班，培养了大批中医妇科人才。近年来许多中医院校还招收了研究生，出现了不少中医妇科的硕士、博士，使中医妇产科学的理论和实践研究更加深入。解放后，在中西医结合治疗方面也取得了一定成果，如 60 年代山西医学院第一附属医院创制宫外孕Ⅰ号方和Ⅱ号方，保守治疗宫外孕获得成功；1978 年江西省妇女保健院“中药药物锥切治疗早期宫颈癌”等。中药天花粉引产也获得了一定效果。我们相信，在教育工作者和医务工作者的共同努力下，中医妇科将会得到进一步发展，为妇女的保健、医疗事业作出更大的贡献。

复习思考题

1. 中医妇科学的研究范围有哪些？
2. 现存最早的产科专著是哪本书？中医妇科最早独立分科于什么年代？
3. 各历史阶段中医妇科学的主要成就有哪些？

（毕焕英）

2

中医妇科学基础

2.1 女性解剖

目的要求

1. 掌握胞宫的解剖位置、形态与功能。
2. 熟悉女性其他生殖器官的解剖与功能。

重点内容

1. 子宫的名称、解剖位置、形态及功能。
2. 胞络、胞脉的功能。
3. 阴户、产道、子户、玉门、子肠等的解剖。

(1) 子宫

子宫，首见于《神农本草经·紫石英》条。又名女子胞、子处、胞宫、血室、子脏、血脏、或简称脏或腑。为妇女所持有的内生殖器官。

子宫的位置，明代张景岳的《类经附翼·三焦包络命门辨》指出子宫居直肠之前，膀胱之后，“子宫……居直肠之前，膀胱之后。位于带脉之下，小腹正中，前邻膀胱，后有直肠，下口与阴道相连。”关于其形态，《景岳全书·妇人规》引朱丹溪之言曰：“阴阳交媾，胎孕乃凝，所藏之处，名曰子宫，一系在下，上有两歧，中分为二，形如合钵，一达于左，一达于右。”描述了子宫的形态为倒置的梨形，因其中空，故“形如合钵”。与现代医学对子宫的认识颇为接近。

子宫的功能：主要是产生月经、排出月经；孕育胎儿及分娩胎儿，并排出余血浊液正如《类经·藏象类》中所说："女子之胞，子宫是也，亦以出纳精气而成胎孕者为奇。"《内经》还将子宫称为奇恒之府，因其形态中空似腑，但其功能藏精似脏，如在月经后至月经前以及妊娠期，它表现为藏而不泻；经期、分娩期表现为泻而不藏，故说它似脏非脏，似腑非腑，能藏能泻，具有脏腑双重功能。所以只有子宫的存在，妇女才会发挥其特殊的生理功能。

（2）胞络、胞脉

附着于子宫的脉络称胞脉、胞络。《素问·评热论》指出："胞络者，属心而络于胞中"，"月事不来者胞脉闭也。"《素问·奇病论》云："胞络者，系于肾。"《诸病源候论》谓胞络损伤则阴挺下脱，《校注妇人良方》谓冷入胞络则月水不通。由此可见，胞络、胞脉是联系子宫的脉络，与月经的藏泻有关。

综上所述，子宫、胞脉、胞络互相作用，协调地完成其行月经和主胎孕的功能。

（3）子户

子户又名子门，指子宫颈口部位。

（4）阴道

阴道又名地道，现代医学指阴道。《诸病源候论》有"产后阴道肿痛候"，《内经》有"地道不通，形坏而无子也。"

（5）玉门

玉门又名龙门、胞门。相当于外生殖器的阴道口及处女膜的部位。

（6）阴户

阴户又名产户、四边。《医学入门·妇人门》有"阴户肿痛不闭"，概指妇女外阴。包括女性阴蒂、大小阴唇、阴唇系带及阴道前庭的部位。

（7）毛际

《素问·骨空论》："任脉者，起于中极之下，以上毛际，循腹里，上关元。"毛际指男女外阴阴毛丛生之处。

（8）交骨

交骨指耻骨联合处，产科有"交骨不开"之证名。

（9）子肠

子肠指子宫及阴道前后壁。《胎产心法》有"产后子肠不收，宜用收肠方收之"之文。

（10）阴器

《素问·热论》："厥阴脉，循阴器，而络于肝。"阴器指外阴，即男女外生殖器。

复习思考题

1. 试述子宫的位置及作用。
2. 为什么说子宫属奇恒之腑？
3. 阴户、玉门、子肠、子门各指妇女的哪些部位？

2.2 女性生理

目的要求

1. 掌握月经的生理现象。
2. 掌握月经产生的机理。
3. 掌握带下的生理现象与产生机理。
4. 掌握妊娠的生理现象与妊娠机理。
5. 掌握产后生理特点。
6. 了解分娩的生理过程、产褥期母体变化与哺乳。

重点内容

1. 月经的生理现象。
2. 月经产生的机理。包括天癸的概念，天癸与月经产生的关系，脏腑与月经产生的关系，气血与月经产生的关系，经络与月经产生的关系。
3. 带下的生理现象。
4. 带下产生的机理及作用。
5. 受孕的机理及条件。
6. 妊娠的生理现象。
7. 产育生理。包括分娩、产褥及哺乳的生理表现及临床意义。

女性的主要生理特点是月经、妊娠、分娩、哺乳。

2.2.1 月经生理

月经是指有规律的、周期性的子宫出血。一般大约每个阴历月一行，以 28 天为一个周期。月月如期，经常不变，故又称“月汛”、“月水”、“月信”，明代李时珍《本草纲目》中有：“女子，阴类也，以血为主，其血上应太阴，下应海潮，月有盈亏，潮有朝夕，月事一月一行，与之相符，故谓之月信、月水、月经”的记载。

2.2.1.1 月经的生理现象

健康女子，一般到了 14 岁左右，月经便开始来潮。如《素问·上古天真论》说：“二七而天癸至，任脉通，太冲脉盛，月事以时下。”月经第一次来潮，称为初潮。这标志着青春发育期的到来。初潮的年龄可因地域、气候、体质、种族、营养等而异。在我国可早至11周岁或迟至18周岁。妇女一生中有月经的时间大约35年。到49岁左右，月经便闭止，称为“绝经”或“断经”。在我国，也有迟至50岁以上者，若无其他异常，当属正常范围。

月经从初潮至绝经，中间除妊娠期、哺乳期外，月月都应有规律地按期来潮。月经有正常的周期、经期、经量、经色和经质。月经的周期及经期均以出血的第一天算起，两次月经第一天间隔的时间称为周期，一般为28天。周期不应少于21天，亦不应超过35天。经期，指每次行经持续的时间，一般为3~7天。经量，指经期排出的血量，一般总量为50~80毫升，月经量第一天较少，第二、三天较多，第四天逐渐减少。经色多为暗红色，开始时颜色较淡，继而逐渐加深，最后又转为淡红色。正常经质应不稀不稠，不易凝固，无血块，也无明显的特殊气味。

经期一般无明显不适感觉，如伴有轻微的小腹胀痛或腰部酸痛，或乳房作胀，或情绪不稳定等现象，但不影响生活和工作，月经过后便自然消失，属正常现象，不需要处理。此外，也有少数青年女子，月经初潮后的一两年时间内，月经不按正常周期来潮，或先或后，甚或停闭数月，才再来潮者，这是由于肾气不够充盛，天癸初至尚未稳定的关系，俟身体发育成熟，便可恢复正常。又绝经期前后，亦会呈现月经周期紊乱，经量或多或少，情绪不够稳定，然后月经逐渐终止不来等现象。此期，若周期延后，经量渐少者为佳。若月经过频，经量过多，情绪变化剧烈，伴有其他症状者，则属病态，应加以调理。

此外，亦有身体无病而月经定期两个月一潮者，称为“并月”；三个月一潮者称为“居经”，亦名“季经”；一年一行者称为“避年”；终生不潮而能受孕者称为“暗经”；妊娠早期仍按周期有少量月经来潮，但无损于胎儿者，称为“激经”，亦称“盛胎”或“垢胎”。这些均属于特殊的月经现象，但在临症时，应进行有关检查以区别于病理变化。

2.2.1.2　月经产生的机理

月经的产生，是肾气、天癸、冲任、脏腑、气血协同作用于子宫，使之定期藏泻的生理现象。《素问·上古天真论》说：“女子七岁，肾气盛，齿更发长；二七而天癸至，任脉通，太冲脉盛，月事以时下，故有子；……七七任脉虚，太冲脉衰少，天癸竭，地道不通，故形坏而无子也。”说明肾气旺盛，天癸产生，任通冲盛，各方面相互协调，才能产生月经。及至49岁左右，冲任虚衰，天癸渐竭，则月事停止不来，生殖器也逐渐萎缩而丧失生育能力，所谓形坏而无子也。

在月经产生的机理中，肾气起着主导作用，天癸是促使月经产生的重要物质，冲任聚脏腑一定之血，输注于胞宫，化为月经，依时而下。月经的主要成份是血。五脏之中，心主血，肝藏血，脾生血统血，气为血帅，血赖气的运行以周流全身，肺主气，肾藏精，精化血，精血同源，与月经产生关系密切，故五脏功能正常，血气与冲任二脉旺盛，才能使月经正常。因此，月经产生的机理，必须从肾气、天癸、脏腑、血气、经络与子宫的关系等方面加以阐述。

（1）天癸与月经的关系

天癸，男女皆有，是影响人体生长、发育和生殖的一种阴精。它来源于先天之肾气，又赖后天水谷精气以滋养、支持而逐渐趋于成熟，此后又随着肾气的虚衰而竭止。马玄台注释《素问》时说："天癸者，阴精也，盖肾属水，癸亦属水，由先天之气蓄极而生，故谓阴精为天癸也。"说明天癸是属阴属水的一种物质，乃人身的阴精。《景岳全书·阴阳篇》则明确地指出："元阴者，即无形之水，以长以立，天癸是也，强弱系之，故亦曰元精。"当代有学者认为天癸是肉眼看不到的，在体内客观存在的一种体液，就女性而言，相当于下丘脑、垂体、卵巢所分泌的促性腺激素及性激素。

天癸虽然禀受于父母先天之肾气，但依《内经》中所言，须在肾气盛的前提下，在特定的年龄阶段才能蓄极而生，发挥其作用。在妇女，它可使任脉所司的精、血、津液旺盛充沛，与冲脉相资，冲脉又得肾精充实，聚脏腑之血，依时由满而溢于子宫，使月经按期来潮，并具有受孕的能力。至七七之年，随着肾气渐衰，天癸亦渐竭止，月经闭止，生育能力亦丧失。

由上可见，天癸对妇女的月经、孕育及生长发育整个生理过程都起着重要作用。

（2）脏腑与月经的关系

脏腑为气血生化之源。如前所述五脏之中，心主血脉，肝主藏血，脾统血生血，肾藏精，精化血，肺主气，气为血帅。肾气盛，则天癸至，从而促使冲任二脉通盛，乃为月经来潮的关键。而在产生月经的机理中，与肾、肝、脾的关系尤为密切。

1）肾　肾为先天之本，元气之根，主藏精。它既藏先天生殖之精，又藏后天水谷之精气。《素问·六节脏象论》云："肾者主蛰，封藏之本，精之处也。"《素问·金匮真言论》说："夫精者，身之本也。"又说："藏精于肾。"精能生血，血能化精，精血互化，成为月经的物质基础。精又能化气，肾精所化生之气为肾气，主宰着天癸的至与竭。肾气包含着肾阴和肾阳。肾之阴阳，既要充盛，也要相对地平衡协调，才能维持机体的正常功能。肾阴，又称"真阴"，"元阴"，是人体阴液的根本，对人体脏腑起着濡润、滋养的作用；肾阳又称"真阳"、"元阳"，是人体阳气的根本，对人体脏腑起着温煦生化的作用。《景岳全书·命门余义》说："命门为精血之海，……为元气之根，为水火之宅。五脏之阴气，非此不能滋，五脏之阳气，非此不能发。"赵献可在《医贯》中说："五脏之真，惟肾为根。"这说明肾在机体中的重要作用。《素问·奇病论》说："胞络者，系于肾。"《傅青主女科》明确指出："经水出诸肾。"又说："经本于肾，而其流五脏六腑之血皆归之。"《女科经纶》云："经水全赖肾水施化。"肾藏精，精又可生髓，脑为髓海，肾与脑相通，共主人体生理活动，包括月经的生理活动。

综上所述，在月经产生的过程中，肾起着至关重要的主导作用。

2）肝　藏血，主疏泄，喜条达而恶抑郁。它具有储存血液和调节血量的作用。肝与肾同居下焦，肾主闭藏，肝主疏泄，肾肝协调，使月经能定期藏泻，形成月经的周期性，肝气条达，则经候如期。肝藏血、司血海，脏腑所化生的气血，除营养周身以外，其有余部分则储藏于肝脏，在女子则下注血海而为月经。《素问·五脏生成篇》云：“肝藏血，心行之，人动则血运于诸经，人静则血归于肝藏，肝主血海故也。”在临床上，气血两亏的患者，可见四肢酸乏无力，月经量少，甚则闭经，故有“妇人以血为本之说。”而气为血帅，血的运行又赖气的推动，肝主疏泄，喜条达，肝气疏泄正常，则血海通畅，如肝郁气滞，则诸证迭生。

3）脾（胃）　脾（胃）为后天之本，气血生化之源，主升中气而统血。《素问·经脉别论》说“饮入于胃，游溢精气，上输于脾，脾气散精，上归于肺，通调水道，下输膀胱，水精四布，五经并行。”人体赖饮食以营养，而营养物质的生成与供应，又赖脾胃的消化与转输功能，故维持人体的正常生理，与脾胃关系密切。月经的主要成分是血，只有脾的运化功能正常，才能气充血旺，月经如常。脾气主中气而统血，脾气主升，主运，脾气健旺，则血循脉道，若脾气虚弱，失其统摄之职，则血流脉外，而见月经过多、崩漏等证。胃主受纳，为多气多血之腑，又为水谷之海。足阳明下行与冲脉会于气街穴，故有“冲脉隶于阳明”之说，胃中水谷盛，则冲脉之血亦盛，血海满盈，由满而溢，形成月经。《景岳全书·妇人规·经脉之本》云：“故月经之本，所重在冲脉，所重在胃气，所重在心脾生化之源耳。”又《女科经纶》引程若水之言“妇人经水与乳，俱由脾胃所生。”故只有脾胃功能正常，气血充足，才使经乳正常。

4）心和肺　心与肺与月经的产生也有一定的关系。心主血，其充在脉；心气有推动血液在经脉中运行的作用，心气下通，血下入胞，月事才能如常。另人的精神活动也为心所主，“心主神明”，包括了现代医学所认识的中枢神经系统的功能，若情绪和环境变化剧烈，影响大脑皮层-下丘脑-垂体-卵巢轴的功能，从而引起月经失调。《素问·阴阳别论》说：“二阳之病发心脾，有不得隐曲·女子不月。”肺居上，朝百脉，主气；同样具有司血脉，促进血液流通的作用，全身的精微物质皆通过肺的输布而达周身，在女子具有使精血下达、通调月经的功能。

（3）血气与月经的关系

妇女以血为主，经、孕、产、乳都以血为用。月经的主要成分是血，然气为血帅，气行则血行，气滞则血凝，血为气母，血能化气，气能生血，互相资生，互相依存，故又有“血之与气，异名而同类”之言。在产生月经的机理中，血是月经的物质基础，气是血脉运行的动力。血气调和，则经候如期，若血气不和，则月经异常。正如《妇人大全良方·产宝方序》云：“气血，人之神也，不可不谨为调护。然妇人以血为基本，血气宣行，其神自清，所谓血室，不蓄则气和，血凝结则水火相刑。月水如期，谓之月信。”

（4）经络与月经的关系

经络内属脏腑，外络肢节，沟通内外，联络上下，传递信息，协助气血之运行，营养周身，使人体各组织器官联结成的一个有机的整体。在妇女的生理中，与之关系最密切的当属奇经八脉中的冲、任、督、带。

1）冲脉　冲，有要冲之义，为全身气血运行的要冲之道。起于小腹胞宫，下出于会阴，上行于脊柱之内；其外行者经气冲穴（亦名气街）与足少阴脉交会（同时亦与足阳明胃经交会），沿腹两侧，上达咽喉，环绕口唇。因胃为水谷之海，冲脉与之交会，受后天水谷精微物质供养；与肾经交会并与肾经并行，又受先天肾气的滋助，故先天之精与后天之精皆汇于冲脉，对维持女性的生理功能（包括月经的生理功能）起着重要的作用。冲脉又能调节十二经脉之经气，以资助十二经脉的活动。《灵枢·逆顺肥瘦》篇说："夫冲脉者，五脏六腑之海也，……其上者，出于颃颡，渗诸阳，灌诸经；……其下者，并于少阳之经，渗诸阴，……渗诸络而温肌肉。"说明其与三阴三阳取得联系以调养十二经，并滋润、温煦十二经。故《内经》称冲脉为"十二经之海"，王冰称"冲为血海"。而妇女以血为本、月经以血为用，故冲脉充盛、则月事以时下。《景岳全书·妇人规·经脉之本》中说："经本阴血，何脏无之？惟脏腑之血，皆归冲脉，而冲为五脏六腑之血海，故经言太冲脉盛，则月事以事下，此可见冲脉为月经之本也。"

2）任脉　任，有妊养和担任之义。任脉也是起于小腹胞内，下出于会阴，向前上行于毛际，沿腹内上行，经关元等穴上达咽喉部，再上行而环绕口唇，分行目眶下。任脉与全身阴脉汇于膻中穴，主一身之阴经，为阴脉之海，凡精，血、津、液皆属任脉所司，对女性的生理起着重要的调节作用。因任脉起于下腹胞中，受肾气的温养、滋润，接受脏腑之精血津液，为妇女妊养之本，故称"任主胞胎。"只有任脉之气通，才能促使月经正常来潮，孕育才能正常进行。

3）督脉　督有总督之义。起于胞中，下出于会阴，向后行于脊柱内，上达项后风府穴进入脑内而至巅顶，沿前额下行鼻根，止于上唇系带处。督脉行人身脊背之中，上至头部，与诸阳经交会，故为"阳脉之海"。又因其贯脊属肾，而肾为先天之本，元气之根，故督脉能够维系一身之元气。督脉与任脉一行人身前，主一身之阴；一行于身后，主一身之阳，二脉交会于龈交穴，其经气循环往复，共同维持着人体阴阳脉气的平衡，同时调节月经的正常来潮。

4）带脉　带，有束带之意。始于季肋，绕身一周，如束带状，故名带脉。其作用主要是联系与约束诸经，特别是与冲、任、督三脉相联系，使经脉气血保持常度，使机体成为一个有机的整体。带脉因络胞而过，故对胞宫亦起到约束和滋养的作用，以维持着经带之正常。

综上所述，天癸、脏腑、血气、经络对月经的产生各具有其相应的作用。即是在脏腑功能正常、气血调和，冲任通盛，阴阳平和的状态下，以肾为主导，受天癸的调节，得冲任二脉相资，并在肝藏血、调血；脾生血，统血；心主血、行血，肺布血功能正常下，通过胞络、胞脉协调作用于子宫而产生的，其中脏腑、气血、经络是产生月经的生理基础，肾、天癸、冲任、胞宫是产生月经的主要环节。

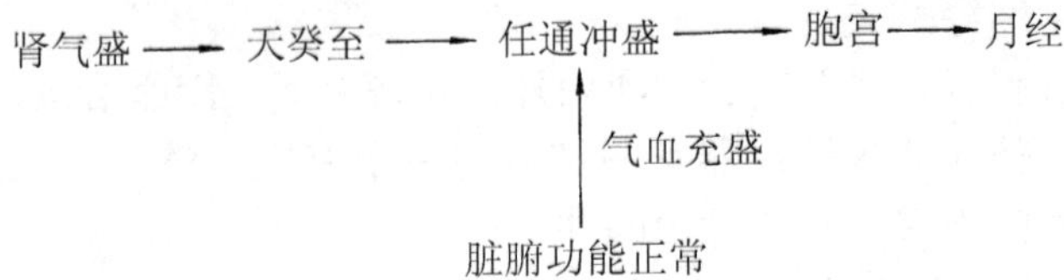

2.2.2 带下生理

带下一词，首见于《素问·骨空论》："任脉为病，男子内结七疝，女子带下瘕聚。"但这是指病理性的带下，而非生理性之带下。带下有广义和狭义之分。广义带下泛指妇女的经、带、胎、产诸病；而狭义的带下是指妇女阴中流出的一种黏腻的液体，在狭义的带下中又有生理性与病理性带下之分。本节主要阐述生理性带下及其产生的机理。

2.2.2.1 带下生理现象

健康的女子，润泽于阴户、阴道内的无色无臭、黏而不稠的液体，称为生理性带下。正如《沈氏女科辑要笺正》引王孟英按语说："带下，女子生而即有，津津常润，本非病也。"这种生理性带下，在月经前期冲任血海将满之时，及妊娠期血聚冲任以养胎元之间，如雾露之溉，润泽丰厚，带下量可明显增多；至经间期氤氲之时，阳生阴长冲任阴血正盛，带下量亦可增多；至绝经期后，冲任虚衰，气血亏虚，则带下量减少。

生理性带下属人体正常精液，是肾精下润之液，《素问·逆调论》称之为："五谷之津液。"《灵枢·口问》说："液者，所以灌濡空窍者也。"《灵枢·五癃津液别》说："五谷之津液和合而为膏者，内渗入于骨空，补益脑髓，而下流于阴股。"明确指出带下为肾精所化，润滑如膏，具有濡润，补益作用，流于阴股，在女子则为带下，具有充养和濡润前阴空窍的作用。

2.2.2.2 带下病产生的机理

（1）脾肾与带下产生的关系

妇女年届十四，肾气初盛，带下始出现。三七肾气平均，发育成熟，带下津津常润。经间期乃阳生阴长的氤氲之时，带下色泽明净，量亦增多。妊期阴精聚下，冲任充盛，带下质较稠厚。绝经以后肾气渐衰，真阴渐亏，天癸渐止，月经绝断，带下亦涸，阴中枯涩。这些生理现象说明带下的出现、泌泻与涸竭以及其量、色、质的变化皆有常度，它直接受肾气盛衰的主宰。肾系胞、司二阴、主施泄，津液的气化、蒸腾又本于肾，因此，带下的生成与肾的收藏、施泄有关。

脾主运化，行津液，布精微，脾气转输运化津液，使之各走其道，津液渗于前阴空窍，与精之余和合而为带下。

（2）任督带三脉与带下产生的关系

任脉为阴脉之海，人体的阴液皆归任脉总司。任脉出胞宫而循阴器，故与带下生成有着密切的关系。而任脉所司的精、血、津液又受督脉的温化和带脉的约束，故只有任、带、督脉功能正常，互相协调才能使带下正常。

综上所述，带下的生成与肾、脾二脏及任、督、带三脉有关，历代医籍对带下病的论述，亦多责之脾、肾、任、带等。《女科撮要》认为：带下由"脾胃亏损，阳气下陷，或湿痰下注蕴积而成。”《血证论·崩带》说：“带脉受伤，注于胞中，固发带证。”

由此可见，带下属人体的阴液，其生成有赖肾、脾、任、督、带的温煦生化。禀肾收藏、施泄；经脾运化、输布；由任脉所司；受带脉约束与督脉的温化。当肾气充盛，肾精充沛，脾气健运，任督通调，带脉固健，阴液源源泌淖于胞中，布施于前阴空窍，是为生理带下。

2.2.3 妊娠生理

从怀孕到分娩这个阶段，称为“妊娠”，也称“怀孕”。《内经》称“重身”。

2.2.3.1 受孕的机制

受孕是生命的开始，男女成熟的生殖之精相结合，孕育于发育良好的子宫腔内，即可成孕。《类经·脏象类》说：“两精者，阴阳之精也。搏，交结也。……凡万物生成之道，莫不阴阳交而后神明见。故人之生也，必合阴阳之气，构父母之精，两精相搏，形神乃成。”“有子之道，必阴阳合而后胎孕成”，又引朱丹溪之说：“阴阳交媾，胎孕乃凝。”《灵枢·决气》篇亦指出：“两神相搏，合而成形，常先身生是谓精。”基本概括了中医学对受孕机理的认识。

2.2.3.2 受孕的条件

受孕需要男女双方具备一定的条件。《女科正宗·广嗣总论》指出：“男精壮而女经调，有子之道也。”所谓男精壮，指精液有一定的质和量，即每次排出的精液量不少于2.5ml，每ml内的精子数不少于6千万，精子活动率达60%以上，异形精子不超过20%，液化时间不超过半小时。女经调包括月经周期、经期、经色、经量、经质正常。双方具备这些条件，还要在一定的时机合阴阳，才可受孕。《女科准绳·胎前门》引袁了凡之言曰：“天地生物，必有絪缊之时，万物化生，必有乐育之时，……凡妇人一月经行一度，必有一日絪缊之候，于一时辰间，……此的候也，……顺而施之，则成胎矣。”这里所说的：“絪缊之时”和“的候”，相当于现代医学所称之排卵期，正是受孕的良机。

综上所述，受孕应具备的条件为：①阴阳充实：即男女双方必当成熟年龄，发育健全，男精壮，女经调。②阴阳和：男女无生殖器官畸形，无碍交合，两精相合，需于絪缊的候之时。③两精相搏，种子胞宫：男女生殖之精搏合成精，并种植于发育良好的胞宫，并须得肾气、天癸、冲任、气血的资灌方能成胎。

2.2.3.3 妊娠的生理现象

受孕以后，母体发生一系列变化以适应育胎的需要，孕妇各生理功能较孕前旺盛，以利于妊娠过程的进行，同时也为分娩做好生理准备。

妊娠以后，肾气较平时充盛以养胎载胎，阴精血液汇聚于下，输于胞中以育胎，故月经停止来潮。

怀孕早期，冲脉之气较盛，冲气易上犯胃气，故孕妇出现恶心、呕吐、择食，倦怠，晨起口淡欲呕等早孕反应。一般妊娠三个月后消失。孕后脉象多滑疾流利，按之应指，尤以尺脉较为有力，《素问·阴阳别论》云："阴搏阳别，谓之有子。"因肾主胞胎，妊娠以后，肾气充盛，故肾脉应指有力。但也有少数身体羸弱之妇，早孕期滑脉不明显，故不能单凭脉象确诊。孕后除月经闭止外，还会感到乳房发胀或触痛、刺痛；妊娠八周后乳房会明显增大隆起，乳头乳晕着色加深。《生生宝录》云"妇人乳头转黑，乳根渐大，则是胎矣。"至妊娠四五月后，可挤出少量乳汁。随着胎儿逐渐增大，腹部逐渐膨隆，四个月底孕妇可自觉胎动，五个月后可在腹部听到胎心音。孕六个月时，子宫底部上升至脐上。一经确诊为早孕，即需定期进行产前检查，及时发现胎儿胎位及母体有无异常。

2.2.4 产育生理

产育包括分娩、产褥与哺乳。分娩、产褥、哺乳是妇女生育后代的三个阶段，在每个阶段里都会发生一系列的生理变化，了解这些生理情况对指导临床具有重要的意义。

2.2.4.1 分娩

分娩，是指怀孕末期，即孕280天左右，成熟或近成熟的胎儿及胎衣自母体子宫内娩出的过程。

（1）预产期的计算

关于预产期的计算方法，中医学中有明确记载，明·李梴《医学入门》说："气血充实，可保十月分娩……凡二十七日即成一月之数。"10个月共270天。又《妇婴新说》说："分娩之期或早或迟，……大约自受胎之日计算，应以280日为准，每与第十次经期暗合也。"现代医学对预产期的计算方法是：按末次月经第一天算起，月份数加9（或减3），日数加7，如按农历计算，月数同前，日数加14。

（2）临产特征

分娩又称临产、临盆。一般在临产前均有先兆，《胎产心法》说："临产自有先兆，须知凡孕妇临产，或半月或数日前，胎腹必下垂，小便多频数。"故临产时孕妇胎位下移，腰腹阵阵胀痛，小腹逼坠而有便意，或有羊水流出，或有少量出血（俗称"见红"）。但临产需与"试胎"、"弄胎"鉴别。妊娠八九月，或腹中痛，痛定仍然如常者，古称"试胎"。若妊娠月数已足，腹痛或作或止，腰不痛者，古称"弄胎"，均非临产先兆，宜安静以待，切勿紧张。又临产时孕妇的脉象亦有变化，如脉浮、滑数等，孕妇双手中指两旁可扪得脉动，渐及指端。《胎产心法》说："至欲产时，脉先离经，拭捏产妇中指中节或本节跳动，即当产也。"这种凭脉诊断临产的方法，具有一定的临床实用价值。

关于产程，中医学也有观察和记录，晋·王叔和《脉经》说："妇人欲生，其脉离经，夜半觉，日中则生也”。指出从规律宫缩至分娩大致为 12 小时，这与现代医学的统计时间基本一致。

临产是正常的生理现象，但如果失于调护，就会影响分娩的顺利进行，从而造成难产。常见因素如产妇过度紧张，畏惧，或胎儿、胎位异常，或产道狭小，或胎儿过大，则容易造成难产，甚或危及母儿的生命。古人强调产妇临产时必须宽心静待，切忌紧张惊恐，如《达生篇》指出临产时宜“睡、忍痛、慢临盆”六字真言，对消除产妇恐惧心理和焦躁情绪，避免用力过早，以免体力消耗过大，从而影响分娩顺利进行，具有重要意义。

2.2.4.2 产褥期特点

新产后 6 周内，称产褥期。

新产，指产后 7 日内。

由于产时的产伤与出血以及产程中耗力伤气，损伤阴液，使产妇气血骤虚，阳气易浮，因此出现产褥期特殊的生理表现。

1）畏寒恶风　由于产时迸气耗力，阳气骤虚而发生寒战，又新产后阳气暂虚，腠理不密，故较平时畏冷、怕风。

2）微热、自汗　产后阴血骤虚，阴阳失调，阳气外浮，故有微热自汗。

3）腹痛　产后 3~5 日，子宫阵阵收缩而有腹痛，现代医学称为“缩复痛”。多见于经产妇。大约 6 周，子宫才能恢复到正常的大小。

4）恶露　新产后，有余血浊液从子宫经阴道排出，称为恶露。新产后三日内恶露血液成分多，称血性恶露或红色恶露，两周后红色血性恶露消失，代之以淡黄色、白色恶露，称白色恶露，恶露一般在产后 3 周内干净。

2.2.4.3 哺乳

一般产后 12 小时便有乳汁分泌，母乳营养丰富，易消化，并具有抗病能力。分娩后应在 30 分钟内令新生儿开始吮吸乳头，以刺激乳汁尽早分泌，让婴儿吃到免疫价值极高的初乳，增强抗病能力，并能促进胎粪排出。同时促进母亲子宫收缩，减少出血，尽早建立母子感情联系。母乳喂养提倡按需哺乳，不规定哺乳的时间和次数，一般每次哺乳时间 10 分钟左右，最多不超过 15 分钟，以免乳头浸软皲裂。

母乳是产妇气血所化。哺乳期内，产妇保持精神舒畅，营养丰富，乳房清洁，睡眠充足，对保证乳汁的质量有重要意义。哺乳时限，现提倡纯母乳喂养4~6个月后，逐渐添加辅食。12~24 月是婴儿断乳的最佳月龄，最好选择在气候温凉适宜的季节。

产后，脾胃生化之精微除供应母体营养需要外，另一部分则随冲脉与胃经之气上行，生化为乳汁，以哺育婴儿。薛立斋说：“血者，水谷之精气也，和调于五脏，洒陈于六腑，妇人则上为乳汁，下为月水。”故在哺乳期，气血上行化为乳汁，一般无月经来潮。

月经、带下、妊娠、分娩、哺乳这些妇女的生理特点，都是在脏腑、经络、气血，天癸的共同作用下完成的，特别是与肾气、天癸的主导作用分不开（图 2-1 妇女生理特点示意图）。

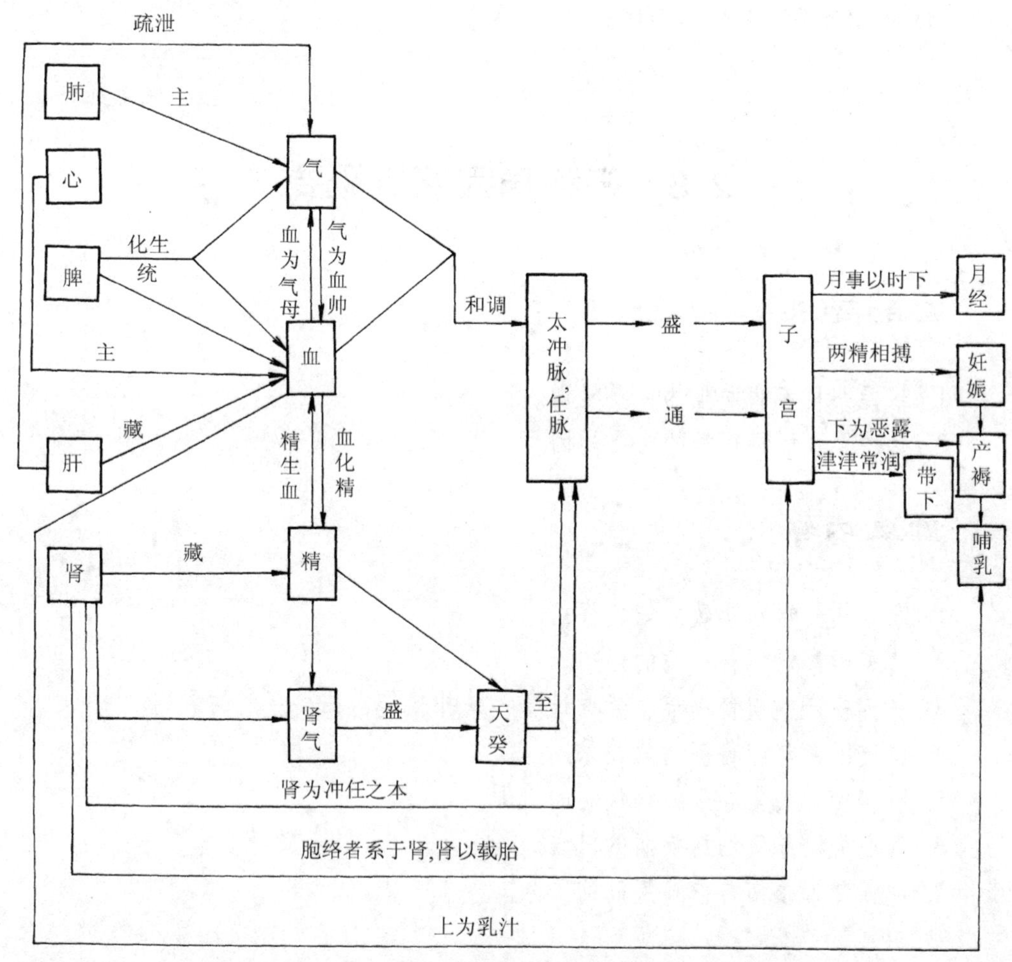

图 2-1 妇女生理特点示意图

复习思考题

1. 试述胞宫的位置及作用。
2. 胞宫与哪些脏腑和经脉关系最密切，为什么？
3. 简述月经期、量、色、质的生理表现。
4. 月经的产生与脾（胃）肝肾的关系如何？
5. 冲任督带与月经的关系如何？
6. 妊娠的主要生理特点有哪些？
7. 怎样计算预产期？

8. 分娩前的征兆有哪些?
9. 产褥期有哪些表现，为什么?
10. 什么是恶露?临床表现如何?
11. 何谓天癸?其作用如何?

（张文红）

2.3 妇科病因病机概要

目的要求

1. 掌握妇科疾病发生的主要机理。
2. 熟悉导致妇科疾病的主要病因。

重点内容

1. 寒、热、湿邪所致的妇科疾病。
2. 情志因素对妇科疾病的影响。
3. 房劳多产、饮食失节、劳逸过度、跌扑损伤对妇科疾病的影响。
4. 体质因素与妇科疾病的关系。
5. 脏腑功能失常导致妇科疾病的机理。
6. 气血失调导致妇科疾病的机理。
7. 冲任督带损伤与妇科疾病的关系。

人体各脏腑组织之间、人体与外界环境之间，保持着相对的动态平衡，从而维持人体的正常生理活动。当这种动态平衡遭到破坏而又不能自行调节恢复时，人体就会发生疾病。破坏人体相对平衡状态而引起疾病的因素就是病因。病因引起疾病发生、发展与变化的机理就是病机。病因与病机是因与果的关系，而在疾病的过程中，原因与结果又是相互作用的。病因固然可以引起病理变化，但在某一病理阶段中本来是结果的东西，而在另一阶段中反过来又可能成为原因。例如瘀血、痰湿等，既是脏腑气血功能失调所形成的病理产物，反过来又可成为某些疾病的病因。

2.3.1 病因

引发妇产科疾病的致病因素，可概括为淫邪因素、情志因素、生活因素和体质因素。淫邪之中以寒、热、湿为多见；情志因素方面以忧、怒、思、恐为常见；生活因素主要指房劳多产、饮食不节、劳逸过度、跌扑损伤等；体质因素是指人的体质强弱而言，即脏腑、经络、气血功能活动的盛衰。淫邪因素、情志因素和生活所伤都是致病的条件，属外因，它们作用于机体后能否发病，引发何种疾病，以及疾病的程度与转归如何，是由体质强弱来决定的。《素问，评热病论》说："邪之所凑，其气必虚"，正说明了外因是变化的条件，内因（体质）是变化的根据，外因通过内因而起作用。

2.3.1.1 淫邪因素

淫邪是风、寒、暑、湿、燥、火六种病邪的统称。其常为"六气"，失常（如太过、不及或非时而至）则为六淫，成为致病因素。六淫皆能导致妇产科疾病，但妇女"以血为本"，而寒、热、湿邪更易与血相结，因而最易引发妇产科疾病。

1）寒邪　寒为阴邪，易伤阳气，主收引凝涩，可使血脉运行不畅。寒邪，就部位而言有外寒、内寒之分，就性质而论有实寒、虚寒之别，四者常交互存在，但妇产科辨证应以虚、实为纲。寒邪所致妇产科疾病，不论虚实，均由寒邪影响冲任二脉功能而引发。若妇女在经期、产后血室正开之时，气候寒凉，衣着不足，或冒雨涉水，或过食生冷，则寒客冲任、胞宫，血为寒凝，血液运行不畅，致胞脉阻滞，可出现月经不调、痛经、闭经、癥瘕，此为实寒致病。若机体阳气不足，寒自内生，脏腑功能失常，影响冲任胞宫的功能，可出现痛经、带下病、妊娠腹痛、不孕，此为虚寒致病。

2）热邪　热为阳邪，其性亢奋，耗气伤精，能使血液沸腾，血流加快，每易动血，迫血妄行。热邪同样有外热、内热、实热、虚热之分。外感热邪而出现发热的妇产科疾病，属外热，例如感染邪毒之产后发热等。机体阳盛或阴虚，或过食温燥辛热之品，或七情过激，五志化火，均可致内热丛生，血分蕴热，热扰冲任，出现月经先期、月经过多、崩漏、经行吐衄、胎漏、产后恶漏不绝等。机体阳盛、感受热邪、五志化火、过服辛热之品产生实热，素体阴分不足产生虚热。实热证中热邪炽烈者称为热毒。

3）湿邪　湿为阴邪，与水同类，其性重浊濡滞，易阻遏气机，滞碍阳气。常致升降失常，经络阻滞。湿邪又易与寒、热、痰、毒相并，而成寒湿、湿热、痰湿、湿毒。湿邪伤人，无虚、实之分，依湿之来源不同，分为内湿与外湿。若生活在湿度较大的环境，或久卧湿地，或冒雨涉水，致湿邪入侵，为外湿；若脾土虚弱，运化失职，湿邪内生为内湿。湿注胞宫、任带，表现带下增多、阴痒、不孕；水湿泛滥，见经行泄泻、经行浮肿、妊娠肿胀等。

2.3.1.2 情志因素

情志因素是指喜、怒、忧、思、悲、恐、惊七种情志的变化。凡突然、强烈或长久的情志刺激，都可以引起脏腑气机紊乱、升降失常、气血不和，进而影响冲任（督带）功能，发生妇产科疾病。七情之中，尤以忧、怒、思、恐对妇产科疾病影响较著。如郁怒伤肝，肝气失于调畅，致气滞、气逆，可出现痛经、闭经、经行吐衄等。忧思过度则伤脾，脾虚气血生化失源、血失统摄，可致月经失调、闭经、崩漏等证。

2.3.1.3 生活所伤

妇产科疾病的产生还可由生活中不知慎戒，影响脏腑、气血的正常功能所致。生活因素既是致病因素，也是影响体质因素的条件。

1）房劳多产　早婚、房室不节可致肾气亏损，精血亏耗。如在月经期、孕期、新产后，还易因正虚、血室正开而致邪毒入侵或伤动胎气引起各种月经病、妊娠病、带下病、产后病。妇女孕产（包括堕胎、小产、人工流产）过频、过多，更易耗伤气血，损伤冲任，成为经、带、胎、产诸疾的病因。

2）饮食失节　凡饥饱失宜、饮食偏嗜均可引发疾病。在妇女，若饮食不足，气血生化乏源，常致冲任虚损，胞宫发育不良，引起月经病、妊娠病、不孕症；饮食过多，肠胃易伤，水湿不运，痰浊内停，阻滞冲任，引发月经过少、闭经、不孕、癥瘕诸疾。过食辛热、饮酒无度，常致冲任蕴热，迫血妄行，出现月经先期、月经过多、崩漏、胎漏等症；过食生冷、寒凉，则易内伤阳气，寒湿从生，可使气血凝聚，引起带下病、痛经、闭经、不孕等。

3）劳逸过度　劳则气伤。妇女在月经期、妊娠期和产褥期均处于气血偏虚的特殊时期，尤应避免劳累过度。若经期过劳，常致气虚不能摄血，引发月经过多、经期延长，甚至崩漏；孕期持重、攀高，易致气虚不能载胎，出现胎漏、胎动不安，甚则堕胎、小产、早产；产后操劳过早，久蹲久站，易引发产后恶露不绝、阴挺。在月经期、妊娠期、产褥期完全不活动，也易因气机阻滞引发痛经，产后腹痛、胎位不正、难产等证。

4）跌扑损伤　妇女在经期、孕期登高持重，不慎跌扑闪挫，易致冲任、气血损伤，导致月经不调、崩漏、堕胎、小产、早产等病。手术损伤、人工流产或引产过频，亦能引发妇科疾病。

2.3.1.4 体质因素

人体的体质因素直接决定着机体的抗病能力，是疾病产生的内在因素。体质因素不仅决定着上述致病因素能否损伤机体导致疾病，而且决定着导致疾病的种类、程度、转归和预后。《灵枢·百病始生》说：“猝然逢疾风暴雨而不病者，盖无虚，故邪不能独伤人。”说明体质因素的重要性。也就是说，在相同的外界致病因素作用下，体质强健者健康无恙，体质虚弱者就会引发疾病，而且由于素体状况的不同引起疾病的种类不同、轻重不同，同一疾病、相同病情，体质不同，其发展、转归也不同。

人体由于先天禀赋的不同，后天条件（如环境、年龄、饮食、营养、疾病、工作条件、药物等）的差异，可以形成不同类型的体质，如素体阳虚、素体阴虚、素体脾虚、素体肾虚等等。在妇产科疾病的发生中，往往素体阴虚者易出现月经先期、经期延长、漏下、胎漏、妊娠心烦等证；素体阳虚者易引发月经后期、痛经、闭经、带下病、妊娠腹痛诸疾。偏肾虚者常有不孕、崩漏、闭经、绝经前后诸证、胎漏、胎动不安；偏脾虚者易见月经过多、经行泄泻、妊娠恶阻、妊娠肿胀；偏肝郁者常见月经先后无定期、经行乳房胀痛、经行情志异常、缺乳、癥瘕。同样感受湿邪，由于体质因素不同，有的湿从热化转为湿热，有的湿从寒化形成寒湿。体质强健者往往病轻、易愈，体质虚弱者则病重、难愈。

总之，体质因素在疾病的发生、发展、转归和预后的整个过程中起着重要的作用。

2.3.2 病机

妇产科疾病的病理机转，可以概括为三大方面：脏腑功能失常、气血失调、冲任（督带）损伤。各种致病因素可以直接损伤冲任（督带），也可通过引起脏腑功能失常、气血失调，进而损伤冲任（督带），导致胞宫、胞脉、胞络出现病变，从而产生妇产科疾病。脏腑功能失常、气血失调是产生妇产科疾病的重要环节，冲任（督带）损伤则是妇产科疾病病机的核心所在。

2.3.2.1 脏腑功能失常

1）肾　肾藏精，主生殖，胞络系于肾，冲任之本在肾。若先天肾气不足，或早婚多产，房室不节，常易伤肾，影响冲任（督带）功能，引发妇产科疾病。

肾气虚　精能化气，肾精所化之气即肾气，泛指肾的功能活动。肾气虚，直接影响天癸的至与竭、月经的潮与止，引起闭经。肾气虚，冲任不固可引起经、带、胎、产、杂病等各类妇产科疾病，如崩漏、月经先后无定期、胎漏、胎动不安、带下病、阴挺、不孕等。

肾阴虚　肾阴亏虚，精亏血少，可致冲任不足，血海不能适时满盈，出现月经后期、闭经；冲任亏虚，不能凝精成孕，出现不孕。若阴虚生内热，致热伏冲任，迫血妄行，可引起月经先期、崩漏、经行吐衄等。

肾阳虚　肾阳不足，命门火衰，冲任失于温煦，胞宫、胞脉、胞络虚寒，可导致妊娠腹痛、胎萎不长、不孕；肾阳虚不能温阳化水，湿浊内生，流注下焦，可导致经行泄泻、妊娠肿胀、带下病等；肾阳虚微，封藏失职，冲任不固，则致崩漏。

2）肝　肝藏血，主疏泄，性喜条达。素多抑郁，或暴怒伤肝，可导致肝气郁结；肝郁日久化热；肝血不足，肝阳上亢，均可致气血失调，冲任（督带）功能失常而为妇产科疾病。

肝气郁结　肝气不舒，血行不畅，冲任失调，血海蓄溢失常，见月经先后无定期；肝郁气滞血瘀，冲任不畅，脉络受阻，可见经行乳房胀痛、痛经、闭经、缺乳；肝气横逆克脾，生湿化热，湿热下注任带，可导致带下病、阴痒。

肝经郁热　肝气郁结，日久化热，热伤冲任，迫血妄行，可引起月经先期、月经过多、崩漏、经行吐衄。

肝阳上亢　肝之阴血不足，肝阳偏亢，经期、孕后血聚于下，肝血愈虚，肝阳上亢，引起经行眩晕、妊娠眩晕；肝阳亢盛，热极生风，则致子痫。

3）脾　脾为后天之本，气血生化之源。脾又主运化，有统血功能。若素体脾虚，或因饮食、劳倦、思虑所伤，可致气血不足、水湿泛溢，血失统摄，而引发妇产科疾病。

脾虚气血不足　脾虚化源不足，气虚血少，冲任不足，血海不能按时满盈，临床可见月经后期、月经过少、闭经；冲任血少，胎失所养，可致胎动不安、堕胎、小产、胎萎不长。

脾虚水湿内停　脾虚水湿不运，下注任带，可见带下病、阴痒；湿聚日久成痰，痰湿阻滞冲任，胞脉闭塞，致闭经、不孕。

脾虚血失统摄　脾气不足，血失统摄，冲任不固，引起月经不调、月经过多、崩漏、产后恶露不绝等。脾气虚，中气下陷，冲任不固，系胞无力，引起阴挺。

4）心　心藏神，主血脉，与胞脉相通。若忧思积念暗耗心血，心血不能下达，冲任血海不能按时满盈，可致月经过少、月经后期、闭经等；若心火偏亢，心肾不交，水火不济，可见绝经前后诸证、妊娠心烦。

5）肺　肺主气，主肃降，若肺阴虚，虚火内生，经期冲脉气盛，气火上逆，灼伤肺络，致经行吐衄；孕期肺失肃降，致妊娠咳嗽。

2.3.2.2　气血失调

气血失调是妇产科疾病的重要机理之一。女性的特殊生理功能：月经、妊娠、分娩、哺乳都是以血为物质基础，而且这些生理功能都易耗损阴血，所以，女性常处于血分不足，气分有余的状态。《灵枢·五音五味》篇说：“妇人之生，有余于气，不足于血，以其数脱血也。”气血之间关系密切，生理上相互资生，相互依存，病理上相互影响。血病常影响到气，气病也会影响到血。但从其病理变化来看，又有主次之分，血病及气，病以血分为主，称为“在血”；气病及血，病以气分为主，称为“在气”。情志为病常引起气分病变，淫邪为病常引起血分病变。

1）气病　常见气虚（气陷）、气郁、气逆。

气虚　素体羸弱，禀赋不足，或劳倦过度，久病、重病伤及五脏，五脏虚损，均可致气虚，气虚不能摄血，冲任不固，出现月经先期、月经过多、崩漏、产后恶露不绝、经断复来等。气虚卫外不固，致产后自汗。气虚甚而下陷，可致阴挺。

气郁　多因情志抑郁，肝气不能条达所致。气机郁滞则血行不畅，冲任失调，常引起月经后期、痛经、闭经。气郁血滞，留滞冲任、胞宫、胞脉、胞络，日久可聚集成块，而致癥瘕。

气逆　暴怒伤肝，肝之疏泄太过，可致气机横逆，或气郁太过，致气不循常道，而横逆或上逆。经期、孕期，冲气偏旺，冲气挟上逆之肝气，犯肺、犯胃，临床可见经行吐衄、妊娠恶阻。

2）血病　常见血虚、血瘀、血热、血寒。

血虚　产生血虚的原因很多。禀赋素弱，或劳倦、思虑太过，饮食不节，损伤脾胃，致脾胃虚弱，化源不足；或因久病、重病伤及脏腑，耗伤精血；或急性出血、长期慢性出血，致阴血损耗等均可致血虚。血虚则血海不盈，冲任、胞宫失养而引起多种妇产科疾病，如月经后期、月经过少、闭经、痛经、妊娠腹痛、胎漏、胎动不安、胎萎不长、胎死不下、产后血晕等。

血瘀　凡血液的黏稠度或运行状态发生改变，如呈现浓、黏、凝、聚，而致血液流动缓慢、阻滞、甚则渗出脉外，均属血瘀。月经期、产褥期不注意卫生，邪气入侵，与余血相结，瘀阻胞中；或因七情内伤，气机郁结，血行不畅；或因寒凝血滞；或因热灼阴液，煎炼成瘀；或因气虚无力帅血，血行迟缓；血虚脉络不充；血流迟滞；或因出血，血溢脉外，均可成瘀；瘀血阻滞冲任，致经隧不通，可产生月经过少、痛经、闭经、产后腹痛、不孕等；瘀阻冲任，血不归经，可引起崩漏、异位妊娠、产后恶露不绝等；瘀阻冲任、胞宫、胞脉、胞络，壅聚成癥，导致癥瘕。

血热　有实热、虚热之分。实热者由阳盛血热、肝经郁火或感受热邪，热伏于血而成。热伏冲任，迫血妄行，临床可以出现月经先期、月经过多、崩漏、经行吐衄、胎漏、胎动不安、产后恶露不绝。虚热则由阴血不足，阳气偏旺而成。虚热亦可扰动冲任、血海，迫血妄行，出现月经先期、经期延长、经间期出血、漏下等证。

血寒　分实寒、虚寒两类。实寒多因外感寒邪，寒客胞中，血为寒凝，导致冲任闭阻不通，故可见月经后期、月经过少、痛经、闭经、不孕、产后腹痛等。虚寒则由素体阳虚，寒由内生，脏腑失于温煦，气血生化不足，冲任失养，故见胎萎不长、月经后期、妊娠腹痛等证。

由于气血相互资生，相互依存，在病机上往往气病及血，血病及气，临床常见有气血同病之证，如气血虚弱、气滞血瘀、气陷血脱等。

2.3.2.3 冲任（督带）损伤

冲任（督带）损伤是妇产科疾病中最重要的发病机理。冲任（督带）损伤的原因有直接损伤与间接损伤。直接损伤是指各种致病因素直接侵袭胞宫、胞脉、胞络，导致冲任（督带）失调，引发妇产科疾病。如经期产时，阴部不洁，致邪毒入侵胞宫，损伤冲任，引起月经不调、带下病、产后发热等；久居湿地，或经期冒雨涉水，寒湿之邪侵袭胞宫，血为寒凝，致冲任瘀阻，可致痛经、闭经、癥瘕等；外伤、手术创伤，可直接伤及胞宫，引起冲任失调，导致月经不调、崩漏、胎动不安、堕胎、小产等。间接损伤是指各种致病因素首先引起脏腑功能失常、气血失调，进而间接引起冲任（督带）损伤，引发妇产科疾病。如精神郁闷，致肝气郁结，气滞血瘀，进一步导致冲任损伤，引起月经后期、痛经、月经先后不定期等；劳倦太过致脾虚，脾失统摄，冲任不固而引发月经先期、崩漏、产后恶露不绝等。

综上所述，妇产科疾病的病机为脏腑功能失常，气血失调，冲任（督带）损伤。三种病机又不是孤立的，是密切联系，互相影响的。如脏腑功能失常，可导致气血失调，进而引起冲任（督带）损伤；气血失调也可引发脏腑功能失常，冲任（督带）损伤；各种致病因素直接损伤冲任（督带）、胞宫，也可导致脏腑功能失常与气血失调。总之，不论何种致病因素损伤机体，不论病变起于哪个脏腑，是在气还是在血，其病机反映总是整体的，最终都因损伤了冲任（督带）的生理功能，才引起了妇产科疾病。因此说，冲任（督带）损伤是妇产科疾病病机的关键所在。

为明确妇产科病因病机的逻辑关系，简要整理如图 2-2 所示。

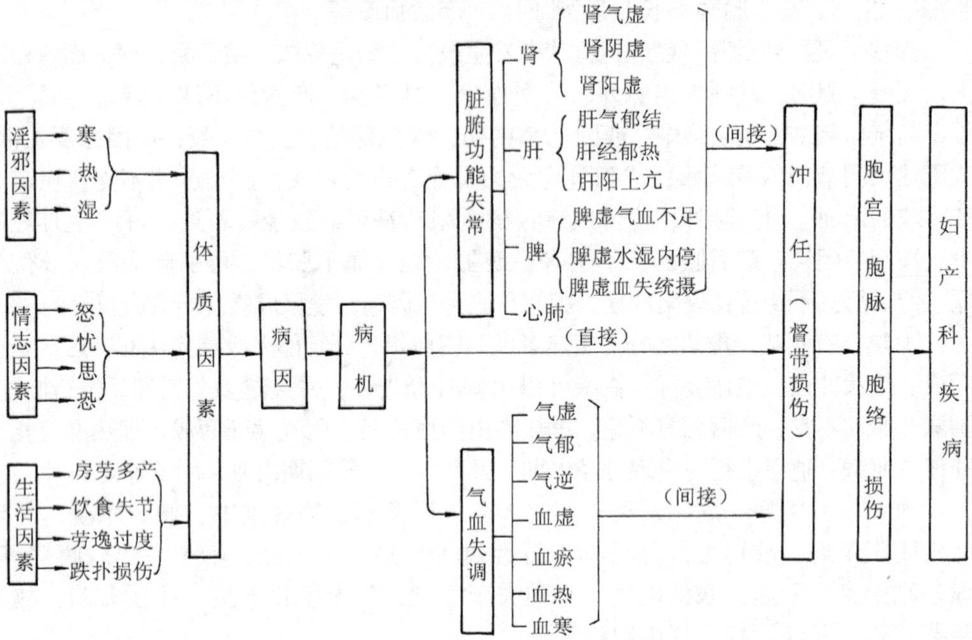

淫邪因素：寒、热、湿
情志因素：怒、忧、思、恐
生活因素：房劳多产、饮食失节、劳逸过度、跌扑损伤
体质因素
病因
病机
脏腑功能失常
肾：肾气虚、肾阴虚、肾阳虚
肝：肝气郁结、肝经郁热、肝阳上亢
脾：脾虚气血不足、脾虚水湿内停、脾虚血失统摄
心肺
（间接）
（直接）
气血失调：气虚、气郁、气逆、血虚、血瘀、血热、血寒
（间接）
冲任（督带损伤）
胞宫 胞脉 胞络 损伤
妇产科疾病

图 2-2　病因病机示意图

复习思考题

1. 简述产生妇产科疾病的主要原因有哪些。
2. 试述寒、热、湿邪是如何引起妇产科疾病的。引起的主要疾病有哪些？
3. 简述体质因素在引发妇产科疾病时的作用。
4. 引起妇产科疾病的机理是什么？病机核心是什么？
5. 试述肾、肝、脾功能失常能引起哪些妇产科疾病，其机理如何。
6. 试述血虚、血瘀、气虚、气郁是如何影响妇产科疾病的。
7. 为什么说冲任（督带）损伤是妇产科疾病病机的关键？

（刘宏奇）

2.4　妇科疾病诊断概要

目的要求

1. 掌握四诊在妇科临床上的运用。

2. 掌握脏腑辨证中肝、肾、脾病变的证候特征。
3. 熟悉气血辨证中气血病变的证候特点。
4. 了解妇科常见证型。

重点内容

1. 问诊：年龄、主诉、现病史、月经史、带下、婚产史等。
2. 望诊：望形神、面色、唇舌、月经、带下、恶露。
3. 闻诊：嗅经血、带下、恶露气味，听胎心音。
4. 切诊：①切脉：月经脉、带下脉、妊娠脉等；②按诊：腹部及四肢。
5. 脏腑辨证要点：①肾病辨证：肾气虚、肾阴虚、肾阳虚、肾阴阳俱虚；②肝病辨证：肝气郁结、肝郁化热、肝经湿热、肝阳上亢、肝风内动；③脾病辨证：脾虚血少、脾失统摄、脾虚气陷、脾虚湿盛。
6. 气血辨证要点：①气病辨证：气虚、气滞；②血病辨证：血虚、血瘀、血热、血寒。

妇科的诊断辨证方法与内、外各科基本相同，但由于妇女在生理和病理上有其特点，故诊法和辨证又有其独特之处。兹扼要阐述如下：

2.4.1 四诊

2.4.1.1 问诊

问诊是妇科诊断上重要的一环。《景岳全书·十问》将问诊视为“诊法之要领，临证之首务”，充分体现了问诊的重要性。问诊在临床具体运用上，是有一定技巧的，一是围绕患者主诉进行询问，二是根据望闻切所得初步印象进行询问，这样才能洞察病情，获得真实可靠的资料。

1）问年龄　不同年龄的妇女，由于生理的差异，表现在病理上各有特点，因此在治疗中也各有侧重。《素问病机气宜保命集·妇人胎产论》说：“妇人童幼天癸未行之间，皆属少阴；天癸既行，皆从厥阴论之；天癸已绝，乃属太阴经也。”一般来说，青春期常因肾气初盛，天癸始至，冲任之通盛尚未稳定，易致月经疾患。中年妇女为胎产哺乳期，若操劳过甚，或七情过度，使阴血易伤，阳气易耗，肝失调和，则经、带、胎、产诸疾易发。老年妇女肾气渐衰，脾胃虚弱，易致阴阳失调，而发生经断前后诸证、恶性肿瘤等。所以，对妇女年龄的询问，在诊断上有较大的参考意义。

2）问主诉　主诉应该包括两个要素，即主证和发生时间。“主证”是反映疾病本质的证候，是辨病辨证的主要依据，在具体书写时要求文字简练、精确。主诉为妇科的其他问诊内容提供了线索，在疾病的诊断上有重要价值。

3）问现病史　包括发病原因或诱因，自觉症状，疾病发展变化过程、治疗经过与效果等。

4）问月经史　包括初潮年龄，月经周期，持续时间，经量、经色、经质有无异常，末次月经日期，末次前月经日期，经期前后症状，现在或经断前后情况。如经行先期，多属血热或气虚；经行后期，多属血虚或寒凝；经行先后无定期，多属肝郁或肾虚。育龄妇女，月经一向正常，突然停经者应注意是否妊娠。

若经前或经期小腹疼痛拒按，多属实证；经后腰酸腹痛喜按，多属虚证。小腹冷痛，得热痛减，多属寒痛。痛甚于胀者多属血瘀；胀甚于痛者多属气滞。同时结合月经的量、色、质等进行详细问诊，更有助于辨证诊断的准确性。

5）问带下　询问带下的量、色、质、气味等情况，亦须结合局部及全身的症状进行辨证。

6）问婚产史　问婚否或有无性生活史，结婚年龄，配偶健康情况，孕产次数。有无堕胎、小产、难产、死胎、葡萄胎、胎前产后诸病及避孕措施等。

7）问既往史　既往患过何种妇科疾病及其他疾病，如传染病等。问清有无手术史。

8）问家族史　着重了解有无遗传性疾病、肿瘤病史等。另外，肝炎、肺结核也有一定家族性，与生活上的经常接触有关。

9）问个人史　包括职业、工作环境、生活习惯、嗜好、家庭情况、居住条件等。

2.4.1.2　望诊

根据妇科特点，望诊时除观察患者的神志、形态、面色、唇舌外，应注意观察月经、带下及恶露的量、色、质的变化，对诊断有较大的参考价值。

（1）望形神

形是神志存在的基础，神是形体生命活动的表现。有形才有神，形健则神旺，形衰则神惫。

在妇科临床上，望形神的改变对诊断疾病的性质和轻重是有重要参考价值的。若神思清楚，捧腹曲背，面呈痛苦，多为妇科痛证。若困倦，甚至昏不知人，肢冷汗出，面色苍白或晦黯，多为妇科血证。若神昏谵语，高热不退，躁动不宁，面赤息粗，多为妇科热证。若神情淡漠，向阳而卧，欲得衣被、面色㿠白或青白，多为妇科寒证。若神昏口噤，项背强直，角弓反张或四肢抽搐，多见于子痫或产后破伤风。上列诸病形神变化较大，多数病情危重，临床应结合病史及兼症，详细辨证。

望形体还须注意体格发育。女性成熟之年，月经来潮，胸廓、肩部、臀部丰满，乳房隆起，有腋毛、阴毛生长，相应的身高，表现出女性特有的体态。否则，月经初潮来迟，或月经不潮、性征发育欠佳，多属肾气亏损。

（2）望面色

面部气色的变化，可以反映脏腑气血盛衰和邪气消失的情况。面色㿠白者多属气虚、阳虚；兼有面虚浮者，多挟痰湿；面色苍白者，多为急性大出血，或气血两虚；面色微黄而两颧发赤，多为阴虚火旺；面色萎黄少泽者，多为血虚、脾虚；面色青而紫黯，多为瘀血停滞；面色晦黯者，多为肾气虚、肾阳虚，兼目眶黯黑者，多属肝肾亏损。

（3）望唇舌

包括望口唇、望舌质、望舌苔。

1）望口唇　唇色深红为血热，鲜红为阴虚火旺，淡者为脾虚血亏，或阳虚有寒，青紫为寒凝血瘀。

2）望舌质　舌质的颜色、形态、荣枯对判断正气盛衰、病邪性质和进退有重要价值。

舌质深红者，多为血热；舌尖红赤为心肺有火；舌边红赤为肝胆火炽；舌质红绛为热入营血；舌色淡红、多属血虚、气虚；舌色淡白者，多为气血两亏，或阳虚内寒；舌质黯红者，多属气血郁滞；舌有瘀斑紫点者，多属血瘀。

舌体胖嫩，边有齿痕者，多属脾虚；舌体瘦小者，多属津亏血少；舌体瘦小色淡者，多属气血两虚；舌体瘦小色红而干者，多属阴虚内热；舌面裂纹者，多是热邪伤阴，或血虚不荣，或脾虚湿浸。

3）望舌苔　舌苔的颜色，可察病变之寒热；舌苔的厚薄，可辨邪气之深浅；舌苔的润燥，可验津液之盛衰。白苔主寒证、表证。苔白薄者，多为气虚，或外感风寒；苔白薄而滑者，多为阳虚湿浊初犯；苔白厚腻者，多为湿浊内停，或寒湿凝滞。黄苔主热证、里证。苔黄薄者，多属血热轻证，或外感风热；苔黄厚而干者，多属血热重证，或里热炽盛；黄厚而腻，为湿热壅盛。灰苔主湿证、里证。苔灰而润者，多属痰饮内停，或寒湿内阻；苔灰而干，甚或黑苔者，多属热炽津伤、或阴虚火旺、或肾阴亏损。无苔或花剥苔，舌绛红而干，多属热入营血，阴虚火炽。

（4）望月经

月经量多，经色深红，质稠有块者多为血热；量多色淡质稀薄多为气虚；量少色黯有块多为血瘀；量少色淡质清稀多为脾虚血少。

（5）望带下

带下量多，是属病态、或因湿热，或由脾虚、肾虚，临证当详辨。带下色白，多属脾虚、肾虚；带下色黄，多属湿热或湿毒；带下色赤或赤白相兼，多属血热或邪毒。带质清稀，多属脾虚、肾虚；带质黏稠，多属湿热蕴结。

（6）望恶露

恶露量多，色淡红质稀，无臭味者，多为气虚，色鲜红或紫红，黏稠而有臭味者，属血热；色紫黑有块者，多为血瘀。

2.4.1.3　闻诊

闻诊包括听声音、嗅气味两个方面。

1）听声音　主要是了解疾病的虚实。语声低微，多属气虚；时常叹息，多属肝郁；声高气粗，多属实证、热证。

2）听胎心音　妊娠20周后，用胎心听筒，在腹部可听到胎心音。

3）嗅气味　在妇科主要是了解月经、带下、恶露等气味。若气味腥臭，多属寒湿；气味臭秽，多属血热或湿热；腐臭难闻者，为热（湿）毒蕴结胞中。

2. 4. 1. 4　切诊

切诊包括切脉、按诊两部分。

（1）切脉

妇人之脉一般较男子柔弱细小，如至数均匀，仍为常脉。

1）月经脉　月经将至或正值经期，脉见滑利者为正常月经脉。若脉见洪大，滑数有力为冲任伏热；若脉沉迟而细，为阳虚内寒，血海不足；若脉细而数，为血热伤津，阴亏血少。崩中初起，脉宜虚大弦数；暴崩不止，脉宜虚大或芤；久漏不止脉宜细弱，若仅见浮、洪、数、急者，多属重证。

2）带下脉　带下病脉常见有三：弦数者多为湿热，缓滑者多为脾虚湿停，沉弱者多为肾虚。临证时须结合带下之量、色、质辨证。

3）妊娠脉　妊娠常脉为六脉平和而滑利，尺脉动甚，按之不绝。若孕后脉沉细短涩或两尺脉弱者，多为肾气虚衰，气血不足，应防胎动不安或胎萎不长等症；若脉由洪滑转为沉涩，伴见阴道出血者，应警惕胎死腹中。

4）临产脉　又称离经脉，是将产之候。《脉经》称“怀妊离经，其脉浮。”《证治准绳》说：“诊其尺脉转急，如切绳转珠者，即产也。”见尺脉转急如切绳转珠，或脉见浮数散乱，为临产离经脉。此外，孕妇双手中指两旁动脉从中节渐达于末端搏动应手者，也是临产之脉。

5）产后脉　产后冲任气血俱虚，故脉多见虚缓和平。若脉弦大紧数，为脉证相违，应谨防产后出血。

（2）按诊

妇产科疾病的按诊，主要是按查腹部、四肢。

凡痛经、闭经、癥瘕等病，临床均应按查小腹。若腹满按之硬者，多属实证；按之空虚而软，多属虚证。若小腹内有包块，其包块坚硬，固定不移，按之痛甚者，为血瘀；其包块不硬，推之可移，痛无定处者，为气滞。

若诊四肢冰凉，多为阳虚，气虚之征；若手足心热，则属阴虚内热之象。若下肢按之凹陷明显者，属水盛肿胀；按之压痕不显，随手而起者，属气盛肿胀。

总之，临床上宜四诊合参，抓住主证，分析病变所在，才能做出正确诊断。

2. 4. 2　辨证要点

妇产科疾病的辨证要点，是根据经、带、胎、产等临床特征，结合全身症状、舌、脉，按照八纲辨证的原则，来辨别脏腑、气血的病变性质，作出正确诊断，为治疗提供可靠的依据。

2.4.2.1 脏腑辨证要点

(1) 肾病辨证

肾病在妇科临床上主要是虚证表现，在辨证时要以肾的生理功能和病理变化为基础。

1) 肾气虚　妇科临床表现：月经初潮迟，或经闭不行、经行先后无定期，量或多或少，经色淡红，并见胎动不安、滑胎、不孕、崩漏、阴挺等病症。全身症状：腰酸腿软，头晕耳鸣，小便频数，面色晦黯，精神不振，性欲淡漠，舌淡，苔薄白，脉沉细弱。

2) 肾阴虚　妇科临床表现：月经先期、量少、经色鲜红，并见崩漏、经闭、经断前后诸证、胎动不安等全身症状：腰酸腿软，头晕耳鸣，口燥咽干、颧红，手足心热，失眠盗汗，舌红而干，少苔或无苔，脉细数，尺脉无力。

3) 肾阳虚　妇科临床表现：经行泄泻、经行浮肿，崩中漏下，带下清稀，并见妊娠水肿，妊娠腹痛、宫寒不孕等。全身症状：腰酸腿软，头晕耳鸣，精神萎靡，形寒肢冷，小便清长，夜尿多，舌淡、苔薄白而润，脉沉迟尺弱。

4) 肾阴阳俱虚　肾阴虚、肾阳虚证参杂出现，可参考上述辨证。

(2) 肝病辨证

肝病在妇科临床上主要是实证和虚中挟实的表现，在辨证时要掌握肝的生理功能和病理变化。

1) 肝气郁结　妇科临床表现：经行先后无定期，量或多或少，血色黯红，经行不畅，痛经，闭经，不孕，缺乳等。全身症状：胸胁、乳房、小腹胀痛，胸闷不舒，善太息，食欲不振，舌正常，苔薄白，脉弦。

2) 肝郁化热　妇科临床表现：经行先期，量多，色紫红，崩漏，经行吐衄，妊娠恶阻等。全身症状：头晕头痛、烦躁易怒，口苦咽干，或目赤肿痛，舌红、苔黄，脉弦数。

3) 肝经湿热　妇科临床表现：带下色黄、质稠、阴痒、阴肿等。全身症状：胸闷胁痛，心烦易怒，大便干燥，小便黄赤，口苦而干，舌红，苔黄腻，脉弦滑而数。

4) 肝阳上亢　妇科特征：妊娠眩晕，经断前后诸症等。全身症状：头晕头痛，目眩、耳聋、耳鸣，震颤，少寐多梦，易怒，手足心热，舌红，苔白，脉弦细或弦而有力。

5) 肝风内动　妇科临床表现：妊娠痫证，产后发痉。全身症状：头痛头晕、眼花、突然昏厥，不省人事，颈项强直四肢抽搐，舌红或绛，无苔或花剥，脉弦细而数。

(3) 脾病辨证

脾病在妇科临床上主要是虚证或虚中挟实的表现，在辨证时要以脾的生理功能和病理变化为基础。

1) 脾虚血少　妇科临床表现：月经后期，月经过少，经色淡而质薄，并见胎萎不长、产后缺乳等。全身症状：头晕、面色萎黄、神疲肢倦，舌淡苔白，脉细弱。

2）脾失统摄　妇科临床表现：月经先期，月经过多，血色淡并见胎漏、产后恶露不绝、乳汁自出。全身症状：面色㿠白、少气懒言，不思饮食，食后腹胀，舌淡胖有齿痕，脉缓弱。

3）脾虚气陷　妇科临床表现：崩中漏下，阴挺下脱等。全身症状：面色无华，短气懒言，全身乏力，小腹空坠，舌淡苔白，脉沉弱。

4）脾虚湿盛　妇科临床表现：经行泄泻，经行浮肿，带下，子肿，不孕等。全身症状：形体虚胖，头晕且重，胸脘痞闷，口中淡腻，时有痰涎，食少便溏，舌淡，苔白腻，脉濡缓或缓滑无力。

2. 4. 2. 2　气血辨证要点

（1）气病辨证

气在人体有推动、温煦、防御、固摄、升发、气化等多种生理功能，在病理上有气虚、气陷、气滞、气逆等不同变化。

1）气虚　以全身功能活动低下为主要特征。在妇科临床上气虚可以导致多种疾病，气虚证进一步发展可以导致升举无力而下陷的气陷证。值得注意的是气虚证与脾虚证有一定联系，但在证候上是有区别的。妇科临床表现：月经先期，量多，色淡，质稀。并见产后恶露不绝、产后自汗、产后小便不通、阴挺下脱等。全身症状：面色㿠白，短气懒言，神疲乏力，小腹空坠，多汗，舌淡苔白，脉虚弱。

2）气滞　是以全身或局部的气机不畅与阻滞为主要特征，气滞进一步发展可以导致全身气机壅塞而升降失常，出现气逆证。另外，气滞证与肝郁证有一定的联系，但在证侯上是小有区别的。妇科临床表现：月经后期，月经过少，经行不畅，经行腹痛，经色黯有小块。并见经行乳房胀痛、子肿、缺乳、癥瘕等。全身症状：胸胁小腹胀痛，痛无定处，或腹部包块，推之可移，按之可散，舌正常，脉弦。

（2）血病辨证

血在人体有内荣脏腑，外润肌肤而充养精神的生理功能，在病理上有血虚、血瘀、血热、血寒等不同变化。

1）血虚　妇科临床表现：月经后期，月经过少，色淡质稀、并见闭经、经后腹痛、产后腹痛、产后身痛、产后发热、产后缺乳等。全身症状：面色萎黄，唇色淡白，头晕眼花，心悸少寐，手足麻木，舌淡、少苔、脉细无力。

2）血瘀　妇科临床表现：月经过多，经期延长，痛经，闭经，崩漏，癥瘕，产后腹痛等。全身症状：小腹疼痛或有积块，痛处不移，如针刺状，按之痛甚，口干不欲饮，皮肤干燥，舌紫黯，舌边有瘀点、瘀斑，脉沉涩。

3）血热（虚热）　妇科临床表现：月经先期，经期延长，崩漏，经色鲜红，质稠。并见胎漏、胎动不安、产后恶露不绝等。全身症状：面色潮红，低热或潮热，五心烦热，少寐多梦，盗汗，口燥咽干，舌红少苔，脉细数。

4）血热（实热）　妇科临床表现：月经先期，经行发热，崩漏、色紫红，质黏稠，并见产后发热等。全身症状：面红口干，发热，烦躁，小便黄赤，大便秘结，舌红苔黄，脉数。

5）血寒（虚寒） 妇科临床表现：月经后期，量少色淡，痛经等。全身症状：小腹隐痛，喜温喜按，头晕短气，腰酸无力，舌淡苔白润，脉沉迟无力。

6）血寒（实寒） 妇科临床表现：月经后期，量少色黯，痛经，闭经，不孕，癥瘕等。全身症状：小腹绞痛，喜温拒按，面色青白、形寒肢冷，舌黯苔白，脉沉紧。

复习思考题

1. 望色主要包括什么？其在妇科疾病诊断中的重要作用是什么？
2. 为什么说问诊在妇科疾病的诊断中最重要？问月经史的重要性何在？
3. 妊娠后的常脉是什么？为什么会出现这些脉象？
4. 简述妇科疾病的脏腑辨证要点及气血辨证要点。

（李 虹）

2.5 妇科疾病治法概要

目的要求

1. 掌握补肾滋肾的常用方法及代表方剂。
2. 熟悉疏肝养肝的常用方法及代表方剂。
3. 熟悉健脾和胃的常用方法及代表方剂。
4. 熟悉调理气血的常用方法。
5. 熟悉妇科常用外治法及药物。

重点内容

1. 补肾滋肾：补肾益气、温肾助阳、滋肾填精、阴阳双补。
2. 疏肝养肝：疏肝理气、养血柔肝、育阴潜阳、镇肝熄风、泻肝除湿。
3. 健脾和胃：健脾养血、健脾益气、健脾和胃、健脾除湿、健脾豁痰除湿。
4. 调理气血：补气调气、温阳扶气、理气行滞、降气平逆、补血养血、活血化瘀、清热凉血、固冲止血、温经散寒、利湿除痰、解毒杀虫。
5. 外治法：熏洗法、冲洗法、纳药法、贴敷法、热敷法、灌肠法。

妇科疾病的治疗，与其他临床学科一样，本着“治病必求于本”的原则，着重调整脏腑功能。临证时必须运用四诊八纲，分清疾病的阴阳、表里、寒热、虚实、属气、属血、在脏、在腑，然后确定治疗大法。妇人以血为用，气血相互依存，气血为脏腑所生化。妇女生理特点——经、孕、产、乳，数伤于血，气分偏旺，气血失调，脏腑功能失常，导致冲任（督带）损伤，产生经、带、胎、产诸疾。因此，妇科疾病治疗的基本原则，以调补脏腑、调理气血为主，达到，调补冲任。同时，女性生殖器与外界相通，易感受外邪，临症时往往内外合治，使药物直达病所，提高疗效。

2.5.1 调补脏腑

脏腑在女性生理中的主要功能是生精、化气、生血，以维持经、孕、产、乳生理特点，而脏腑中尤以肝、脾、肾三脏与女性生理、病理关系密切。肝藏血、司血海；脾生血、统血；肾藏精、化气生血，脏腑功能失调，可致气血、冲任功能失常，而发为妇科疾病。所以调补脏腑尤为重要。

2.5.1.1 补肾滋肾

肾为先天之本，主藏精气，是人体生长、发育和生殖之根本。肾气盛，天癸至，冲任通盛，才能有月经和孕育。若肾气不足，冲任亏损，就会导致经、带、胎、产、杂诸病，所以补肾滋肾法是妇科病的治本之法。

1）补肾益气　肾气虚，冲任不固，导致月经先后无定期、崩漏、胎动不安、阴挺等疾病。治以补益肾气为主。代表方剂肾气丸、寿胎丸、大补元煎之类。常用药物如菟丝子、杜仲、桑寄生、巴戟天、紫河车、鹿角霜等。

2）温肾助阳　肾阳虚，命门火衰，冲任失于温煦所致的月经后期、闭经、痛经、崩漏、不孕、绝经前后诸证等疾病。治以温肾助阳为主，即所谓“益火之源，以消阴翳”。代表方剂右归丸、右归饮、温冲汤之类。常用药物如附子、仙茅、仙灵脾、巴戟天、补骨脂、锁阳等。

3）滋肾填精　肾阴虚，真阴亏损，或热伏冲任，或阴虚阳亢，导致月经后期、月经过少、闭经、崩漏、不孕、绝经前后诸证、子晕、子痫等疾病。治以滋肾填精为主。代表方剂左归丸、六味地黄丸、补肾地黄丸之类。常用药物如地黄、山萸肉、女贞子、旱莲草、枸杞子、黄精、生龟板等。

4）阴阳双补　阴阳俱虚，或阴虚及阳，或阳损及阴，或久病及肾所致的阴阳两虚，冲任失调所致的崩漏、绝经前后诸症等疾病。治以阴阳双补为主。代表方剂二仙汤、加减苁蓉菟丝子丸之类。常用药物是温肾与滋肾并用。

肝肾同居下焦，肝藏血，肾藏精，精血互生，肝肾同源。肝之疏泄，肾主闭阖，一泄一藏，以维持月经和妊娠的定期藏泻。肝肾又为冲任之本。临床上往往通过滋补肝肾以调养冲任。故养肝滋肾之法，常配合运用。

阴阳是对立统一体，互相依存，互相转化。《景岳全书》说：“善补阳者，必于阴中求阳，则阳得阴助，而生化无穷；善补阴者，必于阳中求阴，则阴得阳升，而泉源不竭。”因此，在治疗中，应注意滋阴药多滋腻，易妨碍脾胃之运化，故滋阴之中，应少佐温阳行气的药物；补阳药多温燥，易耗损阴精，故补阳之中，宜佐以益阴的药物，使阴阳互生。

2.5.1.2 疏肝养肝

肝主疏泄，藏血，司血海，性喜条达。若肝气平顺，经脉流畅，血海安宁，则经、孕、产、乳正常。若肝失条达，疏泄失常，冲任失调，必致妇科诸疾，所以疏肝养肝是妇科疾病的重要治法之一。

1）疏肝理气　抑郁忿怒，肝气郁结，肝失条达，冲任失畅而致月经后期、闭经、经行前后诸证等疾病。治以疏肝理气为主。代表方剂逍遥散、柴胡疏肝散、四逆散之类。常用药物如柴胡、香附、郁金、川楝子、乌药等。

2）疏肝泻火　肝郁化热，热伏冲任，血海不宁，迫血妄行所致月经先期、崩漏、经行吐衄等疾病，治以疏肝泻火为主。代表方剂丹栀逍遥散、宣郁通经汤之类。常用药物如丹皮、栀子、黄芩等。

3）养血柔肝　肝阴不足，肝血虚损，血海空虚所致月经后期、月经过少、闭经、不孕、绝经前后诸证等疾病。治以养血柔肝为主。代表方剂一贯煎、四物汤、养精种玉汤之类。常用药物如女贞子、枸杞子、桑椹子、何首乌、白芍等。

4）育阴潜阳　肝阴亏虚、阴不敛阳，肝阳上亢所致经行头痛、绝经前后诸证、子晕、子痫等疾病，治以育阴潜阳为主。代表方剂三甲复脉汤、天麻钩藤汤之类。常用药物如石决明、龟板、菊花、龙骨、牡蛎、珍珠母等。

5）镇肝熄风　肝肾阴虚，阴虚阳亢，肝风内动或热极生风所致的子痫、产后痉证等疾病。治以镇肝熄风为主。代表方剂镇肝熄风汤、羚角钩藤汤之类。常用药物如羚羊角、钩藤、天麻、石决明、僵蚕等。

6）泻肝除湿　肝郁横逆犯脾，脾虚湿盛，日久化热，湿热互结，下注冲任、胞宫而致带下病、阴痒等疾病。治以泻肝除湿为主。代表方剂龙胆泻肝汤之类。常用药物如龙胆草、车前子、黄柏、萆薢、茵陈等。

疏肝药物多辛燥，用量不宜过重，并宜配伍清润平肝之品，如芍药、玉竹之类。育阴药多滋腻，宜稍佐行气药物，如枳壳、砂仁之属。肝郁易犯脾胃，“见肝之为病，知肝传脾，当先实脾”，故疏肝方中，应佐以健脾之品，如白术、茯苓，逍遥散正属此意。若肝气上逆，血随之而上逆，宜佐以平肝降逆，引血下行之药物，如芍药、代赭石、牛膝之品。

2.5.1.3 健脾和胃

脾胃为后天之本，气血生化之源。又冲脉隶于阳明，阳明乃多气多血之府，脾胃健旺，气血旺盛，冲任充盈，经、孕、产、乳正常。若脾胃失健，可致生化不足，或统摄无权，或水湿停滞，累及冲任则生妇科疾病。故健脾和胃，资其生化。

1）健脾养血　脾胃虚弱，生化无源，气血亏虚所致月经过少、闭经、胎萎不长、缺乳等疾病。治以健脾益血，以资化源。代表方剂归脾汤、滋血汤、八珍汤之类。常用药物如党参、黄芪、当归、首乌、茯苓、山药等。

2）健脾益气　脾胃虚弱，中气不足，冲任不固，血失统摄所致崩漏、月经过多、胎动不安、产后恶露不绝、子宫脱垂等疾病，治以健脾益气，升阳举陷为主。代表方剂举元煎，补中益气汤、固本止崩汤之类。常用药物如党参、黄芪、白术、升麻、柴胡等。

3）健脾和胃　脾胃虚弱，胃失和降所致妊娠恶阻。治以健脾和胃为主。代表方剂香砂六君子汤、小半夏加茯苓之类。常用药物如陈皮、法半夏、砂仁、佛手、生姜等。

4）健脾除湿　健胃虚弱，运化失职，水湿停滞所致的带下病、经行浮肿、经行泄泻、子肿、子满等疾病，治以健脾除湿为主。代表方剂完带汤、健固汤、全生白术散之类。常用药物如苍术、白术、茯苓、猪苓、薏苡仁、半夏、大腹皮等。

5）健脾豁痰除湿　脾阳不振，水湿停聚，水聚成痰，痰湿壅塞胞脉所致不孕、闭经、癥瘕等疾病，治以健脾豁痰除湿为主。代表方剂苍附导痰丸、启宫丸、丹溪治湿痰方之类。常用药物半夏、苍术、茯苓、白术、陈皮等。

临证用药时，应注意对脾胃的调护，补益不宜过于滋腻，温脾不宜过于辛燥，更不宜妄用克伐之品，以免耗伤中气，影响脾胃功能。

2.5.2　调理气血

气血来源于脏腑，在女性的各个生理阶段中起重要作用，是经、孕、产、乳的物质基础。气为血之帅，血为气之母，气血调畅，冲任通盛，经、孕正常。然妇人以血为用，数伤于血，气血失调，影响冲任，导致妇科疾病。因此，调理气血为妇科常用的治法之一。

一般认为，情志失常易引起气分病，寒湿热邪易引起血分病变。因此，调理气血，应根据临床症状，分清其在气在血，然后确定具体治法。

2.5.2.1　病在气分，以治气为主，佐以理血

1）补气调气　气虚，中气不足，冲任不固，导致月经先期、月经过多、崩漏、胎漏、胎动不安、产后恶露不绝、子宫脱垂等疾病。治以补气升提为主。代表方剂举元煎、四君子汤、补中益气汤之类。常用药物如党参、黄芪、白术、升麻、山药、柴胡、荆芥穗等。

2）温经扶阳　感受寒邪，寒伤阳气，或素体阳虚，寒自内生，导致痛经、闭经、带下病、妊娠腹痛等疾病。治以温经扶阳为主。代表方剂小建中汤、当归四逆汤之类。常用药物如附子、肉桂、吴茱萸、炮姜、小茴香、桂枝、艾叶、补骨脂、巴戟天等。

3）理气行滞　抑郁忿怒，气机郁滞，或气逆上壅，或气滞积聚，导致月经失调、痛经、癥瘕等疾病。治以理气行滞，佐以通络。代表方剂乌药汤、柴胡疏肝散、金铃子散、香棱丸之类。常用药物如柴胡、乌药、郁金、香附、荔枝核、橘核、佛手、苏梗等。

4）降气平逆　郁怒之甚，气机逆乱，导致经行吐衄，妊娠恶阻、子悬等疾病。治以行气降逆为主。代表方剂紫苏饮、清竹茹汤之类。常用药物如橘皮、半夏、苏子、厚朴、沉香、枳实等。

2.5.2.2　病在血分，以治血为主，佐以治气

1）补血养血　血虚，或化源不足，冲任空虚所致月经后期、量少、闭经、胎动不安、胎萎不长、产后腹痛、产后发热等疾病。治以补血养血为主。代表方剂四物汤、当归补血汤、胶艾汤之类。常用药物如当归、熟地、枸杞子、何首乌、桑椹子、阿胶、龙眼肉、大枣等。

2）活血化瘀　寒凝、气郁、热灼、气虚均可致血瘀，瘀阻冲任、胞脉，经隧不通，或血不归经，或壅聚成癥所致闭经、痛经、崩漏、异位妊娠、产后腹痛、不孕、癥瘕等疾病。治以活血化瘀为主。代表方剂失笑散、桃红四物汤、血府逐瘀汤、少腹逐瘀汤、膈下逐瘀汤、生化汤之类。常用药物如桃仁、红花、泽兰、五灵脂、蒲黄、三棱、莪术、当归、川芎、山楂、水蛭、虻虫等。

3）清热凉血　热邪内盛、与血搏结，损伤冲任，迫血妄行可致月经过多、崩漏、经期延长，胎漏、胎动不安、产后恶露不绝等疾病。热邪在下，未影响营血，治宜苦寒清热。代表方剂清经汤、保阴煎之类。常用药物如黄芩、黄连、银花、连翘、鱼腥草、败酱草、紫花地丁等。若热蕴于血，治宜清热凉血。代表方剂芩连四物汤、清热固经汤之类。常用药物如生地、丹皮、赤芍等。热为阳邪，易伤阴分，以致阴虚虚热内盛。治宜滋阴清热，代表方剂两地汤、加减一阴煎之类。常用药物如地骨皮、青蒿、银柴胡、白薇、鳖甲等。

4）固冲止血　因气虚、血热、血瘀伤及冲任，经血妄行，而发生妇科诸多出血疾病。如月经过多、崩漏、产后恶露不绝、经期延长、胎动不安等。治疗时应针对出血原因不同，或固摄止血，或凉血止血，或化瘀止血。代表方剂固本止崩汤、小蓟饮子、失笑散等。常用药物如龙骨、牡蛎、乌贼骨、陈棕炭、血余炭、艾叶炭、炮姜炭、焦栀子、黄柏炭、炒地榆、大小蓟、三七、益母草、炒蒲黄等。

5）温经散寒　寒邪客于胞中，血为寒凝，经脉凝滞，冲任受阻所致月经不调、痛经、闭经、产后腹痛、不孕等疾病，治以温经散寒为主，代表方剂温经汤、艾附暖宫丸、吴茱萸汤、当归四逆汤之类。常用药物如肉桂、附子、小茴香、桂枝、艾叶、炮姜、补骨脂、干姜等。

寒证因有虚、实之分，临证时常与温阳扶气或补血、或温经化瘀之药同用。

6）利湿除痰　湿有寒湿和湿热之分。若脾肾阳虚，或感受寒湿，寒湿与血凝结，气血运行不畅，冲任受阻所致痛经、闭经、带下病、子肿、癥瘕等疾病，治以温化水湿、利湿除痰为主。代表方剂健固汤、苓桂术甘汤、全生白术散、苍附导痰丸之类。常用药物如苍术、白术、茯苓、猪苓、泽泻、薏苡仁、大腹皮、生姜皮等。若湿从阳化热，或感受湿热之邪，湿热内盛，湿热下注，伤及冲任，导致痛经、带下病、阴痒等疾病。治以清热利湿为主。代表方剂止带方、萆薢渗湿汤之类。常用药物如茵陈、车前子、萆薢、木通、败酱草等。

7）解毒杀虫　感染病虫，宜解毒杀虫，详见外治法。

2.5.3　外治法

外治法是中医治疗学的组成部分之一，外治法在妇科临床上应用历史悠久。早在《金匮要略·妇人杂病脉证并治》中就有外治法的记载："少阴脉滑而数者，阴中即生疮，阴中蚀疮烂者，狼牙汤洗之。"同时还记载："蛇床子散方，温阴中坐药。"后世妇科专著对其外治法记载颇多，如外阴熏洗、阴道冲洗、阴道纳药、肛门导入、外敷、热敷、切开排脓、药物离子导入、推拿、针灸、割治、拔火罐等。外治法与内治法一样，必须辨证用药，临证时往往内、外合治。

妇科外治法最常用于前阴疾病，因药物直达病所，可提高疗效，缩短疗程。前阴疾病多因邪毒、病虫所致，临床以肿胀、脓肿、溃疡、糜烂等症状为主，在治疗时常选用清热、解毒、杀虫、收敛之类的药物。清热的常用药如黄柏、黄连、知母等；解毒的常用药如金银花、白花蛇舌草、败酱草、蒲公英、紫地丁、土茯苓、鱼腥草等；杀虫的常用药如苦参、百部、雄黄、蛇床子、鹤虱等；收敛的常用药如乌梅、五倍子、乌贼骨、枯矾等。现就妇科常用外治法叙述如下。

（1）熏洗法

熏洗法是用药水熏蒸和洗浴外阴的方法，此法具有清热、消肿、止痛、止痒的作用，用于治疗外阴瘙痒、湿疹、溃疡、外阴及阴道肿胀、小便淋痛等。

使用方法：将药物包煎，加水6~10倍，煮沸20分钟左右，取出药包，将药水倒入专用洗具内，乘热先熏，待温度适中可洗涤或坐浴，每次5~10分钟，溃疡者不宜浸洗。晨、晚各1次，每日1剂，7天1疗程。

（2）冲洗法

冲洗法是用药水冲洗外阴、阴道的方法。此法具有解毒、杀虫、止痒的作用，用于治疗外阴瘙痒、白带增多等。

使用方法：将药物包煎，煮沸25分钟左右，取药汁250~300ml，待温度适中时，置阴道冲洗器内进行冲洗。但阴道内皱襞较多，分泌物及病原体不易冲洗干净，可挟持棉球蘸药水擦洗阴道。晨、晚各1次，每日1剂，煎2次，7天1疗程。

（3）纳药法

纳药法是将药物置于阴道穹窿和宫颈部位的方法。具有清热、杀虫、拔毒、祛腐生肌的作用，用于治疗宫颈糜烂、肥大，宫颈癌及阴道炎等。

使用方法：将药物制成膏剂、栓剂、粉剂等，消毒后备用。阴道、宫颈清洁后，用消毒棉球蘸上药膏或药粉，用线系住，纳入阴中近宫颈处，晚上抽出。栓剂可直接放置阴道后穹窿。每日1次，7天1疗程。

（4）贴敷法

贴敷法是将药物制成水剂、膏剂、粉剂、糊剂直接贴敷于患处的方法，具有解毒、消肿、止痛、或拔脓生肌的作用，用于外阴肿痛、外阴溃疡、外阴脓肿切开、急性乳腺炎或回乳等。

使用方法：将无菌纱布浸泡于药水中，待用时敷于患处；粉剂直接撒于患处，外敷无菌纱布；膏剂、糊剂可涂于无菌纱布上，敷于患处，胶布固定。每日或隔日1次，至痊愈为止。

（5）热敷法

热敷法是将药物直接热敷于患处的方法。具有温经散寒、化瘀止痛的作用。用于妇科寒湿凝滞的痛经。

使用方法：将药物磨成细粉，用湿水调匀，装于布袋，外加温贴敷患处。注意勿熨伤皮肤。每日1次，3天1剂，7~10天1疗程。

（6）灌肠法

灌肠法是将药水通过肛门导入的方法。具有清热、化瘀、消炎的作用，用于慢性盆腔炎、盆腔癥瘕等。

使用方法：将药物包煎，加水300ml，煮沸20~30分钟，取药汁100~150ml，待温度适中，用5号导尿管插入肛门，将药汁缓缓注入，保留灌肠。每日1次，每次1剂。

此外，在妇科临床使用外治法时，应注意以下几项。

1）所有外用制剂，必须严格按规定操作制备，消毒后使用。

2）治疗部位应常规清洁或消毒。

3）月经期前、后3天及经期禁止施用外治法，妊娠及新产后应少用外治法，特殊情况除外。

4）治疗期间，禁止盆浴及房事，洗具应消毒。

5）外用药物治疗期间，凡可出现的情况及使用有毒药物，均应向患者详细交待，有毒药物剂量不宜过多。

6）从整体观念出发，强调局部与全身调理相结合的原则，突出辨证论治。

附　妊娠忌服药歌

蚖斑水蛭及虻虫，乌头附子配天雄；
野葛水银并巴豆，牛膝薏苡与蜈蚣；
三棱芫花代赭麝，大戟蝉蜕黄雌雄；
牙硝芒硝牡丹桂，槐花牵牛皂角同；
半夏南星与通草，瞿麦干姜桃仁通；
硇砂干漆蟹抓甲，地胆茅根都失中。

复习思考题

1. 中医妇科常用治则及代表方剂各是什么？

2. 外治法常有哪些？临床如何使用？

（李　华）

2.6 女性卫生保健

目的要求

了解经期卫生、妊娠期卫生、产褥期卫生、哺乳期卫生、绝经期卫生。

重点内容

1. 月经期卫生：保持清洁、劳逸结合、调和情志、寒温适宜、饮食有节。
2. 妊娠期卫生：劳逸有节、饮食适宜、慎戒房事、用药宜慎、注意胎教、定期检查。
3. 产褥期卫生：起居适宜、清洁卫生、和畅情志。
4. 哺乳期卫生：清洁乳房、正确哺乳、保持乳量。
5. 绝经期卫生：积极宣教、精神愉快、适当运动。

2.6.1 月经期卫生保健

月经是妇女特有的生理现象。妇女在月经期间，血室正开，经血下行，冲任空虚，邪气容易入侵；同时因气血变化急骤，情绪易于波动，容易为七情所伤。若调摄不当，常可引发疾病。所以月经期间，应注意以下几方面的调护。

1）保持清洁　经期血室正开，易感外邪，故应注意保持阴部清洁。每天用温水清洗外阴 1～2 次，禁止盆浴、坐浴、游泳、阴道上药及性交，勤换内裤，注意月经带、月经垫的清洁卫生。

2）劳逸结合　经期应避免剧烈运动及重体力劳动，以免过度劳累耗气动血，引起月经过多、经期延长，甚至崩漏。但也不应卧床休息，以致气机不畅，影响经血的正常排出，引发痛经。

3）调和情志　经行之时，阴血偏虚，阳气偏盛，情绪易于波动，此时若遭惊恐、忧思、郁怒，每致肝失条达，气血不和，而使月经发生异常。故应保持心情舒畅，避免精神过度紧张。

4）寒温适宜　血得寒则凝，得热则行。故经期应避免贪凉露宿、冒雨涉水，或暴晒过久，久处高温之地等，以免寒热侵袭，月经失常。

5）饮食有节　饮食适量，可化生气血，使经血有源。但若经期过食生冷寒凉，可致经脉凝涩，血行受阻；过食辛热香燥之物，则邪热内蕴，迫血妄行。月经期间，饮食当清淡而易于消化。

2.6.2 妊娠期卫生

妊娠之后，胎儿在母体中生长发育，促使母体发生广泛的生理变化，此时更应注意摄生，才能保障孕妇与胎儿的健康。

1）劳逸有节　人禀气血以生，胎赖气血以长，适当的活动与休息，可使气血流畅，母儿安康。若孕期劳累太过，或攀高持重，则易伤胎气，引发堕胎、小产、早产；孕期贪逸，卧床不起，则易导致气滞，引发难产、胎位不正等。

2）饮食适宜　孕期饮食，宜富于营养，花样品种宜多，不应有偏嗜，以利于摄取足够、均衡的营养，保障胎儿正常生长发育。

3）慎戒房事　妊娠3个月以内及7个月以后应慎戒房事，以免引起胎动不安、堕胎及早产。

4）用药宜慎　孕期用药宜注意药物对胎儿的影响，西药尤应注意对胎儿有无致畸作用，中药有毒、破血、行散、滑利、峻下之品亦应慎戒。

5）注意胎教　孕妇的精神状态、思想感情，对胎儿的发育有一定的影响，因而孕期妇女应注意调节情志，保持乐观向上的情绪，端正言行，感化胎儿，以利胎儿智能及身体健康发育。此即古人所论之“胎教”。

6）定期检查　妊娠期通过定期的产前检查，可以进行孕期保健指导、孕产知识宣教，及早发现、治疗妊娠疾病，如妊娠肿胀、妊娠眩晕、胎位异常等，保障母儿健康平安。

2.6.3 产褥期卫生

产后气血不足，百节空虚，营卫不固；血室正开，胞脉空虚。此时若将养失宜，则生产后诸疾。

1）起居适宜　产妇应充分休息，不宜过早及过度操劳，以免引发产后血崩、阴挺下脱，但亦不应久卧不起，有碍气血流通，致恶露排出不畅；居室应温暖，空气流通，衣着适当；饮食宜清淡、富有营养，以利产后复元及乳汁充盛；产褥期尤其恶露未净之时，要避免房事，以防邪气乘虚而人。

2）清洁卫生　产妇汗多，应经常热毛巾擦浴，勤换内衣。产后血室正开，易感邪毒，所以要特别注意阴部卫生，每天用温水清洗外阴，每日更换内裤及卫生带。

3）和畅情志　产后阴血亏虚，肝血不足，易生情志变化，故产妇应精神和悦，切不可忧思、暴怒，以免气结血滞，影响恶露与乳汁的排出。

2.6.4 哺乳期卫生

母乳为婴儿最佳食品，故产后应积极提倡母乳喂养。哺乳期间应注意以下情况，以确保母乳喂养成功。

1）清洁乳房　哺乳前用温开水洗手、清洗乳头、乳晕，以保持乳房清洁。乳头出现皲裂应及时处理，注意不要挤压乳房，以免乳汁壅积成痈。

2）正确哺乳　哺乳可采取卧式或坐式，注意不能堵塞婴儿鼻孔。提倡按需哺乳，只要婴儿需要、乳房憋胀即可哺乳。

3）保持乳量　加强营养、心情舒畅、睡眠充足、按需哺乳是保持乳量的必要条件。

2.6.5　绝经期卫生

绝经前后，肾气渐衰，冲任虚惫，常致阴阳不协调而生诸证，为使妇女顺利度过这一时期，应注意以下几点：

1）积极宣教　广泛宣传绝经前后的生理卫生知识，解除绝经期妇女不必要的思想顾虑，但也应了解此期的好发疾病及其表现，定期普查，出现症状积极诊治。

2）精神愉快　此期应尽可能避免精神刺激，保持心情愉快，少怒勿忧，以免诱发各种疾病的发生。

3）适当运动　绝经期前后应适当参加体育运动，如打太极拳、练气功等以增强体质、锻炼身体、分散精力，以利顺利度过绝经期。

（李丽香）

各　　论

3

月经病

目的要求

1. 掌握月经病治疗原则与宜忌。
2. 熟悉月经病的发病机理。
3. 了解月经病的定义、范围。

重点内容

1. 月经病的发病机理：脏腑功能失常，气血失和，冲任二脉损伤。
2. 月经病的治疗原则：治本以调经。

月经病是指月经的周期、经期、经量发生异常，或伴随月经周期出现明显不适症状为特征的疾病。

临床常见的月经病有月经先期、月经后期、月经先后不定期、月经过多、月经过少、经期延长、经间期出血、崩漏、闭经、痛经、经行乳房胀痛、经行情志异常、经行泄泻、经行浮肿、经行吐衄、经行发热、经行眩晕、经行头痛、经行身痛、经行口糜、经行风疹块、绝经前后诸证、老年经断复来等。

月经病的主要发病机理为脏腑功能失常，气血失和，冲任二脉损伤。其发病原因主要为外感六淫，内伤七情，房事不节，产乳众多，劳倦过度，饮食不节及体质因素等。

月经病的辨证着重月经的期、量、色、质、气味的异常和伴随月经周期出现的症状，结合舌、脉辨证论治，必要时，尚需结合患者的体质、禀赋以及病程的长短综合分析。

月经病的治疗原则重在治本以调经。治本应“谨守病机”、“谨察阴阳所在而调之，以平为期”，具体方法为调理气血、补肾、扶脾、疏肝。调理气血应分清气病、血病，病在气者，治气为主，佐以理血；病在血者，治血为主，佐以理气；“经水出诸肾”，调经之本在于肾。补肾以填补精血为主，佐以助阳益气之品，“滋水更当养火”，阳生阴长，精血俱旺，则经水如期。扶脾以资血之源，故以健脾升阳为主，脾气健运，气血生化有常，冲任充盈，经水正常。用药不宜过用辛燥及甘润之品，以免耗伤脾阴或困阻脾阳。疏肝以调达肝气为主，佐以养肝之品，使肝气得疏，气血运行正常，血海蓄溢有度，月经期、量正常。上述诸法，当以补肾扶脾为主。正如《景岳全书》曰：“故调经之要，贵在补脾胃以资血之源，养肾气以安血之室，知斯二者，则尽善矣。”此外，治疗月经病又当分辨经病与他病的不同，若因经不调而后生诸病者，当先调经，经调则诸病自愈；若因他病而致经不调者，当先治他病，病除经自调。临证时还需辨标本缓急的不同，急则治其标，缓则治其本，分清标本，使经病得到彻底治疗。另外还须根据经前、经期、经后、经间期不同时期及不同年龄妇女有不同的生理特点，治疗时有所侧重。

总之，月经病是常见病，多发病，病证变化多样、寒热虚实错杂，临证时，必须在充分理解“经水出诸肾”的基础上，同时注意肝、脾、气血对月经的影响，全面掌握其治法，灵活运用。

（李　华）

3.1 月经先期

目的要求

1. 掌握月经先期的定义及辨证论治。
2. 熟悉其病因病机、诊断与鉴别诊断。

重点内容

1. 月经先期的定义。

2. 病因病机及辨证论治：①脾气虚弱，治以健脾益气，摄血调经，方用补中益气汤；②肾气不固，治以补益肾气，固冲调经，方用固阴煎；③阳盛血热，治以清热泄火，凉血调经，方用清经散；④肝郁化热，治以清肝解郁，凉血调经，方用丹栀逍遥散；⑤阴虚血热，治以养阴清热，凉血调经，方用两地汤。

3. 诊断：月经周期提前7天以上至2周以内，连续2个周期以上。应与经间期出血相鉴别。

月经周期提前7天，甚至半月余一行，连续2个周期以上者，称月经先期，亦称“经早”、“经期超前”。若仅提前三五天，且无其他症状，或偶提前一次，均不作本病论。

本病相当于西医学的排卵型功能失调性子宫出血病。

3.1.1　病因病机

本病主要病机为气虚，血失所摄，或血热迫血妄行，致冲任失固。

1）脾气虚弱　素体虚弱，或饮食不节，或劳倦过度，或思虑过多，均可致脾气虚弱，统摄失职，冲任不固，经血妄溢，而发生月经先期。脾为心之子，脾气既虚，日久则心气亦伤，而为心脾两虚。

2）肾气不固　先天禀赋不足，或年届七七，肾气渐衰，或房劳多产，损伤肾气，肾虚封藏失职，冲任失于制约，经血下溢而致月经先期。

3）阳盛血热　素体阳盛，或过食辛燥助阳之品，或外感邪热，热扰冲任，血海不宁，经血妄行，而致月经先期。

4）肝郁化热　情志抑郁，易燥易怒，肝气郁结，郁久化热，木火妄行，下扰血海，迫血下行，以致月经提前而至。

5）阴虚血热　素体阴虚，或久病耗损，或失血伤阴，阴亏血少，虚热由生，热扰冲任，血海不宁，经血妄溢，而致月经先期。

3.1.2　诊断与鉴别诊断

3.1.2.1　诊断依据

1）患者近期有情志内伤史或盆腔炎病史。

2）月经提前7天以上，2周以内，经期基本正常，连续2个周期者。

3）基础体温呈双相，但排卵后体温缓慢上升，或上升幅度偏低，且升高持续时间短，一般9~10天即下降。

3.1.2.2　鉴别诊断

本病应与经间期出血相鉴别

经间期出血，常发生在月经周期的12~16天，（即排卵期），持续1~2小时至2~3天，出血量明显少于月经量，出血时基础体温显示低高相交替。月经先期出血量正常或稍多，且出血时间不在排卵期，一般较易鉴别。

3.1.3 辨证论治

月经先期的辨证，着重于经期提前的同时，结合经量、经色、经质、伴随证及舌脉进行综合分析。一般以周期提前，量多，色淡，质清稀，神疲肢倦为脾气虚弱；量少，色淡黯，质清稀，腰酸腿软为肾气不固；周期提前，经色紫红或深红，质稠，舌红，脉数者为血热；量多，脉滑数为阳盛血热；量少，脉细数为阴虚血热；量或多或少，质稠，排出不畅，胁腹胀满，脉弦数为肝郁化热。

本病的治疗原则，重在调整月经周期使之恢复正常，据其证候的属性，以清热益气固冲为主。用药时，补虚不宜过用甘润，清热切忌过用苦寒，以防滞血。

3.1.3.1 脾气虚弱

主证　经期提前，量多，质稀色淡，神疲乏力，气短懒言，小腹空坠，纳少便溏，面色㿠白，舌质淡，苔薄白，脉缓弱。

证候分析　中气虚弱，脾不统摄血液，以致冲任不固，则经行先期，量多；气虚火衰，不能化血为赤，故色淡，质清稀；中气不足，不能提掣，则神疲乏力，气短懒言，小腹空坠；脾虚失于健运，则纳少便溏；中阳不足，则面色㿠白。舌质淡，苔薄白，脉缓弱均为脾虚中气不足之候。

治法　健脾益气，摄血调经。

方药　补中益气汤（《脾胃论》）。

人参　黄芪　甘草　当归　陈皮　柴胡　升麻　白术

本方旨在补气摄血，固冲调经。方中人参、黄芪益气为君；甘草、白术和中为臣，当归养血，陈皮理气为佐；柴胡、升麻升阳举陷为使。

若月经量多，去当归，重用黄芪、人参，酌加艾叶、阿胶、乌贼骨以固摄止血；大便溏薄者，可加山药、薏苡仁、砂仁健脾渗湿止泻。

若脾虚生化不足，气血亏虚，心失所养，以致心脾两虚。症见心悸怔忡，失眠多梦，健忘。治宜健脾养心，固冲调经，方用归脾汤（《校注妇人良方》）。

人参　白术　茯神　黄芪　龙眼肉　酸枣仁　木香　炙甘草　生姜　大枣　当归　远志

本方旨在补益心脾，宁心安神。方中人参、黄芪、白术、甘草补气健脾；当归、龙眼肉、大枣养血和营；茯神，远志、酸枣仁养心安神；生姜、木香健脾理气。

3.1.3.2 肾气不固

主证　月经提前，量少，色淡黯，质清稀，腰膝酸软，头晕耳鸣，夜尿频，舌淡，苔白润，脉沉细。

证候分析　肾气亏损，封藏失职，冲任不固，则月经提前；肾虚精血不足，则经量减少；气虚及阳，血失温煦，则经色黯淡，质清稀；腰为肾之外府，肾虚外府失养，骨髓失荣，则腰膝酸软无力；肾虚不固，膀胱气化失常，则夜尿频。舌淡，苔白润，脉沉细，为肾虚不固之征。

治法 补益肾气，固冲调经。

方药 固阴煎（《景岳全书》）。

人参 熟地 山药 山茱萸 远志 炙甘草 五味子 菟丝子

本方旨在补肾益气，固冲调经。方中菟丝子补肾益气；熟地、山茱萸滋肾填精血；人参、山药、炙甘草健脾补气；远志、五味子交通心肾，心气下通，肾气更固。

若肾虚封藏失职，经量多，酌加川续断、补骨脂固冲止血。夜尿频数，可加益智仁、金樱子补肾固涩小便。

3.1.3.3 阳盛血热

主证 月经提前，量多，色深红或紫红，质黏稠，面赤心烦，口干喜饮，便燥溲黄，舌红，苔黄，脉滑数。

证候分析 热邪伏于冲任，迫血妄行则月经提前，量多；血被热灼，则色深红或紫红，质黏稠；热扰冲任，累及心肝二经，则面赤心烦；热灼津液，则口干喜饮，便燥溲黄。舌红，苔黄，脉滑数均为阳盛血热之候。

治法 清热泄火，凉血调经。

方药 清经散（《傅青主女科》）。

丹皮 地骨皮 白芍 熟地 青蒿 黄柏 茯苓

本方旨在清热凉血，泄火调经，方中丹皮、青蒿、黄柏清热泻火；熟地、地骨皮养血清热凉血；白芍柔肝敛阴；茯苓淡渗利水泄热。

若经量多，熟地改为生地，去茯苓，酌加地榆、女贞子、旱莲草清热养阴止血；若经色紫黯，夹血块，可加益母草、茜草化瘀止血。

3.1.3.4 肝郁化热

主证 经期提前，量或多或少，色紫红，质黏稠夹有血块，经前或经期胸胁、乳房、少腹胀痛，烦燥易怒，口苦咽干，舌红，苔薄黄，脉弦数。

证候分析 情怀不畅，肝郁化热，热迫血行，则月经提前；肝郁不畅，血海蓄溢失常，则量或多或少；热灼血枯，则色紫红，质稠有块；肝郁经脉不畅，则经前或经期胸胁、乳房、少腹胀痛；肝火上扰，火邪伤津，则口苦咽干；烦燥易怒。舌红，苔薄黄，脉弦数，均为肝郁化热之征。

治法 清肝解郁，凉血调经。

方药 丹栀逍遥散（《女科撮要》）去煨姜。

当归 白芍 柴胡 白术 茯苓 甘草 丹皮 山栀 薄荷叶

本方旨在舒肝清热，凉血调经。肝气疏达，热清血宁，则经期正常。方中丹皮、栀子舒肝清热凉血；柴胡疏肝解郁；当归、白芍养血柔肝；茯苓、白术补中理脾；薄荷助柴胡疏散条达；炙甘草助健脾并调和诸药；煨姜辛燥，助热行血，故去而不用。

若经量过多，去当归以免行血动血，加茜草、炒地榆、炒槐花固冲止血；气滞血瘀，经行不畅，可加益母草、丹参、泽兰活血化瘀；经行乳房、胸胁胀痛，加郁金、元胡、瓜蒌解郁止痛。

3.1.3.5 阴虚血热

主证 经来先期，量少，色红，质稠，五心烦热，两颧潮红，咽干口燥，夜间尤甚，舌红，苔少，脉细数。

证候分析 阴虚水亏，虚热内生，热扰冲任，迫血妄行，则经来先期；水亏虚火内盛，阴液不足，则量少，色红，质稠，咽干口燥，夜间尤甚；阴虚虚阳上浮，则两颧潮红，五心烦热。舌红，苔少，脉细数均为阴虚内热之候。

治法 养阴清热，凉血调经。

方药 两地汤(《傅青主女科》)。

生地 地骨皮 玄参 白芍 麦冬 阿胶

本方旨在养阴壮水，凉血调经。方中生地、玄参、麦冬滋阴壮水以制火；地骨皮清骨中之热，白芍养血敛阴，阿胶滋阴补血。

若经量偏多，或过期不止，可加女贞子、旱莲草、炒地榆滋阴止血。头晕耳鸣、心烦，酌加石决明、夏枯草、龙骨等平肝潜阳，宁心安神。

【文献摘要】

《景岳全书》：凡血热者多有先期而至，然必察其阴气之虚实，若形色多赤或紫而脓，或去多，其脉洪滑；共脏气饮食，喜冷畏热，皆火之类也……所谓经早者，当以每月大概论。所谓血热者，当以通身脏象论。勿以素多不调而偶见先期为早，勿以脉证无火而单以经早者为热……若一月二三至，或半月或旬日而至者，此气血败乱之证，当因其寒热而调治之，不得以经早者并论。

《沈氏女科辑要笺正》：先期有火，后期火衰，是故有之，然特其一端耳，如虚不能摄，则虽无火，亦必先期，或血液渐枯，则虽有火，亦必后期。

《傅青主女科》：妇人有先期经来者，其经甚多，人以为血热之极也，谁知是肾中之火太旺乎？夫火太旺则血热，水太旺则血多，此有余之病，非不足之症也……然而火不可任其有余，而水断不可使之不足，治之法但少清其热，不必泄其水也。

又有先期经来只一二点者，人以为血热之极也，谁知肾中火旺而阴水亏乎，夫同是先期之来，何以分虚实之异，盖妇人之经最难调，苟不分别细微，用药鲜克有效。先期者，火气之冲，多寡者，水气之验；故先期而来多者，火热而水有余也，先期而来少者，火热而水不足也。倘一见先期之来，俱以为有余之热，但泄火而不补水，或水火两泄之，有不更增其病者乎！治之法不必泄火，只专补水，水既足而火自消矣，亦既济之道也，方用两地汤。

【病案举例】

廖×× 35岁，已婚。初诊：1960年6月12日。

一年前人流清宫2次，之后经期提前，量少色淡，淋漓不畅，甚至一月再行，终无净日，疲软乏力，面黄少华，心悸少寐，大便素溏。脉濡，苔薄，边有齿印。乃脾虚气弱，冲任失约，而统运乏权。姑拟健脾益冲调经。

潞党参12g 焦白术9g 炙绵芪9g 制香附9g 柴胡4.5g 升麻炭4.5g 白芍9g 炒当

归9g 黑芥穗9g 煅龙齿12g（先入） 煨益智4.5g 白茯苓12g。

二诊：6月15日

投剂后淋漓即净，便溏亦减，精神已振，效不更方，续服五剂，下次转经，期候已准，经量正常，4天而净。再宗原方服三剂告愈。

按：《景岳全书·妇人规》云："若脉证无火，而经早不及期者，乃心脾气虚，不能固摄而然。"瘳案经行先期甚则月行两至，面黄便溏，脉濡，舌边齿印，无疑应属脾胃虚弱，脏气不足，血失所统，冲任失约的病机。柏春先生治宗叶天士"脾宜升则健，胃宜降则和；太阴湿土，得阳始运，阳明燥土，得阴始安"之论述，运用东垣的补中益气汤化裁以益气升阳，健脾统血。加煨益智暖脾胃而和中州，补肾阳而固冲任。龙齿宁心安神，镇摄相火，以防阳越。柏春先生擅用黑芥穗一味治疗经水先期，认为血虚可生风，风胜又动血，治血须治风，治风能宁血，该品虽属发散风寒药，但祛风力胜，又偏入血分，炒炭后能止血，同时也可用于其他出血性病证。(蔡庄等。蔡氏女科经验选集·蔡柏春医案．上海中医药大学出版社，1997)

复习思考题

1. 何谓经早？
2. 试述月经先期的病因病机。
3. 两地汤、清经散临床如何区别运用？

（李 华）

3.2 月经后期

目的要求

1. 掌握月经后期的定义及其各型的辨证论治。
2. 熟悉其病因病机、诊断与鉴别诊断。

重点内容

1. 月经后期的定义。

2. 月经后期的病因病机及辨证主论治：①肾精亏虚，治以补益肾气，养血调经，方用大补元煎；②气血亏虚，治以养血补气，益冲调经，方用人参养荣汤；③寒凝血瘀，治以温经散寒，活血调经，方用温经汤；④阳虚寒凝，治以温肾扶阳，养血调经，方用大营煎。⑤肝气郁滞，治以开郁理气，活血调经，方用乌药汤；⑥痰湿阻滞，治以燥湿化痰，活血调经，方用芎归二陈汤。

3. 诊断与鉴别诊断：病史；月经周期在35天以上，经期基本正常，连续2

个周期以上；辅助检查。应与早孕相鉴别。

月经周期延后7天以上，连续2个周期以上者，称为月经后期，亦称“经期错后”，“经迟”。如仅延后3~5天，或偶尔延后一次，下次仍如期来潮，均不作月经后期论。此外，少女月经初潮后数月内，或更年期月经紊乱，周期时有延后，如无其他不适感，亦不属本病。

本病相当于西医学的月经稀发。

3.2.1 病因病机

本病的发病机理是精血亏虚或经脉不通，血海不能按时满溢，遂使月经后期。

1）肾虚 先天禀赋不足，或房事不节，或多产，肾虚精亏血少，冲任不足，血海不充，遂致月经后期而至。

2）血虚 久病体虚，阴血不足，或经多产众，或长期慢性失血，伤血耗阴，或饮食劳倦，思虑伤脾，生化无源，营血衰少，冲任不足，血海不能按时满溢，以致月经错后。

3）血寒 经行产后，调摄不当，外感寒邪或过食寒凉，寒侵冲任，血为寒凝，胞脉受阻，气血运行不畅，而致月经延后。

4）虚寒 素体阳虚，或久病伤阳，寒自内生，脏腑失于温煦，影响血的生化，气血亏少，血海不能如期满溢，遂致经期错后。

5）气滞 情怀抑郁，气滞不宣，血行不畅，冲任阻滞，血海不能按时满溢，遂致月经延后。

6）痰湿 素体肥胖，多痰多湿，或过食肥甘，痰湿壅盛，痰湿下注冲任，有碍血行，致血海不能按时满溢，导致月经错后。

3.2.2 诊断与鉴别诊断

3.2.2.1 诊断依据

1）本病患者可有初潮较迟，或感寒饮冷、情志不遂史。

2）月经周期超过35天，经期基本正常，连续2个周期以上。

3）妇科检查、B超除可见生殖器官发育差外，无其他阳性征，卵巢功能测定有助于诊断。

3.2.2.2 鉴别诊断

本病应与早孕相鉴别：早孕有早孕反应，妇科检查子宫体增大，变软，宫颈着色；妊娠试验呈阳性，B超提示宫腔内可见胎囊。月经后期则无以上表现。

3.2.3 辨证论治

（1）辨证要点

本病辨证，重在依据月经的色、质结合全身证候，以辨其虚实。一般以经色黯而量少，有血块，小腹冷痛拒按，为寒凝血瘀；色淡黯而量少，质清稀，小腹冷痛，喜温喜按，为阳虚寒凝；色淡而量少，质稀薄，小腹疠痛，为气血亏虚；色黯红而量少，偶有小血块，小腹胀痛，为肝气郁滞；色淡黯而量少，质清稀，腰腿酸软。为肾精亏虚；色淡，质黏稠，脘闷呕恶，为痰湿阻滞。

（2）治疗原则

本病治疗原则应以调整月经周期为主。治法应据其虚实，或温经养血，或活血行滞。

3.2.3.1 肾精亏虚

主证　月经周期延后，量少，色淡黯，质清稀，腰腿酸软，头晕耳鸣，带下量多，清稀，面色晦黯，舌淡，苔薄白，脉沉细。

证候分析　肾虚精亏，冲任不充，血海不能按时满溢，则月经周期错后，量少，色淡黯，质清稀；腰为肾之外府，肾虚外府失养，则腰腿酸软；精血亏乏，不能上荣头目，则头晕耳鸣；肾虚，气化失常，湿邪下注，带脉失约，则带下量多，质清稀；肾主黑，肾虚则肾色上泛，则面色晦黯。舌淡，苔薄白，脉沉细乃为肾虚之象。

治法　补益肾气，养血调经。

方药　大补元煎（《景岳全书》）。

人参　熟地　杜仲　山药　当归　山萸肉　枸杞子　炙甘草

本方旨在补肾填精，养血调经。方中山萸肉、枸杞子、杜仲补肾填精；人参、山药健脾益气；当归、熟地养血育阴；甘草调和诸药。

若月经过少者，可加川芎、丹参、首乌、肉苁蓉养精血而行经；带下量多质稀，酌加鹿角霜、海螵蛸、龙骨固涩止带；月经延后日久，酌加肉桂，牛膝以温经活血，引血下行。

3.2.3.2 气血亏虚

主证　月经周期延后，量少，色淡质稀，小腹绵绵作痛，头昏心悸，或手足发麻，面色苍白或萎黄，舌质淡，脉细弱。

证候分析　血虚精亏，冲任不足，血海不能如期而满溢，则月经周期延后，量少，色淡质稀；血虚胞脉失荣则小腹绵绵作痛；血亏经脉失充，心肝失养，面色苍白或萎黄，头昏心悸，手足发麻。舌质淡，脉细弱，为血虚之征。

治法　养血补气，益冲调经。

方药　人参养荣汤（《和剂局方》）。

人参　黄芪　当归　白芍　熟地　桂心　陈皮　白术　茯苓　五味子　远志

甘草　生姜　大枣

本方旨在补血养营，益气调经。方中人参、黄芪、白术、茯苓、甘草、大枣、生姜、陈皮健脾理气以资生化之源；五味子、远志宁心安神；当归、白芍养血柔肝；熟地滋肾填精；肉桂温中助阳，取阳生阴长之义。

若月经过少，可去五味子，加丹参，鸡血藤养血行血；小腹隐痛者，重用白芍，加阿胶、香附养血理气止痛。

3.2.3.3　寒凝血瘀

主证　月经周期延后，量少，色黯有血块，小腹冷痛，得热痛减，肢冷畏寒，舌苔薄白，脉沉紧。

证候分析　血为寒凝，运行不畅，则月经周期延后，量少，色黯有块；寒客胞宫，血滞不通，“不通则痛”，故小腹冷痛，热敷血行稍畅，则痛减；寒邪入侵，阳气被郁，则肢冷畏寒。舌苔薄白，脉沉紧，均为寒邪在里之象。

治法　温经散寒，活血调经。

方药　温经汤（《妇人大全良方》）。

人参　当归　川芎　白芍　肉桂　莪术　丹皮　甘草　牛膝

本方旨在温经散寒，活血调经，方中肉桂温经散寒；当归、川芎养血并行血中之滞；人参益气，助肉桂宣通阳气而散寒；莪术、丹皮、牛膝活血行滞；白芍、甘草缓急止痛。

若寒凝血滞较重，腹痛剧烈，拒按，可加小茴香、元胡、蒲黄散寒活血，行滞止痛；月经量少，加丹参、鸡血藤养血活血调经。

3.2.3.4　阳虚寒凝

主证　月经周期延后，量少，色淡黯质清稀，小腹冷痛，程度不甚，喜热喜按，腰酸无力，小便清长，大便稀溏，舌淡苔薄白，脉沉迟无力。

证候分析　阳虚不能温煦脏腑，气血化生无源，冲任亏虚，血海不能按时满溢，则月经错后，量少、质淡黯，质清稀；胞脉失于温养，血行迟涩，则小腹冷痛，程度不甚，喜热喜按；肾阳不足，外府失温，则腰酸无力；膀胱失于温煦，气化失常，则小便清长；肾阳虚，不能温煦脾阳，健运失常，湿渗大肠，则大便稀溏。舌淡，苔薄白，脉沉迟无力均为阳虚内寒之征。

治法　温肾扶阳，养血调经。

方药　大营煎（《景岳全书》）。

当归　熟地　枸杞子　杜仲　牛膝　肉桂　炙甘草

本方旨在温肾壮阳，养血调经。方中当归、熟地、枸杞子养血填精；杜仲补肾强筋骨；肉桂温经散寒，牛膝通经活血；炙甘草调和诸药。

若阳虚寒盛，腹痛较剧，加巴戟天、补骨脂温肾助阳；虚甚者，加人参益气扶正。

3.2.3.5 肝气郁滞

主证 月经周期延后，量少，色黯红或有小血块，小腹胀痛或胸腹、两胁、乳房胀痛，舌苔正常，脉弦。

证候分析 忧思郁怒，气滞血凝，冲任不畅，则月经周期延后，量少，色黯红或有小血块；少腹、胸胁、乳房为肝的经脉所布，肝郁经脉不畅，则少腹、胸胁、乳房胀痛。证属气滞，内无寒热，则舌苔正常；脉弦乃为肝郁气滞之征。

治法 开郁理气，活血调经。

方药 乌药汤（《兰室秘藏》）。

乌药 香附 木香 当归 甘草

本方旨在理气行滞，活血调经。方中乌药、香附行肝气之郁；木香理中焦脾胃之滞；当归养血活血调经；甘草调和诸药。

若小腹胀痛甚者，加丹皮、元胡、莪术行气活血止痛；乳房胀痛明显者，加郁金、王不留行、川楝子、路路通解郁通络；月经量少者，加丹参、川芎、鸡血藤养血活血通路。

3.2.3.6 痰湿阻滞

主证 月经周期延后，量少，色淡，质黏稠，形体肥胖，脘闷呕恶，头晕心悸，面色皖白，舌淡胖，苔白腻，脉滑。

证候分析 痰湿内盛，壅滞冲任，气血运行不畅，血海不能按期满溢，则月经延后，量少，色淡，质黏稠；湿重脂满，则形体肥胖；痰湿中阻，气机不畅，清阳不升，则脘闷呕恶，头目眩晕，面色皖白；水气凌心，则心悸。舌淡胖，苔白腻，脉滑，均为痰湿停积之征。

治法 燥湿化痰，活血调经。

方药 芎归二陈汤（《丹溪心法》）。

半夏 陈皮 当归 川芎 茯苓 生姜 甘草

本方旨在燥湿化痰，活血调经。方中当归、川芎养血活血调经；半夏燥湿化痰，和胃降逆止呕；陈皮理气化痰；茯苓、生姜渗湿化痰；甘草和中健脾，脾健则湿化痰消。

若脾虚纳呆，倦怠乏力，加党参、白术健脾益气；白带量多者，加苍术、车前子运脾利湿；经量少者，可加补骨脂、淫羊藿、泽兰、牛膝温肾活血通经。

【文献摘要】

《校注妇人良方》：过期而至者，有因脾经血虚，有因肝经血少，有因气虚血弱，主治之法……脾经血虚者，人参养荣汤；肝经血少者，六味地黄丸；气虚血弱者，八珍汤。

《景岳全书》：血热者，经期常早，此营血流利乃未甚亏者多有之，其有阴火内灼，血本热而亦每过期者，此水亏血少，燥涩而然，治宜清火滋阴，以加味四物汤、加减一阴煎、滋阴八味丸之类主之。

凡血寒者，经必后期而至，然血何以寒？亦惟阳气不足，则寒从中生而生化失期，是即所谓寒也。至若阴寒由外而入，生冷由内而伤，或致血逆，或为疼痛。是又寒滞之证，非血寒经迟之谓也，当详辨之。

《妇科玉尺》：惟忧愁思虑，心气受伤，则脾气失养，郁结不通，腐化不行，饮食减少，斯有血枯血闭，及血少色淡，过期或数月一行也。

【病案举例】

薛×× 女，22岁，学生。初诊：1981年9月17日。

室女17岁初潮，每后期而至（末次月经7月20日），量少色黯不畅，夹块而下，且伴腹痛。此次逾期两月未至，两少腹掣痛，甚则引及脘腹腰胁，潮热烦躁。脉弦少力，舌苔薄腻根厚。宿瘀内结，胞宫受阻。姑拟化瘀调经。

赤丹参9g 当归9g 川芎4.5g 赤芍9g 白芍9g 制香附9g 红花4.5g 怀牛膝9g 茺蔚子9g 泽兰叶9g 月季花4.5g 川断12g 炒枳壳4.5g

二诊：9月21日

进药四剂月经来潮，量略增，挟块色黯，块下则腹痛较舒。服完五剂，经行已畅，5天经净，惟少腹隐痛，宗原法去丹参、川芎、月季花、泽兰叶，加吴萸3g，广木香3g、炒白术4.5g、紫石英12g。服三剂停药。10月25日经水过期4天而至，量稍畅，腹痛诸恙亦减。按上方再去枳壳，加桑寄生12g，续服五剂。兹后经期基本正常，腹痛潮热诸症均已痊愈。

按：《万病回春》云“经水过期而紫黑成块者，气郁血滞也”，柏春先生据本例月经愆期，量少色黯夹块之症，认为属于血虚瘀滞所致的延迟。唐容川《血证论》曾云：“女子胞中之血，每月一换，除旧生新，旧血即是瘀血，此血不去，便阻成瘀。”治疗上应着眼于祛瘀生新，取丹参、红花、赤芍活血散瘀为君；配泽兰、茺蔚子、月季花三味活血调经，以化下焦瘀滞；书云“祛瘀者赖乎正，不补血而瘀不能尽去”，故方中伍入当归、川断养血调经，补肾安冲，以使瘀去而营阴不伤，血行而冲任自调。投药三剂后经期已转，原方去丹参、川芎、月季花、泽兰叶，但续用红花、茺蔚子，柏春先生认为该两味除活血祛瘀之外，尚有调补冲任之功，怀牛膝既能祛瘀生新，又可下行补肾，故亦留用。因血瘀之初必有气滞，气行则血行，故方中香附、枳壳用以疏肝解郁，以理冲任之气。川芎一味辛香上下窜彻，能行血中之气。二诊时入紫石英一味，性温补肾，暖宫祛瘀。全方所用的养血、活血、补肾、行气之品，其意全在祛瘀生新，正如《血证论》所谓：“凡治血者，必先以祛瘀为要。”对于血瘀闭经，柏春先生不主张采用破血祛瘀如三棱、莪术、水蛭、虻虫之品，以免产生瘀血虽去正气亦伤之流弊。（蔡庄等．蔡氏女科经验选集·蔡柏春医案．上海中医药大学出版社，1997）

复习思考题

1. 月经后期的诊断依据是什么？
2. 试述月经后期的辨证论治。

（李 华）

3.3 月经先后无定期

目的要求

1. 掌握月经先后无定期的定义及其各型的辨证论治。
2. 熟悉其病因病机、诊断与鉴别。

重点内容

1. 月经先后无定期的定义。
2. 病因病机及各型的辨证论治：①肝气郁滞，治以疏肝理气，养血调经，方用逍遥散；②肾气不足，治以补肾益气，养血调经，方用固阴煎。
3. 诊断 月经周期或提前，或错后7天以上，经量、经期基本正常，连续出现2个周期以上。应与崩漏相鉴别。

月经周期时而提前，时而延后达7天以上，连续两个周期以上者，称为月经先后无定期，又称“月经愆期”或“经乱”。

本病相当于西医学排卵型功能失调性子宫出血病的月经不规则。

3.3.1 病因病机

本病主要病机为气血失调，冲任功能紊乱，血海蓄溢失常。

1）肝气郁滞 素体抑郁，或忿怒伤肝，肝气逆乱，疏泄失司，血海蓄溢失常。疏泄过度则月经先期而至，疏泄不及则月经延后而来，遂致月经先后无定期。

2）肾气不足 素体肾气虚弱，或房室不节，或产育过多，损伤肾气，肾虚封藏失职，冲任失调，血海蓄溢失常，遂致月经先后无定期。

3.3.2 诊断与鉴别诊断

3.3.2.1 诊断依据

1）月经周期或提前，或错后7天以上，并连续出现2个月经周期以上。

2）经期、经量基本正常。

3）妇科检查及B超等排除器质性病变。测基础体温，阴道涂片、宫颈黏液结晶检查以了解卵巢功能情况。

3.3.2.2 鉴别诊断

本病应与崩漏相鉴别：崩漏，为月经周期、经期、经量均发生紊乱的一种疾病。而本病只有周期紊乱，与崩漏迥然不同。

3.3.3 辨证论治

（1）辨证要点

本病辨证除月经周期紊乱外，还应从月经的量、色、质、全身症状及舌、脉进行判断。一般而言经量或多或少，色紫有块，腹胀连及胸胁者，为肝郁；量少，色淡质清，腰酸困者，为肾虚。

（2）治疗原则

治疗应以调理冲任气血为主。若肾虚则宜补肾调经；肝郁则宜疏肝理气。使气血调和，血海蓄溢适度，月经自调。

3.3.3.1 肝气郁滞

主证　月经周期不定，经量或多或少，色紫红有块，经行不畅，胸胁、乳房及小腹胀痛，脘闷纳呆，时叹息，苔薄白或薄黄，脉弦。

证候分析　郁怒伤肝，疏泄失常，血海蓄溢失度，则月经周期不定，经量或多或少；肝郁气滞，血行不畅，则经行不畅，色紫红有块；肝气郁结，经脉不利，则胸胁、乳房、小腹胀痛；肝郁克脾，中焦失运，则脘闷纳呆；叹息可以舒积气，故时叹息。苔薄白，脉弦则为肝气郁滞之象。

治法　疏肝理气，养血调经。

方药　逍遥散（《和剂局方》）。

柴胡　白术　茯苓　当归　白芍　甘草　薄荷　煨姜

本方旨在疏肝解郁，健脾调经。方中柴胡疏肝解郁；当归、白芍养血补肝；茯苓、白术、甘草补中理脾；薄荷助柴胡疏散条达；煨姜温胃行气。

若肝血不足，肝阳偏亢而见头晕目眩，舌红口干者，去薄荷，煨姜之辛散，加菊花、石决明平肝潜阳；经来量多，色紫红，质稠，去煨姜、当归，加丹皮、栀子、贯众炭清热凉血止血；小腹胀痛甚者，加延胡索、蒲黄、五灵脂化瘀止痛。

3.3.3.2 肾气不足

主证　月经周期不定，量少，色淡黯，质稀，腰骶酸痛，头晕耳鸣，舌淡苔少，脉细尺弱。

证候分析　肾气虚弱，封藏失司，冲任不固，血海蓄溢失常，则月经周期不定；肾虚精亏，冲任不充，则量少，色淡黯，质稀；肾虚外府失养，则腰骶酸痛；髓海不足，孔窍失养，故头晕耳鸣。舌淡苔少，脉细尺弱，皆为肾虚之征。

治法　补肾益气，养血调经。

方药 固阴煎（《景岳全书》）

若肾虚肝郁，症见经期先后无定，量或多或少，色黯淡质稀，腰酸腿软，头晕耳鸣，经前胸胁、乳房胀痛，舌质黯红，苔白，脉弦细。治宜补肾调肝，方用定经汤（《傅青主女科》）。

当归 熟地 白芍 柴胡 菟丝子 淮山药 茯苓 荆芥

本方旨在补肾舒肝，养血调经。方中当归、白芍养血调经；熟地、菟丝子补肾益精；山药、茯苓健脾助生化；柴胡、荆芥疏肝理气。

【文献摘要】

《叶天士女科》：经来或前或后，名曰愆期。此由脾胃虚弱，冲任损伤，气血不足。

《景岳全书》：凡欲念不遂，沉思积郁，心脾气结，致伤冲任之源，而肾气日消，轻则或早或迟，重则渐成枯闭。

《傅青主女科》：妇人有经来断续，或前或后无定期，人以为气血之虚也，谁知是肝气之郁结乎！夫经水出诸肾，而肝为肾之子，肝郁则肾亦郁矣。肾郁而气必不宣，前后之或断或续，正肾之或通或闭耳；或曰肝气郁而肾气不应，未必至于如此。殊不知子母关切，子病而母必有顾复之情，肝郁而肾不无缱绻之谊。肝气之或开或闭，即肾气之或去或留，相因而致，又何疑焉。治法宜舒肝之郁，即开肾之郁也，肝肾之郁既开，而经水自有一定之期矣。方用定经汤。

【病案举例】

刘××，34岁。

初诊：多产体虚，已行输卵管结扎术，经期先后无定，本次迟10日而行，行则量少即止，隔10日又复行。

胸闷腹胀，纳谷不香，周身骨节酸楚。按脉虚细而弦，舌苔薄白，证属肝郁脾虚，气血不调。治疗采用理气解郁，扶土益血法。

当归9g 川芎4.5g 白芍6g 制香附9g 郁金6g 枳壳4.5g 合欢皮9g 丹参9g 巴戟天9g 焦白术6g 汉防己6g 秦艽9g

复诊：用上方加减法治后，脉象虚细而数，舌质绛而苔薄黄。诊后认为多产伤肾，肾水不足以涵木，肝郁化火，阴虚内热，乃采用固肾舒肝，养血清热法。

当归9g 白芍9g 山萸肉9g 女贞子9g 玄参9g 合欢皮9g 制香附9g 白术6g 陈皮6g 柴胡4.5g 青蒿6g

服药后，阴虚火旺的症状日减，而经水已调。

按：月经不定期，病因不一，但以肝郁的因素占多数，上例即为典型的病例。忽早忽迟，参差不一，盖肝郁能影响气血，气为血帅，气行则血行。气郁则血滞，治疗用香附、郁金、合欢皮以疏肝理气，归、芎、丹参调经养血，能使郁滞的经水得以通畅，以消除量少而腹痛的征象，更用白术健脾，防己、秦艽疏通经络、活血镇痛，解除因气血不调而引起的骨节酸痛。

服药后经水稍调，骨节疼痛已好，而阴虚火旺的脉象显著，因患者肝血虚亏，肾水不足，因而不能涵木，肝木郁而偏亢，发生咽干口燥现象，治疗以当归调经养血；白芍、萸肉、女贞子以补肾阴；香附、合欢皮以理气解郁；白术、陈皮健脾胃以充气血之源，复合玄参养阴津以清热，柴胡舒肝郁以清热，青蒿清肝经郁热，标本并治。（朱小南等．朱小南妇科经验选．人民卫生出版社，1981）

复习思考题

1. 何谓经乱。其主要发病机理是什么？
2. 经乱临床如何辨证论治？

（李 华）

3.4 月经过多

目的要求

1. 掌握月经过多的病因病机及辨证论治。
2. 熟悉月经过多的定义、诊断。
3. 了解其鉴别诊断。

重点内容

1. 月经过多的定义。
2. 月经过多的病因病机及辨证论治：①气不摄血，治以益气升提，固冲摄血，方用安冲汤；②血热内扰，治以清热凉血，止血固冲，方用保阴煎；③血瘀内停，治以活血化瘀，止血固冲，方用失笑散。
3. 诊断 月经周期，经期基本正常，经量较以往明显增多。

月经量较正常明显增多，而周期、经期基本正常者，称为“月经过多”，亦称“经水过多”。

本病相当于西医学排卵型功能失调性子宫出血病引起的月经过多，或子宫肥大，引起的月经过多。宫内节育器引起的月经过多，亦可按本病治疗。

3.4.1 病因病机

本病主要病机为气虚统摄无权，或血热迫血妄行，或瘀阻胞脉，血不归经，以致冲任失守，血海不固，经血失于制约而妄行。

1）气不摄血 素体虚弱，或饮食不节，劳倦过度，大病伤脾，脾气虚弱，统摄失职，冲任不固，不能制约经血，遂致月经过多。

2）血热内扰 素体阳盛，或过食辛燥助阳之品，或七情化火，或外感热邪，以致热伏冲任，迫血妄行，遂致月经过多。

3）瘀血内停　素性抑郁，气滞血瘀，或经期、产后调摄不当，不慎房事或感受外邪，邪与血相搏致瘀，瘀血内停，冲任受阻，血不归经，以致月经量多。

3.4.2 诊断与鉴别诊断

3.4.2.1 诊断依据

1）本病患者可有精神刺激，经期、产后感邪，或宫内节育器避孕史。

2）月经周期、经期基本正常，经量较以往明显增多。

3）妇科检查、B超检查，排除子宫肌瘤等器质性疾病。

4）排除血小板减少症及凝血机制障碍所致月经过多。

3.4.2.2 鉴别诊断

本病应与崩漏相鉴别：崩漏大量阴道出血与本病相似，但崩漏出血量多如崩，来势凶，且出血无规律。而月经过多月经周期、经期均基本正常，通过询问病史、发病经过，一般不难鉴别。

3.4.3 辨证论治

（1）辨证要点

本病辨证要点，在掌握月经量多的同时，需结合月经的色、质变化及全身情况进行分析。

（2）治疗原则

本病治疗应遵循“虚者补之，热者清之，瘀者化之”的原则。经期以摄血止血为主，平时则应安冲固本，多采用益气、清热、养阴、化瘀等法。一般少用温燥之品，以免动血耗血。

3.4.3.1 气不摄血

主证　经来量多，色淡红，质清稀。面色㿠白，气短懒言，肢软无力，或小腹空坠，舌淡，苔薄白，脉细弱。

证候分析　气虚下陷，冲任不固，血失统摄，故量多；气虚火衰不能化血为赤，则色淡质清稀；气虚中阳不布，则面色㿠白，肢软无力；中气下陷，故小腹空坠，气短懒言。舌淡，苔薄白，脉细弱均为气虚之象。

治法　益气升提，固冲摄血。

方药　安冲汤（《医学衷中参西录》）加升麻。

黄芪　白术　生龙骨　生牡蛎　生地　白芍　海螵蛸　茜草　川断

本方旨在补气升提，固冲止血。方中黄芪、白术、升麻补中益气，升提摄血；生龙骨、生牡蛎、海螵蛸、川断收敛止血；生地、白芍益阴凉血；茜草化瘀止血。

若头晕心悸，生地易熟地，加制首乌、五味子养血安神；腰腹冷痛，加补骨脂、艾叶补肝肾，温经止血。

3.4.3.2　血热内扰

主证　经来量多，色深红，质黏稠，或有小血块，心烦口渴，尿黄便秘，舌质红，苔黄，脉滑数。

证候分析　热伏冲任，经行之际，迫血妄行，故经来量多；血为热灼，则色深红，质黏稠；热壅气滞，血行不畅，则见小血块；热邪上扰，心神不宁，则心烦；热邪伤津，则口渴，尿黄便结。舌红、苔黄、脉滑数均为热邪内盛之象。

治法　清热凉血，止血固冲。

方药　保阴煎（《景岳全书》）加地榆、槐花。

生地　熟地　白芍　山药　黄芩　黄柏　续断　甘草

本方旨在清热凉血，固冲止血。方中二地、白芍养血敛阴；黄芩、黄柏清热泄火，直折热邪；地榆、槐花清热凉血止血；山药健脾养阴；续断固肾止血；甘草调和诸药。

若经色黯红，质黏稠有腐臭味，小腹疼痛拒按，为热邪化火成毒，重用黄芩、黄柏，酌加红藤、败酱草、丹皮清热解毒，活血散瘀；口渴咽干，加玄参、麦冬生津止渴。

若有以上血热主证，又见倦怠乏力，气短懒言，心悸少寐，此为血热兼气阴两虚之象。治宜益气养阴，凉血止血。方用上海乙方（经验方）加益母草。

党参、白术、炙升麻、女贞子、旱莲草、炒槐花、炒蒲黄、茜草、大小蓟

方中党参、白术、升麻健脾升阳，固冲止血；女贞子、旱莲草滋阴养血止血；大小蓟、蒲黄、槐花、茜草清热凉血，化瘀止血；益母草化瘀止血。

3.4.3.3　血瘀内停

主证　经来量多，或多时不净，色紫黯，有血块，小腹疼痛拒按，块去痛减，舌紫黯或有瘀点，苔薄白，脉细涩。

证候分析　瘀血内停，阻滞胞脉，血不归经，则经来量多，或多时不净；瘀血凝结，则经色紫黯，有块；瘀阻胞络，不通则痛，故小腹疼痛拒按；血块排除瘀滞缓解，则块去痛减。舌紫黯或有瘀点，苔薄白，脉细涩均为瘀血内停之象。

治法　活血化瘀，止血固冲。

方药　失笑散（《和剂局方》）加三七、茜草、益母草、乌贼骨。

本方旨在活血化瘀，固冲止血。方中五灵脂通利血脉，散瘀止痛；蒲黄活血止血。二药合用，能活血化瘀，散结止痛；三七、茜草、益母草化瘀止血；乌贼骨安冲止血，血止而不留瘀。

若热邪伤津，口渴咽干，酌加沙参、麦冬生津止渴；腹痛甚者，可加延胡索、香附行气止痛。

【文献摘要】

《女科证治准绳》：经水过多，为虚热，为气虚不能摄血。

《妇科玉尺》：经水过多不止，平日肥壮，不发热者，体虚寒也。

《傅青主女科》：妇人有经水过多，行后复行，面色萎黄，身体倦怠，而困乏愈甚者，人以为血热有余之故，谁知是血虚而不归经乎……血不归经，虽衰而经亦不少……惟经多是血之虚，故再行而不胜其困乏，血损精散，骨中髓空，所以不能色华于面也。治法宜大补血而引之归经。

复习思考题

1. 试述月经过多病因病机。
2. 月经过多诊断依据有哪些？
3. 试述月经过多的辨证论治。

（李　华）

3.5 月经过少

目的要求

1. 掌握月经过少的病因病机及辨证论治。
2. 熟悉月经过少的定义、诊断。
3. 了解其鉴别诊断。

重点内容

1. 月经过少的定义。

2. 月经过少的病因病机及辨证论治：①肝肾亏虚，治以滋肾益精，养血调经，方用当归地黄饮；②气血虚弱，治以养血益气，健脾调经，方用滋血汤；③血瘀内停，治以活血化瘀，行气调经，方用桃红四物汤；④痰湿阻滞，治以燥湿化痰，祛瘀调经，方用苍附导痰丸。

3. 诊断：月经周期基本正常，经量较以往明显减少，或经期缩短不足2天，经量亦少者。

月经周期基本正常，经量较正常明显减少、或经期不足2天，经量亦少者，称为月经过少。亦称“经水涩少”。

本病可见于西医学卵巢功能低下、子宫发育不良、子宫内膜结核，或刮宫过深引起的月经过少。

3.5.1 病因病机

本病主要病机为精血衰少，血海不盈，下而量少，或痰阻瘀滞，血行不畅，血海受阻以致经来量少。

1）肝肾亏虚 先天禀赋不足体质纤弱，或房劳过度，或屡孕屡堕，耗损肾中精气，以致肾气不足，精血不充，血海满溢不多，遂致经行量少。

2）气血虚弱 大病久病，暗耗营血，或饮食不节，劳倦过度，损伤脾气，生化无源，或堕胎多产，营血亏损，均使血海满溢不多，遂致经行量少。

3）瘀血内停 经期产后，余血未尽，忧思忿怒，气郁血滞，或感受寒邪，血为寒凝，冲任气血运行不畅，血海溢而量少，遂致经行量少。

4）痰湿阻滞 素体肥胖，痰湿壅盛，或脾失健运，湿聚成痰，痰湿内阻，气机不畅，经血下行受阻，遂致经行量少。

3.5.2 诊断与鉴别诊断

3.5.2.1 诊断依据

1）本病的诊断应注意询问有无失血病史和经期，产后感染史；宫腔内冷冻、电凝术史；发病前有无使用避孕药及有无人流、刮宫术史；有无结核病或结核病接触史。

2）月经周期基本正常，经量较以往明显减少，不足30ml，或经期缩短不足2天，经量亦少者。

3）检查 ①妇科检查 性腺功能低下者，子宫体大小基本正常或子宫体偏小；②卵巢功能测定、子宫碘油造影、宫腔镜检查对性腺功能低下引起的月经过少或子宫内膜炎、刮宫术后、子宫内膜结核造成的宫腔粘连而导致的月经过少有诊断意义。

3.5.2.2 鉴别诊断

1）与经间期出血鉴别 经间期出血发生在两次月经中间（即排卵期）阴道少量出血，结合基础体温测定，与本病不难鉴别。

2）与激经鉴别 激经是指妊娠早期，阴道周期性少量出血，数天自止，无损胎儿的一种特殊生理现象，与本病易混淆。但激经多有恶心、呕吐、头晕、厌食等早孕反应，妊娠试验呈阳性，妇科检查子宫体增大，基础体温持续高相，B超提示子宫腔内可见胎囊、胎芽或胎心搏动。

3）与胎漏鉴别 停经以后，发生少量阴道出血，应与月经后期合并月经过少相鉴别，胎漏多有早孕的各种临床表现。

3.5.3 辨证论治

（1）辨证要点

本病的辨证以月经的色、质、周期及有无腹痛，结合全身情况、舌脉辨其虚实。属虚者，一般经色淡，质清稀，多有先天不足或后天伤肾或久病伤脾，多产失血等病史，先天不足多为经来素少；后天损伤者，多为经来渐少。属实者，一般为经色黯红、质稠有块或挟痰涎，大多形体壮实，小腹胀痛或满闷不适，且经量常突然减少。

（2）治疗原则

本病临床虚多实少。故治疗时，虚者重在滋养精血，精血充足，经量自增；实者活血通利，佐以温经、行气，或祛痰，慎不可妄投攻破之品，以免耗损精血，使经血难复。

3.5.3.1 肝肾亏虚

主证 经行量少，色淡黯质稀、腰膝酸软，头晕耳鸣，或小腹冷，夜尿多，舌淡苔薄，脉弱。

证候分析 肾中真阴亏损，精血不足，冲任不能通盛，故经来量少，色淡质稀；肾虚外府失养，骨髓失充，则腰膝酸软，头晕耳鸣；肾虚胞脉失于温煦，则小腹冷，膀胱失于温煦，气化失常，则夜尿多。舌淡苔薄，脉弱均为肾虚之征。

治法 滋肾益精，养血调经

方药 当归地黄饮（《景岳全书》）。

当归 熟地 山茱萸 杜仲 山药 牛膝 炙甘草

本方旨在滋肾补肾，养血调经。方中熟地、山茱萸滋补肝肾，填精育髓；杜仲壮肾强腰；山药、甘草健脾和中；牛膝强腰膝，通经血；当归养血通经。

若肾阳虚，症见小腹冷痛，酌加巴戟天、复盆子、菟丝子温肾壮阳。

3.5.3.2 气血虚弱

主证 经行量少，甚者点滴即净，色淡质稀，头晕耳鸣，心悸怔忡，面色萎黄，舌质淡，苔薄白，脉细。

证候分析 营血衰少，血海空虚，故经行量少，色淡质稀；精血不足，髓海失养，故头晕耳鸣；心失所养，则心悸怔忡；血虚不能上荣于面，则面色萎黄。舌淡，苔薄白，脉细均为营血不足之象。

治法 养血益气，健脾调经。

方药 滋血汤（《证治准绳》）。

当归 白芍 熟地 川芎 人参 山药 黄芪 茯苓

本方旨在养血益气调经。方中当归、白芍、熟地、川芎四物养血调经；人参、山药、黄芪、茯苓健脾益气，助气血生化之源。

若失眠多梦，加炒枣仁、五味子安神宁心；纳差，加砂仁、鸡内金健脾导滞。

3.5.3.3 瘀血内停

主证 经行量少，色紫黑，有血块，小腹胀痛，拒按，血块排出胀痛减轻，舌紫黯或有瘀点，苔薄白，脉细弦涩。

证候分析 瘀血内停，冲任受阻，经血下行不畅，则经行量少，色紫黯有血块；瘀血阻滞，经脉不通，则小腹胀痛，拒按；血块排出瘀阻稍减，则胀痛减轻。舌紫黯或有瘀点，苔薄白，脉细弦涩，均为气滞血瘀之象。

治法 活血化瘀，行气调经。

方药 桃红四物汤（《医宗金鉴》）加香附、乌药。

熟地 川芎 白芍 当归 桃仁 红花

本方旨在活血化瘀，行气调经。方中熟地、当归、白芍、川芎养血活血调经；桃仁、红花化瘀生新；香附、乌药行滞止痛。

若寒邪内盛，血为寒凝，症见小腹冷痛，形寒肢冷，酌加肉桂、吴茱萸温经散寒止痛；若血瘀兼气虚，症见体倦乏力者，酌加党参、黄芪以益气扶正。

3.5.3.4 痰湿阻滞

主证 经来量少，色淡质黏或血中挟黏液，形体肥胖，胸闷呕恶，平素带下量多，舌淡，苔白腻，脉滑。

证候分析 痰湿内停，壅滞经脉，与血相结，气血运行不畅，则经来量少，色淡质黏或血中挟黏液；痰湿中阻，气机不畅，则胸闷呕恶；痰湿下注，则带下量多。舌淡，苔白腻，脉滑，为痰湿内停之象。

治法 燥湿化痰，祛瘀调经。

方药 苍附导痰丸（《叶天士女科诊治秘方》）。

茯苓 半夏 陈皮 甘草 苍术 香附 胆南星 枳壳 生姜 神曲

本方旨在燥湿化痰，祛瘀调经。方中二陈汤化痰渗湿，健脾和胃；胆南星燥湿豁痰；香附、枳壳理气行滞；苍术健脾燥湿；神曲健脾导滞；生姜温中和胃。方中活血通经药物较少，可加入当归、川芎、鸡血藤、牛膝养血活血，通络引血下行。

【文献摘要】

《万氏女科》：瘦人经水来少者，责其血虚且少也……肥人经水来少者，责其痰凝经隧也。

《女科证治准绳》：经水涩少，为虚为涩，虚则补之，涩者濡之。

《女科证治约旨》：形瘦多火，消烁津液致成经水衰少之候。

【病案举例】

赵×× 经期后延，色淡量少，面色皖白，眩晕乏力。脉象细软，苔薄质嫩红。要皆历年多产乳众，加以劳累，血由是亏，气于以损，徒攻何益，非滋补不为功。

生黄芪 30g 炒潞党 15g 炒当归 9g 生地 9g 熟地 9g 川芎 9g 白芍 9g 怀牛膝 9g 制香附 9g 炙甘草 15g 大枣 7 枚 陈阿胶 9g

按：女子以血为主，血盛则经调。丹溪云："先期而至者，血热也；后期而至者，血虚也。"本案经来后期，色淡量少，面色皖白，眩晕乏力，血虚之象，昭然若揭。证之脉象舌质，更显一斑。由于患者过去产育较多，分娩时努力劳乏，产创失血，难免损耗元气，百脉空虚。且一再哺乳，未得休养恢复，常年累月，益见不支。乳汁与月水，皆血所化，多产乳众，必致气血俱亏，加以劳累，虚羸尤甚，致经来后期，量少。鉴其过去求医服药，虽均以四物汤为主，佐以桃仁、红花，或归尾、丹参、益母之属，甚至三棱、莪术活血通经，非但不效，反而经血量少。有鉴于此，香荪公认为对本症的调治，不能急切图功，拟以养血为主，益气为要，补血先补气，综合当归补血汤和四物法，重用参、芪、并佐阿胶血肉有情之品。主张行血必先行气，故参香附以理气调经。或谓香附有耗气之弊，实则香附为气中血药，配参、芪有补气理气之功，合归、地有养血理血之用，合理配伍，相得益彰。投剂后面色转润，精力亦振，不数月经量渐增，而获预期效果。本方立意为气血兼顾，动静结合，生化无穷，源流不竭。（蔡庄．蔡氏女科经验选集·蔡香荪医案．上海中医药大学出版药，1997）

复习思考题

1. 试述月经过少的病因病机。
2. 月经过少常见哪些证型？如何辨证论治？

（李　华）

3.6 经期延长

目的要求

1. 掌握经期延长的分型及代表方剂。
2. 熟悉经期延长的定义、诊断。
3. 了解其鉴别诊断。

重点内容

1. 经期延长的定义。

2. 经期延长的分型及代表方剂：①阴虚血热，治以养阴清热，止血调经，方用清血养阴汤；②气不摄血，治以益气升提，止血调经，方用举元煎；③瘀滞胞宫，治以祛瘀行滞，止血调经，方用棕榈散。

3. 诊断：月经周期基本正常，行经时间超过7天以上，淋漓半月始净。

月经周期基本正常，但行经时间超过7天，甚至淋漓半月方净者，称经期延长，亦称“月水不绝”。如行经时间超过半月以上，则按“崩漏”论治。

本病相当于西医学的排卵型功能失调性子宫出血病，盆腔炎症，子宫内膜炎等引起的经期延长。宫内节育器引起的经期延长也可按本病治疗。

3.6.1 病因病机

本病的发病机理为冲任不固，不能制约经血。

1）阴虚血热　素体阴虚，或久病伤阴，或孕产过多，精亏血少，虚热内盛，热扰冲任，血海不宁，致经水淋漓。

2）气不摄血　体质虚弱，或病久伤脾，或饮食劳倦伤脾，脾虚统摄失常，冲任不固，则经水淋漓。

3）瘀滞胞宫　经产之际，血室开放，余血未净，交合阴阳，外邪客于胞中，阻滞气血运行，或情志抑郁，气滞血瘀，瘀阻冲任，新血不得归经，则致经水淋漓。

3.6.2 诊断与鉴别诊断

3.6.2.1 诊断依据

1）询问有无盆腔感染史，有无使用宫内节育器史。

2）月经周期基本正常，行经时间超过7天，甚至淋漓半月始净。

3）妇科检查　功能失调性子宫出血患者，多无明显器质性病变；慢性子宫内膜炎者，子宫内膜活组织检查有助于诊断；盆腔炎者，妇科检查时子宫体有压痛，附件增厚压痛。

3.6.2.2 鉴别诊断

1）与漏下鉴别　漏下是指月经周期紊乱，出血淋漓数十日至数月不等。经期延长仅是行经时间延长超过7天，半月内可自行停止，周期基本正常，下次月经仍如期而至。

2）与赤带鉴别　赤带是指月经周期、经期基本正常，经净后阴道流出似血非血的黏液，夹有血丝，绵绵不绝，或伴秽臭味。本病是经期拖延半月始净，排出物是血，而不是黏液，与赤带不同。

3.6.3 辨证论治

（1）辨证要点

本病的辨证应以月经的量、色、质为主，结合全身情况，舌脉综合分析。一般以量多，色淡质稀者为气虚；量少，色鲜红，质稠者为血热；量时多时少，色紫黯有块者为血瘀。

（2）治疗原则

本病的治疗以缩短经期为目的。故应以固冲止血调经为主。临床据其病因的不同，采用补气、化瘀、清热之法，使气升血摄，瘀祛血宁，热除血安。

3.6.3.1 阴虚血热

主证 行经时间延长，量少色红质稠，咽干口燥，手心灼热，或有颧红，舌红少津，苔少或无苔，脉细数。

证候分析 精亏血少，虚热内盛，迫血妄行，则行经时间延长，量少，色红，质稠；热灼津伤，则咽干口燥；虚热外浮，则手心灼热，颧红。舌红少津，苔少或无苔，脉细数，均为阴虚内热之象。

治法 养阴清热，止血调经。

方药 清血养阴汤（《妇科临床手册》）。

生地 丹皮 白芍 玄参 黄柏 女贞子 旱莲草

本方旨在养阴清热，止血调经。方中生地、丹皮、黄柏清热凉血；女贞子、旱莲草滋阴清热止血；玄参清热生津；白芍和营敛阴。

若月经量少者，酌加熟地、丹参养血活血；潮热不退者，酌加白薇、地骨皮清热凉血，兼退虚热。

3.6.3.2 气不摄血

主证 行经时间延长，色淡，质清稀；倦怠乏力，气短懒言，面色㿠白，舌淡苔薄，脉缓弱。

证候分析 气虚统摄失常，冲任不固，则行经时间延长；气虚火衰不能化血为赤，则色淡质清稀；中气不足，则倦怠乏力，气短懒言；阳气不升则面色㿠白。舌淡苔薄，脉缓弱，均为气虚之象。

治法 益气升提，止血调经。

方药 举元煎（《景岳全书》）加阿胶、艾叶、乌贼骨。

人参 黄芪 白术 炙甘草 升麻

本方旨在益气升提，固冲止血调经。方中人参、黄芪、白术、炙甘草补气摄血；升麻升阳举陷；阿胶养血止血；艾叶温经止血；乌贼骨收涩止血。

若出血量多，酌加龙骨、生牡蛎、棕榈炭固冲止血；心悸失眠，头晕耳鸣，酌加制首乌、龙眼肉、熟地填补精血。

3.6.3.3 瘀滞胞宫

主证 行经时间延长，量时多时少，色黯有块，小腹疼痛拒按。舌紫黯或有瘀点，脉弦涩。

证候分析 瘀阻胞中，血不归经，故经行时间延长；气血运行不畅，则量时多时少，色黯有块；瘀血阻滞冲任，气血不畅，则小腹疼痛拒按。舌紫黯或有瘀点，脉弦涩，均为血瘀之象。

治法　祛瘀行滞，止血调经。

方药　棕蒲散（《陈素庵妇科补解》）。

棕榈炭　蒲黄炭　归身　炒白芍　川芎　生地　丹皮　秦艽　泽兰　杜仲

本方旨在祛瘀行滞，止血调经。方中四物养血活血行滞；棕榈炭、蒲黄炭化瘀止血；泽兰活血化瘀；丹皮清热凉血；秦艽、杜仲补肾强腰，固冲任。

若腹痛甚，酌加蒲黄、五灵脂、三七参化瘀止血。

【文献摘要】

《诸病源候论》：妇人月水不断者，由损伤经血，冲脉任脉虚损故也……劳伤经脉，冲任之气虚损，故不能制其经血，故令月水不断也。

《校注妇人良方》：妇人月水不断，淋漓腹痛，或因劳损气血而伤冲任。

《妇科玉尺》：经来十数日不止者，血热也。

《沈氏女科辑要笺正》：经事延长，淋漓不断，下元无固摄之权，虚象显然……须知淋漓之延久即是崩漏之先机。

复习思考题

1）哪些原因可导致经期延长？为什么？

2）经期延长与漏下如何鉴别？

3）试述经期延长的辨证论治。

（李　华）

3.7　经间期出血

目的要求

1. 掌握经间期出血的分型及代表方剂。
2. 熟悉经间期出血的定义、病因病机与诊断。
3. 了解其鉴别诊断。

重点内容

1. 经间期出血的定义。
2. 经间期出血的病因病机及辨证论治：①肾阴亏虚，治以滋阴清热，固冲止血，方用两地汤合二至丸；②脾气虚弱，治以健脾益气，固冲摄血，方用归脾汤；③湿热蕴结，治以清热利湿，凉血止血，方用清肝止淋汤；④血瘀内停，治以活血化瘀，止血固冲，方用逐瘀止血汤。

3. 诊断：两次月经中间，有周期性的少量阴道出血，持续1~3天，基础体温示低高相交替时出血。

月经周期基本正常，在两次月经之间，即䌷缊之时，出现周期性出血者，称为经间期出血。

本病相当于西医学排卵期出血。

3.7.1 病因病机

本病发生机理目前仍未完全明了，可能与体质因素有关。月经排净后，血海空虚，阴精逐渐蓄积，由空虚渐至充盛，䌷缊期，冲任阴精更加充实，功能加强，阳气渐长，由阴盛向阳盛转化的生理附段。若体内阴阳调节功能正常者，自可适应这种变化，无特殊证候。若肾阴虚、脾气虚、湿热内盛或瘀血内留等因素，使阴阳转化不协调，遂可致本病的发生。

1）肾阴亏虚　禀赋不足，或房劳多产，耗伤肾精，阴虚虚热内生，热伏冲任，于䌷缊之时，阳气内动其火益旺，迫血妄行，遂致出血。血出之后，阳气外泄，阴阳又趋平衡，故出血停止。

2）脾气虚弱　素体脾胃虚弱，或饮食不节，或劳倦过度，损伤脾气，脾虚冲任不固，于䌷缊之时，阳气内动，但阳气不足，血失统摄，故而出血；血出之后，阴随血泄，阴阳趋于平衡，故出血停止。

3）湿热蕴结　外感湿热之邪，或情怀不畅，肝郁克脾，脾虚湿盛，湿热互结，下注冲任，于䌷缊之时，阳气内动，引动湿热，迫血妄行，故而出血；血出之后，湿热随之外泄，冲任安宁，出血停止。

4）血瘀内停　经期产后，余血不净，调摄不当，或感寒，或情志所伤，瘀血内生，阻滞冲任，于䌷缊之时，阳气内动，引起瘀血，血不归经，故而出血，瘀随血泄，冲任复宁，故出血停止。

3.7.2 诊断与鉴别诊断

3.7.2.1 诊断依据

1）两次月经中间，即䌷缊之时，出血持续1~3天，血量明显少丁正常月经量，且呈周期性发作。或伴有明显腰酸，少腹一侧或两侧胀痛，带下增多，色白质黏如蛋清。

2）测基础体温，显示低高相交替时出血，一般基础体温升高，则出血停止，也有基础体温升高后继续出血1~2日者。

3.7.2.2 鉴别诊断

1）与月经先期鉴别：月经周期提前，甚者半月一次，但出血量较多或在正常范围。出血发生在基础体温低温相的开始阶段。本病的出血发生在基础体温由低相转高相的交替时期，且出血量明显少于月经量。

2）与赤带鉴别：赤带无周期性，持续时间长短不一，可反复发作。而经间期出血有周期性，持续时间短，1个月经周期内只发生1次，以资区别。

3.7.3 辨证论治

（1）辨证要点

本病的辨证，应着重于出血时间、量、色、质并结合全身情况进行分析。

（2）治疗原则

本病治疗应以调理冲任平衡阴阳为主。按照辨证，分别选用滋阴养血、健脾益气、清热除湿、活血化瘀进行施治。

3.7.3.1 肾阴亏虚

主要证候　经间期出血，量少，色红，质稠，头昏腰酸，手足心热，夜寐不熟，舌红，苔少，脉细数。

证候分析　肾阴不足，在细缊之际，阳气内动，损伤阴络，则出血；虚热损伤冲任，则出血量多，色红、质稠；肾阴亏损，髓海不足，外府失荣，则头昏腰酸；虚热外迫，则手足心热；水火不济，则夜寐不熟。舌红，苔少，脉细数，为肾阴虚弱之象。

治法　滋阴清热，固冲止血。

方药　两地汤（《傅青主女科》）合二至丸（《医方集解》）。

女贞子　旱莲草

本方旨在滋阴清热，固冲止血。方中生地、地骨皮滋肾阴，清虚热；元参、麦冬养阴生津；白芍和血敛阴，阿胶养阴止血；女贞子、旱莲草滋阴止血。

若心肝郁火，症见胸闷烦燥、情志不畅，酌加醋柴胡、黑栀子疏肝解郁，清热凉血；夜寐不宁，加远志、夜交藤交通心肾，宁心安神。

3.7.3.2 脾气虚弱

主要证候　经间期出血，量少，色淡质清稀，倦怠乏力，气短懒言，纳少腹胀，舌淡，苔薄白，脉缓弱。

证候分析　脾虚冲任不固，于细缊之时，阳气内动，统摄失职，则经间期出血；脾虚气血生化不足，故量少，色淡，质清稀；中阳不足，则倦怠乏力，气短懒言；健运失职，则纳少腹胀。舌淡，苔薄白，脉缓弱，为脾气虚弱之象。

治法　健脾益气，固冲摄血。

方药 归脾汤（《校注妇人良方》）。

本方旨在健脾益气，固冲摄血。方中人参、黄芪、白术、甘草健脾益气，升提摄血；当归、龙眼肉、大枣健脾养血；茯神、酸枣仁、远志养心安神；木香理气醒脾；生姜温中和胃。

若出血量稍多，或持续时间长，酌加荆芥炭、海螵蛸收涩止血；若纳少便溏，去方中龙眼肉、当归，酌加砂仁、山药运脾实脾。

3.7.3.3 湿热蕴结

主要证候 经间期出血，量或多或少，色红质黏稠，胸闷烦燥，小腹时有胀痛，平素带下量多，质黏色黄，舌红，苔黄腻，脉滑数。

证候分析 湿热内盛，絪缊期阳气内动，引动湿热，迫血妄行，故经间期出血，量多；湿热内蕴，与血相结，冲任气血运行不畅，则量少，小腹时有胀痛；湿热与血相搏，则色红，质黏稠；湿热中阻，则胸闷烦燥；湿热下注，则带下量多，质黏色黄。舌红，苔黄腻，脉滑数，为湿热内蕴之象。

治法 清热利湿，凉血止血。

方药 清肝止淋汤(《傅青主女科》)去阿胶、红枣，加茯苓、炒地榆。

当归、白芍 生地 丹皮 黄柏 牛膝 香附 黑豆 阿胶 红枣

本方旨在清热除湿，凉血止血，方中当归、白芍养血柔肝，缓急止痛；黄柏、黑豆、茯苓清热利湿；丹皮清肝泻火；香附疏肝解郁；牛膝引药下行；生地、炒地榆清热凉血止血。

方中渗湿之力较弱，若再加入苡仁、苍术疗效更佳；出血期间，去当归、香附、牛膝，酌加茜草根、乌贼骨化瘀止血。

3.7.3.4 血瘀内停

主要证候 经间期出血，量少，色紫黯，有血块，小腹胀痛或刺痛，胸闷不舒，舌紫黯或有瘀点，脉涩有力。

证候分析 瘀血阻滞冲任胞宫，絪缊之时，阳气内动，引动瘀血，血不归经，则经间期出血；瘀血内停，血行不畅，则量少，色紫黯，有血块；瘀血内阻，气机不畅，则小腹胀痛，胸闷不舒。舌紫黯或有瘀点，脉涩有力，为瘀血停滞之象。

治法 活血化瘀，止血固冲。

方药 逐瘀止血汤（《傅青主女科》）。

大黄 赤芍 桃仁 丹皮 归尾 枳壳 生地 龟板

本方旨在活血化瘀，止血固冲，方中生地、归尾、赤芍养血止血；桃仁、大黄、丹皮活血祛瘀；枳壳理气行滞；龟板养阴固冲止血。

若出血期间，去归尾、赤芍、酌加三七、炒蒲黄化瘀止血；腹痛甚者，加延胡索、香附行气止痛。

【文献摘要】

《证治准绳》引袁了凡云：天地生物，必有絪缊之时，万物化生，必有乐育之时，如猫犬至微，将受妊也，其雌必狂呼而奔跳，以絪缊乐育之气触之而不能自止耳。此天然之节候，生化之真机也……凡妇人一月经行一度，必有一日絪缊之候，于一时辰间，气蒸而热，昏而闷，有欲交接不可忍之状，此的候也……顺而施之，则成胎矣。

【病案举例】

杨××，女，27 岁，未婚，1973 年 4 月初诊。

两年来每于月经过后 10 天左右，阴道即见有少量出血，色褐，约持续 4~5 天始止。经期前错，色红，量多，间有小血块，经前小腹胀痛，月经前后，带多质稠，腰酸乏力，眠食俱差，舌红，苔黄薄腻，脉弦滑无力。症属肝热血虚，湿热下注。刻诊经期方过，头晕腰酸，带下量多，拟予清热利湿，养血平肝。

处方：秦当归、杭白芍、女贞子、旱莲草各 9g　桑寄生 15g　白蒺藜、杭菊花（后下）各 9g　车前 12g（包煎）椿根白皮、瞿麦各 15g　黄芩 9g　粉甘草 6g　3 剂，水煎服。

另用蛇床子 9g　川黄柏 6g　淡吴萸 3g　布包，泡水，坐浴，日二次。

二诊（5 月 6 日）

上方续服 8 剂，带下止，经间亦未见出血，腰膝乏力诸皆轻减。今晨月事来潮，量较多，并见腰酸腹坠，脉弦滑略数，再予养阴清热，凉血固经法。

处方　秦当归 15g　杭白芍 9g　大生地 15g　川芎片 4. 5g　粉丹皮 9g　炒地榆 15g　川茜草 6g　刘寄奴 9g　制香附 6g　生侧柏 9g　乌贼骨 15g　条黄芩 6g　陈阿胶 9g（烊化冲服）3 剂，水煎服。

三诊（5 月 20 日）

上方服 5 剂，月经已止，此次经量较上次为少，用纸不足两包。舌红苔薄白，脉弦缓。

嘱每日上午服加味逍遥丸一付。下午服二至丸 20 粒，七天后仍服一诊方 5 剂，并于下次经潮时服二诊方 3 至 5 剂。恪守此法调理四个月，经期、经量近常，经间未再出血。

按：本例经期提前，量多，伴见头晕腰酸，证属肝经郁热，肝肾不足；经期前后带多质浓，舌苔黄腻，乃因湿热下注；月经中期，由于湿热蕴结，渍入血络，动血伤血，溢出脉外，故见经间出血。初诊月经方过，精血亏虚，肝木失养，故见头晕腰酸诸症，湿热下注，因而带下稠秽，治用归、芍、女贞、旱莲、寄生等补益肝肾，黄芩、菊花、蒺藜等清热平肝，使肝肾得以滋填，郁热得以清泻，则冲任调和血循经行。又兼车前、瞿麦、椿根皮等清利湿热，使脉道疏濬，气血通畅，即无动经伤血之虞。（哈荔田．哈荔田妇科医案医话选．天津科学技术出版社，1982.）

复习思考题

1. 经间期出血诊断要点及治疗原则是什么？
2. 经间期出血常见哪几个证型？其主证、治法、方药各是什么。

（李　华）

3.8 崩 漏

目的要求

1. 掌握崩漏的定义与诊断。
2. 掌握其辨证论治及塞流、澄源、复旧三法的运用。
3. 熟悉崩漏的病因病机及鉴别诊断。

重点内容

1. 崩漏的定义。

2. 诊断：月经周期、经期严重紊乱，出血量或多或少，排除全身性疾病和生殖器官器质性病变。应与月经不调、赤带、出血性妊娠病、癥瘕出血，生殖道外伤及内科血证鉴别。

3. 治崩三法：塞流、澄源、复旧。

4. 病因病机及辨证论治：①肾虚，肾阴虚，治以滋肾益阴，固冲止血，方用左归丸；肾阳虚，治以温肾助阳，固冲止血，方用右归丸；②脾虚，治以健脾益气，固冲止血，方用固冲汤；③血热，治以清热凉血，固冲止血，方用清热固经汤；④血瘀，治以活血化瘀，固冲止血，方用逐瘀止崩汤。

崩漏是月经周期、经期、经量严重失常的病证，经血非时而下，忽然大下谓之崩中或经崩，淋漓不断谓之漏下或经漏。崩与漏出血情况虽不同，但两者常相互转化，故概称崩漏。

崩漏既是妇科常见病，亦是疑难重症。历来对崩漏有两种认识：其一，凡阴道下血证，血势如崩似漏的，皆属崩漏范围；其二，崩漏为“经乱之甚”，应将崩漏列入月经疾病范围，至于其他病证所致的似崩似漏的下血证，不属本病范围。根据有关记载及临床实践，我们认为，后一种认识更有利于对崩漏进行深入研究。故本节将崩漏议定在月经疾病范围，若因器质性病变或胎、产、杂病引起的似崩似漏的阴道下血症，均不属崩漏范畴。

本病相当于西医学无排卵型功能失调性子宫出血病。

3.8.1 病因病机

本病病机为冲任不固，不能制约经血。引起冲任不固的常见原因有肾虚，脾虚，血热，血瘀等。

1）肾虚　先天不足，肾气稚弱，天癸初至，冲任未盛，或因绝经期肾气渐虚，因故重虚，或早婚多产，房事不节，均可损伤肾气。若耗伤精血，肾阴亏虚，则阴虚失守，虚火动血，致成崩漏；若命门火衰，肾阳虚损，封藏失司，冲任失固，不能约制经血，乃成崩漏。

2）脾虚　脾统血，以便血循其道，经行有期。忧思过度，饮食劳倦，损伤脾气，脾伤则气陷，统摄无权，冲任失固，不能约制经血，故成崩漏。

3）血热　素体阳盛，或情志不遂，肝郁化火，或感受热邪，或过食辛辣助阳之品，火热内盛，热扰冲任，以致迫血妄行。

4）血瘀　七情所伤，冲任气血瘀滞；或经期、产后余血未净又感于寒、热，以致邪与血结而成瘀，瘀阻冲任，血不归经，发为崩漏。

综上所述，崩漏虽有肾虚、脾虚、血热、血瘀等不同病变，但由于失血耗气，日久均可转化为气血俱虚或气阴两虚，或阴阳俱虚。无论病起何脏，“四脏相移，必归脾肾”，“五脏之伤，穷必及肾”，以至肾脏受病。也有崩漏久不愈而复感邪气，或久漏致瘀证见虚实夹杂，反复难愈的。可知崩漏发病机理复杂，常是因果相干，气血同病，多脏受累，故属妇科难证、重证。

3.8.2　诊断与鉴别诊断

3.8.2.1　诊断依据

1）月经周期、经期、经量都严重紊乱，出血不按周期妄行，时间长短不一，有时持续数日以至数十日不等，血量时多时少，也有出血发生在短期停经之后的。

2）临床检查包括全身检查、妇科检查、血液化验、B 超检查等，以排除全身性疾病和生殖器官器质性病变。卵巢功能测定如基础体温、阴道脱落细胞涂片、宫颈黏液检查、女性各种激素测定有助于本病的诊断。

3.8.2.2　鉴别诊断

本病应与月经不调、赤带、某些出血性妊娠病、癥瘕出血、生殖道外伤及内科血证鉴别。

1）与月经不调鉴别　月经先期主要为周期提前 7 天以上，2 周以内，经期、经量属正常；月经量多的血势不似崩中涌猛，一般周期、经期正常；月经先后无定期的周期先后不定，但应在 1~2 周内波动，且无经量和经期的异常；经期延长一般不超过半个月，且周期、经期无异常。这些均与崩漏完全没有规律性阴道出血截然不同。

2）与赤带鉴别　带下病的赤带有时难以与漏下鉴别，经详细询问病史及观察出血情况，一般亦能作出鉴别。如赤带多混有粘液，而且月经的期、量正常。

3）与某些妊娠病出血鉴别　①胎漏和漏下都有阴道少量出血，但胎漏者有早孕反应，妇科检查子宫增大、变软，妊娠试验阳性，B 超检查可见宫内妊囊、胎芽、胎心搏动；而漏下则无上述妊娠征象；②异位妊娠有早孕反应，妊娠试验阳性，或有停经后少腹部疼痛的病史；B 超检查可见孕囊在子宫腔以外部位，有盆腔内出血时，后穹窿穿刺阳性；崩漏则无上述阳性改变；③堕胎、小产者，月经停闭一段时间后出现阴道出血，应与崩漏鉴别。堕胎、小产者有过早孕反应，或妊娠试验阳性，出血伴有小腹部阵发性疼痛，有胚胎物的排出；崩漏则无上述改变。

4）与癥瘕出血鉴别　癥瘕也可导致无规律阴道出血，但癥瘕出血一般能通过妇科检查，B 超查出癥瘕的存在，而崩漏则无癥可查。

5）与外阴、阴道外伤出血的鉴别　外阴、阴道的损伤出血，应有外阴、阴道的创伤史或粗暴性交史，妇科检查可见外阴、阴道哆开的伤口，有活动性出血，宫颈口未见有血液自宫腔内流出；与崩漏的非时子宫出血不难鉴别。

此外，心血管疾患、肝脏疾病和血液病等导致的不正常子宫出血，通过详细的病史询问、体格检查、妇科检查、血液分析、肝功能以及凝血因子的测定、骨髓细胞分析等，不难与崩漏相鉴别。

3.8.3　辨证论治

（1）辨证要点

崩漏的主证是血证，辨证首先当辨出血的属性。根据出血的量、色、质变化，参合舌脉以及发病的久暂，辨其虚、实、寒、热。经血崩下非时，量多势急，继而淋漓不止，色淡质清者，多属虚；经血非时暴下，血色鲜红或紫红，血质黏稠多属热；若淋漓漏下，色紫质稠多属阴虚有热；经血非时而至，时来时止，或时闭时崩，或久漏不止多有瘀滞，若血色晦暗而质清稀多属寒属虚。

崩漏有以崩为主的，有以漏为主的，或崩与漏交替出现的，久崩多虚，久漏多瘀。“崩为漏之甚，漏为崩之渐”，即血崩日久，气血耗伤，可变成漏；久漏不止，病势日进，也可成崩，二者可相互转化。临证时须根据其转化情况，审其轻重虚实。一般而言，崩漏虚证多而实证少，热者多而寒者少，但“即使是火，亦是虚火，非实火可比”。

此外，患者的不同年龄阶段亦是崩漏辨证的重要参考，如青春期患者多属先天肾气不足，育龄患者多见肝郁血热，更年期患者多因肝肾亏损或脾气虚弱。

（2）治疗原则

崩漏治疗应根据病情的缓急轻重、出血的久暂，采用“急则治其标，缓则治其本”的原则，灵活运用塞流、澄源、复旧三法。

塞流，即是止血。崩漏以失血为主，止血乃是治疗本病的当务之急。止血之法有固气止血、固涩止血、求因止血等。①固气止血法：出血期间，尤在暴崩之际，“留得一分血便是留得一分气，”可当即煎服生脉散（《内外伤辨惑论》人参、麦冬、五味子），以人参大补元气，摄血固脱，并具生津安神宁血之效，麦冬养阴清心，五味子益气生津，补肾养心，收敛固涩。此方较之单用独参而更具补气摄血，滋阴敛血之效。若见四肢厥逆，脉微欲绝等证时，则于生脉散中加附子，去麦冬，或用参附汤（《校注妇人良方》人参、附子）加炮姜炭。②固涩止血法：用收敛药或炭剂药止血，如用十灰散或用龙骨、牡蛎、珍珠母、乌贼骨等固涩药；或用乌梅炭等酸敛药。③求因止血法：热者清而止血，寒者温而止血，虚者补而止血，瘀者行而止血，郁者舒而止血。即辨证论治以本治血。值得注意的是塞流并非单一止血治标，需于止血中寓固本之法，如固气止血、清热止血、消瘀止血等。具体运用止血方法时，还要注意崩与漏的不同点。治崩宜固摄升提，不宜辛温行血，以免失血过多导致阴竭阳脱；治漏宜养血行气，不可偏于固涩，以免血止成瘀。

澄源，即正本清源，亦是求因治本，乃治疗崩漏的重要阶段。一般用止血法后，待血势稍缓则审证求因，辨证论治。根据不同证类，又当兼顾气血脏腑，适时调补肝肾，补益心脾以资血之源，安血之室，调经固本。塞流、澄源两法也常常可以同步进行的。

复旧，即调理善后。治法应理脾益肾以善其后。崩漏之后应调理脾胃，化生气血，补益肾气，重建月经周期，使崩漏得到彻底的治疗。“经水出诸肾”，肾气盛，才能月事以时下，对青春期、育龄期的虚证患者，补肾调经则更为重要。当然复旧也需兼顾澄源。

总之，塞流、澄源、复旧三法有分别，又有内在联系，必须结合其具体病情灵活运用。

3.8.3.1 肾虚

(1) 肾阴虚证

主证　经乱无期，出血淋漓不尽或量多，色鲜红，质稍稠，头晕耳鸣，腰膝酸软，五心烦热，舌质偏红，苔少，脉细数。

证候分析　肾阴不足，虚火内炽，热伏冲任，迫血妄行，故经乱无期，量多或淋漓不尽；阴虚内热，故血色鲜红，质稍稠；肾阴不足，精血衰少，不能上荣空窍，故头晕耳鸣；精亏血少，不能濡养外府，故腰腿酸软；阴虚内热，故五心烦热。舌红，苔少，脉细数，也为肾阴虚之征。

治法　滋肾益阴，固冲止血。

方药　左归丸（《景岳全书》）去川牛膝，加旱莲草、炒地榆。

熟地　山药　枸杞子　山茱萸　菟丝子　鹿角胶　龟板胶　川牛膝

本方旨在滋肾阴，固冲任以止血。方中熟地滋阴养血；龟板益阴潜阳敛血；枸杞子、山茱萸、菟丝子、山药补肝肾，益冲任；鹿角胶温养精血。川牛膝引血下行，故不用。加旱莲草、炒地榆育阴养血止血。若心阴不足，症见心烦、失眠者，加五味子、夜交藤养心安神；若阴虚内热明显，症见手足心热、盗汗、口干者，酌加生地、麦冬、地骨皮以滋阴清热。

本型也可用育阴汤(《百灵妇科》)。

熟地　山药　续断　桑寄生　山茱萸　海螵蛸　龟板　牡蛎　白芍　阿胶　炒地榆

熟地、山茱萸、续断、桑寄生补肾益精；龟板、牡蛎、海螵蛸育肾阴、固冲任，涩精止血；山药补脾阴，白芍敛肝阴，阿胶养血滋阴也能止血，地榆凉血止血。本方既具滋肾益阴，又兼固冲止血之功效。

(2) 肾阳虚证

主证 经来无期，出血量多或淋漓不尽，色淡质清，畏寒肢冷，面色晦黯，腰腿酸软，小便清长，大便溏薄，舌质淡，苔少薄白，脉沉细无力。

证候分析 肾气不足，肾阳虚弱，封藏不固，冲任失约，故经来无期，量多或淋漓不尽；肾阳不足，经水失煦，故色淡质稀；肾阳虚衰，外府失荣，故腰腿酸软，畏寒肢冷；膀胱失于温化，故小便清长；不能上温脾上，故大便溏薄。面色晦黯，舌淡，苔薄白，脉沉细，均为阳虚失煦之象。

治法 温肾助阳，固冲止血。

方药 右归丸（《景岳全书》）去当归、肉桂，加黄芪、覆盆子、赤石脂。

制附子 肉桂 熟地 山药 山茱萸 枸杞子 菟丝子 鹿角胶 当归 杜仲

本方旨在补肾阳，固冲任以止血。方中制附子温补命门之火，以强壮肾气；杜仲、菟丝子温补肾阳；鹿角胶温肾气，养精血，固冲任；熟地、山萸肉、枸杞子补养精血；山药补脾固气；加黄芪补气摄血，覆盆子、赤石脂固肾涩血。肉桂温血，当归辛温活血，故宜去之。

患者若为年少肾气不足，可于上方加紫河车、仙茅、仙灵脾以增强补肾固冲之功；若小腹疼痛，血量多而色黯红有块，为寒凝致瘀，可酌加乳香、没药、五灵脂温经活血止血；若兼浮肿、纳差，四肢欠温者，属肾阳虚，脾阳失煦，加茯苓、砂仁、炮姜健脾温中。

3.8.3.2 脾虚

主证 经血非时而下，量多如崩，或淋漓不断，色淡质稀，神疲气短，四肢不温，纳差，面色皖白，舌淡胖，边有齿痕，苔薄白，脉细弱或虚大。

证候分析 脾虚气陷，统摄无权，故经血量多如崩，或淋漓不断；气虚化源不足，故色淡质稀；中气虚故气短、神疲；脾主四肢，脾虚则四肢失于温养，故四肢不温；脾虚中阳不振，运化失职，故纳差。面色皖白，舌淡胖，边有齿痕，苔薄白，脉细弱或虚大亦为脾阳不足之象。

治法 健脾益气，固冲止血。

方药 固冲汤(《医学衷中参西录》)。

白术 黄芪 煅龙骨 煅牡蛎 山茱萸 白芍 海螵蛸 茜草根 棕炭 五倍子

本方旨在健脾胃，益气血，固冲任以止血。方中黄芪、白术健脾益气以摄血；龙骨、牡蛎、海螵蛸固摄冲任；山茱萸、白芍益肾养血，酸收止血；五倍子、棕炭涩血止血；茜草根活血止血，血止而不留瘀。

若出血量多者，酌加人参、升麻益气升阳止血；久漏不止者，酌加藕节、炒蒲黄以化瘀止血。

3.8.3.3 血热

主证 经血非时忽然大下，或淋漓日久不净，色深红质稠，头晕面赤，口渴烦热，小便黄或大便干结，舌红，苔黄，脉滑数。

证候分析 热盛于内，损伤冲任，血海沸腾，迫血妄行，故经血崩下或淋漓不净，血色深红质稠；邪热上扰，故头晕面赤；热扰心神则烦热；热邪伤津则口渴，尿黄便结。舌红，苔黄，脉滑数俱是血热之征。

治法 清热凉血，固冲止血。

方药 清热固经汤(《简明中医妇科学》)。

生地 地骨皮 炙龟板 牡蛎粉 阿胶 黄芩 藕节 陈棕炭 甘草 焦栀子 地榆

本方旨在清血热，固冲任以止血。寓滋阴敛血于清热凉血之中，使热除血止。方中黄芩、焦栀子、地榆、藕节清热止血；生地、地骨皮清热滋阴；阿胶养血止血；龟板、牡蛎育阴敛血；陈棕炭收敛止血；甘草调和诸药。

若证兼少腹及两胁胀痛，心烦易怒，脉弦者，为肝经火炽，宜清肝泻热，上方加柴胡舒肝，夏枯草清肝热，益母草化瘀血。

3.8.3.4 血瘀

主证 经血非时而下，量多或淋漓不净，血色紫黯有块，小腹疼痛拒按，舌紫黯，或有瘀点，脉涩或弦涩。

证候分析 瘀滞冲任，血不循经，故经血非时而下，量多或淋漓不净；冲任阻滞，经血运行不畅，故血色紫黯有块；瘀阻则“不通则痛”，故小腹疼痛拒按。舌紫黯或有瘀点，脉涩或弦涩俱为血瘀之征。

治法 活血祛瘀，固冲止血。

方药 逐瘀止崩汤（《安徽中医验方选集》）。

当归 川芎 三七 没药 五灵脂 丹皮炭 炒丹参 炒艾叶 阿胶（蒲黄炒） 龙骨 牡蛎 乌贼骨

本方旨在化瘀血，固冲任以止血。方中当归、川芎补血行血，使祛瘀而不伤正；没药、五灵脂活血化瘀，瘀行则血得归经；三七、炒丹参、丹皮炭行血止血，止血不留瘀；阿胶、炒艾叶养血止血；乌贼骨、龙骨、牡蛎固涩止血。

若兼气滞，胸胁少腹作胀者，加柴胡、香附、川楝子等，理气行滞；若兼有寒邪，少腹冷痛者，加乌药、炮姜等，温经散寒。

【文献摘要】

《诸病源候论》：漏下之病，由劳伤气血，冲任之脉虚损故也……冲任之脉虚损，不能约制其经血，故血非时而下。

《兰室秘藏》：脾胃有亏，下陷于肾，与相火相合，湿热下迫，经漏不止，其色紫黑……

《女科撮要》：其为患因脾胃虚损，不能摄血归源；或因肝经有火，血得热而下行；或因肝经有风，血得风而妄行；或因怒动肝火，血热而沸腾；或因脾经郁结，血伤而不归经；或因悲衰太过，胞络伤而下崩。

《证治要诀》：崩有血热而成者，有气虚而成者。血大至曰崩中，或清或浊，或纯下瘀血或腐，势不可止，证非一状，所感亦异，又见血色瘀黑，愈信恶血之说，不敢止截。大凡血之为患，欲出未出之际，……即成瘀色。

《万氏女科》：妇人崩中之病，皆因中气虚不能收敛其血。

《景岳全书》：崩漏不止，经乱之甚者也，盖乱则或前或后，漏则不时妄行，由漏而淋，由淋而崩，总因血病，而但以其微甚耳。

崩淋之病，有暴崩者，有久崩者。暴崩者，其来骤，其治亦易；久崩者，其患深，其治亦难。且凡血因崩去，势必渐少，少而不止，病则为淋，此等证候，未有不由忧思郁怒，先损脾胃，次及冲任而然者，崩淋既久，真阴日亏，多致寒热咳嗽，脉见弦数或豁大等证，此乃元气亏损，阴虚假热之脉，尤当用参地归术甘温之属，以峻培本源，庶可望生。

若素多忧郁不调之患，而见此过期阻隔，便有崩决之兆。若隔之浅者，其崩尚轻；隔之久者，其崩必甚。此因隔而崩者也，当预服四物八珍之类以调之，否则恐其郁久而决，则为患滋大也。

《妇科玉尺》：崩漏，究其源，则有六大端：一由火热，二由虚寒，三由劳伤，四由气陷，五由血瘀，六由虚弱。

《女科经论》引出海藏云：妇人血崩，来如潮涌，明是热势妄行。

《血证论》：崩漏者，非经期而下血之谓也。

【病案举例】

案一　汪××，女，39岁，已婚，干部，于1975年10月30日初诊。

患者月经紊乱，淋漓不止已4年。因4年前生第3胎之后，阴道一直流血，量多，有时色淡，有时深紫，夹有小血块，每次持续流血7~8天，停3~5天再发生流血状况，一年后出国期间，曾稍有好转。经期无腹痛，惟有小腹坠胀和腰酸。1975年5月经妇科检查，认为子宫纤维变形，可能为子宫瘤前期。本次月经为10月9日，16日已净，19日又来潮6天，量不多，呈褐色样，有时心跳头晕，口渴思饮不多，食欲、睡眠及二便均正常，脉象迟而缓，尺无力，舌正无苔。由冲任损伤，久则成崩，宜调补冲任。

醋制龟板30g　鹿角霜30g　生龙骨18g　破故纸9g　生杜仲12g　续断6g　杭巴戟9g　山萸肉9g　淮山药12g　龙眼肉12g　莲房（微炒焦）1个　川牛膝6g　10剂。

二诊：距上次月经刚20天而又来潮，量多，色鲜红夹有小血块，腰酸，睡眠易惊醒，食欲及二便正常，脉象寸尺俱沉，两关微弦，舌正无苔。正值经期，治宜益气和血，兼化瘀滞。

生黄芪12g　当归6g　干地黄12g　白芍9g　川芎4.5g　炒丹皮4.5g　炒黑豆15g　藕节15g　茜草根9g　10剂。每日服1剂。

四诊：经治疗约半年，月经已正常，最近月经又稍紊乱，经行不畅，量少，腰酸痛，食欲不佳，大便干，两三日一行，因上夜班，睡眠至多5~6小时，头晕、目眩，少精神，平时白带多。脉象左关迟缓，右关沉弦，舌正无苔，此属血滞，由情志过激所致，治宜活血化瘀。

当归6g　川芎4.5g　赤芍6g　干地黄9g　桃红4.5g　红花4.5g　酒军3g　桂枝6g　泽兰6g　刘寄奴6g　炮姜3g　炒黑豆15g　鸡血藤6g　2剂。

五诊：服上方后，虽然月经量稍增多，但较正常仍少而不畅，头晕腰酸，五心烦热，精神非常兴奋，不能睡眠，食欲不振，大便不干，脉舌同前，原方去大黄、炮姜，加炒丹皮6克，再服3剂。

六诊：月经刚净，腰酸痛减，头已不晕，精神已不太兴奋，比较安静，睡眠较好，食欲亦有增进，二便正常，脉象左沉迟，右沉弦细，舌淡无苔，拟养营益气以善其后。

人参归脾丸 180g，每日早晚各服 6g，开水送服。

自此月经周期复准，经行畅，每次 5~6 天，量中等。

按：此例由于冲任损伤，兼有瘀滞，以致新陈代谢失常度。故治疗药宜调复冲任为主，并消瘀滞，但血以和为补，故继用桃红四物汤，活血行滞，因为补益冲任，即所以固经漏之源，活血行滞，即所以治经漏之流，源固而流畅，则经水自无失度和泛溢之虞。（高辉运 ·《蒲辅周医案》·第一版．北京：人民卫生出版社，1972：120~122）

案二　女，12 岁，9 月，上海。

年未二七，经汛已临，量多色鲜，延已五旬未净，面容少华，午后有虚潮之热，唇色淡红。冲任已损，有怯途之虑，亟拟固摄奇经。

熟地炭 18g　萸肉 5g　煅龙骨 12g　清炙黄芪 9g　炒白芍 9g　炒阿胶珠 12g　炙侧柏叶 9g　艾叶炭 6g　旱莲草 15g　陈棕炭 9g　煅牡蛎 30g　小蓟炭 9g。

二诊：前方服后，经漏顿止，而潮热未清，脉虚无力。血去阴伤，再拟滋养肝肾，以丽八脉。熟地炭 18g　阿胶珠 12g　炒白芍 9g　炙侧柏炭 9g　旱莲草 15g　清炙黄芪 9g　小蓟炭 9g　黄芩炭 5g　制女贞子 9g。

按：患者经事拖延五旬未净，又见潮热，面色少华，虚象显然，故谓有人损之虞。叶师治以脾肾着手，固摄下元，一诊即获显效，经漏止后，改为滋补肝肾，以调营血。（浙江省卫生厅名中医医案整理小组．叶熙春医案．人民卫生出版社，1965）

复习思考题

1. 何谓崩漏？崩与漏关系如何？
2. 何谓治崩三法，临床如何运用？
3. 试述崩漏的病因病机。
4. 崩漏分几型？试述各型的主证及治疗。

（李旭京）

3.9 闭　　经

目的要求

1. 掌握闭经的定义及诊断要点。
2. 掌握闭经的辨证论治。
3. 熟悉闭经的病因病机及鉴别诊断。

重点内容

1. 闭经的定义。

2. 病因病机及辨证论治：①肾气不足，治以补益肾气，养血调经，方用大补元煎；②气血亏虚，治以补气养血调经，方用人参养荣汤；③痰湿阻滞，治以燥湿化痰，活血通经，方用丹溪治痰湿方；④阴虚内热，治以滋阴清热，养血调经，方用加减一阴煎；⑤血寒凝滞，治以温经散寒，活血通经，方用温经汤；⑥血瘀气滞，治以行气活血，祛瘀通经，方用血府逐瘀汤。

3. 诊断：年逾18周岁女子月经尚未初潮，属原发性闭经；女子已行经又中断3个月以上，属继发性闭经。注意与妊娠期、哺乳期、绝经期等生理性停经相鉴别，并排除先天性生殖器官缺如、后天器质性损伤而无月经者。

女子年逾18周岁月经尚未初潮，或已行经而又中断达3个月以上为主要表现者，称为闭经。前者称为原发性闭经，后者称为继发性闭经。亦称“女子不月”、“月事不来”、“经闭”、“血枯”、“经水不通”等。

妊娠期、哺乳期、更年期的月经停闭以及部分青春期女子月经初潮2年内出现停经均属生理现象，不作闭经论。而先天性生殖器官发育异常（如先天性无子宫、无阴道、卵巢缺如、处女膜闭锁等）或后天器质性损伤（如卵巢切除、宫腔内放射治疗后等）所致闭经，则非药物治疗所能奏效，故不属本节讨论范围。

3.9.1 病因病机

本病的主要发病机理为冲任气血失调。虚者精血不足，冲任亏败，源断其流；实者邪气阻隔，冲任不通，经血不得下行。

1）肾气不足　先天不足，肾气虚衰，天癸匮乏，冲任不充，或房劳多产，久病伤肾，以致肾精亏损，精血不足，冲任失养，血海不能满溢，胞宫无血可下，乃致经闭。

2）气血亏虚　脾胃素弱，或饮食劳倦，忧思过度损伤脾气，气血生化之源不足，或大病久病，营血暗耗，堕胎、小产等数伤于血，血虚气弱，致冲任气血不足，血海空虚，无余可下，遂致月经停闭。

3）痰湿阻滞　素体肥胖，痰湿内盛，或脾虚失运，湿聚成痰，痰湿、脂膜壅塞冲任，盘踞胞宫，气血运行受阻，血海不能满溢而致月经停闭。

4）阴虚内热　素体阴虚，或久病失血伤阴，或痨瘵积年，灼烁津血，以致阴虚内热，冲任枯竭，血海干涸，月经停闭不行。

5）血寒凝滞　摄生不慎，经期产后感寒饮冷，寒邪乘虚客于冲任，气血运行受阻，血海不能满溢而致月经停闭。

6）血瘀气滞　素性抑郁，或恼怒怨恨，七情内伤，肝气郁结不达，气郁血滞，脉道阻隔，冲任气血运行不利，血海不能满溢，遂致月经停闭。

3.9.2　诊断与鉴别诊断

3.9.2.1　诊断依据

1）闭经患者可有月经初潮晚及月经后期、过少病史，产后出血史，多次人流刮宫史或长期使用避孕药等病史。

2）年逾 18 周岁女子月经尚未初潮，为原发性闭经；已行经又中断达 3 个月以上，为继发性闭经。

3）体格检查应注意全身发育、第二性征情况，观察精神状态、智力发育、营养及健康状况等。部分患者妇科检查可见性器官发育差或萎缩。

4）卵巢激素、垂体促性腺激素、催乳素的测定，甲状腺、肾上腺功能测定，对下丘脑-垂体-卵巢轴功能失调性闭经的诊断有意义。盆腔 B 超、诊断性刮宫、子宫、输卵管碘油造影及宫腔镜等检查有助于子宫内膜结核、子宫发育不良等原因所致闭经的诊断。

3.9.2.2　鉴别诊断

闭经的鉴别诊断首先应排除哺乳期、更年期月经停闭的生理现象或先天性生殖器官缺如、后天器质性损伤而无月经者。特别要注意与月经后期或闭经中又妊娠的情况进行鉴别：妊娠除月经不潮外，早期可出现早孕反应，18～20 周时自觉胎动；检查子宫增大变软，与停经月份相符，妊娠 20 周后经腹壁可触及胎体，闻及胎心音；实验室检查妊娠试验阳性；B 超检查宫腔内可见妊娠囊及胚芽或胎体、胎心。闭经则无上述表现。

3.9.3　辨证论治

（1）辨证要点

确诊闭经后，首先应结合全身症状以及舌脉辨明虚、实、虚实夹杂的不同情况。如因他病而致月经停闭者，当以先治疗他病为主。

（2）治疗原则

闭经的治疗原则，虚者或益肾填精，或补气养血，或滋阴清热，以滋经血之源，补而通之；实者或温经祛瘀，或豁痰除湿，或理气活血，以疏通冲任经脉，泻而通之。本病虚多实少，临证时切忌妄用攻破之法，误犯虚虚之戒。

3.9.3.1　肾气不足

主证　女子年逾 18 周岁，月经未至或来潮后后期量少渐至停闭，素体虚弱，头晕耳鸣，腰腿酸软，小便频数，舌淡红，脉沉细。

证候分析　肾气不足，精亏血少，冲任空乏，血海不能满溢，胞宫无血可下，故月经不潮或来潮后复闭；肾虚不能化精，上不荣空窍则头晕耳鸣，下不荣外府则腰腿酸软；肾虚膀胱气化失司，故小便频数。舌淡红，脉沉细，亦肾气不足之象。

治法　补肾益气，养血调经。

方药　大补元煎(《景岳全书》)。

本方旨在补益肾气，填精养血调经。方中人参、山药、杜仲补肾益气；山茱萸、枸杞、熟地填精益肾，调补冲任；当归养血行血，促经不行；炙甘草调和诸药。

若兼阳虚畏寒肢冷者，加菟丝子、仙灵脾、肉桂、紫河车以温补肾阳；兼阴虚五心烦热，口干舌红者，加女贞子、知母、麦冬滋阴清热。

3.9.3.2　气血亏虚

主证　月经周期后延，经量偏少，色淡质稀，继而闭经，面色不华，头晕目眩，心悸气短，神疲乏力，舌淡边有齿印，苔薄，脉细无力。

证候分析　脾虚气血化生减少，或屡伤于血，冲任气血不足，血海空乏，故月经后期量少，色淡质稀；血海枯竭，乃至闭经；血虚不荣，气虚不布，故面色不华，头晕目眩，心悸气短，神疲乏力。舌淡边有齿印，苔薄，脉细无力，均为气血不足之征。

治法　补气养血调经。

方药　人参养荣汤(《和剂局方》)。

本方具双补气血，养营调经之功效。方中人参、黄芪、白术、茯苓、炙甘草益气健脾生血；当归、熟地、白芍养血调经；远志、五味子宁心安神；肉桂温运血脉；姜枣调和脾胃。

若兼脘腹胀满，纳少者，加砂仁、佛手行气调中，除胀开胃；兼精血亏败，肾气虚衰，神情淡漠，性欲减退，毛发脱落，生殖器官萎缩，阴道干涩者，加紫河车、鹿茸等血肉有情之品峻补精血，温助肾气。

3.9.3.3　痰湿阻滞

主证　月经停闭，形体肥胖，神疲嗜睡，头晕目眩，胸闷泛恶痰多，带下量多，苔白腻，脉濡或滑。

证候分析　形体肥胖之人，多痰多湿，痰湿之邪壅阻冲任、胞宫，气血阻滞，经水不得下行，故月经停闭；痰湿内蕴，清阳之气不升，故神疲嗜睡，头晕目眩；痰湿中阻，气机壅遏，故胸闷泛恶痰多；湿邪下注，故带下量多。苔白腻，脉濡或滑，也是痰湿内盛之征。

治法　燥湿化痰，活血通经。

方药　丹溪治湿痰方(《丹溪心法》)。

苍术　白术　半夏　茯苓　滑石　香附　川芎　当归

本方功在豁痰除湿，行气活血，通调冲任。方中白术、苍术健脾除湿；半夏、茯苓燥湿化痰；滑石利水祛湿；香附行气开郁；当归、川芎活血通经。

若兼脾虚纳呆食少者，加党参、黄芪健脾益气；兼湿停血壅，肢体肿胀者，加泽兰、益母草活血利水消肿。

3.9.3.4 阴虚内热

主证　月经先多后少，渐至闭经，五心烦热，颧红盗汗，口干舌燥，舌质红或有裂纹，脉细数。

证候分析　阴虚内热，扰动冲任，迫血妄行，日久血海渐涸，无血可下，故月经先多后少，渐至闭经；阴亏津少，不得上承于口，故口干舌燥；阴虚不能敛阳，虚热上浮，迫津外泄，故五心烦热，颧红盗汗。舌质红或有裂纹，脉细数，乃阴虚有热之候。

治法　滋阴清热，养血调经。

方药　加减一阴煎(《景岳全书》)。

生地　熟地　白芍　麦冬　知母　地骨皮　炙甘草

本方为养阴清热调经的常用方。方中生地、白芍、麦冬、熟地滋阴养血；地骨皮、知母清热凉血，养阴退蒸；炙甘草健脾和中。

若兼虚热扰心，心悸少寐者，加柏子仁、莲子心、竹茹清心除烦；兼虚火灼伤肺络，久咳不愈，痰中带血，形体消瘦者，加百合、川贝、阿胶、白芨、白茅根等养阴润肺，止血止咳。如有结核病，应同时给以抗痨治疗。

3.9.3.5 血寒凝滞

主证　月经闭止不行，小腹冷痛拒按，得热痛减，四肢欠温，大便不实，舌紫黯，苔白，脉沉紧。

证候分析　寒性凝滞，易凝闭阻滞经脉，寒邪客于冲任，与血相搏，冲任气血泣而不行，经水阻隔，故月经停闭不行；寒凝血瘀，不通则痛，故小腹冷痛拒按；血得温则行，瘀血暂可稍散，故得热痛减；寒邪伤阳，外不能温煦四末，内不能温助脾运，故四肢欠温，大便不实。舌紫黯，苔白，脉沉紧，也为寒凝血行不畅之象。

治法　温经散寒，活血通经。

方药　温经汤(《妇人大全良方》)。

本方功可温散寒邪，活血行血，祛瘀通经。方中肉桂温经散寒，通利血脉；莪术、丹皮、牛膝活血祛瘀；川芎行血中之气；当归、白芍养血调经；人参益气以助温阳散寒；甘草调和诸药。

若兼气滞小腹胀痛者，加香附、乌药行气除胀止痛；兼小腹冷痛较剧者，加吴萸、小茴香、姜黄增强散寒化瘀止痛之力。

3.9.3.6 血瘀气滞

主证　月经数月不行，胸胁胀满，小腹胀痛拒按，精神抑郁，舌质紫黯，边有瘀点，苔薄，脉沉涩或沉弦。

证候分析 瘀血内停，气不宣达，冲任气血受阻，经血不得下行，故月经停闭；气机不畅，肝失疏泄则精神抑郁，胸胁胀满；血瘀气滞，冲任、胞脉瘀阻，故小腹胀痛拒按。舌脉亦血气阻滞之征。

治法 行气活血，祛瘀通经。

方药 血府逐瘀汤(《医林改错》)。

当归 生地 桃仁 红花 枳壳 赤芍 柴胡 桔梗 川芎 牛膝 甘草

本方可除血气之瘀滞，引血下行，祛瘀通经。方中桃红四物汤活血化瘀通经；牛膝通利血脉，引血下行；柴胡、桔梗、枳壳疏理气机，使气行血行，瘀去经通；甘草和中。

若兼气郁化热，烦躁易怒者，加郁金、栀子、黄芩清热解郁除烦；兼乳房胀痛有块者，加夏枯草、王不留、青皮理气散结止痛；兼郁热伤津，口渴便结者，加大黄、知母、火麻仁清热通便。

【文献摘要】

《素问》：病名血枯，此得之年少时，有所大脱血，若醉入房中，气竭伤肝，故月事衰少不来也。

《灵枢》：肾脉微涩为不月。

《金匮要略》：妇人之病，因虚、积冷、结气，为诸经水断绝至有历年，血寒积结胞门。

《诸病源候论》：妇人月水不通者，由劳损血气，致令体虚受风冷。风冷邪气客于胞内，伤损冲任之脉，并手太阳少阴之经，致胞络内绝，血气不通故也。冲任之脉，起于胞内，为经脉之海，手太阳小肠之经也，手少阴心之经也，此二经为表里，主下为月水。风冷伤其经血，血性得温则宣流，得寒则涩闭。既为冷所结搏，血结在内，故令月水不通。

《景岳全书》：血枯之于血隔，本自不同，盖隔者，阻隔也；枯者，枯竭也。阻隔者，因邪气之隔滞，血有所逆也。枯竭者，因冲任之亏败，源断其流也。凡妇女病损至旬月半载之后，则未有不闭经者。正因阴竭，所以血枯，枯之为义，无血而然。故或以羸弱，或以困倦，或以咳嗽，或以夜热，或以食饮减少，或以亡血失血，及一切无胀无痛、无阻无隔，而经有久不至者，即无非血枯经闭之候。欲其不枯，无如养营；欲以通之，无如充之。但使雪消而春水自来，血盈则经脉自至。源泉混混，又孰有能阻之者？奈何今之为治者，不论有滞无滞，多兼开导之药。其有甚者，则专以桃仁、红花之类通利为事。岂知血滞者可通，血枯者不可通也。血既枯矣，而复通之，则枯者愈枯，其与榨干汁者何异？为不知枯字之义耳，为害不小，无或蹈此弊也。

《陈素庵妇科补解》：经水不通，分有余、不足，差之毫厘，谬之千里。有余者，调之通之，不足则补之。外感风寒冷湿，热结痰结，瘀血内伤，忧郁劳怒，俱宜分别主治。惟血枯一症，即虚损劳瘵之由，若不急治，便成不救。

《万氏妇人科》：妇人女子，经闭不行，其候有三：乃脾胃伤损，饮食减少，气耗血枯而不行者，须当补其脾胃，养其气血，以待气充血生，经自行矣。不可妄用通利之剂，则中气益损，阴血益干，致成痨瘵之疾而不可救，所谓索千金于乞丐，棰楚自加，徒毙其生也。一则忧愁思虑，恼怒怨恨，气郁血滞而经不行者，法当开郁气，行滞血而经自行。苟用补剂，则气得补而益结，血益凝聚，致成症瘕胀满之疾，所谓养虎自遗患矣。一则躯体迫养，痰涎壅滞而经不行者，法当行气导痰，使经得行。斯谓之良工也。

《女科经纶》引虞天民曰：经闭不通之证，先因心事不足，心血亏耗，……况月水全赖肾水施化，肾水既乏，则经水日以干涸，或先或后，淋漓无时。若不早治，渐致闭塞不通，而必为劳极之证，不易治也。

《竹林女科证治》：肥盛之妇，躯脂迫塞，痰涎壅盛，血滞而经不行。治宜行气导痰，而经自通。

《妇科玉尺》：先天不足，或病后产后失于调理，以致真阴亏损，火热煎熬；或阴虚火旺，肝不生血；或堕胎及产多而亡血；或因久患潮热，盗汗耗血，乃将成痨瘵之候矣。宜以滋阴养血清火药治之。此血枯也。

【病案举例】

徐××，女，30岁，已婚，病历号34130（广安门医院）。

初诊：1961年4月20日，闭经一年半，妊3产3，1958年末次分娩，臀位产出后，流血约750ml，哺乳八个月，停乳四个月后，月经来潮，血量逐次减少，五个月后经闭，1959年10月份最后一次来潮，仅流少量血性分泌物，经闭迄今，其间曾作人工周期，能按期来潮。1959年10月作基础代谢为-5.6%，子宫内膜检查无结核。1960年5月黄体酮试验（—），6月连续检查宫颈黏液半月，均无结晶出现，某医院初步诊断为卵巢功能低下性经闭，怀疑席汉氏病初期。目前症状头晕眼花，四肢无力，体重日减，腰腿酸软，性欲减退，面色萎黄，舌苔薄黄多刺，脉象沉细。症属血虚经闭，由于肝肾两虚，营血衰少，血海空虚，而致经闭，治法以补益肝肾，佐以调经，方用四物汤合柏子仁丸加减。

处方：干地黄12g　当归9g　白芍9g　川芎4.5g　龟板15g　柏子仁12g　泽兰9g　川断12g　桑寄生12g　牛膝9g　橘皮3g　谷芽12g　四剂。

二诊：4月25日，曾于4月21日阴道出血少许，服药后腿膝稍觉有力，仍感腰痛疲惫，右胁隐痛，胃纳转佳，夜寐尚安，二便如常，舌苔黄微剥、边刺，脉象沉细，月经有来复之象，仍从前法，更进一筹。

处方：当归9g　白芍9g　干地黄12g　川芎6g　柴胡6g　制香附6g　卷柏9g　柏子仁12g　川断12g　泽兰9g　生牛膝9g　净乳没各3g　六剂。

三诊：5月5日，右胁隐痛，臀部胀坠，腿软无力，舌苔糙白、中微剥边刺，脉左沉细，右细弦。血虚气滞，经脉不通，仍从前法，加以通经消瘀之剂。

处方：熟地12g　当归9g　赤芍6g　丹参9g　桃仁9g　红花3g　卷柏9g　牛膝9g　制香附6g　青皮6g　橘皮3g　用此方连服一个月。

四诊：6月13日，月经于6月6日来潮，量多色红，无血块，今尚未净，月经初来时感觉阴道下坠，臀部胀滞，手足心热，纳差少寐，近挟感冒，咳嗽咽痛，舌苔薄黄微垢、边尖有刺，脉细，月经已能自动来潮，当前兼有外感，宜先祛风清热，宣畅肺气，佐以和胃益肾。

处方：荆芥炭6g　桑叶9g　紫菀3g　桔梗6g　生甘草3g　杏仁9g　扁豆衣9g　橘皮3g　谷芽12g　桑寄生12g　川断12g　枇杷叶9g　六剂。

五诊：1962年1月16日，相继服中药后，月经每月均能来潮，量少，二天左右干净，经期腰酸，臀部发胀，头晕目眩，午后倦怠，舌苔黄中微垢、微剥边有刺，脉象沉细，治宜补肝肾，调冲任。

处方：地黄12g　白芍9g　菊花6g　金樱子9g　丹参9g　黑栀9g　橘皮3g　川石斛12g　黑豆15g　川断12g　桑寄生12g　泽兰9g　六剂。

小结：此例病因，由于肝肾两虚，营血衰少，无以下注于冲脉，冲为血海，血海空虚，而致经闭，故治法以补肝肾为主，后有气滞现象，故再加调气化瘀之剂，因势利导，治疗半年

余，月经渐复正常。(中医研究院西苑医院. 钱伯煊妇科医案. 人民卫生出版社，1980年)

复习思考题

1. 何谓闭经？如何与妊娠鉴别？
2. 闭经的病因病机是什么？
3. 试述闭经的辨证要点及治疗原则。
4. 闭经如何辨证论治？

(毕焕英)

3.10 痛 经

目的要求

1. 掌握痛经的定义及其诊断要点。
2. 掌握痛经的辨证要点及辨证论治。
3. 熟悉痛经的病因病机及鉴别诊断。

重点内容

1. 痛经的定义。

2. 病因病机及辨证论治：①气血瘀滞，治以理气活血，祛瘀止痛，方用膈下逐瘀汤；②寒湿凝滞，治以散寒除湿，化瘀止痛，方用少腹逐瘀汤；③肝郁湿热，治以清热除湿，化瘀止痛，方用清热调血汤。④气血亏虚，治以补气养血，和营止痛，方用十全大补汤。⑤肝肾亏虚，治以补肾养肝，调经止痛，方用调肝汤。

3. 诊断：女子经期或行经前后小腹疼痛，痛引腰骶，甚则晕厥，呈周期性发作。应注意排除其他在月经期间引起妇女小腹疼痛的疾病。

女子经期或行经前后周期性出现小腹疼痛，或痛引腰骶，甚至剧痛晕厥为主要表现者，称为痛经。亦称经行腹痛。

本病相当于西医学的痛经。西医学把痛经分为原发性和继发性两类，前者是指生殖器官无器质性病变的痛经，多见于青年女子；后者是指由于慢性盆腔器质性疾病如子宫内膜异位症、腺肌病或盆腔炎等所致的痛经，多见于育龄妇女。临证时可结合妇人腹痛、癥瘕等病进行辨证论治。

3.10.1 病因病机

本病的主要发病机理是素体精亏血少，或邪气内伏，每当经行前后，血海由满而溢，冲任、胞宫生理变化急骤，加重了原有的虚损或阻滞，使虚者更虚，冲任、胞宫失于濡养，“不荣则痛”；或使实者更实，冲任、胞宫气血运行不畅，“不通则痛”，而导致痛经。其病因主要有气血瘀滞、寒湿凝滞、肝郁湿热、气血亏虚及肝肾亏损。

1）气血瘀滞　肝气素郁或恚怒伤肝，肝郁气滞，血行不畅；或手术创伤，瘀血内停，气机受阻，每值经血下行之际，冲任、胞宫气血壅滞更甚，“不通则痛”，发为痛经。

2）寒湿凝滞　摄生不慎，过食生冷寒凉；或经期冒雨涉水，寒湿之邪客于冲任、胞宫，阻碍气血运行。经前经期气血下注血海，寒湿之邪与血相搏，血脉凝滞，留聚而痛。

3）肝郁湿热　忿怒伤肝，肝郁化热，忧思伤脾，脾虚生湿，湿热相合下注；或经期、产后外感湿热之邪，缠绵日久，留著冲任、胞宫，气血运行不畅，经前经期，气血下注血海，湿热与血相搏，瘀阻更甚，“不通而痛”，发为痛经。

4）气血亏虚　脾胃虚弱，化源不足；或大病久病，暗耗气血，气血亏少。经行经后，血海愈发空虚，冲任、胞宫失于濡养，“不荣则痛”，而致痛经。

5）肝肾亏损　禀赋素弱，肝肾不足；或房劳多产，损及肝肾，精亏血少。每值经血下行之后，精血愈虚，冲任、胞宫失于濡养，故痛经应时而发。

3.10.2 诊断与鉴别诊断

3.10.2.1 诊断依据

1）痛经患者可有精神过度紧张、焦虑，妇产科手术史、盆腔炎病史等。原发性痛经多见于青年女子，继发性痛经多见于育龄妇女。

2）经期或经期前后小腹疼痛，可痛及腰骶，或伴恶心、呕吐，面色苍白，出冷汗等，甚至晕厥，呈周期性发作。

3）原发性痛经妇科检查无阳性体征；继发性痛经盆腔检查可及子宫均匀增大、质硬、压痛，盆腔内有触痛性结节或宫旁不活动囊性包块，或有慢性盆腔炎体征。

4）盆腔B超、腹腔镜检查对继发性痛经的诊断有帮助。

3.10.2.2 鉴别诊断

1）痛经应与发生在月经期间的其他能引起下腹疼痛的疾病进行鉴别　①与肠痈鉴别：肠痈（急性阑尾炎）以转移性右下腹痛为主，体温增高，麦氏点压痛、反跳痛、肌紧张；②与卵巢肿瘤蒂扭转鉴别：卵巢肿瘤蒂扭转多在突然改变体位后发生一侧下腹部剧痛，妇科检查可扪及同侧盆腔肿块，张力较大，有压痛，瘤蒂部压痛明显，盆腔B超检查可帮助诊断；③与急性盆腔炎鉴别：急性盆腔炎可有经期卫生不良、宫腔内手术操作病史，高热，寒战，体格检查有明显腹膜刺激征，盆腔检查有急性炎症表现。

2）痛经有停经史后又出现阴道出血伴小腹疼痛者，还应除外异位妊娠、堕胎等妊娠期疾病 ①与异位妊娠鉴别：异位妊娠除停经史外，可有早孕反应，下腹一侧撕裂样剧痛；腹部检查压痛、反跳痛明显，并可出现移动性浊音，妇科检查宫颈摇举痛，出血多时子宫有漂浮感，子宫一侧触及包块；实验室检查妊娠试验阳性，血色素下降；阴道后穹窿穿刺可抽出不凝血，B超检查宫腔内无妊娠囊或宫腔外有妊娠囊影像。②与堕胎鉴别：堕胎也可有早孕反应，呈阵发性小腹疼痛，阴道流血增多，可有部分胚胎组织排出；妇科检查子宫颈口开大，胚胎组织堵塞宫口，子宫与停经月份相符或小于停经月份；实验室检查妊娠试验阳性或阴性，出血多时血色素下降；盆腔B超检查有助于诊断。

3.10.3 辨证论治

（1）辨证要点

应当根据疼痛发生的时间、程度、性质辨清寒、热、虚、实：痛在经前、经期多属实，痛在经后多属虚；疼痛剧烈多属实，疼痛隐隐多属虚；痛甚于胀多为血瘀，胀甚于痛多为气滞；疼痛拒按多属实，喜按多属虚；绞痛、冷痛、得热痛减多属寒，灼痛、得热痛增多属热。

（2）治疗原则

痛经的治疗原则以调理冲任气血为主。治疗时应根据月经周期的不同阶段，把握治疗时机：平时辨证求因以治本，疼痛将作及痛经期间行气调血止痛以治标。

3.10.3.1 气血瘀滞

主证 经前或经期小腹胀痛拒按，或伴乳胁胀痛，经行量少不畅，色紫黑有块，块下痛减，舌质紫黯或有瘀点，脉沉弦或涩。

证候分析 肝主疏泄，喜条达，因情志拂郁或血瘀气结伤肝，肝郁不达，血行不畅，冲任、胞宫气血壅阻，经前、经期气血下注血海，冲任、胞宫瘀阻更甚，故小腹胀痛拒按；气机阻滞，肝郁不舒，则胸胁、乳房胀痛；气血瘀滞，故经行量少不畅；血块排出后胞宫气血暂可稍畅，故块下痛减。舌脉所见亦血瘀气滞之征。

治法 理气活血，祛瘀止痛。

方药 膈下逐瘀汤(《医林改错》)。

当归 川芎 赤芍 桃仁 红花 枳壳 延胡索 五灵脂 丹皮 乌药 香附 甘草。

本方具有活血化瘀，行气解郁止痛的功效。方中桃仁、红花、赤芍、丹皮活血行瘀；延胡索、五灵脂、香附、乌药、枳壳化瘀调肝，行气止痛；当归、川芎养血和血调经；甘草缓急止痛，调和诸药。

若兼肝气挟冲气犯胃，胃失和降，恶心、呕吐者，加半夏、吴茱萸、生姜降逆和胃止呕；兼寒凝肢冷面白者，加桂枝、小茴香温经散寒祛瘀；兼瘀血内阻，血不归经，经期延长、量多者，加三七、炒蒲黄、花蕊石化瘀止血；兼肝经瘀阻，阴器不利，前后二阴坠胀疼痛者，加川楝子、枳实、莪术疏肝祛瘀止痛。

3.10.3.2 寒湿凝滞

主证　经行小腹冷痛，得热则舒，经量少，色紫黯有块，伴形寒肢冷，小便清长，苔白腻，脉细或沉紧。

证候分析　寒湿之邪稽留冲任、胞中，阻滞经血，损伤阳气，气血运行不畅，经行之际，气血下行，冲任阻滞更甚，故经期小腹冷痛；得热则寒湿阴邪稍散，血行暂畅，故得热痛减；寒凝血瘀，故经量少、色紫黯有块；寒湿之邪伤阳，阳气不足，温煦气化失职，故形寒肢冷，小便清长。舌苔白腻，脉细或沉紧，均属寒湿凝滞之象。

治法　散寒除湿，化瘀止痛。

方药　少腹逐瘀汤(《医林改错》)。

小茴香　干姜　延胡索　没药　当归　川芎　肉桂　赤芍　蒲黄　五灵脂

本方旨在温经散寒，除湿化瘀止痛。方中肉桂、干姜、小茴香温经散寒除湿，宣通血脉；延胡索、没药、赤芍、蒲黄、五灵脂行气化瘀止痛；当归、川芎养血调经。

若兼气滞乳房、小腹胀痛者，加乌药、香附行气止痛；兼肾虚腰酸困痛者，加川断、狗脊、杜仲补肾强腰。

3.10.3.3 肝郁湿热

主证　经前或经期小腹疼痛拒按，或痛及腰骶，或感腹内灼热，经行量多质稠，色鲜红或紫红，有小血块，有伴胸胁胀痛，大便干结，小便短赤，平素带下黄稠，舌质红，苔黄腻，脉弦数。

证候分析　郁怒忧思，损伤肝脾，湿热内蕴，下注冲任、胞宫，气机不利，瘀热内阻，经前经期，血海满盈，冲任、胞宫阻滞更甚，故小腹灼热，疼痛拒按；湿热流连，阻遏腰部经脉，故痛引腰骶；湿热伤于冲任，迫血妄行，故经量多，色鲜红或紫红，质稠；肝经湿热，气郁不达，故胸胁胀痛；郁热伤津，故大便干结，小便短赤；湿热损伤带脉，带脉失约，故带下黄稠。舌质红，苔黄腻，脉弦数，为肝郁湿热之象。

治法　清热除湿，化瘀止痛。

方药　清热调血汤(《古今医鉴》)。

牡丹皮　黄连　生地　当归　白芍　川芎　红花　桃仁　莪术　香附　延胡索

本方功效为清热除湿，凉血化瘀止痛。方中黄连清热解毒除湿；生地、丹皮凉血活血；桃仁、红花、莪术、川芎化瘀止痛；当归、白芍和血调经；香附、延胡索舒肝解郁止痛。

若兼肾虚腰酸困如折，加杜仲、续断补益肾气；兼带多色黄，有臭气者，加黄柏、苍术、牛膝清热燥湿止带。

3.10.3.4 气血亏虚

主证 经期或经后小腹隐痛喜按，经行量少质稀，形寒肢疲，头晕眼花，心悸气短，舌质淡，苔薄，脉细弦。

证候分析 气血本虚，血海空乏，经行经后，营血下泄，冲任、胞宫气血愈亏，血虚荣养不足，气虚运血无力，迟滞作痛，故小腹隐痛喜按；营血不足，冲任空虚，故月经量少质稀；气血不能温养全身，故形寒神疲，头晕眼花，心悸气短。舌质淡，苔薄，脉细弦，均为气血亏虚之征。

治法 补气养血，和营止痛。

方药 十全大补汤(《和剂局方》)。

当归 川芎 白芍 熟地 人参 白术 茯苓 甘草 黄芪 肉桂 生姜 大枣

全方重在温补气血，和营调经止痛。方中四君、黄芪补脾益气以资化源；四物养血行血调经止痛；肉桂温通血脉；姜枣调和脾胃。

若兼心血不足眠差多梦者，加酸枣仁、柏子仁、合欢花宁心安神；兼虚滞脘闷纳呆者，加厚朴、陈皮、砂仁行气调中开胃；兼血虚肝郁胸胁、小腹胀痛者，加柴胡、香附、延胡索舒肝理气止痛。

3.10.3.5 肝肾亏损

主证 经期或经后小腹绵绵作痛，喜按，经行量少，色淡红，无块，腰膝酸软，头晕耳鸣，舌淡红，苔薄，脉细弦。

证候分析 肝藏血，肾藏精，多产、房劳损及肝肾，精亏血少，冲任、胞宫失养，经行经后血海愈虚，不荣而痛，故小腹绵绵作痛，喜按；肝肾亏虚，血海不能满盈，故经行量少，色淡红，无块；肝肾精血不足，外不能濡养肾府则腰膝酸软，上不能荣养清窍则头晕耳鸣。舌淡红，苔薄，脉细弦，乃肝肾亏损之征。

治法 补肾养肝，调经止痛。

方药 调肝汤(《傅青主女科》)。

当归 白芍 山茱萸 巴戟天 阿胶 山药 甘草

本方具有填精益肾，养血柔肝，缓急止痛的功效。方中山茱萸、山药补肾强精；巴戟天温养肾气；当归、白芍、阿胶滋阴养血柔肝；白芍、甘草缓急止痛。

若兼血虚肝郁胸胁、乳房胀痛者，加柴胡、延胡索、橘叶疏肝理气止痛；兼腰骶酸痛明显者，加桑寄生、杜仲、狗脊补肾强腰。

治疗痛经时，除用药外还应注意辨证调护：加强体育锻炼，增强体质；保持阴户清洁；经期及行经前后不宜过食生冷、游泳、冷水洗浴；节制房事；调和情志，勿过度恐惧疼痛发生。

【文献摘要】

《诸病源候论》：妇人月水来腹痛者，由劳伤血气，以致体虚，受风冷之气，客于胞络，损冲任之脉，手太阳少阴之经。冲脉、任脉皆起于胞内，为经脉之海也。手太阳小肠之经，手少阴心之经也，此二经其为表里，主下为月水。其经血虚，受风冷，故月水将下之际，血气动于风冷，风冷与血气相击，故令痛也。

《校注妇人良方》：妇人经来腹痛，由风冷客于胞络冲任，或伤手太阳少阴经，用温经汤、桂枝桃仁汤；若忧思气郁而血滞，用桂枝桃仁汤、地黄通经丸；若血结而成块，用万病丸。

《景岳全书》：经行腹痛，证有虚实。实者或因寒滞，或因血滞，或因气滞，或因热滞；虚者有因血虚，有因气虚。然实痛者，多痛于未行之前，经通而痛自减；虚痛者，于既行之后，血去而痛未止，或血去而痛益甚。大都可按、可揉者为虚；拒按、拒揉者为实。有滞无滞，于此可察。但实中有虚，虚中亦有实，此当于形气禀质兼而辨之。当以察意，言不能悉也。

《万氏妇人科》：凡经水将行，腰腹胀痛者，此气滞血实也。

《陈素庵妇科补解》：妇女经欲来而腹痛者，气滞也。……妇人经正来而腹痛者，血滞也。……妇人经行后腹痛者，是气血两虚者。

《女科经纶》引滑伯仁曰：有经行前脐腹绞痛如刺，寒热交作，下如黑豆汁，两尺沉涩，余皆弦急，此由下焦寒湿之邪搏于冲任。冲为血海，任主胞胎，为妇人之血室。经事来，邪与血争，故作疞痛；寒湿生浊，下如豆汁。宜治下焦，以辛散苦温血药治之。

《傅青主女科》：妇人有经前腹疼数日，而后经水行者，其经来多是紫黑块，人以为寒极而然也，谁知是热极而火不化乎？……妇人有少腹疼于经行之后者，人以为气血之虚也，谁知是肾气之涸乎？

【病案举例】

李××，女，23岁，未婚，门诊简易病历。初诊日期：1972年12月15日。

主诉：痛经数年。现病史：患者自16岁初潮后即月经后错，量多，色红有块，经前期小腹及胃脘痛，呕吐，四肢发凉，出冷汗，小腹发凉。舌象：舌质淡。脉象：细缓。西医诊断：原发性痛经。中医辨证：脾胃虚寒，冲任受阻。治法：健脾和胃，温中散寒。方药：

党参三钱　茯苓三钱　砂仁二钱　熟附片三钱　干姜二钱　丁香一钱　沉香面三分（分冲）　当归三钱　藿香二钱

治疗经过：1月2日复诊时称：共服上方9剂。1月1日月经来潮，腹痛减轻。以后继续上方加减，1973年3月以后改方如下：

当归三钱　白芍三钱　川芎一钱半　益母草四钱　制香附三钱　延胡索三线木香一钱半　艾叶三钱　白术三钱　防风一钱半　陈皮二钱

5月31日经来量少，腹痛减轻，脉细缓，舌淡。方药如下：当归三钱　川芎一钱　炒白芍四钱　生地四钱　柴胡一钱　制香附三钱　川楝子三钱　胡芦巴三钱　肉桂二钱半　菟丝子三钱　川断二钱　干姜二钱

经上述治疗，半年后，经前已无腹痛，行经第一天仍有小腹微痛。不呕吐，腹泻已止，精神尚好。末次月经7月3日。1974年2月10日随访：月经周期一直正常，行经3~4天，经来微有腹部不适。（北京中医医院．刘奉五妇科经验．人民卫生出版社，1977年）

复习思考题

1. 何谓痛经？为什么痛经呈周期性发作？
2. 如何诊断痛经？应注意与哪些疾病进行鉴别？
3. 痛经的辨证要点、治疗原则是什么？
4. 试述痛经的辨证论治。

（毕焕英）

3.11 经行乳房胀痛

目的要求

1. 熟悉经行乳房胀痛的定义。
2. 了解经行乳房胀痛的分型及治疗代表方剂。

重点内容

1. 经行乳房胀痛的定义。

2. 病因病机及辨证论治：① 肝气郁滞，治以疏肝解郁，通络止痛，方用柴胡疏肝散；②肝郁肾虚，治以滋肾益阴，疏肝止痛，方用一贯煎。

3. 诊断：经前一周或经期乳房（头）胀痛或胀硬作痛，呈周期性发作。应排除乳癖所致的乳房胀痛。

经期或行经前后，周期性出现乳房胀痛，或乳头胀痒作痛，甚至痛不可触碰为主要表现者，称为经行乳房胀痛。

本病属西医学经前期紧张综合征范畴。

3.11.1 病因病机

本病的发病机理为肝经气血运行不畅，乳络欠通。实者因肝气郁滞，乳络不畅；虚者因肾虚肝郁，乳络虚滞。

1）肝气郁滞　肝之经脉过乳而行，与乳房经脉相连，肝又可司冲脉血海。抑郁暴怒伤肝，肝失调达，气机不畅，经前经期冲脉血海气血充盛，肝经气血运行受阻，乳络欠通，故致经行乳房胀痛。

2）肝郁肾虚　素体阴亏，或久病伤阴，肾阴不足，精亏血少，肝失所养，气郁不达，乳络虚滞。经前经期，气血汇聚冲任，肾阴更虚，肝郁更甚，乳络气血运行不畅，以致经行乳房胀痛。

3.11.2　诊断与鉴别诊断

3.11.2.1　诊断依据

1）可有精神长期抑郁或暴怒史、久病史。

2）经前一周左右或行经时出现乳房胀痛或胀硬作痛，经后消失，呈周期性发作。

3）体格检查发病时双侧乳房触痛、胀满，未触及肿块或有界限不甚清楚肿块，经后消失。

3.11.2.2　鉴别诊断

本病应注意与乳癖进行鉴别：乳癖也可出现乳房胀痛随月经周期而发作，但其乳房可触及肿块，囊性，多为单侧，经净后乳房肿块不能自行消失。乳房 X 线摄影检查、红外线扫描有助于诊断。

3.11.3　辨证论治

（1）辨证要点

本病应根据乳房胀痛伴随月经周期而发作，经净后迅速减退消失的特点与乳房局部特征，结合全身证候以及舌脉进行辨证。

（2）治疗原则

理气调肝，疏通乳络是本病的治疗原则。临证时或疏肝通络，或滋肾疏肝。

3.11.3.1　肝气郁滞

主证　经前或行经时，乳房胀硬作痛，或乳头胀痛作痒，胸胁胀满，郁怒不欢，苔薄白，脉弦。

证候分析　肝司血海，足厥阴肝经布于胸胁、乳房，肝气本郁，经前经期气血下注冲脉血海，肝经气血壅阻更甚，乳络不畅，胸胁不利，故经前经期乳房或乳头胀痛，胸胁胀满；肝气郁结，疏泄失司，故郁怒不欢。苔薄白，脉弦，为肝气郁滞之征。

治法　疏肝解郁，通络止痛。

方药　柴胡疏肝散(《景岳全书》)。

柴胡　枳壳　炙甘草　白芍　川芎　香附　陈皮

柴胡疏肝散旨在疏肝行气开郁，活血通络止痛。方中柴胡疏肝解郁；枳壳、香附、陈皮、川芎理气活血止痛；白芍补血和营养肝；炙甘草调和诸药。

若兼肝郁化热，烦躁易怒，口苦口干者，加丹皮、栀子、郁金疏肝清热；兼乳房硬结，经后自消者，加王不留、路路通、浙贝、夏枯草通络散结；兼肝郁脾虚疲乏食少者，加茯苓、白术健脾和中。

3.11.3.2 肝郁肾虚

主证　经前或行经时乳房胀痛，按之无块，经后消失，腰酸耳鸣，五心烦热，舌红少苔，脉细数。

证候分析　肝肾同源，精血互生。肾阴亏虚，精不化血，肝失所养，气机不畅，本虚标实，每值经前经期，冲任气血充盛，肝血益亏，肝郁更甚，乳络虚滞，故乳房胀痛，按之无块；经后气血渐趋平和，乳络渐畅，故经后胀痛消失；阴虚精少，骨髓不充，脑髓不足，故腰酸耳鸣；阴虚生内热则五心烦热。舌红少苔，脉细数，亦肝郁肾虚之象。

治法　滋肾益阴，疏肝止痛。

方药　一贯煎(《柳州医话》)

沙参　麦冬　当归　生地　川楝子　枸杞子

本方可奏滋肾养阴，柔肝疏肝止痛之功。方中生地、枸杞子滋阴养血，补益肝肾；沙参、麦冬生津养阴；当归养血柔肝；川楝子疏肝理气止痛。

若兼阴亏大便干结者，加栝楼、火麻仁润肠通便；兼虚热心烦不寐，加酸枣仁宁心安神；兼郁火较甚，口苦咽干者，加黄芩、栀子清肝除热。

【病案举例】

陈××，三十岁，已婚，工人。门诊号：30079。

初诊：1960年8月。婚后未孕，经前乳胀，有时且有结块，胸闷胁痛，纳谷不香，苔薄黄，脉细弦。一般于行经一二日后，以上诸症均消失，而于下次行经前三四日又告发作，月月如此，已成规律。肝郁胃阻，治用疏肝和胃法。

焦白术 6g　新会皮 6g　茯苓皮 9g　白芍 6g　苏梗 6g　炙香附 6g　广郁金 6g　合欢皮 9g　橘叶核（各）6g　路路通 9g　炒枳壳 4.5g

上方嘱于经前始感乳胀时服用，直服至行经第一天为止，服药后乳胀已好，半年后怀孕。(朱南孙主编. 朱小南妇科经验选. 人民卫生出版社，1981年)

复习思考题

1. 经行乳房胀痛的病因病机是什么？
2. 经行乳房胀痛怎样诊断？应与哪些疾病鉴别？
3. 经行乳房胀痛的临床常见证型有几种？其证治如何？

（毕焕英）

3.12 经行情志异常

目的要求

1. 掌握经行情志异常的辨证论治。
2. 熟悉经行情志异常的定义及主要发病机理。

重点内容

1. 经行情志异常的定义。
2. 病因病机及辨证论治：①心血不足，治宜补血益气，养心安神，方用甘麦大枣汤合养心汤；②肝经郁热，治宜疏肝解郁，清热安神，方用丹栀逍遥散；③痰火上扰，治宜豁痰开窍，清心安神，方用温胆汤。
3. 诊断：经期或行经前后，烦躁易怒，悲伤欲哭，情志抑郁，彻夜难眠，甚至狂言妄语，詈骂殴打，呈周期性发作2次以上。注意与热入血室及内科郁证、癫狂鉴别。

经期或行经前后，出现烦躁易怒，悲伤欲哭，或情志抑郁，彻夜不眠等为主要表现者，称为经行情志异常。

本病属西医学经前期紧张综合征范畴。

3.12.1 病因病机

经行情志异常的主要发病机理是痰火、郁热扰动心神，或血虚心神失养。

1）心血不足　所欲不遂，思虑过度，损伤心脾，脾虚化源不足，精亏血少，心神失养，经行气血下泄，心血益虚，神不守舍，故经行情志异常。

2）肝经郁热　郁怒不畅，肝失条达，疏泄失司，郁而化火，经前经期冲脉气盛，挟肝经火热上逆，扰乱心神，故而经行情志异常。

3）痰火上扰　情志所伤，五志化火，加之肝郁脾虚，痰湿内生，痰火互结，蕴于胸中，经行时冲气偏盛，挟痰火上犯，扰动心神，蒙蔽清窍，以致经行情志异常。

3.12.2 诊断与鉴别诊断

3.12.2.1 诊断依据

1）本病患者可有七情内伤史。

2）经前或正值经期，出现情志抑郁，烦躁易怒，悲伤啼哭，詈骂狂言，轻重不一，参差出现，月经过后症状完全消失，呈周期性发作2次以上。

3.12.2.2 鉴别诊断

本病应与内科郁证、癫狂以及妇科热入血室进行鉴别 ①与郁证癫狂发病鉴别：郁证、癫狂发病与月经周期无关，发作时间较长，须药物治疗方可控制。②与妇科热入血室鉴别：热入血室则是经期或产后恶露未净之时，邪热入于血室，出现恶寒发热，寒热如疟，昼日明了，暮则谵语，胸胁小腹满痛等一系列症状，不具备随月经周期发作的特点。

3.12.3 辨证论治

（1）辨证要点

本病应根据经前或经期周期性出现情志异常，经后自行消失的特点，结合全身症状及舌脉进行辨证。

（2）治疗原则

本病的治疗以养心安神为主。虚者补血宁心安神，实者疏肝清热、清化热痰安神。

3.12.3.1 心血不足

主证 经前经期心神不宁，坐卧不安，精神恍惚，无故悲伤，面色不华，失眠多梦，月经量少色淡，舌淡，苔薄白，脉细。

证候分析 营血不足，血不养心，经行时气血下注血海，心血更虚，心神失养，故心神不宁，坐卧不安，精神恍惚，无故悲伤，失眠多梦；血虚不足以上荣于面，故面色无华；血虚冲任不充，故月经量少色淡。舌淡，苔薄白，脉细，均为阴血亏虚之象。

治法 补血益气，养心安神。

方药 甘麦大枣汤(《金匮要略》)合养心汤(《证治准绳》)。

炙甘草 小麦 大枣

黄芪 茯苓 茯神 当归 川芎 半夏曲 柏子仁 远志 五味子 人参 酸枣仁 肉桂

本方旨在养心益脾，安神定志。方中小麦益心气，养心液；茯神、柏子仁、远志、酸枣仁、五味子、大枣补血养心，安神益智；黄芪、茯苓、人参、大枣补脾益气，以资化源；当归、川芎养血调经；肉桂通养血脉；半夏曲和中降逆，以助脾运。

若兼惊悸不安者，加生龙骨、珍珠母安神镇惊。

3.12.3.2 肝经郁热

主证 经前或经期情绪不宁，烦躁易怒，口干口苦，胸胁胀满，不思饮食，月经先期量多，色深红，舌红，苔黄，脉弦数。

证候分析 肝气不舒，郁而化热，经期冲气偏旺，气火尤甚，上扰心神，故情绪不宁，烦躁易怒；肝经郁热，扰动血海，迫血妄行，故月经先期量多，色深红；热灼津伤，肝热迫使胆汁外溢，则口干口苦；气机郁滞，故胸胁胀满；木克脾土，故不思饮食。舌红，苔黄，脉弦数，也为肝经有热之征。

治法 疏肝解郁，清热安神。

方药 丹栀逍遥散(《内科摘要》)。

丹栀逍遥散可养肝疏肝，清热开郁安神。方中柴胡、栀子、丹皮疏肝解郁，清热凉血；薄荷开郁散热；当归、白芍养血柔肝；白术、茯苓健脾宁心；甘草缓急；煨姜和中。

若兼肝火上炎，头痛剧烈者，加菊花、苦丁茶清利头目止痛；兼热盛津少大便燥结者，加龙胆草、大黄泻火通便。

3.12.3.3 痰火上扰

主证 经前经期狂躁不安，语无伦次，头痛失眠，面色红赤，心胸满闷，大便干结，舌红，苔黄腻，脉滑数。

证候分析 痰火内蕴，经行时血聚冲任，冲气旺盛，挟痰火上犯，蒙蔽清窍，扰动心神，神不安藏，故狂躁不安，语无伦次，夜寐难安；痰火扰动清阳之府，故头痛面赤；痰火互结，蕴于胸中，气机不畅，故心胸满闷；津液受损，肠道失于濡润，故大便干结。舌红，苔黄腻，脉滑数，也均为痰热之象。

治法 豁痰开窍，清心安神。

方药 温胆汤(《三因极一病证方论》)。

半夏 竹茹 枳实 陈皮 甘草 茯苓 生姜 大枣

全方可共奏清化热痰，清心安神之功。方中竹茹清心除烦，清化热痰；二陈汤燥湿除痰；枳实开郁散结，破气祛痰；姜枣调胃和中。

若兼痰蒙心窍，詈骂狂言者，加黄连、栀子、胆星、郁金清热泻火，豁痰醒神。

【文献摘要】

《陈素庵妇科补解》：经正行发狂谵语，忽不知人，与产后发狂相似。缘此妇素系气血两虚，多怒而动肝火，今经行去血过多，风热乘之，客热与内火并而相搏，心神昏闷，是以登高而歌，去衣而走，妄言谵语，如见鬼神。治宜清心神，凉血清热为主。

《竹林女科证治》：经来怒气触阻，逆血攻心，不知人事，狂言谵语，如见鬼神。

【病案举例】

何××，女，36岁，已婚。

初诊 1976年1月6日。末次月经：1975年11月30日。月经一向推迟，每届经前2~3天即开始精神失常，情绪抑郁，不悲自泣，烦躁易怒，不能自制，甚则大吵大闹，与人殴斗，打砸家具，至经净后恢复如常。月经来潮时则四肢浮肿，腰骶酸楚，少腹作痛，大便干结，夜多惊梦。如此反复，已经八年。脉细弦，舌苔薄黄质胖有齿印。此系气阴两虚之体，肝郁气滞，郁久化火，心肝之火挟同痰热，上蒙清窍，以至语无伦次，不避亲疏。在经行期间，正值肾阴不足，肝阳更旺之时，至此病邪乘虚而作，冲任之气因而失调，导致月经后期。姑拟疏肝开郁，寒苦泻热，升清降浊，荡痰宣窍治之，仿大柴胡汤意加减之。

柴胡 9g 夏枯草 12g 黄连 3g 黄芩 6g 制军 6g 郁金 6g 菖蒲 9g 竹黄 9g 制南星 9g 姜半夏 6g 朱茯苓 9g 白金丸 9g（分吞） 14 剂

二诊 1 月 20 日。末次月经，1 月 17 日。前方仿大柴胡汤大意，此次行经，瘀下甚多，少腹胀痛，且有血块排出，达到气调瘀下之功，虽经前仍感精神紧张，烦躁易怒，夜寐梦多，大便干结，但较前两次发作为轻。脉仍细弦，舌苔薄白质胖大有齿印，心火略轻，肝火仍炽，处方当仍宗前意加入镇肝泻热之品。

柴胡梢 9g 夏枯草 12g 龙胆草 6g 黄芩 6g 制军 9g 郁金 6g 当归 9g 苏噜子 9g 礞石 12g（先煎） 珍珠母 30g（先煎） 磁石 18g（先煎） 钩藤 12g（后下） 日服一剂

三诊 6 月 30 日。末次月经：3 月 20 日。叠进苦寒泻热而清痰火，月经周期较准。此次经前既不大发雷霆，也未大吵大闹，仅有心烦懊侬及不悲而自泣，面部浮肿，中脘作胀，夜寐梦扰，心神不定等轻微现象，既经见效，不必更章。

柴胡 9g 香附 6g 郁金 9g 制南星 9g 天竹黄 9g 姜半夏 9g 朱茯苓 9g 枳实 9g 制军 6g 菖蒲 9g 礞石 12g（先煎） 磁石 18g （先煎） 珍珠母 30g（先煎） 日服一剂

四诊 6 月 8 日，最近数月，叠进疏肝解郁，涤痰清热，镇肝宣窍之品，经前及经行期间，精神症状未见发作，但经后肢体浮肿，全身乏力，此为肝病传脾，时令之湿乘虚而入，脾之运化失职，水湿为之滞留，脉细苔腻质胖大，拟标本兼治，上下分消之。

桂枝 6g 防己 9g 香附 9g 生黄芪 12g 白术 6g 猪苓 9g 带皮苓 12g 泽泻 6g 陈皮 6g 姜半夏 6g 菖蒲 9g 郁金 6g 枳实 9g 七剂

按：服上方后，伏湿化而浮肿退，以后又以逍遥散合四苓散疏理肝脾，分运利水巩固之，停药后随访一年余，未见复发。

本例是气阴两虚之质，气虚则脾弱，阴虚则肝旺，脾虚为本，肝旺为标，所以急则先治其标。患者秉性刚直，肝经用事，肝为将军之官，表现症状均为典型经前期紧张兴奋型。查其病因病机，无非肝郁气滞，积郁化火，与心肝火并，二火相结，势若燎原，从而炼液成痰，痰热交炽，则上蒙清窍，故经用疏肝解郁，清泄心肝，涤痰开窍之品，同时用大黄釜底抽薪，服药后肝郁得以疏散，肝火得以清靖，肝旺之标症也随之而自己。嗣后，实症既去，虚症又现，六月暑天，正值湿令，时令之湿乘虚而入，出现脾虚气弱，水湿聚而不化之症，此系肝病传脾，则逍遥散合黄芪五物及五苓散疏肝健脾，分运行水而收到良好的效果。（上海市卫生局编. 上海老中医经验选编·唐吉父医案. 上海科学技术出版社，1984 年）

复习思考题

1. 何谓经行情志异常？

2. 经行情志异常的病因病机有哪些？怎样与内科郁证、癫狂及热入血室鉴别？

3. 心血不足、肝经郁热、痰火上扰所致经行情志异常的主要证候有哪些？怎样治疗？

（毕焕英）

3.13 经行泄泻

目的要求

1. 掌握经行泄泻的主要发病机理及辨证论治。
2. 熟悉经行泄泻的定义与诊断。
3. 了解经行泄泻的鉴别诊断。

重点内容

1. 经行泄泻的定义。
2. 病因病机及辨证论治：①脾虚肝郁，治以抑肝健脾，化湿止泻，方用参苓白术散合痛泻要方；②肾阳亏虚，治以温肾健脾，除湿止泻，方用健固汤合四神丸。
3. 诊断：经行泄泻，随月经周期发作。注意与内科泄泻鉴别。

经期或行经前后，周期性出现大便泄泻，日行数次为主要表现者，称为经行泄泻，亦称“经来泄泻”、“经行而泻”。

本病属西医学经前期紧张综合征范畴。

3.13.1 病因病机

本病的主要发病机理是脾肾阳虚，运化失司，水湿之邪从大肠而下。常见病因有脾虚肝郁和脾肾阳虚。

1）脾虚肝郁　素体脾虚，或饮食劳倦伤脾，脾气不足，土虚木郁，肝气不舒，经行之际，气血下注血海，脾气更虚，木乘脾土，脾虚失运，水谷化为湿浊，从大肠而下，故致泄泻。

2）肾阳亏虚　禀赋肾阳不足，或多产房劳损及元阳，经行之时，气血下注冲任，命火虚衰，不能上温脾阳，脾失健运，而致泄泻。

3.13.2 诊断与鉴别诊断

3.13.2.1 诊断依据

1）本病患者可有饮食不节、过劳史，生育过多过频史等。

2）经期泄泻，随月经周期发作，粪便多为水谷不化的残渣或溏便，大便不臭，无脓血。

3）大便常规无异常发现。

3.13.2.2 鉴别诊断

本病应注意与内科泄泻相鉴别：内科泄泻可发生在任何时间，与月经周期无关，大便可挟黏液、脓血，大便常规检查可见白细胞、红细胞、脓细胞。

3.13.3 辨证论治

（1）辨证要点

本病应根据每逢月经来潮时发生泄泻的特点，结合全身证候及舌脉进行辨证。

（2）治疗原则

本病的治疗原则是健脾温肾，除湿止泻。

3.13.3.1 脾虚肝郁

主证 行经期大便溏泻，或伴腹胀隐痛，神疲肢重，面色不华，纳呆口淡，舌质淡，边有齿印，苔薄，脉濡。

证候分析 素体脾气不健，行经时气血下注冲任，脾气益虚，肝木乘虚克犯脾土，脾运失司，清浊不分，混杂而下，故行经期大便溏泻，腹胀隐痛；脾胃虚弱，气血化源不足，故神疲肢重，面色不华；脾虚运化无权，胃纳无力，故纳呆口淡。舌质淡，边有齿印，脉濡，均属脾虚肝郁之征。

治法 抑肝健脾，化湿止泻。

方药 参苓白术散(《和剂局方》)合痛泻要方(《丹溪心法》)。

人参 白术 扁豆 茯苓 甘草 山药 莲子肉 桔梗 薏苡仁 砂仁

白术 白芍 陈皮 防风

二方合用，旨在补脾益气，抑肝泄肝，化湿止泻。方中人参、白术、茯苓补益脾气；扁豆、薏苡仁、山药、莲子肉健脾渗湿止泻；陈皮理气和中；砂仁芳香醒脾；桔梗载药上行；防风散肝舒肝；白芍平肝缓急止痛；甘草和中。

若兼肝旺小腹胀痛，胸胁痞闷，加乌药、香附、枳壳疏肝理气止痛；兼脾虚湿停面浮肢肿者，加猪苓、大腹皮利水消肿；兼气虚冲任不固，经行量多，色淡质稀者，加黄芪、升麻、炮姜、艾叶炭补气升提，温经止血。

3.13.3.2 肾阳亏虚

主证 经行期间大便溏泻，完谷不化，面色晦暗，腰腿酸软，形寒肢冷，小便清长，舌质淡，苔白滑，脉沉细。

证候分析 肾阳不足，命门火衰，行经期间，气血不泄，肾虚益甚，不能上温脾阳，运化失职，水谷不化，故大便泄泻，完谷不化；阳气虚衰，温养无权，故面色晦暗，形寒肢冷，腰腿酸软；肾阳虚膀胱气化失司，故小便清长。舌质淡，苔白滑，脉沉细，是肾阳亏虚所致。

治法　温肾健脾，除湿止泻。

方药　健固汤(《傅青主女科》)合四神丸(《证治准绳》)

人参　白术　茯苓　薏苡仁　巴戟天

补骨脂　吴茱萸　肉豆蔻　五味子　生姜　大枣

二方可共奏温肾扶阳，温中健脾，除湿止泻之功。方中巴戟天、补骨脂温补命火；人参、白术健脾益气；茯苓、白术健脾渗湿止泻；肉豆蔻、五味子温肾暖土固肠；吴茱萸散寒除湿；姜枣温中调和脾胃。

若兼肾虚带下不固，白带量多、质稀者，加桑螵蛸、芡实固涩止带。

【文献摘要】

《陈素庵妇科补解》：经正行忽病泄泻，乃脾虚。亦有外感风冷、内伤饮食而致脾气不实者。虚者补之，风冷所感则温之，饮食所伤则消之。

《女科经纶》引汪石山曰：有妇人经行，必先泻二三日，然后经下。诊其脉，皆濡弱，此脾虚也。脾主血，属湿。经水将动，脾血先已流注血海，然后下流为经。脾血既亏，则虚而不能运行其湿。以参苓白术散服之月余，而经行不泻矣。

《傅青主女科》：妇人有经未来之前，泄水三日，而后行经者，人以为血旺之故，谁知是脾气之虚乎？夫脾统血，脾虚则不能摄血矣。且脾属湿土，脾虚则土不实，土不实而湿更甚，所以经水将动，而脾先不固，脾经所统之血，欲流注于血海，而湿气乘之，所以先泄水而后行经也。

《医宗金鉴》：经行泄泻，乃脾虚也。若鸭溏、冷痛是寒湿也。

《竹林女科证治》：经来之时，五更泄泻，如乳儿尿，此乃肾虚，不必治脾。

【病案举例】

斯××，29岁，已婚，教师。门诊号：13486。

患者身体素弱，食欲不振，时常腰酸无力，头晕目眩，经行量少色淡，在行经期间，时有便意，常泄泻多次，同时伴有较剧的腰酸症状，切脉沉细，舌质淡而少苔。证属中气不足，肾虚脾弱。治用补中益气，固肾健脾法。

炙升麻2.4g　潞党参9g　黄芪9g　当归6g　煨木香4.5g　焦白术6g　制香附9g　茯苓9g　巴戟肉9g　杜仲9g　续断9g　陈皮6g

复诊：上方服后，大便次数渐减，且质亦稍干，嘱于平时睡眠常宜面床而卧（即背向上），饮食易消化而富有滋养的食品。次日经期又来，据述这次行经，大便已感正常，腰酸症状亦减轻，胃口亦开，惟夜寐梦多，心悸怔忡，按脉细软，此乃气血虚亏，血不养心。再予补养气血之剂。

潞党参9g　茯苓9g　酸枣仁9g　当归9g　熟地9g（砂仁2.4g拌）　白术6g 白芍6g　柏子仁9g　狗脊9g　巴戟肉9g　陈皮9g

服后不仅夜寐安适，而且气色亦较佳。(朱南孙主编. 朱小南妇科经验选. 人民卫生出版社，1981年)

复习思考题

1. 经行泄泻与内科泄泻有何不同？

2. 经行泄泻的病因病机是什么？
3. 脾虚肝郁、肾阳亏虚经行泄泻如何辨证论治？

（毕焕英）

3.14 经行浮肿

目的要求

1. 熟悉经行浮肿的定义。
2. 了解经行浮肿的分型及治疗代表方剂。

重点内容

1. 经行浮肿的定义。
2. 病因病机及辨证论治：①脾肾阳虚，治宜温肾健脾，行水消肿，方用苓桂术甘汤；②气滞湿停，治宜行气活血，利湿消肿，方用八物汤。
3. 诊断：经前经期出现面睑、手肘、脚踝浮肿，呈周期性发作2次以上。注意与内科水肿进行鉴别。

经期或行经前后，周期性出现面睑或手肘、脚踝浮肿为主要表现的月经类疾病，称为经行浮肿，亦称“经来浮肿”、“经来遍身浮肿”。

本病属西医学经前期紧张综合征范畴。

3.14.1 病因病机

本病主要因脾肾阳虚，温化水液失职，或肝郁气滞，水液输布失司，水湿之邪内停，泛滥肌肤所致。

1）脾肾阳虚　房劳多产伤肾，忧思劳倦伤脾，致脾肾阳虚，经行气血下注冲任，气随血泄，脾肾益虚，脾不健运，肾失温化，水湿内停，泛滥肌肤，以致经行浮肿。

2）气滞湿停　情志不遂，肝失条达，气机不畅，经水将行，血海满盈，肝气郁结更甚，疏泄失司，气血壅滞，津液不布，气郁湿停，故经行浮肿。

3.14.2 诊断与鉴别诊断

3.14.2.1 诊断依据

1）本病患者可有七情内伤史，多产房劳史。

2）经前或经期面睑、手肘、脚踝肿胀，呈周期性发作 2 次以上。

3）查体眼睑、脚踝水肿，或体重增加而无明显水肿。

4）实验室肝、肾功能等检查、心功能测定均无异常。

3.14.2.2 鉴别诊断

本病应注意与内科水肿进行鉴别：内科水肿发病不具备随月经周期而发作的特点，浮肿较严重，因心、肝、肾疾病或营养不良所引起者可见相关症状及体征，实验室检查、B 型超声、心功能测定等辅助检查有助于诊断。

3.14.3 辨证论治

（1）辨证要点

本病应根据本病伴随月经周期出现面浮肢肿，经净后自然消退的特点，并综合其他证候和舌脉进行辨证。经行面浮肢肿，按之凹陷不起，为脾肾阳虚；经行肢体肿胀，按之随手而起，为气滞湿停。

（2）治疗原则

经行浮肿的治疗原则是虚者温肾健脾利水，实者行气活血利水。

3.14.3.1 脾肾阳虚

主证　经前或经期面浮肢肿，按之凹陷不起，倦怠乏力，纳少便溏，腰腿酸软；经行量多色淡，质稀薄，舌淡，苔白，脉沉缓。

证候分析　脾肾亏损，阳气不振，经行时气血下注血海，阳气虚衰，脾失健运，肾失温煦，故水湿泛滥肌肤而为肿，按之凹陷不起；脾阳不振，运化无力，故倦怠乏力，纳少便溏；肾虚失养则腰腿酸软；脾虚不摄，肾虚封藏失职，冲任不固则月经量多，色淡质稀。舌淡，苔白，脉沉缓，也是脾肾阳虚之征。

治法　温肾健脾，行水消肿。

方药　苓桂术甘汤(《金匮要略》)。

茯苓　桂枝　白术　炙甘草

本方可温助脾肾，化气行水消肿。方中桂枝辛温助阳，化气行水；白术、茯苓健脾燥湿，利水消肿；炙甘草益气和中。

若兼水湿较重，浮肿明显者，加猪苓、泽泻利湿消肿；兼阳虚恶寒喜暖者，加巴戟天、仙灵脾温补元阳。

3.14.3.2 气滞湿停

主证 经前经期面浮肢肿，按之皮色不变，随手而起，胸胁、乳房胀痛，月经量少，色黯有块，苔薄白，脉弦。

证候分析 肝司冲脉血海，肝气不舒，经行时气血下注冲任，气郁更甚，肝失条达，气血、津液壅滞不行，湿邪停留肌肤，故经行浮肿；气壅于内，故按之皮色不变，随手而起；肝气郁结，胸胁、乳房气机不利，故胸乳胀痛；气滞冲任血行不畅，故月经量少，色黯有块。苔薄白，脉弦，均为气郁湿阻之象。

治法 行气活血，利水消肿。

方药 八物汤(《济阴纲目》)加茯苓皮 泽兰。

当归 川芎 熟地 赤芍 延胡索 川楝子 木香 槟榔

本方旨在理气疏肝，活血行滞，利水消肿。方中延胡索、川楝子、木香、槟榔理气除胀，行气开郁，使气行水行以消肿；当归、川芎、赤芍、熟地活血行滞；茯苓皮、泽兰利水消肿。

若兼气滞湿阻，水道不利，小便短少者，加车前子、猪苓渗湿利尿。

【文献摘要】

《竹林女科证治》：经来遍身浮肿，此乃脾虚不能克化水，变为肿。

《妇科玉尺》引李梴曰：经后被惊，血气妄行，上逆则从口鼻出，逆于身则水血相搏，变为水肿。

【病案举例】

盛××，23岁，未婚。

患者月经偏后，经前有胸闷乳胀、食欲不振现象，并出现遍体水肿，至经净后数日内，逐渐消退，如此发作已三年余。小便颇为混浊，尿常规仍属正常。

初诊：1963年6月。经水将临之际，患者面目浮肿已颇显著，面色䀮白，按其手指则冷而不温。脉沉弱而弦，舌苔薄白。平时怕冷，精神疲倦。现感乳胀腰酸，食欲不佳，经来时遍身浮肿，经色紫黑，量少不爽，脾肾阳虚，肝郁气滞。治拟温肾健脾，疏肝渗湿法。

淡附片4.5g 黄芪皮12g 当归9g 制香附9g 焦白术9g 茯苓皮9g 炒枳壳4.5g 路路通9g 合欢皮9g 淮山药9g 新会皮6g

上方服二剂，经水已来，虽尚略有浮肿，但比上次改善，乃于次月临经前来就诊，仍用上方加减，服药四剂，临经时已无浮肿现象。(朱南孙主编. 朱小南妇科经验选. 人民卫生出版社，1981年)

复习思考题

1. 经行浮肿与内科水肿有何不同？其主要发病机理是什么？
2. 经行浮肿可分为几型？治疗时常用的代表方剂有哪些？

(毕焕英)

3.15 经行吐衄

目的要求

1. 掌握经行吐衄的主要发病机理及辨证论治。
2. 熟悉经行吐衄的定义与诊断。
3. 了解经行吐衄的鉴别诊断。

重点内容

1. 经行吐衄的定义。
2. 病因病机及辨证论治：①肝郁化火，治宜疏肝泻火，凉血止血，方用清肝引经汤；②阴虚肺燥，治宜滋阴润肺，凉血止血，方用顺经汤；③胃热炽盛，治宜清泻胃火，凉血止血，方用玉女煎。
3. 诊断：吐血、衄血连续2次以上随月经周期呈规律性发作，月经量相应减少，甚或闭而不行。注意与鼻咽部病变及内、外科疾病所致的吐血、衄血相鉴别。

经前或经期，周期性出现吐血或衄血，并伴有月经量减少或不行为主要表现者，称为“经行吐衄”。亦称“倒经”、“逆经”。

本病相当于西医学的代偿性月经。

3.15.1 病因病机

本病的主要发病机理是冲气挟火热之邪上逆，损伤血络。常见病因有肝郁化火、阴虚肺燥和胃热炽盛。

1）肝郁化火　素性抑郁，或暴怒伤肝，疏泄失司，郁而化火，经前经期冲气旺盛，挟肝火循经上逆，损伤血络，故致经行吐衄。

2）阴虚肺燥　素体阴亏，或久病热病伤阴，肺失滋润，虚火内炽，经前经期冲气挟虚火循经上扰，灼伤血络，血随气逆，故经行吐衄。

3）胃热炽盛　冲脉隶于阳明。素有阳明胃火，或过食辛辣助热之品，燥热蕴结胃肠，经行之际，冲气旺盛，气火上逆，阳络受损，故致经行吐衄。

3.15.2 诊断与鉴别诊断

3.15.2.1 诊断依据

1）本病患者可有嗜食辛辣史、精神过度刺激史。

2）吐血、衄血连续2次以上随月经周期而规律性发作，月经量减少甚至不行。

3）体格检查及其他辅助检查无异常发现。

3.15.2.2 鉴别诊断

本病应注意与鼻咽部局部病变和其他内、外科疾病所引起的吐血、衄血进行鉴别：其出血与月经周期无关，无规律性，出血多时可危及生命；而经行吐衄只发生在经期，且能在一定时间内自止。鼻咽部、肺、胃等部位的内窥镜检查、肝肾功能测定、脱落细胞检查等有助于鉴别诊断。

3.15.3 辨证论治

（1）辨证要点

本病应根据周期性出现经前经期吐血、衄血，月经量减少或不行，经后自止及出血的量、色、质等特点，结合经色、经质改变、舌脉及全身证候综合分析，进行辨证。

（2）治疗原则

本病的治疗原则是清热降逆，引血下行。

3.15.3.1 肝郁化火

主证　经期或行经前，发生吐血、衄血，量较多，色鲜红，月经先期，量少色红质稠，或月经不行，面赤烦热，口苦咽干，乳胁胀痛，烦躁易怒，舌红苔黄，脉弦数。

证候分析　肝气不舒，郁而化火，经前经期冲脉气盛，挟肝火循经上炎，损伤血络，故吐血、衄血量多，色鲜红；热扰冲任，故月经先期；血随气逆，不能下达，血海满溢不足，故月经量少，甚或不行；肝郁不舒，气机不畅，故乳胁胀痛；肝火炽烈，故面赤烦热，口苦咽干，烦躁易怒。舌红苔黄，脉弦数，均为肝郁化火之象。

治法　疏肝泻火，引血下行。

方药　清肝引经汤(《中医妇科学》四版教材)。

当归　白芍　生地　丹皮　栀子　黄芩　川楝子　茜草　牛膝　白茅根　甘草

本方功可疏肝清热，引血下行。方中川楝子、黄芩、栀子疏肝清肝；当归、白芍养血护肝；生地、丹皮凉血清热；茜草、白茅根凉血止血；牛膝引血下行；甘草调和诸药。

若兼尿赤便秘者，加大黄泻火通便；兼热瘀小腹疼痛者，加桃仁、红花活血祛瘀止痛。

3.15.3.2 阴虚肺燥

主证　经前或经期出现鼻衄或咳血，经行量少色红，甚或不行，咽干鼻燥，咳呛气逆，音哑不扬，潮热颧红，腰膝酸软，舌红少津，苔薄，脉细数。

证候分析　阴分不足，肺失滋润而生燥热，行经之际冲气旺盛，虚火炎上，灼伤肺络，故出现鼻衄或咳血；阴亏血少，血随气逆，故经行量少色红，甚或不行；阴虚肺燥，金破不鸣则咽干鼻燥，音哑不扬；阴虚精少，肾虚失养，故腰膝酸软；阴虚火旺，故见潮热颧红。舌红少津，苔薄，脉细数，均为阴虚肺燥之象。

治法　滋阴润肺，引血下行。

方药　顺经汤(《傅青主女科》)加牛膝。

当归　熟地　沙参　白芍　茯苓　黑芥穗　丹皮

本方功在滋阴润肺，平冲降逆，凉血止血。方中沙参养阴润肺，清热生津；丹皮清热凉血；白芍、熟地、当归益阴养血调经；荆芥去血中风热止血；茯苓健脾宁心；牛膝引血下行。

若兼肺络受损咳血较多者，加白茅根、侧柏炭、仙鹤草、白芨凉血收涩止血。

3.15.3.3 胃热炽盛

主证　经前或经期发生吐血，色紫红或兼夹食物，经行先期，量少色鲜，甚则闭而不行，唇红口干，牙龈肿痛，口臭便秘，舌红，苔黄燥，脉滑数。

证候分析　冲脉与足阳明胃经交会于气冲穴，足阳明素有伏火，经前经期冲脉旺盛之际，挟实火上犯，灼伤胃络，胃失和降，故月经来潮前及经期吐血，色紫红，兼夹食物；血逆而上行，不能下注冲任、胞宫，故月经量少，甚至不行；胃热熏蒸，津液枯燥，故口干口臭，便秘，牙龈肿痛。唇舌红，苔黄燥，脉滑数，亦胃火炽盛之象。

治法　清泻胃火，引血下行。

方药　玉女煎(《景岳全书》)。

生石膏　熟地　麦冬　知母　牛膝

本方旨在清胃泻火，凉血降逆，止血调经。方中生石膏清泻胃火；麦冬、知母清热养阴；熟地可改为生地，凉血止血；牛膝引血下行。

若兼津伤口渴者，加天花粉、石斛养阴生津；兼胃气上逆恶心呕吐者，加半夏、竹茹、代赭石降逆止呕。

【文献摘要】

《医宗金鉴》：妇女经血逆行，上为吐血、衄血及错行下为崩血者，皆因热盛也。伤阴络则下行为崩，上阳络则上行为吐衄也。

《陈素庵妇科补解》：妇人素有血虚内热，今经行时，风热外乘，血为热迫，则错经妄行，或吐或衄。治宜先清其火，次和其血，则阴血自循经而不妄行矣。

《傅青主女科》：妇人有经未行之前一二日忽然腹疼而吐血，人以为火热之极也，谁知是肝气之逆乎？夫肝之性最急，宜顺不宜逆。顺则气安，逆则气动，血随气为行止，气安则血安，气动则血动，亦勿怪其然也。

《沈氏女科辑要笺正》：倒经一证，亦曰逆经，乃有升无降，倒行逆施，多由阴虚于下，阳反上冲。非重剂抑降，无以复其下行为顺之常。甚者且须攻破，方能顺降。盖气火之上扬，为病最急。

《竹林女科证治》：经不往下行，而从口鼻中出，名曰逆经。此由过食椒姜辛热之物，热伤其血，则血乱上行。

《女科经纶》：又有月经上行口鼻者，是火载血上，气之乱也，四物加栀子、黄连、丹皮、犀角。

【病案举例】

罗××，女，19岁，学生。病历202113号，初诊1974年9月18日。

主诉：每次月经来潮前1-2天鼻出血，已1年之久。

病史：14岁月经初潮，每2-3月来潮一次，经色、质、量正常，无腹痛。近两年来，月经逐渐提前，20余天来1次，色红量多。此后每次月经来潮前即鼻出血。近来又感头晕、身热、面赤、烦躁、口干、便秘、尿赤等。于昨天早晨鼻出血，时多时少，尚未见月经。

辨证：脉象弦数，舌质红，苔黄薄，唇红，颧赤。据此为肝经郁热，热伤脉络，肝血失藏，以致妄行；血热则气上逆，故迫血从鼻而出。头晕、身热、面赤、烦躁等，均为血热气逆所致，此为肝经郁热的经前鼻衄。

论治：宜清热凉血顺经。

方药：自拟凉血顺经汤加减。

白茅根30g、大生地15g、生白芍13g、粉丹皮10g、焦栀子6g、炒黄芩6g、生川军6g、生藕节10g、荷叶炭9g、生甘草5g，水煎服二剂。

复诊：9月21日。主诉，从昨天起鼻出血减少，昨夜月经来潮，量中等，下腹隐隐作痛。经行之际，防止寒凉，以上方生地减为10g，去炒黄芩、生川军，加酒当归9g，川牛膝5g，生蒲黄9g，水煎服，连服三剂。

三诊：9月25日。鼻出血已止，月经似有似无，脉弦数之象已减，尚有身热心烦之感。今予逍遥丸20丸，早晚1丸，并嘱可于经前约1周时，再来诊治。

10月13日来诊。主诉，今无明显不适。面赤不显，口稍干苦，有时烦躁。脉象沉弦，兼略数。据此血分尚有余热，再从初诊原方去白茅根、生川军、荷叶炭，加醋柴胡9g、制香附9g、川牛膝5g，疏肝理气，引血下行，连服二剂。并嘱再诊一次。

10月17日复诊。主诉，鼻未出血，昨晚月经来潮，经量中等，色暗红，其他无明显感觉。脉弦数已减，此为经调气顺之象，不予汤剂，给逍遥丸20丸，早晚1丸，此后再未来诊。（黄惠卿. 妇科证治验录. 内蒙古人民出版社，1986年）

复习思考题

1. 何谓逆经？如何诊断？
2. 试述经行吐衄的辨证要点及治疗原则。
3. 经行吐衄的病因病机是什么？
4. 经行吐衄如何辨证治疗？

（毕焕英）

3.16 经行发热

目的要求

1. 掌握经行发热的辨证论治。
2. 熟悉经行发热的定义及主要发病机理。

重点内容

1. 经行发热的定义。
2. 病因病机及辨证论治：①阴虚内热，治宜滋阴清热，方用两地汤；②气血亏虚，治宜补气养血，甘温除热，方用补中益气汤；③瘀热内郁，治宜活血化瘀，方用血府逐瘀汤。
3. 诊断：发热见于经期或行经前后，呈周期性发作2次以上。应与月经期间外感发热相鉴别。

在经期或行经前后，周期性出现以发热为主要表现者，称为经行发热。亦称“经来发热”。

本病与西医学的子宫内膜异位症、生殖器结核等有关。

3.16.1 病因病机

本病的主要发病机理是营卫气血失和。常见病因有阴虚内热、气血亏虚及瘀热内郁。

1）阴虚内热　素体阴虚，或久病热病伤阴，阴液亏损，经行经后，营阴愈显不足，水亏火旺，营卫失和，故致发热。

2）气血亏虚　禀赋不足，或久病失常，或忧思劳倦伤脾，气血亏虚，经行则阴血下泄，气随血去，气血更加不足，营卫气血不调，乃致发热。

3）瘀热内郁　久郁成瘀，或经期产后余血未净，留瘀于内，冲任血壅气遏，行经之际，气血下注血海，瘀热更甚，气血营卫失和，故而发热。

3.16.2 诊断与鉴别诊断

3.16.2.1 诊断依据

1）本病患者可有过度疲劳，精神刺激，妇产科手术史，久病史等。

2）经前或经期发热，呈周期性发作2次以上。

3）妇科盆腔检查正常或有盆腔结核、子宫内膜异位症体征。

4）血沉测定、子宫输卵管碘油造影、腹腔镜等检查有助于诊断。

3.16.2.2 鉴别诊断

本病应注意与月经期间外感发热鉴别：外感发热无周期性，有触冒风寒、风热、暑热等病史，发热时多伴头痛、咳嗽、流涕、脉浮等外感表证症状。

3.16.3 辨证论治

（1）辨证要点

本病主要根据每逢经前经期出现周期性发热，经后自退及热型的特点，结合全身证候、舌脉进行辨证。

（2）治疗原则

经行发热的治疗原则是调气血，和营卫。

3.16.3.1 阴虚内热

主证　经行或经后发热，午后潮热，烦躁少寐，口干便艰，舌红而干，脉细数。

证候分析　营阴内夺，经期经后经血下泄，阴分更虚，不能敛阳，虚热浮越于外，营卫失和，故而发热，午后潮热；虚热扰心，故心烦少寐；阴亏津少，濡润不足，故口干便艰。舌红而干，脉细数，皆阴虚内热之象。

治法　滋阴清热。

方药　两地汤(《傅青主女科》)。

全方共奏滋养阻液，和营退热之功。

若兼虚热扰心，心悸失眠者，加夜交藤、柏子仁养心安神；兼虚热迫津外泄，夜热盗汗者，加煅牡蛎、浮小麦、糯稻根固表止汗。

3.16.3.2 气血亏虚

主证　经期或经后发热，经行量多色淡，神疲畏寒，气短懒言，面目虚浮，舌淡嫩，苔白润，脉虚或细数。

证候分析　素体气血不足，经行时气随血泄，气血益虚，营卫失和，故致发热；气虚冲任不固，故经行量多色淡；气虚血弱，温养失职，故神疲畏寒，气短懒言，面目虚浮。舌脉也为气血亏虚之象。

治法　补气养血，甘温除热。

方药　补中益气汤(《脾胃论》)。

本方旨在益气固表，养血和营，甘温除热。

3.16.3.3 瘀热内郁

主证 经前或经期发热，经色紫黯，间有血块，小腹疼痛拒按，舌黯或边尖有瘀点，脉沉弦数。

证候分析 瘀血留著冲任血海，气机郁遏，经前经期气血下注冲任，气血壅阻更甚，蕴而化热，营卫失调，故经行发热；瘀阻冲任，血行不畅，故经色紫黯，间有血块；瘀血内停，不通则痛，故小腹疼痛拒按。舌黯或边尖有瘀点，脉沉弦数，也为瘀热内蕴之象。

治法 活血化瘀。

方药 血府逐瘀汤(《医林改错》)。

本方具活血祛瘀，行气开郁，退热调经之功。

若兼热瘀重，经行量少不畅，加丹皮、大黄、忍冬藤凉血祛瘀通经。

【文献摘要】

《丹溪心法》：经行身热，脉数头昏，四物汤加柴胡、黄芩。

《陈素庵妇科补解》：经正行，忽然口燥咽干，手足壮热，此客邪乘虚所伤(非脏腑所生，故曰客邪也)。治法退热凉血，不得用羌、防峻发之剂。若潮热有时，或濈濈然汗出，四肢倦怠，属内伤，为虚症，宜补血清热。

《医宗金鉴》：经行发热，时热潮热之病。若在经前则为血热之热，经后则为血虚之热。发热时热，多是外感，须察客邪之热。午后潮热，多数里热，当审阴虚之热也。

《竹林女科证治》：经来一半，遍身潮热，头痛口渴，小便作痛，此因伤食生冷，故血滞不行。内有余血，忌服补剂。

《女科经纶·月经门》：若经后发热，则是血脉空虚，阴虚不足，为有虚而无实也。

【病案举例】

梁××，女，20岁，广西××学校学生，未婚，1983年4月25日初诊。

十六岁月经初潮，经行前后不定，量多，色暗红。现经中第二天，发热（37.5~38℃左右），右少腹胀疼，头晕而痛，咽喉疼痛，平时带下量多，色白或黄，无特殊气味。胃纳一般，大便难解，小便淡黄。脉细数，苔薄白，舌尖红。

诊断：经行发热。

辨证：肝肾阴虚，相火内动。

治则：滋养肝肾，甘润清热。

处方：太子参20g，玄参15g，生地15g，地骨皮9g，白芍9g，麦冬9g，茺蔚子9g，淮山药15g，白薇5g，丹皮5g，甘草5g。每日水煎服一剂，连服三剂。

二诊（5月2日）：服上方之后，发热已退，头晕痛、咽痛消失，经行停止。精神好，但昨天月经又来，量少，色暗红，脉虚细，苔薄白，舌尖红。仍守上法出入，药用：鸡血藤15g，地骨皮9g，丹皮9g，丹参9g，白芍9g，生地15g，旱莲草15g，女贞子9g，坤草9g，白薇5g，甘草5g。每天水煎服一剂，连服三剂。

三诊（5月9日）：本次经行六天干净，全过程无发热，精神好。脉沉细，苔薄白，舌质淡。拟温养善后。药用：菟丝子15g，归身5g，白芍5g，覆盆子9g，党参12g，白术9g，茺蔚子9g，淫羊藿15g，淮山药15g，莲肉15g，大枣9g。每日水煎服一剂，连服三剂。

四诊（7月1日）：六月六日经行，量少，色暗红，淋漓不尽，迄今未净。伴头晕、低热（37.3℃），阴道胀疼。脉细数（96次/分钟），苔少，舌质淡红。证属阴亏火动，仍宜养阴清热，药用：鸡血藤15g，地骨皮9g，丹参9g，丹皮6g，白芍9g，生地15g，旱莲草20g，女贞子9g，坤草9g。每日水煎服一剂，连服三剂。

五诊（7月5日）：药已，发热消退，阴道出血停止。胃纳可以，大便干结。脉虚细，苔薄白，舌质淡红，仍守养阴法以善后。

旱莲草15g，女贞子9g，玄参15g，生地12g，麦冬12g，益母草9g，甘草5g。每日水煎服一剂，连服六剂。

以后观察半年，病不再发，经行正常。（班秀文. 班秀文妇科医论医案选. 人民卫生出版社，1987年）

复习思考题

1. 经行发热的病因病机有哪些？
2. 经行发热怎样诊断？怎样与外感发热鉴别？
3. 经行发热的辨证要点及治疗原则各是什么？如何分型论治？

（毕焕英）

3.17 经行眩晕

目的要求

1. 熟悉经行眩晕的定义。
2. 了解经行眩晕的分型及治疗代表方剂。

重点内容

1. 经行眩晕的定义。

2. 病因病机及辨证论治：①气血亏虚，治宜补血益气，养心健脾，方用归脾汤；②阴虚阳亢，治宜滋肾益阴，平肝潜阳，方用杞菊地黄丸；③痰浊上扰，治宜燥湿化痰，健脾和胃，方用半夏白术天麻汤。

3. 诊断：经期或行经前后，头晕目眩，呈周期性发作2次以上。注意与内科眩晕鉴别。

经期或行经前后，周期性出现头晕目眩为主要表现者，称为经行眩晕。

本病属西医学经前期紧张综合征范畴。

3.17.1 病因病机

经行眩晕的主要发病机理是精血衰少，头目失养，或痰湿内蕴，上蒙清窍。临床常见原因有气血亏虚、阴虚阳亢、痰浊上扰。

1）气血亏虚　久病不愈，耗伤气血，或脾虚化源不足，气血两虚，经行时阴血下注，气随血泄，气血更虚，不能荣养头目，故致经行眩晕。

2）阴虚阳亢　肝肾素亏，或热邪久稽，劳欲过度，耗伤精血，肝肾阴虚，经期营血下达冲任血海，肝肾益虚，阴不敛阳，虚阳上越，扰动清空，以致经行眩晕。

3）痰浊上扰　宿有痰湿，或脾虚失运，水湿内停，聚湿成痰，痰湿之邪停滞中焦，经行时随冲气上犯，蒙蔽清窍，遂致眩晕随经而发。

3.17.2 诊断与鉴别诊断

3.17.2.1 诊断依据

1）本病患者可有久病史，产育过多史。

2）眩晕连续 2 次以上随月经周期呈规律性发作。

3）体格检查及辅助检查无异常改变。

3.17.2.2 鉴别诊断

本病应注意与内科眩晕鉴别：内科眩晕无随月经周期而发作的特点。如因高血压病、美尼尔氏综合征等所引起者，可见相应症状及体征，相关检查可帮助诊断。

3.17.3 辨证论治

（1）辨证要点

本病主要根据眩晕伴随月经呈周期性发作，经后自愈的特点，并结合全身证候和舌脉进行辨证。

（2）治疗原则

经行眩晕的治疗以调理脏腑功能为主，虚者补气养血，填精益髓，实者祛痰除湿。

3.17.3.1 气血亏虚

主证　经行或经后，头晕目眩，唇甲色淡，心悸怔忡，神疲懒言，饮食减少，经行量少，色淡质稀，舌淡，苔薄白，脉细弱。

证候分析　气血本虚，经行经后冲任空乏，气血愈亏，不能上荣头目，脑海失养，故头晕目眩；血虚心失所养则心悸怔忡，不能荣养灌溉周身则唇甲色淡；气虚脾运无力则神疲懒言，胃纳失职则饮食减少；气虚血弱，冲任灌溉不足，故经行量少，色淡质稀。舌淡，苔薄白，脉细弱，皆是气血不足之象。

治法 补血益气，养心健脾。

方药 归脾汤(《校注妇人良方》)。

本方旨在补气养血，健脾宁心，荣养头目。

若兼阳虚恶寒喜暖者，加肉桂、艾叶温中助阳；兼气虚冲任不固，经量偏多者，加阿胶、乌贼骨、升麻固冲止血。

3.17.3.2 阴虚阳亢

主证 经行头晕目眩，面色潮红，急躁易怒，口干咽燥，腰酸耳鸣，舌红，苔薄黄，脉弦细数。

证候分析 肝肾不足，精血亏少，无以敛阳，肝阳上亢，经行时气血汇聚冲任，冲气旺盛，肝阳并冲气上逆，扰动清空，故经行眩晕；阴虚内热，虚阳浮越，故面色潮红；肝肾阴虚，肝体失养，疏泄失职则急躁易怒，肾阴不足，濡养无权则腰酸耳鸣，口干咽燥。舌红，苔薄黄，脉弦细数，为阴虚阳亢之征。

治法 滋肾益阴，平肝潜阳。

方药 杞菊地黄丸(《医级》)。

熟地 山药 山茱萸 茯苓 泽泻 丹皮 枸杞 菊花

此方功可滋补肝肾，育阴潜阳，平眩明目。方中六味地黄丸、枸杞大补肝肾之阴；菊花平肝潜阳，清利头目而除眩晕。

若兼虚热扰心，心悸不宁者，加莲子心、柏子仁清热宁心；兼肝热目赤者，加黄芩、夏枯草清肝泻热。

3.17.3.3 痰浊上扰

主证 经前或经期，头晕头重，胸闷少食，恶心欲呕，带下量多，色白质黏，舌淡，苔白腻，脉濡滑。

证候分析 痰湿内蕴，困阻气机，经行时冲气偏旺，气逆而上，挟痰浊上犯，蒙蔽清窍，故头晕头重；痰滞中焦，脾不升清，胃难降浊，气机不利，故胸闷少食，恶心欲呕；湿邪下注，损及任带，故带下量多，色白质黏。舌淡，苔白腻，脉濡滑，亦痰湿内盛之象。

治法 燥湿化痰，健脾和胃。

方药 半夏白术天麻汤(《医学心悟》)。

半夏 白术 天麻 陈皮 茯苓 炙甘草 蔓荆子 生姜 大枣

本方具燥湿除痰，调中降逆，祛除晕眩之功。方中二陈汤燥湿祛痰，和胃降逆；天麻化痰息风而止眩晕；白术健脾除湿；生姜温化水湿；蔓荆子载药上行，清利头目；大枣和中。

若兼痰郁化火，头目胀痛，心烦口苦者，加黄芩、竹茹清热涤痰。

【文献摘要】

《陈素庵妇科补解》：经行发热，兼头重目暗者，何也？血虚发热，阳气下陷，故头重，精血少，故目暗也。

【病案举例】

单×，女，32岁，门诊简易病历。初诊日期：1973年7月5日。

主诉：经前头晕、乳房胀，小腹胀已2年。

现病史：近2年来，每于经前7~10天，即开始头晕、乳房发胀，小腹胀，手足发麻，而且极容易感冒怕冷。睡眠尚好，经后即渐恢复，每次月经前均如此，曾经妇科检查，未见异常。末次月经为6月13日。

舌象：苔微黄。脉象：弦细。

西医诊断：经前期紧张症。

中医辨证：肝郁气滞，血虚络阻。

治法：养血疏肝，理气通络。

方药：

当归三钱　白芍四钱　川芎二钱　柴胡一钱半　黄芩三钱　甘草二钱　山药五钱　白术三钱　茯苓四钱　猪苓四钱　泽泻四钱　路路通三钱　络石藤四钱　马尾连三钱

治疗经过：7月13日，服上方九剂，月经于今日来潮，经前期自服药后，未出现上述症状，近期症状改善。(北京中医医院主编. 刘奉五妇科经验. 人民卫生出版社，1977年)

复习思考题

1. 经行眩晕的定义是什么？常见病因有哪些？
2. 经行眩晕分为哪三型？怎样辨证治疗？

(毕焕英)

3.18 经行头痛

目的要求

1. 熟悉经行头痛的定义。
2. 了解经行头痛的分型及治疗代表方剂。

重点内容

1. 经行头痛的概念。

2. 病因病机及辨证论治：①气血瘀滞，治宜行气化瘀，通络止痛，方用通窍活血汤；②肝血亏虚，治宜养血柔肝止痛，方用四物汤；③肝火旺盛，治宜养阴清热，平肝止痛，方用杞菊地黄丸。

3. 诊断：头痛随月经周期呈规律性发作2次以上。注意与经期外感及脑瘤所引起的头痛进行鉴别。

经期或行经前后，周期性出现以头痛为主要表现者，称为经行头痛。

本病属西医学经前期紧张综合征范畴。

3.18.1 病因病机

本病的主要发病机理是气血瘀滞、肝火旺盛，邪气侵扰清阳之府；或肝血不足，脑失所养。

1）气血瘀滞　郁怒伤肝，气滞血瘀，或感寒饮冷，寒凝血瘀，气血阻滞清阳之府，脉络不通，经行之际，气血下注冲任，瘀血阻络，气血欲行而受阻，瘀滞更甚，"不通则痛"，遂致头痛。

2）肝血亏虚　脾虚化源不足，或久病耗血，阴血亏虚，肝失所养，经行经后气血下注冲任，阴血愈亏，清窍失养，以致头痛。

3）肝火旺盛　七情所伤，肝气不舒，郁而化火，经前经期冲气旺盛，挟肝火循经上逆，上扰清空，故而头痛。

3.18.2 诊断与鉴别诊断

3.18.2.1 诊断依据

1）本病患者可有久病体弱，抑郁暴怒等情志内伤史。

2）头痛随月经周期呈规律性发作2次以上，经后可自行消失。头痛大多为单侧，或见两侧太阳穴、头顶部。

3）体格检查及其他辅助检查均无异常发现。

3.18.2.2 鉴别诊断

本病注意与经期外感、脑瘤所引起的头痛鉴别：其头痛均不伴月经周期发作，外感头痛者可有触冒风寒、风热病史，伴发热、恶寒、流涕、咳嗽、脉浮等外感表证症状。脑瘤患者可有视力减退、肢体偏瘫、喷射性呕吐等症状，头部CT、核磁共振检查有助于诊断。

3.18.3 辨证论治

（1）辨证要点

本病主要根据头痛伴随月经周期性发作，经净后自行消失及头痛的特点，结合其他症状及舌脉进行辨证。

(2) 治疗原则

本病的治疗原则是调理气血止痛。

3.18.3.1 气血瘀滞

主证 经前或经期头痛剧烈，宛如锥刺，经血量少，行而不畅，色紫有块，或伴小腹疼痛，拒按，舌黯边有瘀点，脉细涩或弦涩。

证候分析 气血瘀滞，清阳之府脉络受阻，经行之际，瘀滞更甚，瘀血阻络，故头痛剧烈，宛如锥刺；瘀血阻滞冲任，经血不得下行，故月经量少，行而不畅，色紫有块；瘀血内停，“不通则痛”，故小腹疼痛拒按。舌黯边有瘀点，脉细涩或弦涩，均为气血阻滞之征。

治法 行气化瘀，通络止痛。

方药 通窍活血汤(《医林改错》)。

赤芍 川芎 桃仁 红花 老葱 麝香 生姜 大枣

本方具活血通窍，行气止痛之功效。方中赤芍、桃仁、红花行血通瘀；川芎活血行气止痛；老葱、麝香辛香走窜通络，活血止痛；姜枣调和营卫。

若兼寒凝肢冷面白者，加桂枝通络散寒；兼肝郁胸胁、乳房胀痛者，加香附、枳壳、路路通疏肝理气止痛。

3.18.3.2 肝血亏虚

主证 经期或经后，头痛绵绵，心悸少寐，神疲乏力，舌淡苔薄，脉细。

证候分析 足厥阴肝经上颠络脑，肝血不足，血海亏虚，经行气血下注冲任，肝血愈虚，不能上荣清窍，故经行经后头痛绵绵；血不养心，故心悸少寐；血虚气弱，故神疲乏力。舌淡苔薄，脉细，亦血虚不荣、血虚不充之象。

治法 养血柔肝止痛。

方药 四物汤(《和剂局方》)

熟地 白芍 当归 川芎

本方旨在养血和营，柔肝止痛。方中当归、熟地、白芍养血柔肝；川芎可上行头目止痛。

若兼血虚双目干涩，视物昏花者，加枸杞、首乌、蔓荆子养肝明目；兼气虚疲乏无力，纳少便溏者，加黄芪、白术、山药健脾益气。

3.18.3.3 肝火旺盛

主证 经前头痛目胀，甚或巅顶掣痛，烦躁易怒，口苦咽干，经行量多色鲜，舌质红，苔薄黄，脉弦数。

证候分析 肝郁气滞，郁而化火，月经将至，冲气旺盛，挟肝火上犯，扰动清阳之府，故头痛目胀，巅顶掣痛；肝失疏泄，故烦躁易怒；热邪伤津，故口苦咽干；热扰冲任，迫血妄行，则月经量多色鲜。舌脉均为肝经火炽之象。

治法 养阴清热，平肝止痛。

方药 杞菊地黄丸(《医级》)

本方功可滋养肝肾，清热明目，平肝止痛。

若兼肝火炽盛，头痛剧烈者，可加苦丁茶、黄芩、川楝子清泻肝火；兼痰浊上犯，头痛头重者，加半夏、苍术、陈皮燥湿除痰。

【文献摘要】

《张氏医通》：每遇经行辄头疼，气满，心下怔忡，饮食减少，肌肤不泽，此痰湿为患也，二陈加当归、炮姜、肉桂。

【病案举例】

陈某，34岁，已婚。

婚后未孕，经期尚准，惟量少色淡，每临经期，头部疼痛如锥钻刺，几不能忍，规律性发作已数年，于1960年6月前来门诊。

就诊时适值临经前，头痛如裂，用布紧束额部。据述上月2日经转，刻又将临，头痛异常，乳部作胀，腰酸肢楚，舌质红，苔薄黄。此证为肾亏肝旺，水不涵木。嘱在每次行经先兆期直至临经，为最适当的治疗时机，每月服药四天。现将三个阶段的治疗过程介绍如下：

第一次，以头痛内热经来不爽为主症，治以平肝清热、平肝调经法。

钩藤18g（后下） 天麻2.4g 川芎4.5g 菊花6g 生石决24g（先煎） 白芍9g 川牛膝9g 枸杞子9g 合欢皮9g 茯苓皮9g 省头草6g

第二次，上次经期服用平肝清热药后，此次经来日期推后十余日，经前头痛已缓和，尚有乳部发胀，腰酸神疲等症，与上次相比，已轻快不少。现经量不多，色淡红，脉象细弦，苔薄黄。治疗用疏肝理气，潜阳清热法。

钩藤18g（后下） 杜仲9g 石决明24g（先煎） 青蒿9g 夏枯草9g 炙香附9g 广郁金6g 橘叶核（各）6g 合欢皮9g 白蒺藜9g 穞豆皮12g

第三次，服药后隔三月又来复诊，头痛已愈，三次临经未曾发作，症已大好，乳部作胀，也已日见减轻，此次经来，仅感头眩腰酸，精力疲乏，经量则仍不多，色亦较淡。脉虚细，苔薄白。治以滋补肾阴养血扶土法。

当归6g 熟地（砂仁2.4g拌）9g 山萸肉9g 女贞子9g 白芍6g 茯苓9g 穞豆皮9g 焦白术6g 巴戟肉9g 钩藤9g（后下）

经上述治疗，症已痊愈。

按：肝为将军之官，其滋生于土，阴常不足，阳常有余，平日赖肾水以滋养，柔其刚悍之性，上例症属肾阴亏损，血衰水亏，所以经来量少，色亦浅淡，肝木乏水濡养，肝阳遂致偏亢，沿经络直上巅顶，每次临经头痛剧烈，患者痛苦异常，几不可忍。急则治标，所以第一阶段，以平肝潜阳为主，抑制其上扰之势，以缓解头痛，处方以天麻钩藤饮加减，使偏亢的肝阳，得以下降。第二阶段，肝阳头痛以减，但肝郁不舒，乳胀较甚，以疏肝解郁法，酌加平肝潜阳为辅，用合欢皮以入厥阴，香附、郁金、橘叶、橘核等疏通经络气滞，使胸胁乳部肝经的气血得以恢复正常运行，以解除胸胁闷胀及乳部作胀之症，再用钩藤、石决、青蒿、夏枯草等平肝潜阳，免其复燃。第三阶段，由于调治后肝部症状业已好转，但肾水亏损情况依然，若不滋水养血，治其根本，则不能涵木，肝阳仍能复作，所以用治子益其母的方法，采用调补肝肾为主，用山萸肉、女贞子、熟地等滋补肾阴，当归、川芎、芍药等调经养血，钩藤等平肝潜阳，术、苓健脾胃，益中宫。服后获效，使顽固性的经来腹痛，得以霍然解除。（上海市卫生

局. 上海老中医经验选编·朱小南医案. 上海科学技术出版社，1984年）

复习思考题

1. 经行头痛如何诊断？其治疗原则是什么？
2. 经行头痛的病因病机如何？
3. 试述经行头痛的辨证治疗。

（毕焕英）

3.19 经行身痛

目的要求

1. 熟悉经行身痛的定义。
2. 了解经行身痛的分型及治疗代表方剂。

重点内容

1. 经行身痛的定义。
2. 病因病机及辨证论治：①气血亏虚，治宜补气养血，和营止痛，方用黄芪桂枝五物汤；②寒湿凝滞，治宜散寒除湿，祛瘀止痛，方用趁痛散。
3. 诊断：行经期间或经来前后，肢体疼痛酸楚或麻木不适，呈周期性发作2次以上。注意与内科痹证鉴别。

经期或行经前后，周期性出现肢体疼痛为主要表现者，称经行身痛，亦称“经行遍身痛”。

3.19.1 病因病机

本病的主要发病机理是气血不和，肢体筋脉、关节失养或阻滞不畅。常见病因有气血亏虚及寒湿凝滞。

1）气血亏虚　素体虚弱，或大病久病耗伤气血，气血两虚，经行则血海满溢而泄，下为月经，气血愈虚，肢体筋脉、关节失于濡养，故而身痛。

2）寒湿凝滞　调摄失宜，经期产后外感寒湿，留著筋脉、关节，气血受阻，滞而为瘀。经行时经血下泄，气血欲行而脉络欠通，阻滞更甚，“不通则痛”，故令身痛。

3.19.2 诊断与鉴别诊断

3.19.2.1 诊断依据

1）本病患者可有经期、产后感受寒湿史，久病史。

2）行经期间或行经前后，肢体疼痛酸楚或麻木不适，呈周期性发作 2 次以上。

3）关节无畸形，局部无红肿。

4）实验室检查无异常改变。

3.19.2.2 鉴别诊断

本病应注意与内科痹证鉴别：痹证疼痛发作与月经周期无关，可受天气变化影响；查体可见关节变形强直，红肿，活动受限；实验室抗链球菌溶血素“O”、血清类风湿因子检查及 X 线检查有助于鉴别诊断。

3.19.3 辨证论治

（1）辨证要点

本病以肢体疼痛伴随月经周期出现，经后自消为特点，临证时结合全身证候及舌脉辨证

（2）治疗原则

调气血，和营卫为本病的治疗原则。

3.19.3.1 气血亏虚

主证　经期或行经前后，肢体酸痛麻木，神疲乏力，心悸气短，经行量少色淡，舌质淡，苔薄，脉细。

证候分析　气血本虚，经行时血海溢泄，气血益感不足，肢体筋脉肌骨失于濡养，故酸痛麻木；气虚阳气不振，故神疲乏力，气短；血虚心失所养，心神不宁则心悸；血虚气弱，冲任血海不能满溢则经行量少色淡。舌质淡，苔薄，脉细，均是气血不充之征候。

治法　补气养血，和营止痛。

方药　黄芪桂枝五物汤(《金匮要略》)。

黄芪　桂枝　白芍　生姜　大枣

本方可补气养血，调和营卫而止痛。方中黄芪、桂枝益气通阳；白芍养血和营；生姜、大枣调和营卫。

若兼肾虚腰腿酸痛者，加桑寄生、狗脊补肾强腰壮骨。

3.19.3.2 寒湿凝滞

主证 经期或行经前后，关节疼痛，酸楚重着，屈伸不利，腰膝尤甚，得热则舒，月经后期，量少不畅，色黯有块，舌质偏黯，苔薄白，脉沉紧。

证候分析 寒湿凝滞，筋脉、关节气血运行不畅，经水下泄之时，瘀阻更甚，故关节疼痛，屈伸不利；寒湿属阴，凝滞重着，易犯下部，故酸楚重着，腰膝尤甚；遇热寒湿之邪稍减，故得热则舒；寒凝血瘀，冲任瘀阻，经水不得畅行，故月经后期，量少不畅。舌质偏黯，苔薄白，脉沉紧，均为寒湿阻络之象。

治法 散寒除湿，祛瘀止痛。

方药 趁痛散(《校注妇人良方》)。

当归 黄芪 白术 炙草 桂心 独活 牛膝 生姜 薤白

本方具温经散寒除湿，活血通络止痛之功。方中桂心、薤白、生姜温散寒湿；当归、牛膝养血活血，通经活络；独活祛风除湿止痛；黄芪、白术益气扶正；炙草和中。

若兼血瘀小腹疼痛拒按者，加五灵指、元胡、姜黄活血止痛。

【文献摘要】

《陈素庵妇科补解》：妇人经行，忽然遍体作痛，此由外邪乘虚而入，或寒邪，或风冷，内伤冲任，外侵皮毛，以致周身疼痛。治法宜散风寒，温经血。如下血多，筋失其养，痛如行痹，宜补血温经，兼祛外邪。

《证治准绳》引《产宝》曰：经水者，行气血，通阴阳，以荣于身者也。气血盛阴阳和，则形体通，或外亏卫气之充养，内乏荣血之灌溉，血气不足，经候欲行，身体先痛也。

《医宗金鉴》：经来之时，恶寒发热，身体疼痛者，当分荣卫虚实。若发热恶寒，身痛不胀而有汗者，属卫虚荣不足；若发热恶寒，身胀痛而无汗者，属荣实卫有余也。

《竹林女科》：妇人十九二十岁出嫁后，但遇经脉动时，遍身疼痛，手足麻痹，或寒热头痛，头目昏迷，此由感寒邪而致也。

【病案举例】

李××，女，29岁。石家庄油漆厂工人。

恙起一年以前，因经期汗出纳凉，感受风寒，而觉全身关节拘紧疼痛，恶寒头痛，遂服速效伤风胶囊，自此“感冒”虽愈，而关节疼楚未痊，并每至经期关节疼痛加重，活动不便，怕冷，得热则疼痛稍减，若自行揉按、活动，关节拘紧亦稍轻，曾施针刺治疗，针则效，不针则诸证依然，因转服中药。舌苔薄白，脉弦紧。此属经期血虚，风寒乘袭，痹阻脉络之证，故治用祛风散寒，养血通络法，方用桂枝四物汤加减：当归15g，川芎9g，白芍9g，桂枝12g，防风9g，羌活9g，威灵仙9g，生姜3片，大枣5枚。水煎服，3剂，每日一剂。

复诊：服药3剂，疼痛稍减，但功效不著，痼疾缓图，前方加麻黄6g，细辛2.4g，再进3剂，以观动静。

三诊：药后疼痛大减，仅感腰酸微痛，故于上方加川断12g、杜仲12g，补肾强筋骨。再进5剂，诸证未再发生。（杨医亚主编. 中医自学丛书·第十一分册·妇科. 河北科学技术出版社，1987年）

复习思考题

1. 何谓经行身痛？与痹证怎样鉴别？
2. 经行身痛的常见病因有哪些？可选用哪些方剂治疗？

（毕焕英）

3.20 经行口糜

目的要求

1. 熟悉经行口糜的定义。
2. 了解经行口糜的分型及代表方剂。

重点内容

1. 经行口糜的定义。

2. 病因病机及辨证论治：①阴虚火旺，治宜滋阴降火，方用知柏地黄丸；②胃火炽盛，治宜清胃泻火，方用凉膈散。

3. 诊断：经前1周或经期，出现口舌糜烂，呈周期性发作2次以上。需排除狐惑病。

每值临经或经行时，周期性出现口舌糜烂为主要表现者，称经行口糜。

3.20.1 病因病机

本病的主要病机是热盛气逆，火随气上，灼伤口舌。常见原因有阴虚火旺、胃热炽盛。

1）阴虚火旺　素体阴亏，或郁火伤阴，或热病营阴损耗，阴虚火旺，经前经期冲气偏盛，气助火势，相并而上，灼伤口舌，故而口舌糜烂。

2）胃热炽盛　素有胃热，或嗜食辛辣炙煿，膏粱厚味，胃肠蕴热，经前经期冲气旺盛，挟胃火循经上炎，灼伤口舌，以致口舌糜烂。

3. 20. 2 诊断与鉴别诊断

3. 20. 2. 1 诊断依据

1）本病患者可有饮食偏嗜、七情内伤史、热性病史。

2）经前或经期口舌糜烂、疼痛，周期性发作 2 次以上，经净后自消。

3）颊黏膜或舌体等部位表浅溃疡，经净后自然愈合。

4）实验室检查无异常改变。

3. 20. 2. 2 鉴别诊断

本病应注意与狐惑病鉴别：狐惑病与西医学白塞综合征相似，其发病与月经周期无关，可突然发作，口咽部糜烂与阴部蚀烂并见，部分可出现恶心、呕吐、发热、关节疼痛，甚至呼吸困难，窒息；实验室检查可有白细胞中度增高、血沉增快等改变。

3. 20. 3 辨证论治

（1）辨证要点

本病应根据经前经期周期性出现口舌糜烂疼痛，经后自消的特点，结合全身症状及舌象、脉象进行辨证。

（2）治疗原则

经行口糜的治疗原则是清热泻火。或滋阴清热，或清泻胃火。

3. 20. 3. 1 阴虚火旺

主证 经期口舌糜烂，疼痛，口燥咽干，形体消瘦，五心烦热，头晕腰酸，夜寐不安，尿少色黄，舌尖红，脉细数。

证候分析 阴虚虚火内炽，经行时冲气挟虚火上犯，灼伤口舌，故经期口舌糜烂，疼痛；阴亏津少，濡润不足，故口燥咽干，形体消瘦，尿少色黄；阴虚内热，故五心烦热；阴虚精少，肾失所养，故头晕腰酸；虚热扰心，则夜寐不宁。舌尖红，脉细数，也是虚热之象。

治法 滋阴降火。

方药 知柏地黄丸(《医宗金鉴》)。

知母 黄柏 熟地 山药 山茱萸 茯苓 泽泻 丹皮

此方可滋肾益阴，清热降火。方中熟地、山药、山茱萸大补阴分；泽泻、茯苓引热从小便而出；丹皮凉血清热；知母、黄柏清热降火。

若兼心经火炽，烦乱不宁者，加莲子心、淡竹叶清心降火。

3.20.3.2 胃热炽盛

主证 经行口舌糜烂，疼痛，口臭，口干喜饮，胸闷纳呆，尿黄便结，舌苔黄厚，脉滑数。

证候分析 胃有伏火，经行时随冲气上逆，灼伤口舌，故经行口舌糜烂，疼痛；胃热熏蒸则口臭；热灼津液则口干喜饮，尿黄便结；胃肠积热，胃失和降则胸闷纳呆。舌苔黄厚，脉滑数，也为胃中积热之象。

治法 清胃泻火。

方药 凉膈散(《和剂局方》)。

大黄 朴硝 甘草 栀子 薄荷 黄芩 连翘 淡竹叶

本方能凉膈通便，清泻胃火。方中大黄、朴硝泻热通便，荡涤胃肠；栀子、连翘、黄芩、甘草清热解毒；薄荷开郁散热；淡竹叶利尿除热。

若兼津伤烦渴引饮者，加沙参、石斛、玉竹、天花粉生津止渴。若口舌疼痛剧烈，甚至不能进食，可加冰硼散外用，涂搽患处以清热止痛。

复习思考题

1. 经行口糜如何诊断？怎样与狐惑病鉴别？
2. 经行口糜分哪几种证型？怎样辨证治疗？

（毕焕英）

3.21 经行风疹块

目的要求

1. 熟悉经行风疹块的定义。
2. 了解经行风疹块的分型及代表方剂。

重点内容

1. 经行风疹块的定义。
2. 病因病机及辨证论治：①阴血亏虚，治宜养血疏风止痒，方用当归饮子；②风热内蕴，治宜清热疏风止痒，方用消风散。
3. 诊断：临经时或经期，皮肤风疹团块瘙痒，呈周期性发作2次以上。注意与瘾疹进行鉴别。

经前或行经期间，周期性出现周身皮肤瘙痒，起红疹风团为主要表现者，称经行风疹块，也称“经行瘾疹”、“经行瘖癗”。

3.21.1 病因病机

血虚生风或风热内蕴，风邪偏盛，搏于肌肤腠理之间是本病的主要发病机理。

1）阴血亏虚　素体血虚，或多产伤血，或脾虚血少，阴血不足，经水下行则营血愈亏，血虚生风，发于肌表腠理，故令瘾疹随经而发。

2）风热内蕴　素体阳盛，或嗜食辛燥助热之品，血分燥热，蕴于肌腠，经前经期冲气偏盛，助热生风，风热搏于肌表，遂发风疹团块。

3.21.2 诊断与鉴别诊断

3.21.2.1 诊断依据

1）本病患者可有过敏体质史。

2）经前或经期皮肤瘙痒，周身出现红疹，或宣起成块，经后消失，呈周期性发作 2 次以上。

3.21.2.2 鉴别诊断

本病应注意与瘾疹进行鉴别：瘾疹发病无规律性，不具备随月经周期而发作的特点。

3.21.3 辨证论治

（1）辨证要点

本病主要根据皮肤风疹团块瘙痒，随月经而发，经后自消的特点，结合其他证候及舌脉进行辨证。

（2）治疗原则

疏风止痒是本病的治疗原则。或养血疏风，或疏风清热。

3.21.3.1 阴血亏虚

主证　经行风疹团块频发，瘙痒，入夜尤甚，皮肤干燥，面色不华，头晕眼花，月经后期量少，色淡质稀，舌淡，苔薄，脉细。

证候分析　阴血不足，经行益甚，血虚则生风，发于肌表腠理，故经行风疹团块频发，瘙痒，入夜尤甚；血虚津少，不能荣养肌肤、头面，故皮肤干燥，面色不华，头晕眼花；血虚冲任衰少，故月经后期量少，色淡质稀。舌淡，苔薄，脉细，均为血虚不充之象。

治法 养血疏风止痒。

方药 当归饮子(《证治准绳》)。

当归 川芎 白芍 生地 防风 荆芥 黄芪 甘草 白蒺藜 何首乌

本方旨在养血润燥，疏风止痒。方中生地、白芍、当归、川芎、何首乌滋阴养血润燥；荆芥、防风、白蒺藜祛风止痒；黄芪、甘草益气固表。

若兼血虚便秘者，加黑芝麻、火麻仁养血通便；兼虚风内盛，瘙痒剧烈，夜寐难安者，加蝉蜕、生龙齿祛风止痒，镇静安神。

3.21.3.2 风热内蕴

主证 经行皮肤风疹团块焮红，瘙痒难忍，遇风遇热尤甚，口干喜饮，尿黄便结，舌红，苔黄，脉浮数。

证候分析 素体血分蕴热，经期气盛助热，血热风动，搏于皮肤腠理，故经行风疹团块，焮红作痒，遇风遇热尤甚；热盛伤津，故口干喜饮，尿黄便结。舌红，苔黄，脉浮数，也为风热之征。

治法 清热疏风止痒。

方药 消风散(《外科正宗》)。

荆芥 防风 当归 生地 苦参 苍术 蝉蜕 木通 胡麻仁 生知母 石膏 生甘草 牛蒡子

全方功可清热凉血，疏风止痒。方中生地、生知母、石膏、生甘草凉血清热；荆芥、防风、蝉蜕、牛蒡子疏散风热，消疹止痒；苦参、苍术清热燥湿；胡麻仁、当归养血润燥；木通苦寒利尿，导热从小便下行。

若兼湿热舌苔黄腻，小便短赤者，加泽泻、黄柏、地肤子清热利湿。

【病案举例】

高××，女，38岁，农民，赵县人。

形盛体丰，每逢经前即身痒，临经痒甚，搔抓难耐，隐疹叠起，高出皮肤，心烦难寐，遇热痒甚，因上下眼胞疹块叠见，所以两目难睁，曾服“苯海拉明”，身痒当时虽稍轻，但不能除根，适余领学生在临村巡回医疗，闻迅赶来，要求服中药治疗，此时月经已潮，皮肤因搔抓，破损甚多，切脉滑数有力，舌质红，苔黄腻而厚。统观脉证，显属湿热之患，遂拟清热燥湿，凉血疏风之剂。处方用荆芥9g，防风9g，蝉退6g，当归15g，生地18g，苦参15g，苍术15g，知母12g，丹皮12g，地肤子12g，木通6g，生甘草6g。水煎，每日服一剂，余渣多加水煎，用净白布乘热蘸擦皮肤，至皮肤发红，注意保暖避风。服至经净。

再诊：上方服6剂，月经即净。服药期间，身痒稍减，此时临经尚有一周，因来就诊。舌脉如前，再投原方3剂，用法同前。并嘱有效则再服3剂。

3个月后，本村医生来城，捎来患者一信，言病已愈，并说不日来城致谢等等。(杨医亚主编. 中医自学丛书·第十一分册·妇科. 河北科学技术出版社，1987年)

复习思考题

1. 经行风疹块如何诊断？其主要病机是什么？
2. 治疗经行风疹块的常用方剂有哪些？怎样选择使用？

（毕焕英）

3.22　绝经前后诸证

目的要求

1. 掌握绝经前后诸证的辨证论治。
2. 熟悉绝经前后诸证的定义、主要机理。

重点内容

1. 绝经前后诸证的定义。
2. 绝经前后诸证的主要机理：肾虚。
3. 绝经前后诸证的辨证论治：①肝肾阴虚，治以滋补肝肾，育阴潜阳，方用六味地黄丸；②肾阳亏虚，治以温肾壮阳，佐以健脾，方用右归丸。

妇女在绝经前后，出现月经紊乱，烘热汗出，潮热面红，头晕耳鸣，失眠健忘，心悸，烦躁易怒，腰背酸痛，浮肿便溏，皮肤燥痒等与绝经有关的症状，称绝经前后诸证，又称“经断前后诸证”。本病症状往往三三两两出现，表现或轻或重，病程或长或短，短者数月，长者可迁延数年，甚至十几年不等。

本病相当于西医学更年期综合征。双侧卵巢切除或放射治疗后卵巢功能衰竭者，也可出现本病的表现。

3.22.1　病因病机

妇女年届绝经前后，肾气渐衰，冲任二脉亏虚，天癸渐竭，月经将断而至绝经，生殖机能逐渐减退而至丧失。这本是妇女正常的生理变化，但有些妇女由于体质因素，或生活环境的影响，不能适宜这个阶段的生理过渡，使脏腑功能失常，阴阳平衡失调，而出现肾阴不足，或肾阳虚衰，或肾阴阳两亏的不同证候，并可累及肝、脾、心。

1）肾阴虚 素体阴虚，或产乳过多，数伤于血，经断前后，天癸渐竭，肾精衰少，水不涵木，肝失所养，肝气郁结，失于条达，或精亏不潜阳，肝阳上亢；精血不足，水火不济，心火偏旺，而致绝经前后诸证。

2）肾阳虚 素体阳虚，或过食寒冷，或久居寒湿之地，伤及肾阳，加之绝经期肾气渐虚，命门火衰，脏腑失煦，遂致绝经前后诸证。

3.22.2 诊断与鉴别诊断

3.22.2.1 诊断依据

1）发病年龄一般多在45~55岁，若40岁以前发病者，应考虑“卵巢早衰”。应询问发病前有无精神创伤及双侧卵巢切除或放射治疗史。

2）最多出现的症状为月经紊乱、潮热汗出和情绪改变。月经紊乱表现为月经周期延长，经量减少，或周期缩短，经期延长，经量多，甚至阴道大出血，有时淋漓不尽，或月经周期与量均不规则，甚至出现长期闭经；潮热汗出表现为烘热多从胸部开始，涌向颈部、头部和面部，皮肤呈弥漫性或片状发红，并随之出汗，汗出热退，持续时间长短不定，短者数秒，长者数十分钟，每日发作的次数也无规律；情绪改变表现为抑郁，或易激动，或喜怒无常，不能自控。此外，还有心悸失眠，头晕耳鸣，腰背酸痛，皮肤麻木、蚁行感等。

3）妇科检查生殖器官有不同程度的萎缩。

4）血、尿促卵泡生成素（FSH）及促黄体生成素（LH）明显升高，雌激素水平降低，对本病的诊断有参考意义。

3.22.2.2 鉴别诊断

内科疾患如眩晕、心悸、水肿等临床表现与本病较相似。但本病多伴有月经紊乱，且发病年龄在绝经前后。结合西医有关辅助检查不难与本病鉴别。

3.22.3 辨证论治

（1）辨证要点

因本病的产生，主要为肾虚，冲任不足，临证时应根据临床表现、月经情况及舌脉辨其属阴、属阳。

（2）治疗原则

本病治疗应以调理肾之阴阳为主。清热不宜过用苦寒，祛寒不宜过用辛热，更不可妄用克伐之品，以免犯虚虚之戒。若肾病累及他脏者，则兼而治之。

3.22.3.1 肝肾阴虚

主证 经断前后，头目眩晕耳鸣，潮热汗出，腰背酸痛，五心烦热，情绪不宁，失眠多梦，皮肤瘙痒，有蚁行感，月经周期紊乱，量或多或少，色鲜红，口干便结，尿少色黄，舌红少苔，脉细数。

证候分析　经断前后，天癸渐竭，肾精不足，髓海失荣，则头目眩晕耳鸣；阴虚阳旺，则潮热汗出，五心烦热；肾亏外府失养，则腰背酸痛；水不涵木，肝气郁结，则情绪不宁；精亏不能上制心火，心火偏旺，则失眠多梦；精血亏乏，肌肤失荣，血燥生风，则皮肤瘙痒，有蚁行感；肾虚，天癸渐竭，冲任虚衰，则月经周期紊乱，量或多或少，色鲜红；阴津不足，则口干便结，尿少色黄；舌红少苔，脉细数，均为肾阴不足之象。

治法　滋补肝肾，育阴潜阳。

方药　六味地黄丸(《小儿药证直诀》)加龟板、龙骨、牡蛎、石决明。

熟地　山药　山茱萸　茯苓　丹皮　泽泻

本方旨在滋肾养阴，育阴潜阳。方中熟地、山茱萸滋肾填精；山药健脾育阴；茯苓淡渗脾湿；泽泻清泄肾火；丹皮清肝泻火；补泻相配，使之滋补而不留邪，清泻而不伤正。

若头晕目眩，可酌加天麻、钩藤、菊花、夏枯草平肝熄风；皮肤瘙痒，酌加蝉蜕、防风、白蘚皮、何首乌润燥止痒；烦躁易怒，胸胁胀痛，加郁金、栀子、女贞子清肝泻火。

若肾阴不足，水火不济，心火偏亢而致失眠多梦，心烦不宁，心悸怔忡，健忘。舌红少苔，脉细数。治宜滋肾宁心，交通心肾，方用天王补心丹(《摄生秘剖》)

人参　玄参　当归　天冬　麦冬　丹参　茯苓　五味子　远志　桔梗　酸枣仁　生地　朱砂　柏子仁

本方旨在滋肾补心，交通心肾。方中生地、玄参、天冬、麦冬壮水制火；丹参、当归补血养心；人参、茯苓益心气而安心神；柏子仁、远志宁心安神；酸枣仁、五味子敛心气安心神；桔梗载药上引；朱砂入心安神。

3.22.3.2　肾阳亏虚

主证　经断前后，面色晦黯，精神萎靡；腰痛如折，形寒肢冷，纳呆便溏，或面浮肢肿，经行量多，或崩中暴下，色淡黯，尿频甚至失禁，舌淡苔薄，脉沉细无力。

证候分析　经断前后，肾气虚衰，命门火衰，不能温煦脾阳，脾失健运，水湿内停，则纳呆便溏、面浮肢肿；中阳不振，则面色晦黯，精神萎靡，形寒肢冷；肾虚，外府失养，则腰痛如折；封藏失职，冲任不固，则经量多，或崩中暴下；阳虚不能化血为赤，则色淡黯；肾阳虚膀胱气化失常，则尿频甚至失禁；舌淡苔薄，脉沉细无力，均为肾阳虚衰之象。

治法　温肾壮阳，佐以健脾。

方药　右归丸(《景岳全书》)。

本方旨在温肾壮阳，佐以健脾。若大便溏薄，去当归，加肉豆蔻、白术、党参健脾止泻；面浮肢肿，酌加茯苓、猪苓、泽泻健脾渗湿并能利小便；小便频数，酌加益智仁、覆盆子温肾助阳，固涩小便。

若肾阴阳俱虚，时而怕冷，时而潮热汗出，头晕，腰酸，四肢欠温，舌苔薄，脉细。治宜补肾扶阳，滋养冲任。方用二仙汤(《中医方剂临床手册》)加女贞子、旱莲草、熟地。

仙茅　仙灵脾　当归　巴戟　黄柏　知母

本方旨在补肾扶阳，滋养冲任。方中仙茅、仙灵脾、巴戟温肾壮阳；熟地、女贞子、旱莲草滋肾填精；黄柏、知母泻相火而育阴；当归养血调经。

【病案举例】

杨××，女，53岁，梧州市××小学，教师，已婚，1977年8月15日初诊。

经行紊乱，来潮前后不定，量多少不一，色暗红夹紫块，经将行头晕头痛，心烦不安，寐纳俱差，经中肢节烦疼。平时大便干结，3~5天一次，小便浓秽气味。脉虚细迟，苔薄白，舌质淡。

诊断：经绝前后诸症。

辨证：肾气衰弱，冲任亏虚。

治则：调养肝肾，佐以化瘀。

处方：菟丝子9g，当归9g，白芍9g，覆盆子9g，党参12g，淮山药15g，川杞子9g，泽兰9g，玄参15g，麦冬12g，甘草5g。每日水煎服一剂，连服三剂。

二诊（8月23日）：头晕、头痛减轻，胃纳转佳，大便两天一次，小便不稠秽。药既对症，仍守上方去淮山药，加北沙参12g，桑叶6g。每日水煎服一剂，连服三剂。

三诊（9月23日）：自服上方之后，诸症消失，但大便仍干结，两日一次，每稍劳累则头晕痛。此为营阴未复，精血不足。以润养之剂治之。药用：太子参15g，玄参12g，肉苁蓉15g，川杞子12g，麦冬12g，石斛9g，覆盆子9g，鸡血藤15g，田七花2g，泽兰9g，红枣9g。每日水煎服一剂，连服三剂。

四诊（10月18日）：一切症状消失，以健脾消滞善后。药用：党参12g，白术12g，云苓9g，鸡内金9g，陈皮5g，淮山药15g，田七花4.5g，归身9g，生谷芽15g，炙草3g。每日水煎服一剂，连服三剂。

经此段治疗之后，月经停止，诸症不发。观察半年，疗效巩固。

按语：肾气旺盛，则冲脉能主血海，任脉能主诸阴，经行依时而下。今患者超过七七之年，肾气衰弱，阴阳不和，冲任亏虚，故经行前后不定，量多少不一，色暗红而夹紫块，阴阳失调，营血不足，虚火内动，故经将行则头晕头痛，心烦不安，寐纳俱差；相火煽动于内，灼伤阴血，肢节失养，故经中肢节烦疼，平时大便干结，小便秽浊；脉为血之府，舌为心之苗，营血虚则充养失常，故脉虚细迟而舌质淡。证属肾气衰退，冲任亏虚之变，故治之以调养肝肾为主，在补养之中，既配以鸡血藤、田七花、泽兰活血化瘀之品，又用桑叶之甘寒，意在防止离经之血停滞经隧，留瘀遗患。其中泽兰苦而微温，能舒肝气而和营血，化瘀不伤正，为调经之要药。桑叶甘寒，专长清热祛风，但此处取其既有“滋肾之阴，又有收敛之妙”。治疗全过程，着眼于肝肾，调养冲任，平补阴阳，调和气血，补而不滞，药不偏颇，故奏全功。（班秀文. 班秀文妇科医论医案选. 人民卫生出版社，1987年）

复习思考题

1）绝经前后诸证的概念。
2）为什么说绝经前后诸证以肾虚为主？
3）绝经前后诸证临床常见证型有哪些？如何治疗？

（李　华）

3.23　老年经断复来

目的要求

1. 熟悉老年经断复来的定义。
2. 了解其分型及代表方剂。

重点内容

1. 老年经断复来的定义。
2. 老年经断复来的病因病机及辨证论治：①气不摄血，补气养血，固冲摄血，方用安老汤；②阴虚血热，滋阴凉血，固冲止血，方用清血养阴汤；③血热内扰，清热凉血，固冲止血，方用益阴煎；④瘀血内停，活血化瘀，固冲止血，方用当归丸。

妇女自然绝经 1 年以上，又出现阴道出血者，称老年经断复来，又称“年老经水复行”。

本病相当于西医学的绝经后出血。其中生殖器恶性病变的发生率为 6. 54%～18. 8%，应给予高度的重视。

3. 23. 1　病因病机

本病的发病机理为妇女经断前后，肾气亏虚，天癸竭止，冲任二脉虚衰，地道不通，故经水停闭不再来潮。若素体气阴两虚，邪气内伏，冲任不固，遂致本病的发生。

1）气不摄血　素体脾气虚弱，中气不足，复加饮食不节，劳力过度，损伤中气，气虚冲任不固，血失所摄，遂致经断复来。

2）阴虚血热　素体阴虚，复加房室不节，损伤肾精，或年老忧思过度，暗耗阴血，阴虚生热，热扰冲任，迫血妄行，遂致经断复来。

3）血热内扰　素体阳盛，或过食辛辣助阳之品，或外感热邪，或肝郁化火，热伏冲任，迫血妄行，遂致经断复来。

4）瘀血内停　年老体弱，运血无力，加之情志所伤，肝郁气滞，气滞血瘀，瘀阻冲任，血不归经，遂致经断复来。

3.23.2　诊断依据

1）医者应详细询问患者的既往月经情况，绝经年龄，绝经后有无带下增多及带下气味的异常，有无接触性出血及癥瘕病史，是否用过雌激素类药物。

2）自然绝经 1 年以后出现阴道出血，出血量可多可少，持续时间少则 1～2 天，多则可达数日或更长，可仅发生 1 次，亦可反复出血。部分患者带下增多，呈血性或脓血样，有臭味，或伴有下腹疼痛，小腹包块，低热等。

3）妇科检查　注意外阴、阴道萎缩情况，阴道有无炎症，宫颈有无糜烂、息肉，或肿物，子宫大小，附件有无肿物。

4）实验室检查　各种性激素测定，特别是血清 E_2 水平升高提示卵巢功能性肿瘤。宫颈刮片巴氏Ⅲ～Ⅴ级常见于宫颈癌。

5）其他检查　出血来自宫颈组织，可在阴道镜下行宫颈组织活检；宫腔出血者，常规行分段诊刮，取出物全部送病理检查，子宫体增大或盆腔包块者，腹部 B 超有助诊断。

3.23.3　辨证论治

（1）辨证要点

本病常有虚、实，或虚实夹杂之分，临证时当以出血的量、色、质、气味及全身情况，结合各种检查结果综合分析，辨明证属良性或恶性。一般年龄愈大，出血时间长，反复发作，盆腔包块增长迅速，伴腹水、恶病体质或红细胞沉降率异常增快者，恶性病变的可能性愈大。

（2）治疗原则

本病治疗应首先分清良性、恶性病变。良性者当以固冲止血为主，或补虚，或祛邪，或两者兼之；恶性病变应当中西医结合，采用多种方法综合治疗，以提高疗效。

3.23.3.1　气不摄血

主证　经断 1 年以上复来，出血量较多，色淡，质清稀，小腹空坠，神疲肢倦，气短懒言，面色无华，舌淡，苔薄白，脉缓弱。

证候分析　脾弱气虚，中气不足，气虚下陷，冲任不固，故经水复来，量较多，小腹空坠。气虚不能温化营血，故色淡，质清稀；中阳不振，则神倦肢倦，气短懒言，面色无华。舌淡，苔薄白，脉缓弱，均为气虚之征。

治法　补气养血，固冲摄血。

方药　安老汤(《傅青主女科》)。

人参　黄芪　白术　当归　熟地　山茱萸　阿胶　黑芥穗　香附　木耳炭　甘草

本方旨在补气养血，固冲摄血。方中人参、黄芪、白术、甘草健脾益气，固冲止血；当归、熟地、山茱萸、阿胶滋补精血，兼能止血；香附行气理气；黑芥穗、木耳炭止血。

若心悸失眠，酌加桂圆肉、炒枣仁养心安神；心烦易怒，胸胁胀痛，酌加丹皮、生白芍养血柔肝。

3.23.3.2　阴虚血热

主证　经断1年后复来，量少，色鲜红，手足心热，颧红，眠差，口干咽燥，阴部干涩，灼热疼痛，瘙痒，大便干结，舌红，少苔，脉细数。

证候分析　阴血亏虚，虚热内盛，热扰冲任，迫血妄行，故经水复来，色鲜红；阴虚血少，故量少；阴亏虚热外浮，则手足心热，颧红；血虚心失所养，则眠差；阴虚津亏，故口干咽燥，大便干结；精亏血少，外阴失荣，血虚生风，故阴部干涩，灼热疼痛，瘙痒。舌红，少苔，脉细数，均为阴虚热盛之征。

治法　滋阴凉血，固冲止血。

方药　清血养阴汤(《妇科临床手册》)

本方旨在滋阴凉血，固冲止血。若出血期间，酌加生龟板、生龙骨、阿胶育阴固冲止血；外阴瘙痒，酌加白蒺藜、荆芥、何首乌养血祛风止痒；大便干结，加胡麻仁、柏子仁润肠通便。

3.23.3.3　血热内扰

主证　经断1年后复来，量较多，色深红，质稠，带下量多，色黄，有味，口干口苦，小便短赤，大便燥结，舌红，苔黄，脉弦滑。

证候分析　热邪内盛，迫血妄行，故经断1年后复来，量较多；血被热灼，故色深红，质稠；热邪内盛，灼伤津液，则口干口苦，小便短赤，大便燥结；热蕴化毒，热毒损伤胞脉，则带下量多，色黄，有臭味。舌红，苔黄，脉弦数均为血热之征。

治法　清热凉血，固冲止血。

方药　益阴煎（《医宗金鉴》）加茜草、地榆。

生地　知母　黄柏　生龟板　砂仁　炙甘草

本方旨在清热凉血，固冲止血。方中生地、茜草、地榆清热凉血止血；黄柏、知母清热泻火；生龟板益阴止血；砂仁醒脾宽中。

若带下量多，可加车前子、土茯苓、薏苡仁清热利湿止带；出血量多或持续时间长，有秽臭味，酌加白花蛇舌草、半枝莲清热解毒。

3.23.3.4 瘀血内停

主证 经断1年后复来，量或多或少，色紫黯有块，小腹疼痛拒按或有癥块，舌紫黯，脉弦涩。

证候分析 瘀阻冲任、胞宫，血不归经，故经断1年后复来，量或多或少；色紫黯有血块；瘀血内阻，血行不畅，不通则痛，则小腹疼痛拒按，或有癥块。舌紫黯，脉弦涩，均为血瘀之征。

治法 活血化瘀，固冲止血。

方药 当归丸(《圣济总录》)。

当归 芍药 吴茱萸 大黄 干姜 附子 细辛 丹皮 川芎 虻虫 水蛭 厚朴 桃仁 桂枝

本方旨在活血化瘀，固冲止血。方中当归、芍药、川芎养血活血；桂枝、干姜、附子、吴茱萸、细辛温经散寒，化瘀通络；大黄、丹皮凉血散瘀；虻虫、水蛭、桃仁化瘀消癥；厚朴行气散结。本方攻邪之力过猛，体质壮实又兼瘀积者方可使用。

若小腹疼痛甚者，酌加罂粟壳、延胡索行气化瘀止痛；若体质羸弱，气短气促者，去虻虫、大黄、水蛭，加黄芪、太子参、白术益气扶正。

【文献摘要】

《傅青主女科》：妇人有年五十外或六、七十岁忽然行经者，或下紫血块，或如红血淋，人或谓老妇行经，是还少之象，谁知是血崩之渐乎！夫妇人至七七之外，天癸已竭，又不服济阴补阳之药……然经不宜行而行者，乃肝不藏脾不统之故也，非精过泄而动命门之火，即气郁甚而发龙雷之炎，二火交发，而血乃奔矣，有似行经而实非经也。

《女科百问》：妇人卦数已尽，经水当止而复行者，何也……七七则卦数以终……或劳伤过度，喜怒不时，经脉虚衰之余，又为邪气攻冲，所以当止而不止也。

复习思考题

何谓经断复来？其诊断依据是什么？

（李　华）

4

带下病

目的要求

1. 掌握带下病的定义及其辨证论治。
2. 熟悉带下病的主要机理及其治疗原则。

重点内容

1. 带下病的定义。

2. 病因病机及辨证论治：①脾阴虚，治以健脾益气，升阳除湿，方用完带汤；②肾阳虚，治以温肾助阳，涩精止带，方用内补丸；③阴虚挟湿，治以滋阴益肾，清热祛湿，方用知柏地黄丸加味；④湿热下注，治以清热利湿止带，方用止带方；⑤湿毒蕴结，治以清热解毒除湿，方用五味消毒饮加味。

3. 诊断：带下量明显增多，或色、质、气味异常，妇科检查可见阴道炎、宫颈炎、盆腔炎的阳性体征，或可发现肿瘤。阴道分泌物涂片检查可见滴虫、真菌、特异性或非特异性病原体。应与白浊、白淫、漏下、经间期出血相鉴别。

带下量明显增多，或色、质、气味异常，或伴有局部或全身症状为主要表现者，称为带下病，又称“下白物”、“流秽物”。

本病相当于西医学的阴道炎、子宫颈炎、盆腔炎、妇科肿瘤等疾病引起的带下增多。

4.1 病因病机

主要病因系湿邪为患，伤及任带二脉，使带脉失约，任脉不固，而发为带下病。

1）脾阳虚　饮食不节，劳倦过度，或忧思气结，损伤脾气，脾虚运化失职，水湿内停，流注下焦，伤及任带而致带下病。

2）肾阳虚　素体肾虚，或年老体衰，或久病及肾，或恣情多欲，肾阳虚损，命门火衰，气化失常，水湿内聚，下注任带发为带下病；或封藏失职，精关不固，精液滑脱，而致带下病。

3）阴虚扶湿　素禀阴虚，相火偏旺，阴虚失守，下焦感受湿热之邪，损及任带，约固无力，发为带下病。

4）湿热下注　脾虚湿盛，郁久化热，或郁怒伤肝，肝郁化火，肝气犯脾，肝热脾湿，湿热互结，流注下焦，损伤任带，而致带下病。

5）湿毒蕴结　经期产后，胞脉空虚，忽视卫生，或房室不禁，或手术损伤，湿毒之邪乘虚而入，伤及任带二脉，而成带下病。

4.2 诊断与鉴别诊断

4.2.1 诊断依据

1）本病患者可有经期、产后余血未净之际，忽视卫生，不禁房事，或妇科手术后感染邪毒病史；或老年妇女、幼女体虚，易感邪毒。

2）带下量明显增多；色白或淡黄，或黄绿如脓，或赤白相兼，或浑浊如米泔；其质或黏稠如脓，或清稀如水，或如豆渣凝乳，或如泡沫；其气味或无臭，或腥臭，或恶臭腐败难闻。可伴有外阴、阴道灼热、瘙痒、坠胀、疼痛等，全身可见小腹痛、腰骶痛、发热等症。

3）妇科检查可见各类阴道炎及宫颈炎、盆腔炎体征，也可发现肿瘤。

4）实验室检查：血常规可见白细胞计数增高；阴道分泌物清洁度检查三度，镜检可见滴虫、真菌及其他特异性或非特异性病原体。此外可作局部病灶活体组织检查，以明确有无恶性病变。B超检查对盆腔炎症及盆腔肿瘤有意义。

4.2.2 鉴别诊断

本病须与白浊、白淫、漏下、经间期出血相鉴别：

1）与白浊鉴别　白浊指由尿窍流出的混浊如脓之物，色白者谓之白浊，多随小便时排出，常伴尿频、尿急、灼热疼痛。而带下秽物出自阴道。

2）与白淫鉴别　白淫指欲念过度，心愿不遂时，或纵欲过度，过贪房事时，从阴道内流出的白液，无臭味，有的偶然发作，有的反复发作，与带下病绵绵不断而下秽物者不同。

3）与漏下鉴别　漏下指经血非时而下，量少淋漓不断，一般无特殊臭气，而赤带者月经正常，时而从阴道流出一种赤色黏液，似血非血，绵绵不断，可有臭气。

4）与经间期出血鉴别　经间期出血指两次月经之间，细缊之时，发生周期性阴道少量出血，无臭气。而赤带的排出绵绵不断，无周期性，持续或反复发作，可有臭气。

4.3　辨证论治

（1）辨证要点

本病辨证，应首辨带下的量、色、质、气味。主要根据带下的量、色、质、气味，同时结合伴随症状及舌脉以辨其寒热虚实。带下量多，色白或淡黄，质清稀，多属脾阳虚；如带下量多，色白质稀如水，或有腥味，伴畏寒肢冷者，属肾阳虚；量不甚多，色黄或赤白相兼，质稠或有臭气者，为阴虚挟湿；带下量多，色黄质黏稠，或如泡沫状，或色白如豆渣凝乳状，有臭气，为湿热下注；带下量多，色黄绿如脓，或浑浊如米泔，质稠，气味恶臭难闻，属湿毒重证。临证时，尚需结合病史，全身症状以及必要的检查，综合分析，从而作出正确辨证。

（2）治疗原则

带下病多由湿邪为患所致，故治疗原则应以祛湿为主，同时结合辨证，或健脾益肾，或清热利湿。

4.3.1　脾阳虚

主证　带下量多，色白或淡黄，质稀薄，无臭气，绵绵不断，神疲倦怠，四肢不温，纳少便溏，两足跗肿，面色㿠白，舌质淡，苔白腻，脉缓弱。

证候分析　脾阳虚弱，运化失职，水湿停聚，流注于下，损伤任带二脉，约固无力，发为带下，故见带下量多，色白或淡黄，质稀无臭气，绵绵不断；脾虚中阳不振，无以濡养四肢百骸，故见神疲倦怠，四肢不温，面色㿠白；脾虚运化无权，不能升清降浊，而见纳少便溏；湿浊内盛，则见两足跗肿。舌质淡，苔白腻，脉缓弱均为脾阳虚弱之象。

治法　健脾益气，升阳除湿。

方药　完带汤(《傅青主女科》)。

白术　山药　人参　白芍　苍术　甘草　陈皮　黑芥穗　柴胡　车前子

本方重在健脾胃，益中气，升脾阳，除水湿，为治脾阳虚之带下首选方。方中重用白术、山药以健脾束带；人参、甘草健脾益气挟中；白芍、陈皮、柴胡舒肝解郁，理气升阳；苍术燥湿健脾；车前子利水除湿；黑芥穗入血分祛风胜湿。此方为治脾阳虚之带下首选方之一。

若脾虚及肾，兼腰痛者，可酌加续断、杜仲、鹿角霜，覆盆子等温补肾阳，固涩止带之品；若脾虚湿甚，带稠，头重，形体肥胖，苔白腻者，加半夏、石菖蒲、白芥子以祛痰燥湿；若带下量多，日久不止，舌苔不腻者，可加芡实、莲须、龙骨、牡蛎、金樱子等固涩止带之品。

若脾虚湿郁化热，带下色黄黏稠，有臭味者，宜健脾除湿，清热止带，方选易黄汤（《傅青主女科》）。

山药　芡实　黄柏　车前子　白果

本方重在健脾燥湿，清热止带。方中山药、芡实、车前子健脾化湿；白果固涩止带；黄柏清热燥湿止带。

4.3.2 肾阳虚

主证 带下量多，色白清冷，稀薄如水，淋漓不断，头晕耳鸣，腰痛如折，畏寒肢冷，小腹冷感，小便频数，夜间尤甚，大便溏薄，面色晦黯，舌淡润，苔薄白，脉沉细而迟。

证候分析 肾阳不足，命门火衰，气化失职，寒湿内盛，致带脉失约，任脉不固，发为带下，故见带下量多，色白清冷，稀薄如水，淋漓不断；肾虚髓海不足，故见头晕耳鸣，面色晦黯；腰为肾之府，肾阳虚外府不荣，故见腰痛如折；阳虚则寒从内生，故畏寒肢冷；小腹为胞宫，胞络所居之处，胞络系于肾，肾阳虚衰，不能温煦胞宫，胞络，则有小腹冷感；肾阳不足，不能温煦膀胱，而气化失司故见小便频数，夜间尤甚；命门火衰，不能上温脾土故见大便溏薄。舌淡润，苔薄白，脉沉细而迟均为肾阳不足，虚寒内盛之征。

治法 温肾助阳，涩精止带。

方药 内补丸(《女科切要》)。

鹿茸　菟丝子　潼蒺藜　黄芪　肉桂　桑螵蛸　肉苁蓉　制附子　白蒺藜　紫菀茸

本方旨在温补肾阳，固涩止带。方中鹿茸、肉苁蓉温肾阳，生精髓，益血脉；菟丝子补肝肾，固任脉；黄芪益气固摄；附子、肉桂温肾壮阳补火；潼蒺藜、桑螵蛸温肾收涩止带；白蒺藜疏肝泄风；紫菀茸温肺益肾。

若腹泻便溏者，去肉苁蓉，酌加补骨脂、肉豆蔻、白术以健脾燥湿；若带下清冷如水，畏寒腹冷甚者，加艾叶、补骨脂、赤石脂以助温阳之力。

若精关不固，精液下滑，带下如崩，谓之“白崩”。治以补脾肾，固奇经，佐以涩精止带之品，方用固精丸（《济阴纲目》）。

牡蛎　桑螵蛸　龙骨　白石脂　白茯苓　五味子　菟丝子　韭子

本方旨在温补脾肾之阳气，固涩止带。方中牡蛎、龙骨收敛固涩；桑螵蛸、五味子、白石脂、菟丝子补肾涩精止带；韭子补肝肾，固涩止带；白茯苓健脾利湿止带。

4.3.3 阴虚挟湿

主证　带下量不甚多，色黄或赤白相兼，质稠或有臭气，阴部干涩不适，或灼热感，腰膝酸软，头晕耳鸣，颧赤唇红，五心烦热，失眠多梦，舌红，苔少或黄腻，脉细数。

证候分析　素体阴虚或老年妇女，肾阴不足，相火偏旺，损伤血络，复感湿邪，损伤任带二脉，发为带下。阴虚失守，封藏不固，加之热扰血络，故见带下量多，色黄或赤白相兼，质稠，有臭气，阴部灼热感；阴虚血燥，故阴部干涩不适；肾阴不足，髓海不充，腰府不荣，故见腰膝酸软，头晕耳鸣；阴虚不能潜阳，虚阳上越则见颧赤唇红；阴虚内热，热扰心神，故见五心烦热，失眠多梦。舌红，苔少或黄腻，脉细数为阴虚挟湿之征。

治法　滋阴益肾，清热祛湿。

方药　知柏地黄丸（《医宗金鉴》）加芡实、金樱子。

本方旨在滋补肝肾，清虚热除水湿。

若失眠多梦明显者，加柏子仁、夜交藤以交通心肾；若潮热口干明显者，加地骨皮、天花粉以清虚热；腰酸耳鸣明显者，加枸杞子、桑寄生以补肾阴。

4.3.4 湿热下注

主证　带下量多，色黄，黏稠，有臭气，或伴阴部瘙痒，胸闷心烦，口苦咽干，纳食较差，小腹或少腹作痛，小便短赤，舌红，苔黄腻，脉濡数。

证候分析　湿热之邪直犯阴中或流注下焦，损伤任带二脉，而发为带下，故见带下量多，色黄，黏稠，有臭气；湿热之邪留连阴户，则见阴部瘙痒；湿热熏蒸；则胸闷心烦，口苦咽干；湿热内阻，中焦失运，故纳食较差；湿热蕴结，瘀阻胞脉，气机升降失常，则小腹或少腹作痛；湿热伤津，故小便短赤。舌红，苔黄腻，脉濡数均为湿热之象。

治法　清热利湿止带。

方药　止带方(《世补斋医书》)。

猪苓　茯苓　车前子　泽泻　茵陈　赤芍　丹皮　黄柏　栀子　牛膝

本方旨在清利湿热，使湿热祛，带下止。方中猪苓、泽泻、车前子利水湿；茯苓健脾渗湿；茵陈、栀子、黄柏清热除湿解毒；赤芍、丹皮清热凉血化瘀；牛膝活血引诸药下行，直达病所而除湿热。

若肝经湿热下注者，症见带多色黄或黄绿如脓，质稠或呈泡沫状，有臭气，阴部痒痛，头晕目眩，口苦咽干，烦躁易怒，便结尿赤，舌红，苔黄腻，脉弦滑而数。治宜泻肝清热利湿，方用龙胆泻肝汤（《医宗金鉴》）加苦参、黄连。

龙胆草　柴胡　栀子　黄芩　车前子　木通　泽泻　生地　当归　甘草

本方旨在泻肝火、除湿热。方中龙胆草、柴胡泻肝火，清实热；栀子、黄芩清热利湿解毒；车前子、木通、泽泻利水湿；当归、生地养血益肝使泻实而不伤阴；甘草缓中养胃气；加苦参、黄连以加强清热燥湿之力。

若湿浊偏甚者，症见带下量多，色白如豆渣状或凝乳状，阴部瘙痒，脘闷纳差，舌红，苔黄腻，脉滑数。治宜清热利湿，疏风化浊，方用萆薢渗湿汤（《疡科心得集》）加苍术、藿香。

萆薢 薏苡仁 黄柏 赤茯苓 丹皮 泽泻 滑石 通草

本方旨在清利湿热。方中萆薢、薏苡仁、赤茯苓、泽泻、通草、滑石清热利湿以化浊；黄柏、丹皮清热解毒凉血；苍术、藿香祛风湿，化湿浊。

4.3.5 湿毒蕴结

主证 带下量多，黄绿如脓，或赤白相兼，或五色杂下，状如米泔，臭秽难闻，小腹疼痛，腰骶酸痛，口苦咽干，小便短赤，舌红，苔黄腻，脉滑数。

证候分析 湿热郁久毒或湿毒之邪直犯阴器胞宫，伤及任带二脉而失约不固则发为本病，故见带下量多；湿热毒邪蕴蒸胞络，损伤气血，故见带下色黄绿如脓或赤白相兼、五色杂下，状如米泔臭，秽难闻；湿毒蕴结，阻于胞脉，故见小腹疼痛，腰骶酸痛；湿热毒邪耗伤津液，故小便短赤；津不上承，故口苦咽干。舌红，苔黄腻，脉滑数均为湿毒蕴结之征。

治法 清热解毒除湿。

方药 五味消毒饮（《医宗金鉴》）加土茯苓、薏苡仁。

蒲公英 金银花 野菊花 紫花地丁 天葵子

本方旨在清热邪，除水湿，解毒邪。方中蒲公英、金银花、野菊花、紫花地丁均为清热解毒之品；天葵子、土茯苓、薏苡仁既能清热解毒，又可除水湿。

若腰骶酸痛，带下恶臭难闻者，可加半枝莲、穿心莲、鱼腥草、椿根皮以加强清热解毒除秽之功；若腰痛腹坠胀明显者，加川楝子、制香附、荔枝核以理气行滞；若小便淋痛，兼有白浊者，加虎杖、萹蓄、瞿麦以清热利尿通淋；便秘明显者，加瓜蒌仁、丹皮、知母以清热润肠通便。

【文献摘要】

《景岳全书》：凡妇人淋带虽分微甚，而实为同类……总由命门不固。而不固之病，其因有三：盖一以心旌之摇之也……一以多欲之滑之也……一以房室之逆之也……

《傅青主女科》：夫带下俱是湿症。而以‘带’名者，因带脉不能约束而有此病，故以名之。盖带脉通于任督，任督病而带脉始病。

《女科撮要》：或因六淫七情，或因醉饱房劳，或因膏粱厚味，或服燥剂，所致脾胃亏损，阳气下陷，或痰湿下注，蕴积而成，故言带也。

《万氏妇人科》：带下之病，妇女多有之。赤者属热，兼虚兼火治之；白者属湿，兼虚兼痰治之。年久不止者，以和脾胃为主，兼升提。大抵瘦人多火，肥人多痰，要知此候。

《证治要决》：有带疾愈后一二日或再发，半年一发……此多漏带，最难治。

《金匮钩玄》：（带下）赤属血，白属气，主治燥湿为先。带、漏俱是胃中痰积流下，渗入膀胱，宜升……临机应变，必须断厚味。

【病案举例】

案一：×××，女，42 岁，已婚，工人。1963 年 9 月，生育三胎，月经偏早。近一年来时有淡红色黏稠带下，并有头目眩晕，腰酸肢楚，胸胁闷胀，精神不舒，面色萎黄，眼胞稍有虚肿，纳谷不香，夜寐不安。问其带下色泽，答曰：略带淡红而未见脓液，虽稍有秽气，但并无腐败恶臭，且从未有血崩现象。问其房后有否见红，亦摇头否认。切脉细弦，舌质淡而苔微黄。肝经郁热，任带二脉虚弱。治用疏肝清热、养血束带法。

香附炭 9g　合欢皮 9g　生地 12g　川柏 9g　白芷炭 3g　焦白术 6g　地榆炭 12g　土茯苓 9g　侧柏炭 9g　海螵蛸 9g　新会皮 6g

调理十余日，带下已停，复用养血固肾药，治疗其头眩腰酸等症状，后即未见发作。（朱南孙主编. 朱小南妇科经验选. 人民卫生出版社，1981）

案二：×××，女，27 岁，未婚，工人。月经初潮来迟，经量甚少，带下为多，质清稀，头常晕，腰酸肢冷，面色无华。舌胖，脉细无力。证属肾虚带脉失约，治宜固肾束带。

鹿角片、肉苁蓉各 15g　菟丝子 30g　狗脊、覆盆子、海螵蛸各 12g　金樱子 24g　熟地、萸肉各 10g　甘草 6g　7 剂。

复诊：药后带量明显减少，精神好转，诸症渐减。次月经水准期来潮，带下不多，原法巩固。

按：《女科经纶》说八脉属于肾，可见肾与冲任督带的密切关系。禀赋素虚或房劳伤肾，多致任督不固，胞络失约，精不化血，遂变为带，故月经量少，带下反多。本法以大熟地、萸肉、苁蓉填精生水、菟丝子、覆盆子、金樱子固肾束带，黄芪益气生精，狗脊养肾振督。但因素病精亏火衰，草木失情，重用鹿角血肉有情、补精助火之品，温煦奇经。病深时久，效不更方，原方常服，不无裨益。（陈少春主编. 何子淮女科经验集. 浙江科学技术出版社，1982）年

复习思考题

1. 何谓带下病？其临床特征有哪些？
2. 带下病的病因病机是什么？常见证型及代表方剂是什么？
3. 带下病的辨证要点有哪些？
4. 试述脾虚带下的主证与治疗。
5. 白带与白浊，赤带与经间期出血的鉴别要点是什么？

（厉　健）

5

妊娠病

目的要求

1. 掌握妊娠病发病机理和治则。
2. 熟悉妊娠期常见疾病及用药原则。

重点内容

1. 妊娠期常见的疾病：妊娠恶阻、妊娠腹痛、异位妊娠、胎漏、胎动不安、堕胎小产、滑胎等24种。

2. 妊娠病的发病机理：①孕后阴血下注养胎，阳气偏盛；②腹中胎体渐长，气机升降失常；③脾胃气虚，化源不足，胎失所养；④肾气不足，胞失所系，胎元不固。

3. 治疗原则：①治病与安胎并举，注意用药原则；②下胎益母。

妊娠期间，发生与妊娠有关的疾病，称妊娠病，亦称“胎前病”。

临床常见的妊娠病有妊娠恶阻、妊娠腹痛、异位妊娠、胎漏、胎动不安、堕胎、小产、滑胎、胎死不下、胎萎不长、鬼胎、妊娠肿胀、妊娠心烦、妊娠眩晕、妊娠证、胎水肿满、胎气上逆、妊娠咳嗽、妊娠小便淋痛、妊娠小便不通、妊娠瘙痒症、妊娠黄疸、妊娠失音、胎位不正、过期不产等。本章仅就这些疾病加以论述。

妊娠病的发病机理为：由于孕后精血下注冲任以养胞胎，最易形成阴血偏虚，阳气偏盛的状态；复因胎体渐长，阻塞气机，升降失常，痰浊中阻，以致气滞、气逆、痰郁等；或因孕妇素禀脾胃气虚，生化之源不足，胎失所养；或因先天肾气不足，胞失所系，以致胎元不固等等。如《沈氏女科辑要笺正》云：“妊娠病源有三大纲：一曰阴亏，人身精血有限，聚以养胎，阴分必亏；二曰气滞，腹中增一障碍，则升降之气必滞；三曰痰饮，人身脏腑接壤，腹中遽增一物，脏腑之机括为之不灵，津液聚为痰饮。知其三者，庶不为邪说所惑。”

妊娠病的治疗原则：

1）治病与安胎并举　如因病而致胎不安者，当重在治病，病去则胎自安；若因胎不安而致病者，应重在安胎，胎安则病自愈。具体治疗大法有三：补肾，目的在于固胎之本，用药以补肾益阴为主；健脾，目的在于益血之源，用药以健脾养血为主；疏肝，目的在于通调气机，用药以理气清热为主。

2）下胎益母　若胎元异常，胎殒难留，或胎死不下者，则安之无益，宜从速下胎以益母。

妊娠期间，凡峻下、滑利、祛瘀、破血、耗气、散气以及一切有毒药品，都宜慎用或禁用。但在病情需要的情况下，亦可适当选用，所谓“有故无殒，亦无殒也”。惟须严格掌握剂量，“衰其大半而止”，以免动胎、伤胎。

复习思考题

1. 何谓妊娠病？
2. 妊娠病的治疗原则是什么？
3. 妊娠病的临床用药应注意些什么？

（李　虹）

5.1　妊娠恶阻

目的要求

1. 掌握妊娠恶阻的辨证论治。
2. 熟悉妊娠恶阻的定义、诊断与鉴别诊断。
3. 了解妊娠恶阻的病因病机。

重点内容

1. 妊娠恶阻的定义。

2. 病因病机及辨证论治：①脾胃虚弱，治以健脾和胃，降逆止呕，方用香砂六君子汤；②肝胃不和，治以抑肝和胃，降逆止呕，方用加味温胆汤；③痰湿阻滞，治以化痰除湿，降逆止呕，方用小半夏加茯苓汤。

3. 诊断：恶心呕吐厌食，甚或食入即吐。有停经史、早孕反应，尿妊娠试验阳性。应与妊娠合并病毒性肝炎、急性胆囊炎、急性阑尾炎等相鉴别。

妊娠早期出现恶心呕吐，头晕厌食，甚或食入即吐者，称为妊娠恶阻，亦称“妊娠呕吐”、“子病”、“病儿”、“阻病”等。是妊娠早期最常见的疾病，若反应轻者，称为早孕反应，为正常生理现象，一般无需治疗，以其所思之物，任意食之，至期而愈。病甚者，可影响孕妇的健康和胎儿的发育，应及时积极治疗。

本病相当于西医学的“妊娠剧吐”。

5.1.1 病因病机

本病的发病机理为“冲气上逆，胃失和降”。常见原因有脾胃虚弱、肝胃不和、痰湿阻滞。

1）脾胃虚弱　孕后月经停闭，血海藏而不泻，阴血聚以养胎，冲脉之气较盛，冲脉隶属于阳明，若脾胃素虚，冲气上逆犯胃，胃失和降，随冲气上逆而作呕恶。

2）肝胃不和　孕后阴血下聚养胎，阴血不足，肝失所养，肝气偏亢，若素性肝旺或恚怒伤肝，则肝气愈旺，且冲脉气盛，冲脉附于肝，肝脉挟胃贯膈，冲气挟肝气横逆犯胃，胃失和降而致呕恶。

3）痰湿阻滞　素体肥胖，痰湿阻滞；或饮食劳倦，损伤脾胃，脾虚不运，痰湿内停，滞于中脘，孕后阴血下聚，冲脉气盛，冲气挟痰湿上逆而致呕恶。

5.1.2 诊断与鉴别诊断

5.1.2.1 诊断依据

1）本病患者有停经史，早孕反应，多发生在孕3个月内。

2）呕吐频繁发作、厌食，或食入即吐，甚则可导致全身乏力，精神委靡，明显消瘦，全身皮肤、黏膜干燥，眼球凹陷，体重下降；严重者可出现血压降低，体温升高，黄疸，嗜睡或昏迷。

3）妇科检查子宫变大变软符合孕周，尿妊娠试验阳性，可见尿酮体阳性。为辨别病情轻重，可进一步测定血红细胞计数，血细胞比容、血红蛋白、二氧化碳结合力、血中钾、钠、氯等电解质，必要时作非蛋白氮、肌酐及胆红素测定，计24小时尿量等。

5.1.2.2 鉴别诊断

本病应与妊娠合并病毒性肝炎、妊娠合并急性胆囊炎、妊娠合并急性阑尾炎相鉴别。

1）与妊娠合并病毒性肝炎鉴别　急性病毒性肝炎有与肝炎患者密切接触史，接受输血，注射血制品的病史；恶心呕吐的同时伴有厌油腻、腹胀腹泻、乏力及肝区痛，或伴高热、黄疸；检查肝脏肿大，有压痛；肝功能、肝炎病毒抗体检查、血清胆红素的化验检查可明确诊断。

2）与妊娠合并急性胆囊炎鉴别　急性胆囊炎可有饱餐病史；恶心呕吐的同时有右上腹绞痛，向右肩放射，或伴有高热、寒战；右上腹肌紧张、反跳痛，化验白细胞增多等可资鉴别。

3）与妊娠合并急性阑尾炎鉴别　急性阑尾炎开始于脐周或中上腹部疼痛，伴有恶心呕吐，随后腹痛转移到右下腹；有压痛及反跳痛，伴肌紧张，体温升高，末梢血白细胞及中性增高。

另外，本病尚需和妊娠合并急性胰腺炎、急性胃肠炎等相鉴别。

5.1.3　辨证论治

（1）辨证要点

本病辨证着重从呕吐物的性状及患者的口感辨寒热虚实。呕吐清水清涎，口淡者，多属虚证、寒证；呕吐酸水或苦水，口苦者，多属实证、热证；呕吐痰涎，口淡黏腻者为痰湿阻滞；而吐出物呈咖啡色黏涎或带血样物则属气阴两亏之重证。此外，应根据同时出现的兼证，舌脉进行综合分析，寻求病因。

（2）治疗原则

本病的治疗原则，以调气和中，降逆止呕为主。并应注意饮食和情志的调节，用药宜忌升散之品。

5.1.3.1　脾胃虚弱

主证　妊娠早期，恶心呕吐厌食，甚或食入即吐，口淡，呕吐清涎或食糜，神疲思睡，舌淡苔白润，脉缓滑无力。

证候分析　脾胃素虚，孕后阴血下聚养胎，胃气愈虚，失其和降，反随冲气上逆而致呕恶厌食，或食入即吐；脾胃虚弱，中阳不振，清阳不升，浊阴不降，故呕吐清涎、口淡、神疲嗜睡。舌淡苔白润，脉缓滑无力，为脾胃虚弱之象。

治法　健脾和胃，降逆止呕。

方药　香砂六君子汤(《名医方论》)。

人参　白术　茯苓　甘草　半夏　陈皮　木香　砂仁　生姜　大枣

本方旨在补脾胃，降逆气，止呕吐。方中四君子汤补脾和中；砂仁、生姜、半夏温中降逆止呕；陈皮、木香理气和中；大枣补脾。

脾胃虚寒者，加丁香、白豆蔻温中降逆；兼见血虚头晕者，加当归、白芍、枸杞子养血和营；吐甚伤阴，症见口干便秘者，宜去木香、砂仁、茯苓等温或淡渗之品，加玉竹、麦冬、石斛、胡麻仁养阴和胃润肠；素有堕胎、小产、滑胎病史者宜去半夏，加杜仲、菟丝子、桑寄生固肾安胎。

5.1.3.2 肝胃不和

主证 妊娠早期，恶心呕吐厌食，或食入即吐，口苦，呕吐酸水或苦水，头晕而胀，胸满胁痛，嗳气叹息，心烦躁急，便秘溲赤，舌红苔薄黄，脉弦滑。

证候分析 肝郁气滞，失于疏泄，肝气上逆犯胃，故胸满呕逆厌食，或食入即吐；肝与胆相表里，肝气上逆，胆火随之上升，胆汁外溢，故呕吐酸水、苦水或口苦；肝气不舒，则两胁胀痛，嗳气叹息，肝气逆走清窍则头晕而胀；郁而化热，热盛伤津，故心烦躁急，便秘溲赤。舌红苔薄黄，脉弦滑为肝胃不和之象。

治法 抑肝和胃，降逆止呕。

方药 加味温胆汤(《医宗金鉴》)。

黄芩 黄连 竹茹 枳实 陈皮 半夏 茯苓 麦冬 芦根 甘草 生姜

本方旨在和肝胃，降逆气，止呕吐。方中黄芩、黄连、竹茹抑肝除烦止呕；陈皮、枳实调气和胃降逆；半夏、生姜、茯苓除湿化痰，降逆止呕；麦冬、芦根养阴清热；甘草调和诸药。

头胀而晕者，加菊花、钩藤、夏枯草清热平肝；呕甚伤津，舌红口干者，加沙参、石斛养胃阴；乳房胀痛者，加青橘叶、丝瓜络、玫瑰花疏肝行气，通络止痛；便秘者，加玄参、知母、胡麻仁润肠通便。

5.1.3.3 痰湿阻滞

主证 妊娠早期，恶心呕吐厌食，或食入即吐，口中淡腻，呕吐痰涎，胸脘满闷，头身困重、嗜睡，心悸气短，舌淡胖苔白腻，脉弦滑。

证候分析 痰湿之体，或脾虚停饮，孕后血壅气盛，冲气上逆，故恶心呕吐厌食，或食入即吐；冲气挟痰饮上泛，故口中淡腻，呕吐痰涎；痰湿阻滞，中阳不运，故胸脘满闷，头身困重，嗜睡；痰湿上凌心肺，故心悸气短。舌淡胖苔白腻，脉弦滑为痰湿内停之征。

治法 化痰除湿，降逆止呕。

方药 小半夏加茯苓汤(《金匮要略》)加陈皮、砂仁。

半夏 茯苓 生姜

本方旨在健脾胃，化痰湿，止呕逆。方中半夏、陈皮燥湿化痰，降逆止呕；茯苓、生姜健脾温胃止呕；砂仁调气醒脾止呕。

脾胃虚弱，痰湿内盛者，加苍术、白术健脾燥湿；兼寒者，加干姜、丁香、白豆蔻暖胃止呕；痰湿化热者，加黄芩、竹茹清热止呕；心悸气短者，加苏子、杏仁降气消痰。

上述三型均可因呕吐不止，不能进食而导致阴液亏损，精气耗散，出现精神委靡，形体消瘦，眼眶下陷，双目无神，四肢无力。如呕吐剧烈，呕吐物中可带有血样物，发热口渴，尿少便秘，唇舌干燥，舌红苔薄黄而干或光剥，脉细滑数无力等气阴两亏的严重证候（尿酮体常呈阳性反应）。治宜益气养阴，和胃止呕。方用生脉散(《内外伤辨惑论》)合增液汤(《温病条辨》)加竹茹、芦根。

人参　五味子　麦冬　玄参　生地　麦冬

呕吐带血样物者，加藕节、乌梅炭、乌贼骨养阴清热，凉血止血。

必要时，采用中西医结合治疗，给以输液，纠正酸中毒及电解质紊乱。若经治疗无好转，体温超过38℃；脉搏超过120次/分；或出现黄疸时，应考虑终止妊娠。

【文献摘要】

《万氏妇人科》：恶阻者，谓有胎气恶心，阻其饮食也。其症：颜色如故，脉息平和，但觉肢体沉重，头目昏眩，择食，恶闻食气，好食酸咸，甚者或作寒热，心中愦闷，呕吐痰水，胸膈烦满，恍惚不能支持。轻者不服药无妨，乃常病也。重者须药调之，恐伤胎气，专主行痰，以二陈汤为主。但半夏有动胎之性，不可轻用。

《景岳全书》：凡恶阻多由胃虚气滞，然亦有素本不虚，而忽受胎妊，则冲任上壅，气不下行，故为呕逆等证。及三月余而呕吐渐止者，何也？盖胎元渐大则脏气仅供胎气，故无暇上逆矣。凡治此者，宜以半夏茯苓汤、人参橘皮汤之类，随宜调理，使之渐安，必俟及期，方得帖然也。

【病案举例】

张××，女，25岁，已婚，1976年4月3日初诊。

怀妊三月，恶闻食气，胸闷不舒，食入即吐，所吐皆为食物痰涎，倦怠乏力，卧床不欲动，动辄眩晕呕吐。口黏且苦，小便黄短，苔黄而腻，脉来弦滑。此系胎热上升，痰浊逆胃，拟予清热化痰，降逆止呕之法。

清半夏、云茯苓各9g，淡竹茹12g，枇杷叶15g，炒枳壳、条黄芩各9g，橘皮、苏梗各6g，二剂，水煎两次，取200ml分三次温服。

二诊（4月6日）：前方服后，胸中豁然，起坐行动已不晕吐，略能进食。原方再进两剂，即啖饮如常矣。

按语：妊娠之际，阴血下聚以养胎，血壅气盛，胎热随冲脉之气上逆，挟痰干胃，清阳不能上出清窍，故见呕吐痰涎，头目眩晕，胸满不思食等症，程钟龄谓："妊娠之际，经脉不行，浊气上行清道，以致中脘停痰，眩晕呕吐，胸膈满闷，名曰恶阻。"斯语可谓本案病机之注脚。方用温胆汤与橘皮竹茹汤合方化裁，去甘草之壅滞，加苏梗、枇杷叶以利气，以恰合病机，因能获效较著。（哈荔田．哈荔田妇科医案医话选．天津科技出版社，1982年）

复习思考题

1. 妊娠恶阻的主要病因病机是什么？
2. 简述妊娠恶阻的主要临床表现及证治特点。
3. 何谓妊娠恶阻重证？如何治疗？
4. 脾胃虚弱与肝胃不和妊娠恶阻如何鉴别治疗？

（李　虹）

5.2 妊娠腹痛

目的要求

1. 掌握妊娠腹痛的定义及辨证论治。
2. 熟悉妊娠腹痛的诊断与鉴别诊断。
3. 了解妊娠腹痛的病因病机。

重点内容

1. 妊娠腹痛的定义。
2. 病因病机及辨证论治：①血虚，治以补血养血，安胎止痛，方用当归芍药散；②虚寒，治以暖宫止痛，养血安胎，方用胶艾汤；③气郁，治以疏肝解郁，安胎止痛，方用逍遥散。
3. 诊断：妊娠期间，出现下腹疼痛，无阴道出血及腰痛感。有停经史、早孕反应，尿妊娠试验阳性。注意排除宫外孕。应与胎漏、胎动不安及妊娠合并肠痈、卵巢囊肿蒂扭转相鉴别。

妊娠期间小腹疼痛，时作时止，尚未损及胎元的疾病，称为妊娠腹痛，亦称“胞阻”。妊娠腹痛不伴阴道下血，一般预后良好。若痛久不止，病势日进，也可损伤胎元，成为胎动不安，甚则发展为堕胎、小产。

5.2.1 病因病机

本病的发病机理主要是胞脉阻滞或失养，气血运行不畅。不通则痛为实，不荣而痛为虚。常见原因有血虚、虚寒、气郁。

1）血虚　孕妇素体血虚，或脾虚化源不足，孕后血下聚以养胎，阴血益虚，胞脉失养，故不荣而痛。

2）虚寒　孕妇素体阳虚，或孕后复感寒邪，阴寒内结，不能温煦胞脉，致气血运行不畅，而致小腹冷痛。

3）气郁　孕妇素性抑郁，或为情志所伤，孕后血聚养胎，肝血不足，肝郁益甚，胞脉阻滞，故不通则痛。

5.2.2 诊断与鉴别诊断

5.2.2.1 诊断依据

1）本病患者有停经史及早孕反应。

2）妊娠期间出现小腹疼痛，疼痛轻微，但常反复发作。

3）子宫大小符合妊娠周数，腹柔软，无明显的阳性体征。

4）B 超：见子宫增大，可有妊囊、胎芽或胎儿及胎心搏动。

5.2.2.2 鉴别诊断

本病应与异位妊娠、胎动不安、妊娠合并阑尾炎、妊娠合并卵巢囊肿蒂扭转等病相鉴别。

1）与异位妊娠鉴别　输卵管妊娠破裂或流产，突然一侧下腹剧烈疼痛，常伴晕厥与休克征象；或有不规则点滴状深褐色少量的阴道出血。腹部压痛、反跳痛明显，但腹肌紧张不明显，内出血多时，叩诊有移动性浊音；必要时可辅助后穹窿穿刺、妊娠试验、超声波、血常规等检查以明确诊断。

2）与胎动不安鉴别　胎动不安腹痛之前多有腹部下坠感，其腹痛常与腰酸并见，或伴少量阴道流血，这是两病间的主要鉴别点。

3）与妊娠合并急性阑尾炎鉴别　二者均无阴道流血症状，但急性阑尾炎的腹痛常先发生在脐周或中上腹部，伴有恶心呕吐，随后腹痛转移到右下腹，有压痛、反跳痛，伴肌紧张，出现体温升高和白细胞增多。而妊娠腹痛则无。

4）与妊娠合并卵巢囊肿蒂扭转鉴别　卵巢囊肿蒂扭转为突然发生下腹部剧烈疼痛的病证之一，其腹痛较妊娠腹痛为剧，按之痛愈甚，常伴恶心呕吐，甚者晕厥，妇科检查及 B 超检查可资鉴别。

5.2.3 辨证论治

（1）辨证要点

本病辨证主要根据腹痛的性质和程度，结合兼证及舌脉特点辨其虚实寒热。一般而言，腹痛绵绵，按之痛减，则多属血虚失荣；小腹冷痛，绵绵不休，喜温喜按者，多属虚寒为患；而小腹胀痛不适，甚至痛连胸胁，则多属气郁之征。

（2）治疗原则

本病的治疗原则，以通调气血为主，使胞脉气血畅通，则其痛自止。

5.2.3.1 血虚

主证　孕后小腹绵绵作痛，按之痛减，面色萎黄；头晕目眩，心悸少寐，舌淡苔薄白，脉细滑。

证候分析　证因血虚，胞脉失养，故小腹作痛，绵绵不止，其痛属虚故按之痛减。血虚不上荣于面，故面色萎黄；髓海失养，则头晕目眩；血不养心，则心悸少寐。舌淡苔薄白，脉细滑，均为血虚之征。

治法 补血养血，安胎止痛。

方药 当归芍药散(《金匮要略》)。

当归 白芍 川芎 白术 茯苓 泽泻

本方旨在补血养血，兼健脾祛湿以生血，着意在血脉，使气血充足，胞脉得养而腹痛自除。方中当归、白芍、川芎养血和血止痛；茯苓、白术健脾益气安胎；泽泻活血利水，有未病先防之妙。

若血虚甚者，加何首乌，桑寄生补肾养血安胎，或加党参、黄芪气血双补；兼见小腹冷痛者，加艾叶暖宫止痛；心悸失眠者，加酸枣仁、龙眼肉、五味子养血宁心安神。

5.2.3.2 虚寒

主证 孕后小腹冷痛，喜温喜按，面色 白，形寒肢冷，腰酸，纳少便溏，舌淡苔薄白，脉沉滑而弱。

证候分析 肾阳偏虚，胞脉失于温煦，故小腹冷痛，喜温喜按；阳气不能外达，故面色 白，形寒肢冷；肾虚外府失养，则腰酸；肾阳虚，不能上温脾阳，故纳少便溏。舌淡苔薄白，脉沉滑而弱，均为虚寒之象。

治法 暖宫止痛，养血安胎。

方药 胶艾汤(《金匮要略》)。

阿胶 艾叶 当归 川芎 白芍 干地黄 甘草

本方旨在暖宫散寒止痛，养血安胎。方中艾叶暖宫散寒止痛；四物、阿胶养血安胎；白芍合甘草缓急止痛。

临床上多在此方基础上加杜仲、巴戟、补骨脂以温肾助阳，使阴寒得散，气血流畅，则腹痛可止。

5.2.3.3 气郁

主证 孕后小腹或少腹胀痛，情志抑郁，或烦躁易怒，胸胁胀满，善太息，舌红苔薄黄，脉弦滑。

证候分析 肝郁气滞，血行不畅，胞脉阻滞，故小腹或少腹胀痛；肝脉布两胁，上胸贯膈，肝脉气滞，故胸胁胀满；肝失条达，故情志抑郁，或烦躁易怒，善太息。舌红苔薄黄，脉弦滑，为肝郁气滞之征。

治法 疏肝解郁，安胎止痛。

方药 逍遥散(《和剂局方》)。

本方旨在疏肝理脾，使肝气得舒，脾气健旺，以收安胎止痛之效。临床上常加苏梗、陈皮宽中行气安胎；郁而化热者，去煨姜，加栀子、黄芩、丹皮清热安胎。

【文献摘要】

《妇科玉尺》云：妊娠初时，即常患腹痛者，此由血热之故，名曰痛胎，一时不易愈，只宜时服凉血药稍解之，宜栀芩汤。

《傅青主女科》云：妊娠少腹作痛，胎动不安，如有下堕之状，人只知带脉无力也，谁知是脾、肾之亏乎？夫胞胎虽系于带脉，而带脉实关乎脾肾。脾肾亏损，则带脉无力，胞胎即无以胜任矣。

【病案举例】

某妇，怀孕后时常腹痛，痛连腰胁，痛时不能食，亦不能寐，此为胎气不调，气血不和，应慎防流产。治宜调气安胎。方用当归 18g　白芍、白术各 9g　茯苓 15g　菖蒲 2.4g　香附 9g　木香 4.5g（后下）　甜橙皮 9g　素馨花 6g　苏梗 4.5g　苎麻根 9g　桑寄生 15g

服后痛减，照方再服而安。（广东省医药卫生研究所中医研究室．广州近代老中医医案选编．广东科学技术出版社，1979 年）

复习思考题

1. 简述妊娠腹痛的定义及病因病机。
2. 何谓妊娠腹痛？
3. 妊娠腹痛的临床常见证型有哪些？如何辨证论治？
4. 虚寒与血虚妊娠腹痛如何辨证论治？

（李　虹）

5.3 异位妊娠

目的要求

1. 掌握中医对异位妊娠的分型论治。
2. 熟悉异位妊娠的定义。
3. 了解其诊断与鉴别诊断。

重点内容

1. 异位妊娠的定义。
2. 分型论治：

1）未破损型　治以活血化瘀，消癥杀胚，方用宫外孕Ⅱ号方。

2）已破损型　①休克型，治以益气固脱，活血祛瘀，方用生脉散合宫外孕Ⅰ号方；②不稳定型，治以活血祛瘀为主，方用宫外孕Ⅰ号方；③包块型，治以破瘀消癥，方用宫外孕Ⅱ号方，辅以消癥散。

3. 诊断：停经，腹痛，阴道流血；尿妊娠试验阳性；B超探查，宫腔空虚，妊娠囊及胎心搏动位于宫外，腹腔镜可协助诊断。应与宫内妊娠流产、黄体破裂、急性阑尾炎及卵巢囊肿蒂扭转等鉴别。

受精卵在子宫腔以外的部位着床发育者称异位妊娠，旧称“宫外孕”，但二者含义不尽相同。中医学无此病名记载，而按其临证所见，散编于“妊娠腹痛”、“胎动不安”、“癥瘕”等病证中。

异位妊娠按部位不同可分为输卵管妊娠、卵巢妊娠、腹腔妊娠、阔韧带妊娠、宫颈妊娠及子宫残角妊娠等，而宫外孕只包含前四种，其中以输卵管妊娠最常见，约占95%。故本节主要叙述之。当输卵管妊娠破裂后，可造成急性腹腔内出血，发病急、病情重，处理不当可危急生命，是妇产科常见急腹症之一。

5.3.1 病因病机

本病的发病机理为冲任失调，气血不和，脉络失畅，致胎元不得达于子宫，阻滞血脉流行，瘀结少腹。常见原因有肾虚血瘀、气滞血瘀。

1）肾虚血瘀　素禀肾气不足，或早婚，房事不节，损伤肾气，致冲任失调，脉络失畅，胎元不得达于子宫，阻滞血脉，瘀结少腹，形成少腹血瘀证。

2）气滞血瘀　或七情内伤，肝郁气滞；或经期产后，血室正开，摄生不慎，湿毒之邪乘虚而入，阻遏经脉，而致气滞血瘀，冲任不畅，胎元运行受阻，不能达于胞宫而滞留于胞外，阻滞血脉，瘀结少腹而成本病。

总之，本病病位在胞脉及胞络，属少腹血瘀之实证。输卵管妊娠未破损型及包块型属瘀结少腹之癥证；已破损型为少腹蓄血证；休克型则为亡阴亡阳之危候。

西医学认为，慢性输卵管炎是输卵管妊娠的主要原因。炎症可造成输卵管粘连、官腔狭窄、管形扭曲及管壁肌肉蠕动减弱等，妨碍孕卵的通过和顺利输送。此外，输卵管发育不良或畸形、输卵管子宫内膜异位症、盆腔内肿瘤压迫或牵引、孕卵外游及输卵管结扎后再通等，均可使孕卵的正常运行受阻或输送延迟，不能按时到达宫腔，而在输卵管内着床，形成输卵管妊娠。

输卵管妊娠时，由于管壁薄弱，管腔狭小，胚胎绒毛直接侵蚀输卵管肌层，当孕卵生长发育到一定程度时，即可发生输卵管妊娠破裂或流产。输卵管妊娠破裂多发生于输卵管峡部妊娠，输卵管妊娠流产多发生于壶腹部妊娠。无论输卵管妊娠破裂或流产，由于血管开放，持续或反复的大量出血，可以形成输卵管内、盆腔、腹腔血肿，严重时引起休克，危及生命。偶尔流产或破裂后的胚胎存活，继续在腹腔内生长发育，成为继发性腹腔妊娠。若输卵管妊娠破损后，病程较长，胚胎死亡，血块机化与周围组织粘连，可形成陈旧性宫外孕。

当输卵管妊娠时，子宫可增大变软，但小于停经月份，内膜蜕膜样变，当胚胎死亡时，蜕膜可整块排出，称为蜕膜管型。

5.3.2 诊断与鉴别诊断

5.3.2.1 诊断依据

1）本病患者一般有停经史及早孕反应，但也有约20%患者无停经史。

2）腹痛，早期不明显，输卵管破裂时，突感一侧下腹撕裂样剧痛；阴道不规则出血；晕厥与休克。休克程度与腹腔内出血速度及量成正比，但与阴道出血无关。

3）阴道后穹窿饱满触痛；宫颈摇举痛明显，子宫变大变软，但小于同期宫内妊子宫。内出血多时子宫有漂浮感；下腹部有压痛及反跳痛；叩诊有移动性浊音。

4）后穹窿穿刺可抽出不凝血，尿妊娠试验阳性，B超探查：宫腔空虚，妊娠囊（孕5周后）及胎心搏动（孕7周后）位于宫外。

5.3.2.2 鉴别诊断

本病应与宫内妊娠流产、黄体破裂、急性阑尾炎、卵巢囊肿蒂扭转等病相鉴别。

1）与宫内妊娠流产鉴别　两者均具备停经史及早孕反应。但宫内妊娠流产时腹痛部位常在小腹正中，疼痛程度较输卵管妊娠破裂为轻，呈阵发性，无内出血征象。阴道流血量较多，子宫大小与妊娠月份相符，且宫颈口已开，排出组织中有绒毛及胚胎。

2）与黄体破裂鉴别　黄体破裂多发生于月经前，破裂时与异位妊娠破裂时一样出现急性腹痛、贫血、休克等内出血症状及体征。常伴阴道流血，但无妊娠征象，尿妊娠试验阴性。与异位妊娠破裂鉴别困难，常在剖腹探查时作出诊断。

3）与急性阑尾炎鉴别　急性阑尾炎腹痛与输卵管妊娠极为相似，但无停经史及妊娠征象。腹痛开始于脐周或中上腹部，后转移至右下腹部，麦氏点有压痛及反跳痛，常伴发热，白细胞尤其是中性粒细胞增高，无贫血征象，尿妊娠试验阴性，妇产科检查无异常。

4）与卵巢囊肿蒂扭转鉴别　卵巢囊肿蒂扭转无早孕的症状及体征；表现为突发下腹部剧烈疼痛，但无内出血征象；病史中常有下腹部移动性包块或卵巢肿瘤史，以及类似的腹痛史。妇科检查子宫不大，可在子宫一侧扪及有明显压痛的包块，压痛以宫角部为甚。无后穹窿饱满及宫颈摇举痛。

5.3.3 辨证论治

（1）辨证要点

停经、腹痛、阴道流血为本病三大主症，病机总属少腹血瘀之实证。临床应四诊合参，详加辨识。由于胎元孕于异常部位，气血运行失畅，以致瘀阻发生，该处脉络受损而血不归经，大量血液蓄积少腹，致腹痛大作，同时由于阴血暴伤，出现一系列亡血之症，故首当辨其亡血与疼痛的程度以明病情的严重性，而采取有效的治疗措施。

(2) 治疗原则

本病治疗应注意病情变化，动态观察论治，因其病机主要是“少腹血瘀”证，治疗始终以活血化瘀为主。若内出血多时，则应“急则治其标，缓则治其本”，先以控制内出血为主，必要时可输血，或手术治疗。若证情较稳定，内出血不严重，可于住院严密观察下行活血化瘀法治之。

5.3.3.1　未破损型

未破损型指输卵管妊娠尚未破损者。

主证　有短暂停经史及早孕反应或下腹一侧有隐痛，双合诊可触及一侧附件有软性包块，有压痛，尿妊娠试验为阳性，脉弦滑。

证候分析　停经妊娠，故可有早孕反应；孕卵于输卵管处种植发育，胞脉阻滞，不通则痛，故一侧下腹有隐痛；气血与孕卵瘀结成癥，故有包块、压痛。脉弦滑为瘀阻之象。

治法　活血化瘀，消癥杀胚。

方药　宫外孕Ⅱ号方（山西医学院第一附属医院）。

丹参　赤芍　桃仁　三棱　莪术

本方旨在化瘀血、消癥结。方中丹参、赤芍、桃仁活血化瘀；三棱、莪术消癥散结。

此期杀胚为治疗的主要目的，有学者以为全蝎、蜈蚣有杀胚作用，尚需进一步观察证实。天花粉蛋白注射液杀胚，一般5~7天可收到效果，但必须严格使用程序，防止过敏反应。

5.3.3.2　已破损型

已破损型指输卵管妊娠流产或破裂者。临床有休克型、不稳定型及包块型。

(1) 休克型

主证　突发下腹剧痛，面色苍白，四肢厥逆，或冷汗淋漓，恶心呕吐，血压下降或不稳定，有时烦躁不安或表情淡漠，脉微欲绝或细数无力。并有腹部及妇科检查的阳性体征（详见诊断部分的有关内容）。

证候分析　孕卵停滞于胞宫之外，胀破脉络，故突发下腹剧痛；络伤内崩，阴血暴亡，气随血脱，则面色苍白，四肢厥逆，冷汗淋漓；亡血心神失养，故烦躁不安或表情淡漠。脉微欲绝或细数无力，为阴血暴亡，阳气暴脱之征。

治法　益气固脱，活血祛瘀。

方药　生脉散(《内外伤辨惑论》)合宫外孕Ⅰ号方（山西医学院第一附属医院）。

人参　麦冬　五味子

丹参　赤芍　桃仁

二方合用旨在益气、固脱、祛瘀。方中人参大补元气以固脱；麦冬、五味子养阴敛汗而生津；丹参、赤芍、桃仁活血化瘀以消积血。

此型患者，应立即吸氧、输液，必要时输血。配合中药生脉散积极抢救，补足血容量，纠正休克后即加服宫外孕Ⅰ号方活血化瘀，并及早防治兼证。若四肢厥逆者，加附子回阳救逆；大汗淋漓不止者，加山茱萸敛汗涩精气；内出血未止者，加三七化瘀止血。

（2）不稳定型

主证 腹痛拒按，腹部有压痛及反跳痛，但逐渐减轻，可触及界线不清的包块，兼有少量阴道出血，血压平稳，脉细缓。

证候分析 脉络破损，血不循经成瘀，瘀血阻滞不通，则腹痛拒按；瘀血内阻，新血不得归经，故有阴道出血；气血骤虚，脉道不充，故脉细缓。

治法 活血祛瘀。

方药 宫外孕Ⅰ号方（见休克型）。

若兼气虚者，加党参、黄芪益气行血；后期有血块形成者，加三棱、莪术消癥，但用量由少到多，逐渐增加。此期仍应严密观察病情变化，注意再次内出血的可能，做好抢救休克的准备。

（3）包块型

主证 腹腔血肿包块形成，腹痛逐渐减轻，可有下腹坠胀或便意感，阴道出血逐渐停止，脉细涩。

证候分析 络伤血溢于少腹成瘀，瘀积成癥，故腹腔血肿包块形成；包块阻碍气机，则下腹坠胀或有便意感。脉细涩为瘀血内阻之征。

治法 破瘀消癥。

方药 宫外孕Ⅱ号方（见未破损型）。

为加快包块吸收，可辅以消癥散（经验方）。

千年健 川断 追地风 花椒 五加皮 白芷 桑寄生 艾叶 透骨草 羌活 独活 赤芍 归尾 血竭 乳香 没药

兼证的处理：常见的兼证是腑实证，属热结者，加大黄、芒硝清热泻下；属寒结者，用九种心痛丸（《金匮要略》）：附子 人参 干姜 吴茱萸 狼牙 巴豆霜；属寒热互结者，加大黄、芒硝，佐以适量肉桂。

在非手术治疗的过程中，除密切注意病情的变化外，患者宜绝对卧床休息。勿过早、过多地起床活动，尽量减少增加腹压的因素，禁止灌肠及盆腔检查。

手术治疗：有下述情况之一者，宜考虑手术治疗：①停经时间较长，疑为输卵管间质部或残角子宫妊娠；②内出血多而休克严重，虽经抢救而不易控制者；③妊娠试验持续阳性，包块继续长大，而杀胚药无效者；④愿意同时施行绝育手术者。

【病案举例】

贺××，女，37岁，农民，于1974年1月8日住院。

主诉：停经40天（末次月经73年11月28日）下腹部疼痛半月，剧痛24小时。

现病史：半月前下腹憋胀痛，时重时轻，阴道点滴样出血。入院前一天上午，下腹突然剧烈疼痛，伴有冷汗、眼黑、恶心、呼吸困难，心窝部顶痛，大便已两日未解，小便量少，平素喜热食。

既往月经规律，21岁曾流产1次，再未妊娠。

检查：面色苍白，重度贫血，心率100次/分，血压测不到，胃部胀满，满腹压痛，反跳痛，有移动性浊音。

诊断：宫外孕（休克型）。

治疗：立刻输氧，输右旋糖酐500ml，血压上升到10.7/8 kPa（80/60mmHg），但患者心窝部顶痛，仍烦躁不安，肌注鲁米那50mg后能安静，先煎服人参9g，以后又煎服丹参15g，赤芍9g，桃仁6g，归尾、延胡、厚朴、大黄（后下）各9g，芒硝（冲服）6g，官桂15g，每日一剂，连用四天。患者于1月13日排出大量粪便。以后虽继服主方加减，每日一剂，但又有腹痛。经检查，妊娠免疫试验阳性，考虑孕卵存活，须杀胚胎。于1月16日经体检，心、肺、肝、脾、血、尿常规化验均正常，血色素54%，既往无过敏史。于当日上午做天花粉过敏试验，阴性后，注射试探量，观察2小时无异常后，肌注天花粉5.8mg，于1月21日连续检查3次妊娠免疫试验，均为阴性，于2月8日作内诊检查无包块，其他检查全部正常，痊愈出院。（汾阳县人民医院．中西医结合治疗宫外孕80例小结．山西医药，1974，第七期）

复习思考题

1. 引起异位妊娠的原因有哪些？
2. 异位妊娠的定义及治疗原则是什么？
3. 对异位妊娠中医如何分型论治？
4. 异位妊娠在治疗过程中应注意些什么？

（李　虹）

5.4 胎　　漏

目的要求

1. 掌握胎漏的定义及辨证论治。
2. 熟悉其发病机理。
3. 了解其诊断与鉴别诊断。

重点内容

1. 胎漏的定义。
2. 病因病机及辨证论治：①肾虚，治以补肾益气、固冲安胎，方用寿胎丸；

②气虚，治以益气养血，固冲安胎，方用固下益气汤；③血热，治以滋阴清热，固冲安胎，方用加味阿胶汤。

3. 诊断：阴道少量流血，无腰酸腹痛，尿妊娠试验阳性，妇科检查为正常妊娠体征。B 超探查：胎动、胎心搏动正常。应与激经、胎殒难留及胎死不下相鉴别。

妊娠期阴道少量下血，时下时止，或淋漓不断，而无腰酸腹痛者，称为胎漏，亦称"胞漏"或"漏胎"。

本病发生于妊娠早期，多见于西医学的先兆流产，经过治疗出血迅速停止，兼证消失，多能继续妊娠。反之，确属胎堕难留者，宜去胎益母。本病若发生在妊娠中晚期，则多见于西医学的前置胎盘，诊疗中应予高度重视，一有出血立即住院，严密观察，以防大出血。

5.4.1 病因病机

本病的发病机理为冲任不固，不能摄血养胎。常见原因有肾虚、气虚、血热。

1）肾虚　先天肾气不足，或孕后不节房事，损伤肾气，肾虚则冲任不固，不能制血，以致胎漏下血。

2）气虚　孕妇素体脾虚，中气不足，或久病、大病伤气，气虚则冲任不固，血失统摄，致胎漏下血。

3）血热　孕妇素体阳盛，或七情郁结化热，或外感邪热，或阴虚内热，热扰冲任，迫血妄行，发为胎漏。

5.4.2 诊断与鉴别诊断

5.4.2.1 诊断依据

1）本病患者有停经史及早孕反应。

2）妊娠期阴道少量下血，时下时止，或淋漓不断。

3）妊娠试验阳性，B 超探查胎动、胎心搏动正常，子宫大小与停经月份相符。

5.4.2.2 鉴别诊断

本病应与激经、胎殒难留、胎死不下等病相鉴别。

1）与激经鉴别　激经是指受孕早期，按月行经而无损于胎儿者，一般 4~5 个月后自行停止。而胎漏出现的阴道下血是无规律的，若治疗不及时，可致堕胎、小产。

2）与胎殒难留鉴别　胎殒难留者，阴道下血增多，腹痛加重，B 超探查胎动、胎心搏动消失，子宫壁与胎膜之间的暗区逐渐增大，胎囊进入宫颈管内。

3）与胎死不下鉴别　胎死不下者，可伴阴道下血，孕中期未觉胎动，或胎动消失，子宫明显小于妊娠月份，B 超探查胎动、胎心搏动消失，或胎头不规则变形。

5.4.3 辨证论治

（1）辨证要点

本病辨证应主要根据阴道下血的量、色、质，结合兼证、舌脉等综合分析。若气虚者，必见血色淡红，质稀薄，神疲肢倦，舌淡苔薄，脉细滑无力；若为肾虚者，则见血色黯淡，质清稀，腰膝酸软；舌淡黯苔白，脉沉滑无力；若血热者，则见血色鲜红，质黏稠，面赤心烦，尿黄便秘，舌红苔黄，脉滑数。

（2）治疗原则

本病的治疗原则以固冲安胎为主，并根据不同证型分别采用补肾、益气、清热等法。

5.4.3.1 肾虚

主证　孕后阴道少量下血，色黯淡质清稀，头晕耳鸣，腰膝酸软；尿频，夜尿多，舌淡苔白，脉沉滑无力。

证候分析　肾气虚冲任不固，故孕后阴道少量下血，色黯淡质清稀；肾虚髓海不足，则头晕耳鸣，腰膝酸软；肾虚气化失常，故尿频，夜尿多。舌淡黯苔白，脉沉滑无力，为肾虚之象。

治法　补肾益气，固冲安胎。

方药　寿胎丸(《医学衷中参西录》)加艾叶炭。

菟丝子　桑寄生　川断　阿胶

本方旨在补益肾气，固摄冲任，肾气足则冲任固而胎漏自止。方中菟丝子、桑寄生、川断补肾壮腰安胎；阿胶、艾叶养血止血安胎。

兼气虚下坠甚者，加党参、黄芪益气安胎。

5.4.3.2 气虚

主证　孕后阴道少量下血，色淡质稀，面色　白，神疲肢倦，气短懒言，舌淡苔白，脉细滑无力。

证候分析　气虚冲任不固，因而阴道少量下血；气虚火衰不能化血为赤，故血色淡而质稀；中气不足，故神疲肢倦，气短懒言；气虚阳气不布，故面色白。舌淡苔薄白，脉细滑无力，为气虚之征。

治法　益气养血，固冲安胎。

方药　固下益气汤(《临证指南医案》)。

人参　白术　熟地　阿胶　白芍　炙甘草　砂仁　艾叶炭

本方旨在益气养血，固冲止血安胎。方中人参、白术、炙甘草益气固冲；熟地、白芍补血养胎；阿胶、艾叶炭养血止血；砂仁理气安胎，使补而不滞。

若阴道下血量多者，加乌贼骨收敛止血；腰酸者，加川断、桑寄生、杜仲固肾安胎。

5.4.3.3 血热

主证　孕后阴道下血，色鲜红质黏稠，口燥咽干，五心烦热，尿黄便结，舌红苔黄，脉细滑数。

证候分析　邪热内盛，热扰冲任，迫出妄行，故阴道下血而色鲜红质黏稠；热伤津液，故口燥咽干，尿黄便结；血虚内热，故五心烦热。舌红苔黄，脉细滑数，均为血热内盛之征。

治法　滋阴清热，固冲安胎。

方药　加味阿胶汤(《医宗金鉴》)去当归。

阿胶　艾叶　生地　白芍　当归　杜仲　白术　黑栀子　侧柏叶　黄芩

本方旨在滋阴清热，固冲止血安胎。方中阿胶、艾叶养血止血；生地、白芍滋阴清热，固冲止血；黑栀子、侧柏叶、黄芩清热安胎，凉血止血；白术、杜仲安胎。

若阴道下血量多者，加苎麻根、旱莲草、地榆炭、茜草根凉血止血；大便干燥者，加玄参、全瓜蒌滋阴增液，润肠行舟。

【文献摘要】

《妇人大全良方》云：夫妊娠漏胎者，谓妊娠数月，而经水时下也。此由冲任脉虚，不能约制手太阳、少阴之经血故也。冲任之脉为经络之海，起于胞内。手太阳小肠脉也，手少阴心脉也，是二经为表里，上为乳汁，下为月水。有娠之人，经水所以断者，壅之养胎，蓄之以为乳汁也。冲任气虚则胞内泄，不能制其经血，故月水时下，亦名胞漏。血尽则人毙矣。又有因劳役、喜怒哀乐不节，饮食生冷，触冒风寒，遂致胎动。若母有宿疾，子脏为风冷所乘，气血失度，使胎不安，故令下血也。

《万氏妇人科》云：漏胎者，谓既有孕而复血下也。女子之血，在上为乳汁，在下为经水，一朝有孕，而乳汁经水俱不行者，聚之子宫以养胎也。今胎漏下则气虚血虚，胞中有热，下元不固也。法当四君子以补其气，四物以补其血，黄芩、黄柏以清其热，艾叶以止其血，杜仲，续断以补下元之虚，未有不安者矣。增损八物汤主之。

复习思考题

1. 何谓胎漏？胎漏应与哪些疾病相鉴别？
2. 胎漏的主要病机是什么？如何辨证论治？
3. 简述肾虚、血热型胎漏的主要证候及治疗方药有何不同。

（李　虹）

5.5 胎动不安

目的要求

1. 掌握胎动不安的定义、发病机理。
2. 掌握胎动不安的辨证论治。
3. 熟悉其诊断与鉴别诊断。

重点内容

1. 胎动不安的定义。
2. 病因病机及辨证论治：①肾虚，治以补肾益气，固冲安胎，方用寿胎丸加味；②气虚，治以益气养血，固冲安胎，方用举元煎加味；③血虚，治以养血固冲安胎，方用苎根汤加味；④血热，治以滋阴清热，固冲安胎，方用保阴煎；⑤外伤，治以调气和血，固肾安胎，方用加味圣愈汤；⑥癥瘕伤胎，治以活血消癥，固冲安胎，方用桂枝茯苓丸加味。
3. 诊断：妊娠期腰酸腹痛，小腹坠胀，或伴阴道少量流血；有停经史、早孕反应；尿妊娠试验阳性；宫颈口未开，子宫大小与停经月份相符；B超探查：胎动、胎心搏动正常。应与妊娠腹痛、胎堕难留、异位妊娠相鉴别。

妊娠期，出现腰酸腹痛或下腹坠胀，或伴有少量阴道出血者，称为胎动不安，又称“胎气不安”。

本病类似于西医学的先兆流产，先兆早产。

5.5.1 病因病机

本病的发病机理为冲任气血失调，胎元不固。常见原因有肾虚、气虚、血虚、血热、外伤、癥瘕伤胎。

1）肾虚　素体肾虚，或孕后房事不节，或堕胎，小产数伤肾气，肾虚则冲任不固，胎失所系，以致胎动不安。

2）气虚　素体虚弱，脾胃久虚，中气不足，或久病、大病损伤正气，气虚不足以载胎，而致胎动不安。

3）血虚　素体阴血不足，或久病耗血伤阴，或恶阻较重，化源不足而致血虚，血虚则冲任血少，胎失所养，而致胎动不安。

4）血热　素体阳盛，或肝郁化热，或外感邪热，或过服辛温助阳之品，或阴虚内热，以致热扰胎元而致胎动不安。

5）外伤　孕后不慎跌仆闪挫，或探高持重，或劳累过度，使气血失和，气乱不载胎，血乱不养胎，而致胎动不安。

6）癥瘕伤胎　宿有癥痼之疾，瘀阻胞脉，孕后冲任气血失调，胎失所养，而致胎动不安。

5.5.2　诊断与鉴别诊断

5.5.2.1　诊断依据

1）本病患者有停经史及早孕反应。

2）妊娠期腰酸腹痛，小腹坠胀，或伴有少量阴道流血。

3）妊娠试验阳性，B 超探查胎动、胎心搏动正常，子宫大小与停经月份相符。

5.5.2.2　鉴别诊断

本病应与妊娠腹痛、异位妊娠、胎殆难留、鬼胎等病鉴别。

1）与妊娠腹痛鉴别　妊娠腹痛是因胞脉阻滞或失养，气血运行不畅而发生小腹疼痛的病证，并无腰酸，小腹坠胀，也无阴道流血。

2）与异位妊娠鉴别　异位妊娠可有少量不规则阴道流血，发病即伴有下腹一侧撕裂样剧痛，或伴有晕厥与休克。妇科检查、后穹窿穿刺术及 B 超检查有助诊断。

3）与胎殆难留鉴别　详见胎漏节。

4）与鬼胎鉴别　鬼胎常有不规则阴道流血，偶尔在血中发现水泡状物，多数患者子宫大于相应月份的正常妊娠子宫。B 超探查有助诊断。

5.5.3　辨证论治

（1）辨证要点

辨证时根据腰腹疼痛的性质、程度，阴道流血的量、色、质等征象，结合兼证、舌脉进行综合分析、指导治疗。

（2）治疗原则

本病的治疗原则以补肾、固冲、安胎为主，并根据不同情况辅以益气、养血、清热等法，总宜辨证施治。若发展到胎堕难留者，又当去胎益母。

5.5.3.1　肾虚

主证　孕后腰酸腹痛，小腹坠胀，或伴阴道少量流血，色黯淡，质清稀，头晕耳鸣，小便频数，或曾屡次堕胎，舌淡苔白，脉沉滑无力。

证候分析　胞脉系于肾，肾虚冲任不固，胎失所系，则见腰酸腹痛，小腹坠胀，或有阴道少量流血;肾虚髓海不足,脑失所养,故头晕耳鸣;肾虚膀胱失约,故小便频数;肾虚冲任不固,无力系胎,故使屡次堕胎。舌淡苔白,脉沉滑无力,为肾虚之征。

治法　补肾益气，固冲安胎。

方药　寿胎丸(《医学衷中参西录》)加党参、白术。

本方旨在补肾、固冲、安胎。方中菟丝子、川断、寄生补肾壮腰，固冲安胎；阿胶养血止血安胎；党参、白术健脾益气安胎。

若阴道出血较多者，加仙鹤草、鹿角霜、地榆以固冲止血；腹痛明显者，加木香、砂仁理气安胎；小腹下坠明显者，加黄芪、升麻益气固冲安胎；肾阴虚者，去党参、白术，加熟地、山茱萸、女贞子、地骨皮以滋肾补肾。

5.5.3.2　气虚

主证　孕后腰酸腹痛，小腹空坠，或阴道少量流血，色淡质稀，精神倦怠，气短懒言，面色㿠白，舌淡苔薄白，脉缓滑无力。

证候分析　气虚冲任不固，胎失所载，故腰酸腹痛，小腹空坠，阴道少量流血，色淡质稀；气虚中阳不振，故精神倦怠，气短懒言；气虚清阳不升，故面色㿠白。舌淡苔薄白，脉缓滑无力，为气虚之征。

治法　益气养血，固冲安胎。

方药　举元煎(《景岳全书》)加续断、桑寄生、阿胶。

本方旨在补气血、固肾气、安胎元。方中人参、黄芪、白术、甘草补中益气，升阳举陷；升麻助黄芪升阳举陷，固摄冲任；川断、寄生补肾固冲安胎；阿胶养血止血安胎。

若阴道下血量多者，加乌贼骨、艾叶炭固冲止血，纳呆便溏者，加砂仁、山药理气健脾安胎。

5.5.3.3　血虚

主证　孕后腰酸腹痛，小腹下坠，阴道少量流血，头晕眼花，心悸失眠，面色萎黄，舌淡少苔，脉细滑。

证候分析　冲任血虚，不能养胎，以致腰酸腹痛，小腹下坠，阴道少量下血；血虚不能上养清窍，故头晕眼花；血虚不养心，故心悸失眠；血虚不上荣，故面色萎黄。舌淡苔少，脉细滑，为血虚之征。

治法　养血固冲安胎。

方药　苎根汤(《妇人大全良方》)加川断、桑寄生。

干地黄　苎麻根　当归　芍药　阿胶　甘草

本方旨在补血养血，固冲安胎。方中当归、白芍、干地黄补血和血；阿胶、苎麻根养血止血安胎；甘草和中；配川断、寄生补肾固冲安胎。

若气血两虚者，治宜补气养血，固肾安胎。方用胎元饮(《景岳全书》)。

人参　当归　白芍　熟地　白术　杜仲　陈皮　甘草

本方旨在补气血、固肾气、安胎元。方中八珍去茯苓、川芎以补气养血；配杜仲补肾安胎；陈皮理气和中，使补而不滞。

5.5.3.4 血热

主证 孕后腰酸腹痛，小腹坠胀，或阴道少量流血，血色深红或鲜红，口燥咽干，五心烦热，便秘溲赤，舌红苔黄，脉细滑数或弦滑数。

证候分析 热伤冲任，损伤胎气，故见腰酸腹痛，小腹坠胀；热扰冲任，迫血妄行，故阴道少量流血，血色深红或鲜红；热盛伤津，故口燥咽干，便秘溲赤；血虚内热，故五心烦热。舌红苔黄，脉细滑数或弦滑数，均为血热之征。

治法 滋阴清热，固冲安胎。

方药 保阴煎(《景岳全书》)。

本方旨在清血热，固冲任，安胎元。若下血多者，加阿胶、旱莲草、地榆凉血止血；腰酸甚者，加菟丝子、寄生固肾安胎。

5.5.3.5 外伤

主证 孕后跌仆闪挫，或劳力过度，继发腰酸腹痛，小腹坠胀，或伴阴道少量出血，色红，舌正常，脉滑无力。

证候分析 孕后起居不慎，受外伤而致气血紊乱，气乱不载胎，血乱不养胎，故出现腰酸腹痛，小腹坠胀；气血紊乱，冲任不固故阴道下血。脉滑无力，为气血紊乱之征。

治法 调气和血，固肾安胎。

方药 加味圣愈汤(《医宗金鉴》)。

当归 白芍 川芎 熟地 人参 黄芪 杜仲 川断 砂仁

本方旨在调气血，固冲任，安胎元。方中参芪四物补气养血，使气充血足，胎元自固；杜仲、川断补肾固冲安胎；砂仁理气安胎，使补而不滞。

若下血多者，去当归、川芎，加阿胶、艾叶炭、乌贼骨止血安胎。

5.5.3.6 癥瘕伤胎

主证 孕后腰酸，小腹坠胀，阴道少量下血，血红或黯，伴少腹拘急，舌黯红或边尖有瘀点、瘀斑，脉弦滑。

证候分析 妇人宿有癥疾，瘀血内滞冲任胞宫，孕后气血不得固养胎元，故腰酸，小腹坠胀；孕后新血不得下归血海，反离经而走，故阴道少量下血，色红或黯红；瘀血内阻气机不畅，故少腹拘急。舌黯红或边尖有瘀斑瘀点，脉弦滑，为瘀血内滞之征。

治法 活血消癥，固冲安胎。

方药 桂枝茯苓丸(《金匮要略》)加川断、杜仲。

桂枝 茯苓 丹皮 赤芍 桃仁

本方旨在消癥安胎。方中桂枝温通血脉，茯苓渗湿健脾，行气活血，丹皮、赤芍、桃仁活血祛瘀；川断、杜仲固冲安胎。

【文献摘要】

《陈素庵妇科补解》：妊娠胎动不安，大抵冲任二经血虚，胎门子户受胎不实也。然亦有饮酒过度，房室太多而胎动者；有登高入厕，风入阴户，冲伤子室而胎动者；有因击触而胎动者；有暴怒伤肝胎动者；有用力过度伤筋胎动者。

《医宗金鉴》：孕妇气血充足，形体壮实，则胎气安固。若冲任二经虚损，则胎不成实；或因暴怒伤肝，房劳伤肾，则胎气不固，易致不安；或受孕之后，患生他疾，干犯胎气，致胎不安者亦有之。或因跌仆筑磕，从高坠下，以致伤胎，堕胎者亦有之。

【病案举例】

黄某，32岁，女，舞台艺术人员，1978年10月8日初诊。

主诉：停经两个月，月经过期20多天时，曾作小便早孕试验为阳性。现阴道有少量流血已五天，色鲜红，腹腰痛及下坠感，腰微酸。一年前曾自然流产二次，也是早孕二个多月，未有小孩。

患者形体消瘦，常有头晕腰酸，本次孕后有轻度妊娠反应，且感疲倦，近日没有注意适当休息，几天前便出现阴道流血。舌色稍淡，但舌边尖红，脉细滑略弦。

诊断：胎动不安（肾阴不足兼有肝经虚热证）。

治则：滋肾健脾，益气安胎，佐以养肝清热止血。

处方：菟丝子25g 川断15g 阿胶12g（烊服） 桑寄生15g 旱莲草15g 女贞子15g 白芍15g 生甘草5g 荆芥炭6g 四剂，每日一剂，留渣再煎，并嘱卧床休息。

服药三剂后，阴道流血和腹痛已逐渐停止，但仍有腰酸和大便干结。后按上方去荆芥炭、白芍，改用桑椹15克、肉苁蓉15克，四剂。药后诸症基本消失，舌脉亦正常。后按二诊方去旱莲草，改用淮山药15克，继服六剂，俟后每周服药3剂，以兹巩固，至妊娠5个月后停药，后足月顺产一男孩。（广州中医学院妇产科教研室．罗元恺医著选．广东科技出版社，1980年）

复习思考题

1. 何谓胎动不安？其病因病机是什么？
2. 胎动不安应与哪些疾病相鉴别？
3. 胎动不安如何辨证论治？

（李　虹）

5.6 堕胎、小产

目的要求

1. 掌握堕胎、小产的定义。
2. 熟悉其诊断与鉴别诊断。
3. 了解其分型及代表方剂。

重点内容

1. 堕胎、小产的定义。

2. 病因病机：肾气虚弱、气血不足、热病伤胎、跌仆伤胎。

3. 辨证论治：①胎堕难留，治以祛瘀下胎，方用脱花煎加益母草；②胎堕不全，治以益气祛瘀下胎，方用脱花煎加人参、益母草、炒蒲黄。

4. 诊断：阴道流血和腹痛。有正常妊娠史，或胎漏、胎动不安的病史；妇科检查，或见胚胎组织堵塞于宫口，或见有羊水流出或胎膜囊膨出于宫口；妊娠试验阴性；B 超检查有助本病诊断。应与胎漏、胎动不安鉴别。

凡胚胎在 12 周以内自然殒堕者，称为堕胎；胎儿在 12~28 周内自然殒堕者，称为小产。

本病相当于西医学的早期流产和晚期流产。

5.6.1 病因病机

本病的发病机理为胎元失固，终致殒堕离胞而下。常见原因有肾气虚弱、气血不足、热病伤胎、跌仆伤胎。

1）肾气虚弱　素体肾虚，或孕后房事不节，损伤肾气，肾虚冲任不固，胎失所系，以致堕胎、小产。

2）气血不足　素体气血虚弱，或孕后脾胃受损，化源不足，不能载养胎元，胎元不固，以致堕胎、小产。

3）热病伤胎　摄生不慎，孕后感受时疫邪毒，入里化热，热扰冲任，胎元失固，以致堕胎、小产。

4）跌仆伤胎　孕后跌仆闪挫，或劳力过度，气血紊乱，不能载养胎元，胎元失固，以致堕胎、小产。

5.6.2 诊断与鉴别诊断

5.6.2.1 诊断依据

1）本病患者有正常妊娠史，或胎漏、胎动不安病史，或有妊娠热病史、外伤史。

2）主要症状是阴道流血和腹痛，堕胎者先有阴道流血，继之阵发性小腹疼痛，全过程伴有阴道流血；小产者先有阵发性腹痛，后有阴道流血，此过程与足月产相似，一般出血不多。有时殒堕不全引起大出血，可致气随血脱之危候。

3）妇科检查时，或见胚胎组织堵塞于宫口；或见有羊水流出或胚胎膜囊膨出于宫口。

4）妊娠试验阴性或阳性；大出血者，血常规检查示贫血。

5）B 超检查有助于本病诊断。

5.6.2.2　鉴别诊断

本病应与胎漏、胎动不安相鉴别，一般通过临床表现、尿妊娠试验、B 超等辅助检查手段不难做出明确诊断。

5.6.3　辨证论治

（1）辨证要点

堕胎、小产一旦产生，应根据腹痛、阴道流血情况，严密观察胎堕难留型病程进展，尽快确定殒堕是否完全。对殒堕不全者应特别重视，此常可出现出血不止而引起严重后果。一般来说，妊娠物排出，宫颈口关闭，子宫接近正常大小，腹痛消失，阴道流血逐渐停止，此属殒堕完全。虽有妊娠物排出，但阴道流血持续不止、量多，腹痛明显、宫颈口开大，部分妊娠物堵塞于宫口，宫缩欠佳，此属殒堕不全，应及时处置。

（2）治疗原则

治疗原则以下胎益母为主。若胎堕难留或胎堕不全者，急以下胎益母法，必要时可采取吸宫或钳刮术尽快排出宫内容物。凡有大出血，出现气随血脱的危象，又当益气固脱以救其急，必要时配合输血，抗休克等急救措施。

5.6.3.1　胎堕难留型

主证　孕早期出现阴道流血量多，腹痛腹坠重，宫颈口已开，可见胎囊堵塞于宫颈口，继续妊娠已不可能。孕 12~28 周内出现小腹疼痛，阵阵紧逼，会阴逼胀下坠，或有羊水流出，继而出血，出血量多，舌紫黯或边尖有瘀斑瘀点，脉沉弦。

证候分析　因故伤胎，殒胎阻滞胞中，不通则痛，故小腹疼痛加重；胎气逼坠，故腹痛阵阵紧逼，会阴逼胀；胞脉受损，故阴道流血量多；胎殒将堕，故可有肧胎组织堵塞于宫颈口，此时妇科检查宫颈口已开大，继续妊娠已不可能。舌紫黯或边尖有瘀斑瘀点，脉沉弦，为胎堕难留，瘀血阻滞之征。

治法　祛瘀下胎。

方药　脱花煎(《景岳全书》)加益母草。

当归　川芎　红花　肉桂　牛膝　车前子

本方旨在祛瘀血，下殒胎。方中当归、川芎、红花、益母草、牛膝活血祛瘀，催生下胎；肉桂温通血脉；车前子滑利泄降下胎。

若腹痛阵作，血多有块者，加炒蒲黄、五灵脂以助祛瘀下胎，止痛，止血。

5.6.3.2 胎堕不全

主证　胎殒之后，尚有部分残留宫腔内；阴道流血持续不止，甚至大出血，腹痛阵作；妇科检查，宫口开大，可见组织物堵塞于宫颈口，子宫体积小于妊娠月份；舌淡黯、苔薄白，脉沉细无力。

证候分析　胎堕不全，瘀阻胞中，新血不得归经，故阴道流血量多且持续不止；瘀阻胞中，不通则痛，故腹痛阵作；残留物滞于胞而欲排出，故见宫颈口开大，部分组织堵塞于宫颈口，子宫体积小于妊娠月份。舌淡黯苔薄白，脉沉细无力，为气虚血瘀之征。

治法　益气祛瘀下胎。

方药　脱花煎(《景岳全书》)加人参、益母草、炒蒲黄。

本方旨在益气祛瘀下胎。方中脱花煎加益母草祛瘀下胎；加人参益气以助下胎排瘀之力；炒蒲黄祛瘀生新，止痛止血。

若出血过多，或暴下不止，面色苍白，头晕眼花，甚则晕厥，不省人事，手足厥冷，唇舌淡白，脉芤或微细无力，为气随血脱之危候，急宜补气固脱。方用人参黄芪汤(《证治准绳》)。

人参　黄芪　当归　白芍　白术　艾叶　阿胶

本方旨在益气固脱止血。方中人参、黄芪、白术益气摄血；当归、白芍补血养血；阿胶补血止血；艾叶暖宫止血。

若病急势危者，也可急用独参汤或参附汤益气固脱，回阳救逆。同时补液、输血、抗休克。

胎堕不全者，刮宫术后给抗生素预防感染。

【文献摘要】

《诸病源候论》：堕胎损经脉，损经脉故血不止也，泻血多者，便改烦闷，乃至死也。

《景岳全书》：妊娠胎气伤动者……若腹痛血多，腰酸下坠，势有难留者，无如决津煎，五物煎助其血而落之，最为妥当……凡乏血虚衰无以滋养其胎，或母有弱病，度其终不能生者，莫若下之，以免他患。

复习思考题

1. 何谓堕胎、小产？如何诊断？
2. 堕胎、小产的处理原则是什么？

（李　虹）

5.7 滑 胎

目的要求

1. 掌握滑胎的定义及辨证论治。
2. 熟悉其发病机理及诊断。
3. 了解其发病原因。

重点内容

1. 滑胎的定义。

2. 病因病机及辨证论治：①肾气亏损，治以补肾固冲安胎，方用补肾固冲丸；②气血两虚，治以补气养血安胎，方用泰山磐石散；③阴虚内热，治以滋阴清热安胎，方用保阴煎合二至丸。

3. 诊断：堕胎或小产连续发生3次以上，男方检查正常者；孕前多有腰酸乏力的症状；孕后无症状，或有腰酸腹痛，或有阴道少量流血。借助妇科检查、实验室检查及B超探查可明确诊断。

凡堕胎、小产连续发生3次以上者，称为滑胎，亦称“数堕胎”。

本病相当于西医学的“习惯性流产”。但有些古医籍所言之滑胎，是指临产催生的方法，不是滑胎病证，不属本节讨论范围。

5.7.1 病因病机

本病的发病机理为冲任损伤，胎元不固，或胚胎缺陷不能成形。常见原因有肾气亏损、气血两虚、阴虚内热。

1）肾气亏损　因禀赋不足，肾气未充；或因孕后房事不节，以致肾气亏损，冲任不固，胎失所系，而致滑胎。

2）气血两虚　素体虚弱，气血不足；或饮食、劳倦伤脾，气血化源不足；或大病久病，耗伤气血，而致气血两虚，不能载胎养胎，以致滑胎。

3）阴虚内热　素体阴虚；或过食辛热，或患热病，热伤阴血，扰动胎元，而致滑胎。

5.7.2 诊断依据

1）堕胎、小产连续发生3次以上，男方检查正常者。

2）孕前多有腰酸乏力的症状，孕后无症状，或有腰酸腹痛，或有阴道少量流血，继而出现堕胎、小产。

3）妇科检查可有子宫畸形、子宫肌瘤、宫颈口松弛等病体征。

4）实验室检查因黄体功能不全、垂体功能不足、染色体异常等常是早期滑胎的原因，母儿血型不合是晚期滑胎的原因。相关检查有助于病因诊断。

5）B超检查对因盆腔器质性病变所致滑胎的诊断有一定价值。

5.7.3 辨证论治

（1）辨证要点

本病主要以滑胎，结合兼证、舌脉进行辨证，对临床症状不典型的病例，可借助妇科检查和有关实验室检查找出病因，采取针对性的治疗措施。

（2）治疗原则

本病的治疗原则以补虚为主，并应掌握“预防为主、防治结合”的措施。在未孕前宜调理脾肾、调固冲任；若滑胎患者已受孕，应积极予以保胎，按胎漏、胎动不安处理；若胎元难保，则按堕胎、小产处理。滑胎患者不宜怀孕过密，两次怀孕时间最少相隔一年以上，以利培其根，恢复肾气，增强体质。

5.7.3.1 肾气亏损

主证　屡孕屡堕，多应期而堕，头晕耳鸣，腰膝酸软，精神委靡，面色晦黯，夜尿频多，舌淡苔薄白，脉沉弱。

证候分析　肾虚不能荫胎系胎，故屡孕屡堕；肾虚髓海空虚，故头晕耳鸣、腰膝酸软；肾虚命火不足，则精神委靡，面色晦黯；肾虚膀胱失约，则小便频数，夜尿尤多。舌淡苔白，脉沉弱，为肾虚之征。

治法　补肾固冲安胎。

方药　补肾固冲丸(《中医学新编》)。

菟丝子　川断　巴戟天　杜仲　鹿角霜　枸杞子　熟地　阿胶　党参　白术　大枣　砂仁　当归

本方旨在补肾气、系胎元。方中菟丝子、川断、巴戟天、杜仲、鹿角霜补肾益髓，固冲安胎；当归、熟地、枸杞子、阿胶滋肾填精，养血安胎；党参、白术、大枣健脾益气，以后天养先天；砂仁理气安胎，使补而不滞。

5.7.3.2 气血两虚

主证　屡孕屡堕，头晕眼花，神疲乏力，心悸气短，面色苍白，舌淡苔薄，脉细弱。

证候分析 气血两虚，不能养胎、载胎，故屡孕屡堕；气血两虚不上荣清窍，故头晕眼花；不外荣肌肤，故面色苍白；气血亏虚，形神失养，故神疲乏力，心悸气短。舌淡苔薄，脉细弱，为气血两虚之征。

治法 补气养血安胎。

方药 泰山磐石散(《景岳全书》)。

人参 黄芪 当归 熟地 白芍 白术 川芎 川断 黄芩 砂仁 糯米 炙甘草

本方旨在补气血、固冲任、安胎元。方中人参、黄芪、白术、甘草补中益气以载胎；四物汤补血以养胎；川断补肾固冲安胎；白术配黄芩为安胎要药；砂仁、糯米调养脾胃以安胎。

5.7.3.3 阴虚内热

主证 屡孕屡堕，身体消瘦，头晕头痛，烦躁不宁，失眠多梦，口干便秘，舌红少苔，脉细滑略数。

证候分析 阴虚血热，热扰冲任，胎动不安，以致滑胎；阴血不足，则身体消瘦；虚热内扰，则烦躁不宁、头晕头痛、失眠多梦；虚热伤津，则口干便秘。舌红少苔，脉细滑略数，为阴虚内热之征。

治法 滋阴清热安胎。

方药 保阴煎(《景岳全书》)加女贞子、旱莲草、杜仲、桑寄生。

本方旨在清虚热，安胎元。方中黄芩、黄柏、生地滋阴清热、凉血安胎；熟地、白芍配女贞、旱莲草滋阴养血安胎；山药、川断配杜仲、寄生补肾固冲安胎；甘草和中。

【文献摘要】

《景岳全书》云：凡妊娠之数见堕胎者，必以气脉亏损而然……况妇人肾以系胞，而腰为肾之府，故胎妊之妇最虑腰痛，痛甚则坠，不可不防……凡胎孕不固，无非气血损伤之病，盖气虚则提摄不固，血虚则灌溉不周，所以多致小产。

【病案举例】

姚××，女，35岁，已婚，1958年5月30日初诊。

婚后12年，先后流产或早产5次。其中一次是妊娠4个月流产的，余均为5个月和6个月。每次妊娠1个月后每漏10余天，并同时出现血压降低，头晕，至3~4个月左腿及左腰疼痛，虽屡次积极进行保胎措施，仍不能避免妊娠之中断。在第四次妊娠时，曾服胎产金丹亦未获效。现已怀孕两个多月，近20天内有恶心呕吐、择食，大便稍干，小便正常，精神较差，睡眠尚可。诊其脉左关沉弦短，右沉滑，舌正无苔。根据病史，西医诊断为习惯性流产，中医则属滑胎。现有恶阻之象，治宜先调脾胃，次固肝肾，待脾胃健强，续予补肝肾以固胎本，并健中气以养胎。处方如下：

台党参6g，白术6g，茯苓6g，炙甘草3g，广陈皮4.5g，砂仁3g（打），藿香6g，山药9g，生姜3片，大枣3枚。此方缓服3剂，恶阻止后，续服下方。

以泰山磐石合安胎银苎酒加减合方：熟地黄12g，白术6g，制黑川附子3g，别直参3g，杜仲9g，当归3g，桑寄生9g，杭巴戟9g，茯蓉9g，川续断6g，苎麻根9g。此方每剂煎两次，每次煎一小时，共取400ml，分两次温服，一周服一剂，并绝对控制性生活，以免扰动胎元。

患者按法服之，直至足月顺利分娩。（高辉远等整理．中国中医研究院主编．蒲辅周医案．人民卫生出版社，1972年）

复习思考题

1. 何谓滑胎？
2. 如何防治滑胎？
3. 简述滑胎的辨证论治、代表方剂。

（李　虹）

5.8 胎死不下

目的要求

1. 掌握胎死不下的辨证论治。
2. 熟悉胎死不下的诊断与鉴别诊断。
3. 了解胎死不下的定义、病因病机。

重点内容

1. 胎死不下的定义。

2. 病因病机及辨证论治：①气血虚弱，治以益气养血，活血下胎，方用救母丹；②瘀血阻滞，治以行气活血，祛瘀下胎，方用脱花煎加味；③湿阻气机，治以健脾除湿，行气下胎，方用平胃散加味。

3. 诊断：妊娠早期、早孕反应消失；妊娠中晚期，孕妇自觉胎动停止，腹部不再继续增大，乳胀感消失。尿妊娠试验阴性。B超探查无胎心、胎动反射。应与胎萎不长、胎漏相鉴别。

胎死胞中，历时过久，不能自行产出者，称为胎死不下，亦称“胎死不能出”。

本病相当于西医学的过期流产及妊娠中晚期的死胎。胎死不下是临床常见病之一，确诊后，应及时处理。死胎稽留宫腔过久，容易发生凝血机制障碍，导致弥散性血管内凝血，可危及孕妇生命。

5.8.1 病因病机

本病的发病机理不外虚实两方面，虚者气血虚弱，无力运胎外出；实者瘀血、湿浊阻滞，碍胎排出。

1）气血虚弱　孕妇素体虚弱，气血不足，冲任空虚、胎失气载血养，遂致胎死胞中；又因气虚失运，血虚不润，故死胎难以产出，遂为胎死不下。

2）瘀血阻滞　孕期跌仆外伤，或寒凝血滞，瘀阻冲任，损及胎元，致胎死胞中；复因瘀血内阻，产道不利，碍胎排出，故而胎死不下。

3）湿阻气机　素体脾虚，化源不足，孕后胎失所养，以致胎死胞中；脾虚运化失职，湿浊内停，壅塞胞脉，气机阻滞，则死胎滞涩不下。

5.8.2 诊断与鉴别诊断

5.8.2.1 诊断依据

1）本病患者有停经史及妊娠反应史，甚或有先兆流产史。

2）妊娠早期、早孕反应消失或曾有过先兆流产症状；妊娠中晚期，孕妇自觉胎动停止，腹部不再继续增大，反而缩小，乳胀感消失，甚或缩小；临产时，除胎动停止外，可伴有腹满急痛、喘闷等现象。各期均可有反复阴道出血，量时多时少。

3）若胎儿死亡时间较长，孕妇可出现全身疲乏，食欲不振，腹部下坠，有时阴道下血或流出赤豆汁样分泌物，或口出恶臭，舌紫黯，脉涩等症。

4）尿妊娠试验阴性。B超探查无胎心、胎动反射，妊娠中晚期胎死日久可见胎头塌陷。

5.8.2.2 鉴别诊断

本病应与胎萎不长、胎漏等病相鉴别。

1）与胎萎不长的鉴别　胎萎不长以怀孕4~5个月后，孕妇腹形明显小于正常妊娠月份，但胎儿依然存活，而以生长发育迟缓为其主要特征。B超检查可见胎心、胎动反射，双顶径小于妊娠月份。与胎死不下不难鉴别。

2）与胎漏的鉴别　胎漏为妊娠后有少量阴道流血，但无腰酸腹痛。妇科检查子宫大小与停经月份相符合。尿妊娠试验阳性，B超有胎动、胎心反射存在。与胎死不下之胚胎已死显然有别。

5.8.3 辨证论治

（1）辨证要点

本病辨证应根据腹死腹中不下，腹痛性质，阴道出血状况，结合全身症状及舌脉综合分析。

（2）治疗原则

本病的治疗原则，以急速下胎为主。但须根据母体的强弱，证之虚实，酌情用药，不宜概行峻攻猛伐，导致不良后果。胎死日久，易发生凝血机制障碍，有出血倾向，应予注意。必要时采取中西医结合手段，尽快取出死胎，迅速止血。

5.8.3.1 气血虚弱

主证　孕期胎死胞中不下，小腹隐痛，或有冷感，或阴道流淡红色血水，头晕眼花，心悸气短，精神倦怠，面色苍白，舌淡，苔白，脉细弱。

证候分析　由于气血虚弱，气虚运送无力，血虚产道失于濡润，故胎死腹中久不产下；死胎内阻，气血运行不畅，胞脉失于温养，故小腹隐痛，或有冷感；气血虚弱，冲任不固，胎死已久，是以阴道可见淡红色血水流出；气血不足，外不荣肌肤，上不荣清窍，故面色苍白，头晕眼花，内不荣脏腑，则精神倦怠，心悸气短。舌淡，苔白，脉细弱，也为气血虚弱之征。

治法　益气养血，活血下胎。

方药　救母丹(《傅青主女科》)。

人参　当归　川芎　益母草　赤石脂　炒芥穗

本方旨在补气血，下死胎。方中人参大补元气，以助运胎之力；当归、川芎、益母草养血活血，以濡产道，使死胎易产；黑芥穗、赤石脂引血归经以止血，使胎下而不致流血过多。

气血虚甚者，酌加黄芪、丹参补益气血；小腹冷痛者，酌加吴茱萸、乌药、艾叶温暖下元而行气下胎。

5.8.3.2 瘀血阻滞

主证　孕期胎死胞中不下，小腹疼痛，或阴道流血，紫黯有块，面色青黯，舌紫黯，脉沉涩。

证候分析　瘀血阻滞冲任，损及胎气，则胎死胞中；瘀血碍胎排出，则不下；瘀血阻滞冲任，不通则痛，故小腹疼痛；瘀血内阻，血不归经而外溢，则阴道流血，血色紫黯或挟血块。面色青黯，舌紫黯，脉沉涩，为胎死血瘀之征。

治法　行气活血，祛瘀下胎。

方药　脱花煎(《景岳全书》)加芒硝。

本方旨在祛瘀血，下殒胎。方中当归、川芎、红花、牛膝活血祛瘀，催生下胎，肉桂温通血脉；车前子、芒硝滑利下胎。

5.8.3.3 湿阻气机

主证　孕期胎死胞中不下，小腹冷痛，阴道中流出黏腻黄汁，胸腹满闷，口出秽气，神疲嗜睡，苔白厚腻，脉濡缓。

证候分析　脾虚湿阻，壅塞胞脉，运胎无力，故胎死胞中不下，小腹冷痛；湿浊内生，秽液下流，故阴中流出黏腻黄汁；湿困中州，气机不利，故胸腹满闷；胎死既久，腐气上逆，故口出秽气；脾虚湿困，阳气不振，故神疲嗜睡。苔白厚腻，脉濡缓，乃湿困中州，气机不利之征。

治法 健脾除湿，行气下胎。

方药 平胃散(《和剂局方》)加芒硝、枳实。

苍术 厚朴 陈皮 甘草

本方旨在健脾除湿，行气下胎。方中苍术健脾燥湿；厚朴、枳实行气消胀满；陈皮理气化痰湿；甘草和中；加芒硝软坚滑利下胎。

【文献摘要】

《景岳全书》：凡子死腹中者，多以触伤，或犯禁忌，或以胎气薄弱不成而殒，或以胞破血干持久困败，但察产母腹胀舌黑者，其子已死。若非产期而觉腹中阴冷重坠，或为呕恶，或秽气上冲而舌见青黑者，皆子死之证，宜速用下死胎方下之。

《胎产心法》：子死腹中，急于胞之未下。盖胞未下，子与母气尚相呼吸，若子死腹中，则躯形已冷，胞藏气寒，胎血凝冷，气不升降。欲下死胎，若以至寒之药用之，不惟无益而害母命者多矣。所以古人有用附子汤，使胞藏温暖，凝血流动，以附子能破寒气堕胎也。又有因患伤寒热病温疟之类，胎受邪热，毒气内外交攻，因致胎死留于胞脏，古人深虑胎受毒气，必然胀大，故用朴硝、水银、 砂之药，不惟使胎不胀，又能使胎形化烂，再付以行血顺气之药，死胎即下……。

然下胎最宜谨慎，必先验明产母，面赤舌青，腹中阴冷重坠，口秽气喘的确，方可用下，若见紫黑血块血缕，尤为确候。亦必先固妊妇本元，补气养血而后下之。予故重佛手散，香桂散、滑胎煎为下死胎之王道药也。倘孕妇遇有不安，医者未能审详，遂用峻厉攻伐，难免不测之祸，慎之慎之！

【病案举例】

范××，37岁，已婚，工人。

患者33岁结婚，妊娠五个半月时腹部被撞伤，曾经两度见红，胎动消失。10月5日至某医院检查，检验小便妊娠试验阴性，认为胎儿已死腹中，久而不下，建议手术取胎，患者不愿，经该院介绍，来诊。

初诊：1958年11月6日，近日胸闷纳呆，撞伤至今已有月余，腹部不感胎动，虽妊娠六个半月，而胎反见萎缩，如四个月形状，切脉弦涩，乃采用活血下胎法。

当归尾 桃仁 牛膝梢 杜红花 京三棱 蓬莪术各9g，煎汤送服大黄 虫丸12g，三剂。

复诊：据述药后小腹隐痛，阴道业已流血，惟胎儿尚未落下，刻感精神疲乏，头晕肢软，舌苔薄白，按脉虚弦，乃用黑神散加减，温中活血。

当归9g 赤芍9g 熟地12g 黑豆12g 泽兰叶12g 肉桂3g 京三棱9g 蓬莪术9g 生甘草3g

死胎连胎盘全下，落下时胎儿已经腐烂，除腹部略有胀痛外，流血不多，经过良好。(朱南孙等．朱小南妇科经验选．人民卫生出版社，1981年)

复习思考题

1. 怎样诊断胎死不下？

2. 胎死不下的病因病机是什么？

3. 胎死不下的处理原则是什么？

（李　虹）

5.9 胎萎不长

目的要求

1. 掌握胎萎不长的辨证论治。
2. 熟悉其定义、诊断与鉴别诊断。
3. 了解其病因病机。

重点内容

1. 胎萎不长的定义。

2. 病因病机及辨证论治：①肾气亏损，治以补肾益气，填精养胎，方用寿胎丸加味；②气血虚弱，治以益气养血育胎，方用胎元饮加味；③阴虚血热，治以滋阴清热，养血育胎，方用保阴煎加味。

3. 诊断：妊娠4~5个月后，其腹形明显小于相应妊娠月份；B超探查，双顶径明显小于正常值，胎动、胎心搏动较弱。注意了解胎儿是否畸形。应与胎死不下相鉴别。

妊娠4~5个月后，腹形明显小于相应妊娠月份，胎儿存活而生长迟缓者，称为胎萎不长，亦称“胎不长”、“妊娠胎萎燥”。

本病相当于西医学的“胎儿宫内发育迟缓”。

5.9.1 病因病机

本病的发病机理为父母禀赋素弱，或孕后将养失宜，以致冲任虚损，胎失所养，而生长迟缓。常见原因有肾气亏损、气血虚弱、阴虚血热。

1）肾气亏损　素禀肾虚，或孕后房事不节，损伤肾气，肾中精气亏损，胎失所养而生长迟缓。

2）气血虚弱　脾胃素虚，或孕后恶阻较重，气血化源不足；或胎漏下血日久耗伤气血，冲任气血不足，胎失所养，以致胎萎不长。

3）阴虚血热　素体阴虚，或久病失血伤阴，或孕后过食辛辣食物及辛热暖宫药物，或孕后情志不遂，肝郁化火，以致热邪灼伤阴血，胎失所养，导致胎儿生长迟缓。

5.9.2 诊断与鉴别诊断

5.9.2.1 诊断依据

1）本病患者有早妊史，或胎漏、胎动不安史，或有妊娠高血压综合征、慢性肾炎、高血压、心脏病、甲状腺功能低下等病史，或孕期母体感染史或有接触致畸药物、毒物及放射线的病史。

2）妊娠 4~5 个月后，其腹形明显小于相应妊娠月份，胎动、胎心较弱。

3）测定尿雌三醇可以诊断胎盘代谢功能不良；取羊水作胎儿成熟度检查；或作羊水培养、染色体核型分析、甲胎蛋白测定，了解胎儿是否畸形。

4）B 超每 2 周测定胎儿双顶径，孕末期每周测量体重，有诊断意义。

5.9.2.2 鉴别诊断

本病应与胎死不下相鉴别，两者都有宫体小于相应妊娠月份的特点，通过临床症状及 B 超等辅助检查手段不难做出明确诊断。

5.9.3 辨证论治

（1）辨证要点

胎萎不长的辨证应主要依据全身伴随症状、舌脉等确定证型。如身体瘦弱，面色晦黯，头晕耳鸣，腰酸膝软，脉沉弱为肾气亏损；若头晕心悸，面色萎黄，神疲乏力，舌淡苔少，脉细弱为气血虚弱；若手足心热，烦躁不安，舌红而干，脉细数为阴虚血热。

（2）治疗原则

本病的治疗原则为补脾胃，滋化源，养气血，益胎气。同时在治疗过程中，若发现畸胎、死胎情况时，则应下胎益母。

5.9.3.1 肾气亏损

主证 妊娠中晚期腹形小于妊娠月份，胎儿存活，头晕耳鸣，腰膝酸软，身体瘦弱，面色晦黯，或形寒肢冷，手足不温，舌淡黯苔白，脉沉弱。

证候分析 肾气亏损，精血乏源，则胞脉失养，故胎不长养；肾虚则髓海不足，清窍失养，故头晕耳鸣，外府失养，故腰膝酸软；肾虚精血乏源，机体失于濡养，故身体瘦弱。肾虚阳气不足，故形寒肢冷。舌淡黯苔白，脉沉弱，为肾虚之征。

治法 补肾益气，填精养胎。

方药 寿胎丸(《医学衷中参西录》)加党参、覆盆子、桑椹子。

本方旨在补肾气，填精血，养胎元。方中寿胎丸合覆盆子、桑椹子补肾气，填精血，党参健脾益气，以后天养先天。

若腰腹冷甚，加巴戟天温补肾阳；若纳少便溏者加白术、砂仁补脾止泻。

5.9.3.2 气血虚弱

主证　妊娠中晚期腹形小于妊娠月份，胎儿存活，头晕心悸，神疲乏力，面色萎黄，舌淡少苔，脉细弱。

证候分析　孕后血虚气弱，则胎元失养而生长迟缓；血虚心脑失养，故头晕心悸；气虚阳气不布，故神疲乏力；气血虚弱，不上荣于面，故面色萎黄。舌淡少苔，脉细弱，为气血不足之征。

治法　益气养血育胎。

方药　胎元饮(《景岳全书》)加续断、枸杞子。

本方旨在补气血，养胎元。方中人参、白术、炙甘草健脾益气生血；当归、熟地、白芍养血育胎；杜仲、川断、枸杞子伍熟地补肾填精；陈皮理气调冲，使全方补而不滞。

若血虚甚者，加山茱萸滋阴养血；心悸怔忡者，加枣仁、柏子仁养血宁心安神。

5.9.3.3 阴虚血热

主证　妊娠中晚期腹形小于妊娠月份，胎儿存活，颧赤唇红，手足心热，烦躁不安，口干喜饮，舌红而干，脉细数。

证候分析　因热邪灼伤阴血，胎失所养，故生长迟缓；血热上浮，故颧赤唇红；阴虚内热，则手足心热；热扰心神，则烦躁不安；热邪伤津，故口干喜饮。舌红而干，脉细数为阴虚血热之征。

治法　滋阴清热，养血育胎。

方药　保阴煎(《景岳全书》)加枸杞子、桑椹子。

本方旨在清虚热、滋阴血、养胎元。方中黄芩、黄柏、生地滋阴清热；熟地、白芍、枸杞子、桑椹子滋阴填精养血；山药、川断补肾养胎，甘草和中。

若阴津亏虚而肠燥便秘者，加何首乌、玄参滋液润肠通便。

本病治疗中，怀疑有染色体病变、病毒感染、射线伤害等情况时，应于孕16周后作出产前诊断，防止畸形胎儿的出生。

【文献摘要】

《胎产心法》：胎气本乎血气而长，其胎不长者，亦惟气血之不足，故有受胎之后而漏血不止，则血不归胎者；有妇人中年血气衰败，泉源日涸者；有因脾胃病，仓廪薄，化源亏而冲任穷者；有多郁怒，肝气逆，血不调而胎失所养者；有血气寒而不长，阳气衰，生气少者；有血热而不长，火邪甚，真阴损者。种种不一，凡治此病，则宜补、宜固、宜温、宜清，因其病而随机应之，胎气渐充，自无不长。然又有妊母气血自旺，而胎不长者，此必父气孱弱，又当大剂保元，专补其气，不得杂一味血药助母，则子气方得受益。总之，胎之能长而旺者，全赖母之脾土，输气于子。凡长养万物，莫不由土，故胎元生发虽主乎肾肝，而长养实关乎脾土。所以治胎气不长，必用八珍，十全，归脾，补中之类，助其母气以长胎。

【病案举例】

马××，女，30岁，初诊：1987年3月20日。

妊已八月，久泻将月，能食不化，日圊三次，面黄少华，晨起虚浮，形寒肢冷，腰酸疲软。脉虚，苔薄，边有齿印。产科检查谓胎儿宫内发育迟缓，伴贫血和消化不良。曾用西药，静脉输入葡萄糖液、维生素、能量合剂、抗生素等治疗2周、症情改善不显，且纳少寐差。此乃脾肾两亏，水湿困郁，营血虚损，胎元失养。治宜厚土敛火，健运止泻，培元治本，养营荫胎。

潞党参12g 焦白术6g 生黄芪9g 炒归身9g 川芎3g 怀山药9g 山萸肉9g 菟丝子9g 鹿角霜9g 补骨脂9g 带皮茯苓12g 巴戟天9g 炒杜仲9g

二诊：3月25日

药后泻止，纳谷已增，腰酸神疲，面浮肢冷，寐不熟睡。脉沉细，苔薄质胖。再以原法续进。原方去补骨脂，加川断12g，夜交藤9g。

服药5天后泄止纳增，肢暖神爽。患者又自服原方七剂，产科复查谓贫血已纠正，宫底高度亦较正常。至足月顺产一3000g重的健康男婴。

按语：本案马某久泻面浮，形寒肢冷，证属脾肾阳虚，胎元亏损。《傅青主女科》曾指出：胞胎非骨髓之养，则婴儿无以生骨，骨髓者，肾精所化也，所以补脾与肾，正所以固胞之气与血。柏春先生宗傅青主之论辨证，以《叶天士女科》菟丝煎合千金保胎丸复方化裁治之。方用党参、黄芪、怀山药、白术、茯苓健脾培元、益气固胞而生血；鹿角霜、巴戟天、菟丝子、补骨脂、山萸肉补肾强髓、固精安胎；杜仲、川断补肾壮腰、固扩胎胞；当归、川芎滋补营血而养胎。全方重点在于温养脾肾、滋补血精、培元固胞。（蔡庄等．蔡氏女科经验选集．上海中医药大学出版社，1997年）

复习思考题

1. 何谓胎萎不长？如何诊断？
2. 试述胎萎不长的治疗原则。
3. 引起胎萎不长的主要原因有哪些？

（李 虹）

5.10 鬼 胎

目的要求

1. 熟悉鬼胎的定义、诊断与鉴别诊断。
2. 了解其分型及代表方剂。

重点内容

1. 鬼胎的定义。

2. 病因病机及辨证论治：①气血虚弱，治以益气养血，活血下胎，方用救母丹加味；②气滞血瘀，治以行气活血，祛瘀下胎，方用荡鬼汤；③寒湿郁结，治以散寒除湿，逐水下胎，方用芫花散；④痰浊凝滞，治以化痰除湿，行气下胎，方用平胃散加味。

3. 诊断：有停经史，早孕反应阳性；阴道不规则流血，有时大量出血，偶可在血中发现水泡状物；流血前常有隐隐的阵发性腹痛；腹大异常。B超探查无正常胎体图像。应与胎漏、胎动不安、胎水肿满相鉴别。

妊娠数月，腹部异常增大，隐隐作痛，阴道反复流血或下水泡状胎块者，称为鬼胎，亦称“伪胎”。

本病相当于西医学的葡萄胎、侵蚀性葡萄胎。葡萄胎患者多有不规则的阴道流血，大量出血时可导致休克。葡萄胎有恶变可能。因此，葡萄胎术后应随访和避孕2年。

5.10.1 病因病机

本病的发病机理主要是素体虚弱，七情郁结，湿浊凝滞不散，精血虽凝而终不成形，遂为鬼胎。常见原因有气血虚弱、气滞血瘀、寒湿郁结、痰浊凝滞。

1）气血虚弱　素体虚弱，气血不足，孕后虚邪蓄注，血随气结而不散，冲任滞逆，胞中壅瘀，腹部胀大，胎失所养则胎死，瘀伤胞脉则流血，发为鬼胎。

2）气滞血瘀　素性抑郁，孕后情志不遂，肝郁气滞，血与气结，冲任不畅，瘀血结聚胞中，腹大异常，瘀血伤胎则胎坏，瘀伤胞脉则流血，发为鬼胎。

3）寒湿郁结　孕妇久居湿地，或贪凉饮冷，寒湿客于冲任，气血凝滞胞宫，腹大异常，寒湿生浊伤胎，瘀伤胞脉则流血，发为鬼胎。

4）痰浊凝滞　孕妇素体肥胖，或恣食厚味，或脾虚不运，湿聚成痰，痰浊内停，冲任不畅，痰浊气血结聚胞中，腹大异常，痰浊凝滞伤胎，瘀伤胞脉则流血，发为鬼胎。

5.10.2 诊断与鉴别诊断

5.10.2.1 诊断依据

1）本病患者一般有停经史，早孕反应史，常较剧烈；孕后不规则阴道流血史。

2）阴道不规则流血，有时大量出血，偶可在血中发现水泡状物；流血前常有隐隐的阵发性腹痛;腹大异常;孕中后期可出现高血压、蛋白尿等,常可有贫血症状。

3）多数患者子宫大于相应月份的正常妊娠子宫，可触及双侧卵巢呈囊性增大，阴道出血中偶可查见水泡状组织。

4）血清中 β-HCG 浓度通常明显高于正常妊娠相应月份值。

5）B 超探查见“落雪状图像”而无正常胎体图像；多普勒超声检查未听到胎心，而听到子宫血管杂音。

5.10.2.2 鉴别诊断

本病应与胎漏、胎动不安及胎水肿满等病相鉴别。

1）与胎漏、胎动不安鉴别　胎漏、胎动不安，也有停经史和阴道流血症状。但鬼胎者，腹大异常。且妊娠 12 周后 HCG 仍高，B 超特有图像且不见胎儿。

2）与胎水肿满鉴别　胎水肿满可使子宫增大，但无阴道流血，且 HCG 水平较低，B 超的不同显像可资鉴别。

5.10.3 辨证论治

（1）辨证要点

本病的辨证以孕期阴道流血，腹大异常为主，结合全身症状及舌脉等，综合分析，辨其虚实。

（2）治疗原则

本病的治疗原则，以下胎祛瘀为主，佐以调补气血，以善其后。

5.10.3.1 气血虚弱

主证　孕期，阴道不规则流血，量多，色淡，质稀，腹大异常，时有腹部隐痛，无胎动胎心，神疲乏力，头晕眼花，心悸失眠，面色苍白，舌淡嫩，脉细弱。

证候分析　素体气血虚弱，冲任滞逆，脉道壅瘀，故腹大异常；瘀伤胞脉，且气血不足，或鬼胎孕久，故阴道流血量多，色淡，质稀，腹部隐痛；精血虽凝而终不成形，故无胎动、胎心；血虚不荣，气虚不布，故头晕眼花，面色苍白；中气不足，故神疲乏力；血虚心神失养，故心悸失眠。舌淡嫩，脉细弱，为气血两虚之征。

治法　益气养血，活血下胎。

方药　救母丹(《傅青主女科》)加枳壳、牛膝。

本方旨在补气血，下死胎。方中人参大补元气，以助运胎之力；当归、川芎、益母草养血和血，以濡产道，使鬼胎易下；枳壳、牛膝行气下胎；黑芥穗、赤石脂引血归经以止血，使胎下而不致流血过多。

5.10.3.2 气滞血瘀

主证　孕期，阴道不规则流血，量少不爽，或量多，血色紫黯有块，腹大异常，时有腹部胀痛，拒按，无胎动胎心，胸胁胀满，烦躁易怒，舌紫黯或有瘀点，脉涩或沉弦。

证候分析　素多抑郁，肝郁气滞，冲任不畅，瘀血结聚胞中，故腹大异常，瘀伤胞脉，故阴道不规则流血，腹部胀痛拒按；离经之血时瘀时流，故量少不爽，或量多，色紫黯有块；瘀结伤胎，故无胎动胎心；肝郁气滞，经脉不利，故胸胁胀满，烦躁易怒。舌紫黯，有瘀点，脉涩或沉弦，也为气血瘀滞之征。

治法　行气活血，祛瘀下胎。

方药　荡鬼汤(《傅青主女科》)。

人参　当归　大黄　川牛膝　雷丸　红花　丹皮　枳壳　厚朴　桃仁

本方旨在理气，活血，下胎。方中枳壳、厚朴理气行滞；桃仁，红花，丹皮，川牛膝活血化瘀以下胎；大黄、雷丸行瘀血荡积滞以下胎；人参、当归补气养血，使攻积而不伤正。

5.10.3.3　寒湿郁结

主证　孕期，阴道不规则流血，量少，色紫黯有块，腹大异常，小腹冷痛，无胎动胎心，形寒肢冷，苔白腻，脉沉紧。

证候分析　寒湿内侵，客于冲任，凝聚胞中，故腹大异常；瘀伤胞脉，故阴道流血，色紫黯而有瘀块；瘀浊伤胎，则无胎动、胎心；血为寒凝，运行不畅，故常有小腹冷痛；寒湿凝滞，阳不外达，故形寒肢冷。苔白腻，脉沉紧，为寒湿凝滞之征。

治法　散寒除湿，逐水下胎。

方药　芫花散(《妇科玉尺》)。

芫花　吴茱萸　秦艽　白僵蚕　柴胡　川乌　巴戟天

本方旨在散寒祛湿，逐水下胎。方中芫花逐水下胎为君；柴胡、吴茱萸暖肝疏肝下气为臣；佐以川乌、巴戟天、秦艽、白僵蚕温暖下元，祛寒湿散风止痛。

5.10.3.4　寒浊凝滞

主证　孕期，阴道不规则流血，量少色黯，腹大异常，无胎动胎心，形态肥胖，胸胁满闷，呕恶痰多，舌淡，苔腻，脉滑。

证候分析　痰浊内停，与血结聚胞中，故腹大异常；瘀伤胞脉，故阴道流血，量少色黯；痰浊内停，气机不畅，故胸胁满闷，呕恶痰多。形体肥胖，舌淡苔腻，脉滑，为痰湿之征。

治法　化痰除湿，行气下胎。

方药　平胃散(《和剂局方》)加芒硝、枳壳。

苍术　厚朴　陈皮　甘草

本方旨在健脾除湿，行气下胎。方中苍术健脾燥湿；厚朴、枳壳行气除胀；陈皮理气化痰；甘草和中；加芒硝软坚滑利下胎。

若药物治疗不便时，可以结合清宫，预防性化疗等治疗手段。

【文献摘要】

《胎产心法》云：鬼胎者，伪胎也……此子宫真气不全，精血虽凝，而阳虚阴不能化，终不成形，每至产时而下血块血胞。

《景岳全书》云：妇人有鬼胎之说，岂虚无之鬼气，果能袭入胞宫而遂得成形者乎？此不过由本妇之气质。盖或以邪思蓄注，血随气结而不散，或以冲任滞逆，脉道壅瘀而不行，是皆内因之病，而必非外来之邪。盖即血癥气瘕之类耳，当即以癥瘕之法治之。

凡鬼胎之病，必以血气不足而兼凝滞者多有之。但见经候不调而预为调补，则必无是病。若其既病则亦当以调补元气为主，而继以去积之药，乃可也。

《竹林女科》云：月经不来二三月或七八月，腹大如孕，一日血崩下血泡，内有物如虾膜子，昏迷不省人事。

复习思考题

1. 何谓鬼胎？如何诊断？
2. 鬼胎的处理原则是什么？

（李 虹）

5.11 妊娠肿胀

目的要求

1. 掌握妊娠肿胀的辨证论治。
2. 熟悉妊娠肿胀的定义及病因病机。

重点内容

1. 妊娠肿胀的定义。

2. 妊娠肿胀的病因病机及辨证论治：①脾虚湿困，治以健脾除湿，行水消肿，方用白术散；②肾阳亏虚，治以温肾助阳，化气行水，方用五苓散加味；③肝气郁滞，治以疏肝理气，行滞消肿，方用天仙藤散。

妊娠中晚期，孕妇肢体、面目发生肿胀，甚则遍身皆肿者，称为妊娠肿胀，又称“子肿”。《医宗金鉴 · 妇科心法要诀》中据肿胀的部位、程度分别有子气、子肿、皱脚、脆脚之称。妊娠肿胀是孕期的常见疾病，适当休息，积极治疗，一般预后良好，但若治不及时，可进一步发展成妊娠眩晕、妊娠 证，危及母儿健康。

妊娠晚期，孕妇仅下肢肿胀，经休息可缓解，无其他不适，为妊娠生理现象，不属妊娠肿胀范畴，无需治疗，产后可自行消失。

本病多见于西医学的妊娠水肿、妊娠高血压综合征轻症。

5.11.1 病因病机

本病的发生机理为，脾肾两虚，水湿泛滥；或气机壅滞，清浊升降受碍。常见原因有：脾虚、肾虚、气郁。

1）脾虚湿困 孕妇素体脾虚，孕后饮食不节，恣食生冷厚味，更伤于脾，以致脾虚运化失常，水津不布，聚而成湿，流于四末，泛溢肌肤，发为子肿。

2）肾阳亏虚 禀赋肾虚，命火不足，孕后肾系胎元而益虚，肾阳虚，上不能温煦脾阳，水湿不运；下不能温煦膀胱，气化失职，无以化气行水，以致水湿泛溢，而为妊娠肿胀。

3）肝气郁滞 孕妇平素心情抑郁，肝气不舒，孕中期后，胎体渐长，更碍气机升降，以致清阳不升，浊阴不降，湿气不布，致妊娠肿胀。

5.11.2 诊断和鉴别诊断

5.11.2.1 诊断依据

1）本病患者孕前无水肿（急、慢性肾炎）病史。

2）妊娠 20 周以后，出现肢体、面目肿胀，休息后也不能恢复，严重者可出现全身浮肿，甚至腹水。也有少数妇女肿胀虽不明显，但体重每周增加 0.5kg 以上。

3）查血压在正常范围，尿常规检查一般无蛋白及管型，若尿蛋白>5g/L 则应视为重症予以重视。

4）临床检查时常将可凹性水肿分为四级：①(+)：表示踝部及小腿有明显水肿，经休息后不消退；②(++)：表示水肿延及大腿；③(+++)：表示水肿延及外阴和腹部；④(++++)：表示全身水肿或伴腹水。

5.11.2.2 鉴别诊断

妊娠肿胀当与妊娠合并内科水肿（慢性肾炎）相鉴别（见表 5-1）。

表 5-1 妊娠肿胀与妊娠合并内科水肿鉴别表

项目	妊娠肿胀	妊娠合并内科水肿（妊娠合并慢性肾炎）
既往史	以往无慢性肾炎史	非孕时有急、慢性肾炎史
发病时间	妊娠 20 周以后	孕前及孕早期即有浮肿，以后逐渐加重
水肿	首先发生在足踝部，逐渐向上蔓延	水肿明显，首先发生在眼睑
尿常规	蛋白量少或无，偶可多，一般无透明管型	蛋白较多，常有各种管型
血	正常	血浆蛋白低，尿素氮增高
产后情况	逐渐恢复正常	减轻至孕前情况

5.11.3 辨证论治

（1）辨证要点

本病辨证，当首辨肿胀的性质，肌肤肿胀，皮薄光亮，按之凹陷，压痕明显，属水肿，多由脾虚、肾虚引起；肌肤肿胀，皮色不变，压痕不显，随按随起，属气胀，为气滞而致。

（2）治疗原则

本病治疗，在辨证的同时，应按照“治病与安胎并举”的原则，随证加入养血安胎之品，慎用温燥、寒凉、滑利之品，以免伤胎。水肿明显时，适当休息，低盐饮食，必要时住院休息、治疗。

5.11.3.1 脾虚湿困

主证 妊娠数月，面目四肢浮肿，甚或遍及全身，肤色淡黄，皮薄而光亮，按之凹陷，压痕明显，神疲气短懒言，口淡无味，食欲不振，大便溏薄，舌质淡胖，脉缓滑无力。

证候分析 脾主肌肉、四肢，脾阳不运，水湿停聚，泛溢四肢肌肉，故面目四肢浮肿；水湿浸渍，故皮薄而光亮，按之凹陷，压痕明显；脾虚，中阳不振，故神疲气短懒言；脾虚，运化不利，故口淡无味，食欲不振；水湿下渗大肠，故大便溏薄。肤色淡黄，舌质淡胖，脉缓滑无力，亦均脾虚之象。

治法 健脾除湿，行水消肿。

方药 白术散(《全生指迷方》)。

白术 茯苓 大腹皮 生姜皮 橘皮

本方旨在健脾理气，温中行水，消肿除湿。方中白术、茯苓健脾气、除水湿；生姜皮温中行水；大腹皮宽中下气行水；橘皮理气和中。

肿势明显者，酌加猪苓、冬瓜皮、赤小豆利水消肿；食少便溏者，加山药、薏苡仁、白扁豆健脾渗湿；兼肾阳不足，见四末不温，加桂枝、巴戟天温阳化气行水。

5.11.3.2 肾阳亏虚

主证 孕中晚期，面目浮肿，下肢尤甚，皮薄光亮，按之没指，心悸气短，肢冷畏寒，舌淡嫩，苔白润，脉沉迟无力。

证候分析 肾阳不足，不能温煦脾阳、温暖膀胱，以致脾虚不能运化水湿，膀胱气化失司，水湿泛滥，浸渍肌肤，而见面浮肢肿；水聚皮下，故皮薄光亮，按之没指；水气凌心，故心悸气短；阳虚不达四末，故肢冷畏寒。舌淡嫩，苔白润，脉沉迟无力，为肾阳不足，水湿为患之征。

治法 温补肾阳，化气行水。

方药 五苓散(《伤寒论》)加菟丝子、巴戟天。

桂枝 白术 茯苓 猪苓 泽泻

本方旨在温阳化气，行水消肿，加入菟丝子、巴戟天以增加温补肾阳之功。方中桂枝温阳化气，助膀胱气化；茯苓、猪苓、泽泻利水渗湿；白术健脾以渗利水湿。

腰痛甚者，加杜仲、川断、桑寄生固肾安胎强腰膝；水肿甚者，加桑白皮、大腹皮、生姜皮以助理气行水。

5.11.3.3 肝气郁滞

主证　妊娠4~5月后，肢体肿胀，先由脚肿，渐及于腿，皮肤粗厚，色不变，压痕不显，随按随起，头晕胀痛，胸闷胁胀，纳呆食少，苔薄腻，脉弦滑。

证候分析　本证由肝气郁滞，阻碍气机升降，致清阳不升，浊阴不降，故肿胀始于两足，渐及于腿，此因气滞而起，而非水停，故皮色不变，压痕不显，随按随起；清阳不升，浊阴上扰，故头晕胀痛；气滞不宣，故胸闷胁胀；肝气不舒，横克脾土，故纳呆食少。苔薄腻，脉弦滑，亦均气滞湿阻之象。

治法　疏肝理气，行滞消肿。

方药　天仙藤散(《妇人大全良方》)。

天仙藤　陈皮　香附　生姜　乌药　木瓜　甘草　紫苏叶

本方旨在理气行滞，宣通气机，使气机通畅，升降如常，则肿胀得消。方中天仙藤理气行滞，化湿消肿；陈皮、生姜温中行气；香附疏肝解郁，除三焦之气滞；乌药、紫苏叶宣通下焦气机；木瓜平肝和中祛湿；甘草调和诸药。

【文献摘要】

《医宗金鉴》：头面遍身浮肿，小水短少者，属水气为病，故名曰子肿。自膝至足肿，小水长者，属湿气为病，故名曰子气。遍身俱肿，腹胀而喘，在六、七个月时，名曰子满。但两脚肿而肤厚者，属湿，名曰皱脚；皮薄者，属水，名曰脆脚。大凡水之为病多喘促，气之为病多胀满；喘促属肺，胀满属脾也。

《女科指掌》：脾生肌肉，土气安和，则能制水，水自传化，无有停积。若脾胃气虚，经血壅闭，则水积不化，湿气泛溢，外攻形体，内注胞胎，妊娠肿满，儿未成实，必伤胎气，若临月而肿，利小便自愈。

《沈氏女科辑要笺正》：妊身发肿，良由真阴凝聚，以养胎气，肾家阳气不能敷布，则水道泛溢莫治。治当展布肾气，庶几水行故道，小便利而肿胀可消。

《经效产宝》：脏气本弱，因产重虚，土不克水，血散入四肢，遂致腹胀，手足面目皆肿，小便秘涩。

《傅青主女科》：妊妇有至五个月，肢体倦怠，饮食无味，先两足肿，渐至遍身头面俱肿，人以为湿气使然也，谁知是脾肺气虚乎？……盖脾统血，肺主气，胎非血不荫，非气不生。脾健则血旺而荫胎，肺清则气旺而生子。苟肺衰则气馁，气馁则不能运气于皮肤矣；脾虚则血少，血少则不能运血于肢体矣。气与血两亏，脾与肺失职，所以饮食难消，精微不化，势必致气血下陷而不能升举，而湿邪即乘其所需之处，积成浮肿症，非由脾肺之气血虚而然耶！

【病案举例】

周××，女，33岁，已婚。

初诊：1959年7月2日。

主述：初产妇，预产期1959年8月2日，现孕36周。在妊娠三个月时，即有下肢浮肿，休息后消失；妊娠28周时下肢浮肿较甚；至妊娠36周时下肢浮肿更甚；最近两周内，体重增加4.4kg，血压升至18.7/14.7kPa（140/110mmHg）[基础血压13.3/10.7kPa（100/80mmHg）]。

诊查：刻诊腿足浮肿，神疲乏力，食后脘胀，二便正常，稍劳腰痛，睡眠一般，胸闷（左肺已切除）。舌苔薄白，中微淡黄，脉左沉弦微滑，右沉滑。

辨证：病由脾弱积湿，气失运行。

治法：治以益气健脾，佐以化湿。

处方：党参6g　白术9g　连皮苓12g　炙甘草3g　茯神9g　橘皮3g　木香6g

五加皮6g　黄芩炭6g　砂仁3g　桑寄生12g　二剂

服药后，诸症皆减轻。再服上方药五剂。

二诊：7月8日。服上方药七剂，肢肿消退。产前未再浮肿，血压亦趋正常，于1959年7月25日平安分娩。（董建华主编．中国现代名中医医案精华．钱伯煊医案．北京出版社，1990年）

复习思考题

1. 妊娠肿胀的概念是什么？
2. 妊娠肿胀的病因病机是什么？为什么说妊娠水肿与脾、肾关系密切？
3. 临床常将可凹性水肿分为四级，其划分标准是什么？
4. 试述妊娠肿胀常见证型的主证及治疗。

（刘宏奇）

5.12 妊娠心烦

目的要求

1. 掌握妊娠心烦的分型及代表方剂。
2. 熟悉妊娠心烦的定义及发病机理。

重点内容

1. 妊娠心烦的定义。
2. 病因病机及辨证论治：①阴虚火旺，治以养阴清热除烦，方用人参麦冬散；②痰火上扰，治以清热涤痰除烦，方用竹沥汤；③肝经郁火，治以疏肝清热除烦，方用丹栀逍遥散。

妊娠期间出现烦闷不安，郁郁不乐，烦躁易怒者，称妊娠心烦，又称“子烦”。

5.12.1 病因病机

本病的发病机理为火热乘心，所谓“无热不成烦”。临床多因阴虚火旺、痰火上扰、肝经郁火所致。

1）阴虚火旺　素体阴虚，妊娠之后血聚养胎，阴血益虚，血不养心，心火偏亢，热扰心胸，致令心烦。

2）痰火上扰　素有痰饮停滞胸中，孕后阴血偏虚，阳气偏盛，阳盛则热，痰热互结，上扰心胸，遂致心胸烦闷。

3）肝经郁火　素性抑郁，情怀不畅，肝气不疏，孕后阴血养胎，肝血不足，加之胎体渐长，影响气机升降，致肝郁益甚，郁久化热，热扰心神，导致妊娠心烦。

5.12.2 诊断与鉴别诊断

5.12.2.1 诊断依据

1）妊娠期间，患者常感烦闷不安，郁郁不乐，或烦躁易怒，且这些症状的出现，仅与妊娠有关，而非其他不适引发。

2）孕前体健。

3）体检可有血压升高，无其他阳性体征。

5.12.2.2 鉴别诊断

本病特点因孕而烦，当与因其他不适而致的心烦、急躁相鉴别。如妊娠瘙痒、妊娠小便不通等，可因瘙痒不堪或小便不通，小腹胀急疼痛而烦；胎气上逆者，乃因胸腹胀满，喘息气急而致烦，均与妊娠心烦之妊娠后无明显原因而烦不同。

5.12.3 辨证论治

（1）辨证要点

本病应依据与心烦同时出现的兼证及舌脉进行辨证。

（2）治疗原则

妊娠心烦均由热起，故治疗均应清热除烦，同时结合产生热邪的原因，审因论治。因于虚者，养阴清热；痰火内蕴者，清热涤痰；肝经郁火者，疏肝泻火。此外，本病的治疗尚需本着“治病与安胎并举”的原则，选择加入养血安胎之品，不可过用苦寒，以免伤胎。

5.12.3.1 阴虚火旺

主证　妊娠后，心中烦闷，坐卧不宁，或心惊胆怯，手足心热，小便短赤，舌红，苔少，脉细数而滑。

证候分析 心主神明。孕妇阴亏血少，致心血不足，心神失养，故心惊胆怯；心阴不足，心火偏亢，热扰心神，故心烦不安，坐卧不宁；虚热外散，故手足心热；阴虚津少，加之火热耗津，故见口干咽燥，小便短赤。舌红，苔少，脉细数而滑，均为阴虚火旺之象。

治法 养阴清热除烦。

方药 人参麦冬散(《妇人秘科》)。

人参 麦冬 茯苓 黄芩 知母 生地 炙甘草 竹茹

本方旨在养阴生津，清除虚火，使水足火灭，心神自安。方中人参补气益津；麦冬养阴生津；生地滋肾阴而济心火，使水生火灭；知母除心肾之火；黄芩、竹茹清热除烦；茯苓、甘草安神和中。

若怔忡心烦明显者，加莲子心、酸枣仁以养心安神；心惊胆怯者，加龙齿、石决明以安神定志。

5.12.3.2 痰火上扰

主证 妊娠期间，心胸烦闷，或感心悸胆怯，形体肥胖，胸脘满闷，时有呕恶，泛吐痰涎，舌质红，苔黄而腻，脉滑数。

证候分析 素有痰饮停滞胸中，积久生热，痰热扰心，心神不宁，故心胸烦闷，或心悸胆怯；痰湿停留，躯脂肥丰，故形体肥胖；痰阻气机，则胸脘满闷不舒；痰湿内蕴，脾胃升降失常，故时有呕恶，泛吐痰涎。舌质红，苔黄而腻，脉滑数，亦为痰火内蕴之征。

治法 清热涤痰除烦。

方药 竹沥汤(《千金要方》)。

竹沥 麦冬 黄芩 茯苓 防风

本方旨在清热化痰，痰热祛，则心神安。方中用竹沥清热涤痰；黄芩清热泻火，且有安胎之功；茯苓健脾化痰，宁心安神；麦冬养阴清心除烦；佐防风祛风胜湿。

热象明显，痰黄稠者，去防风，加浙贝母、栀子以增加清热化痰之功；呕恶甚者，加半夏、枇杷叶以化痰和胃降逆止呕；热盛伤津者，加知母、沙参滋阴清热。

5.12.3.3 肝经郁火

主证 孕期心烦不安，急躁易怒，或郁郁不乐，胸闷不舒，两胁作胀，常喜叹息，口苦咽干，舌红，苔黄而干，脉弦滑而数。

证候分析 肝郁化热，热扰心神，故心烦不安；肝为将军之官，怒为肝之志，肝热则急躁易怒，肝郁则郁郁不乐；肝郁经脉不疏，故两胁作胀，胸闷不舒，叹息以自畅。口苦咽干，舌红，苔黄而干，脉弦滑而数，均为肝热之象。

治法 疏肝清热除烦。

方药 丹栀逍遥散(《女科撮要》)去煨姜。

本方旨在疏肝解郁，健脾养血，清热除烦。方中柴胡、薄荷疏肝解郁；当归、白芍养血柔肝；丹皮、栀子清热除烦；佐茯苓、白术健脾益气，培土以防肝侮；甘草调和诸药。煨姜性温助热，故去之。

肝郁明显者，加川楝子、郁金以增加疏肝解郁之功；热象明显者，去白术、当归，加黄芩、豆豉、合欢皮清热除烦。

【文献摘要】

《济阴纲目》引《产宝》：妊娠而子烦者，是肺脏虚而热乘于心，则令心烦也。停痰积饮在心胸之间，或冲于心亦令烦也。若热而烦者，但热而已。若有痰饮而烦者，呕吐涎沫，恶闻食气，烦躁不安也。大凡妊娠之人，既停痰积饮，又寒热相搏，气郁不舒或烦躁，或呕吐涎沫，……均谓子烦也。

《陈素庵妇科补解》：妊娠内则烦躁，外则面赤口干，由郁热结于足太阴脾、手少阴心经也。足太阴脾经气通与口，手少引心经气通于舌，脏腑气虚，营卫不调，阴阳格据，热乘于心脾，津液枯少，故令心烦口干也。况烦由于心火之盛，躁由于肾水之衰，口属脾而为诸阳之会，当从此审求其病源。

《沈氏女科缉要笺正》：子烦病因，曰痰，曰火，曰阴亏。

《诸病源候论》：脏虚而热，气乘于心，则令心烦，停痰积饮，在于心胸，其冷冲心者，亦令烦也。若虚热而烦者，但烦热而已，若有痰热而烦者，则呕吐涎沫，妊娠之人，既血饮停积或虚热相搏故亦烦，以其妊娠而烦，故谓之子烦也。

《普济方》：夫妊娠虚烦懊热者，以阳气偏甚，热气独作，心下懊闷，头痛面赤，小便黄涩，甚则淋痛是也。《病源》又谓之子烦。

【病案举例】

陈××，40 岁，已婚，工人。1964 年 12 月 4 日初诊。

妊娠 7 个月，近两周来时时心中烦闷，胸窒痰黄，夜寐不安，口干心悸，腰酸，下肢筋惕，小便短赤，胎动不安，观其面赤唇红，舌苔薄黄，质红，切其脉来滑数。揣其病因，当是胎火痰热上扰所致，拟予清热化痰，以安胎元。

处方：黄芩 6g　麦冬 9g　大乌豆 24g　白芍 6g　新竹茹 15g　忍冬藤 15g　赤小豆 9g　苦参 9g　金狗脊 9g

服 3 剂后，心中烦闷大瘥。继服 5 剂，烦闷心悸均除。（福州市人民医院．孙浩铭妇科临床经验．福建人民出版社，1978 年）

复习思考题

1. 妊娠心烦的主要机理是什么？常见原因有哪些？与妊娠的关系如何？
2. 妊娠心烦的诊断依据是什么？
3. 子烦的常见证型有哪些？如何辨证？治疗代表方剂是什么？

（刘宏奇）

5.13 妊娠眩晕

目的要求

1. 掌握妊娠眩晕的辨证论治。
2. 熟悉妊娠眩晕的定义、病因病机及诊断依据。

重点内容

1. 妊娠眩晕的定义、与妊娠 证的关系。

2. 病因病机及辨证论治：①肝肾阴虚，治以滋补肝肾，平肝潜阳，方用杞菊地黄丸加味；②痰浊壅盛，治以健脾除湿，化痰息风，方用半夏白术天麻汤。

3. 诊断：妊娠中晚期，头晕目眩，或伴面浮肢肿；血压升高。须与妊娠合并内科眩晕（原发性高血压）相鉴别。

妊娠中晚期，出现头晕目眩，视物模糊，或伴面浮肢肿，甚则头痛恶心，昏眩欲厥者，称为妊娠眩晕，又称“子晕”或“子眩”。本病之重症，表现头痛、恶心、呕吐、视物昏花，为子 之先兆，若治不及时，将进一步发展为子 ，危及母儿生命，临证当予重视。

本病类似于西医学的妊娠高血压综合征（轻者似轻、中度妊娠高血压综合征，重者似先兆子 。

5.13.1 病因病机

妊娠眩晕的发生，与孕妇的体质因素关系密切，不同体质导致眩晕的机理不同，或为阴虚阳亢，上扰清窍；或为气郁痰滞，清阳不升。

1）阴虚肝旺　素体肝肾阴虚，阳气偏亢，孕后阴血聚以养胎，以致阴血益虚，阴不潜阳，肝阳上亢，扰乱清空，故为眩晕。

2）痰浊壅盛　孕妇素体脾虚，痰浊壅盛；或平素情怀不畅，肝失调达，横逆犯脾，脾失健运，水湿停聚，凝聚为痰。妊娠之后，胎体渐大，影响气机条达，以致痰湿中阻，清阳不升，浊阴不降，上扰清窍，以致妊娠眩晕。

5.13.2 诊断与鉴别诊断

5.13.2.1 诊断依据

1）本病多见于以下情况 初产妇、营养不良、贫血、双胎、羊水过多、葡萄胎。

2）妊娠中晚期，头目眩晕，可伴有面浮肢肿，严重者可出现头痛、恶心、呕吐、视物不清，甚至失明。

3）查体 血压升高。孕妇在妊娠20周以前血压正常，妊娠20周以后血压升高达18.7/12kPa（140/90mmHg）及以上，或较基础压上升4/2kPa（30/15mmHg）。可伴有不同程度的水肿。或见皮肤黏膜苍白等贫血貌。

4）尿蛋白（-）或（+）~（++++）。

5）根据病情需要，选用眼底检查、肝肾功能检查、心电图检查、B超检查等以了解母体及胎儿状况。

5.13.2.2 鉴别诊断

本病当与妊娠合并内科眩晕（妊娠合并原发性高血压）作鉴别（见表5-2）。

表5-2 妊娠眩晕（妊高征）与妊娠合并内科眩晕（妊娠合并原发性高血压）鉴别表

项 目	妊娠眩晕	妊娠合并原发性高血压
既往史	健康	有高血压病史
发病时间	妊娠中、晚期（20周以后）	妊娠前或妊娠早期即可出现
血压增高程度	一般不超过26.6/16kPa（200/120 mmHg），有明显自觉症状	可超过26.6/16 kPa（200/120mmHg）
尿常规	有蛋白（+）~（++++）	无异常变化
浮肿	自下肢足踝部逐渐向上延伸	无
产后恢复情况	逐渐恢复正常	减轻至妊娠前情况

5.13.3 辨证论治

（1）辨证要点

本病辨证应依据眩晕的特点，结合全身症状进行。眩晕表现为头胀痛而晕者，常由阴虚肝旺而致；眩晕且头重如蒙者，多属痰浊壅盛。

（2）治疗原则

本病虽病因各异，但治疗总以养血益阴，平肝潜阳为要，结合病因，分别参以滋阴降逆、化痰除湿。忌用温燥辛散之品，以免伤阴助热。

妊娠眩晕重症，往往为子痫的先驱证候，需积极治疗，若治不及时或治不得法，可发展为子痫。

5.13.3.1 阴虚肝旺

主证 妊娠中晚期，头部胀痛昏眩，视物模糊，心中烦闷，颧赤唇红，胸胁胀满，耳鸣肢麻，口燥咽干，手足心热，舌红，少苔，脉弦细滑数。

证候分析　肝肾阴虚，肝阳上亢，上扰清窍，故见头胀痛而晕，眼花耳鸣；肝火上扰心胸，则胸胁胀满，心中烦闷；虚火上浮，故颧赤唇红；肝肾阴虚，筋脉失养，故见四肢麻木；口燥咽干，手足心热。舌红，少苔，脉弦细滑数，均为阴虚内热之象。

治法　滋阴清热，平肝潜阳。

方药　杞菊地黄丸(《医级》)加龟板、石决明、钩藤、牡蛎。

杞菊地黄丸重在滋补肝肾之阴，兼清肝火，加入龟板、石决明、钩藤、牡蛎，以平潜上逆的肝阳，共达育阴潜阳的目的。方中熟地、山萸肉、山药“三补”，以滋补肾、肝、脾之阴；配以“三泻”，泽泻、丹皮、茯苓，使补而不腻；加枸杞补肝之阴，菊花泻肝火；龟板、牡蛎育阴潜阳；钩藤、石决明清热平肝。

5.13.3.2　痰浊壅盛

主证　妊娠中晚期，头晕目眩，头重如蒙，头痛如裹，甚则视物昏花，不能站立，伴胸闷泛恶，时吐痰涎，面浮肢肿，倦怠懒言，舌苔白腻，脉缓滑。

证候分析　孕妇痰湿中阻，妊娠中晚期，胎体障碍气机升降，以致清阳不升，浊阴不降，痰浊上扰，故头晕目眩，头重如蒙，头痛如裹，视物昏花，不能站立；痰浊阻于胸中，故胸闷不舒；痰湿中阻，胃失和降，故恶心、泛吐痰涎；湿溢肌肤，故面浮肢肿，倦怠懒言。舌苔白腻，脉缓滑，均为脾虚中阳不振，痰浊内停之征。

治法　健脾除湿，化痰息风。

方药　半夏白术天麻汤(《医学心悟》)。

半夏　白术　天麻　橘红　茯苓　炙甘草　蔓荆子　生姜　大枣

本方重在化痰息风，兼以健脾祛湿，使风息痰消，眩晕自停，脾得健运，则再无生痰之虑。方中半夏燥湿化痰，降逆止呕；天麻化痰息风止晕；白术健脾燥湿，治痰之本；橘红、茯苓理气化痰；蔓荆子散风除湿止痛；姜枣调和脾胃；炙甘草调和药性。

若伴头痛明显，加僵蚕、牡蛎祛风平肝止痛；痰湿明显，眩晕重者，加胆南星、白芥子增加化痰除湿之功。

若痰郁化火，兼见头目胀痛，心烦口苦，苔黄腻者，可选用清痰四物汤(《女科秘诀大全》)。

熟地　白芍　川芎　当归　黄芩　半夏　陈皮　白术　黄连

本方旨在清热化痰，养血安胎。方中半夏、陈皮、白术祛痰理气，健脾燥湿；黄芩、黄连清热降火；四物养血安胎。

【文献摘要】

《叶氏女科证治》：妊娠七八个月，忽然卒倒不省人事，顷刻即醒，名曰子晕……有血虚阴火上炎，鼓动其痰而眩晕者。

《女科证治约旨》：妊娠眩晕之候，名曰子眩。如因肝火上升，内风扰动，致昏眩欲厥者，宜桑丹杞菊汤主之；……如因痰涎上壅，致眩晕欲吐者，宜加味二陈汤主之。

【病案举例】

林××，34岁，女，教师。初诊：1986年5月9日。

妊娠7月余，头晕且痛，心悸烦躁，下肢浮肿，小便短频，口苦咽干，腰脊酸楚。血压20/13kPa（150/98mmHg），尿蛋白（+）。脉沉弦滑，苔薄腻质偏红，舌边有芒刺。乃血不养肝，肝火偏亢。故拟滋水养血，平肝泄火。

大生地12g　大白芍9g　炒归身9g　桑寄生12g　赤丹参4.5g　明天麻9g　生石决明15g（先煎）　银僵蚕9g　制首乌9g　双钩藤9g（后下）　夏枯草9g　泽泻9g

二诊：5月14日。头痛眩晕已减轻，血压17/11kPa（128/83mmHg），下肢浮肿亦退，口苦溲勤，尿蛋白（+-）。脉弦滑，苔薄质红。亢阳已敛，肝火未清，再以养血清肝，补肾安胎。

原方去明天麻、僵蚕、丹参，加淡子芩4.5g，料豆衣9g，枸杞子9g，猪苓9g，茯苓9g。

三诊：5月19日。血压恢复到16/10.6kPa，诸证均好转。脉略弦滑，舌红苔薄。再续原法以巩固。上方加炒白术6g。

药后血压未见明显升高，于7月2日剖腹产一男婴，母子平安。产后孕妇曾出血较多，但血压一直平稳，再予中药益气养血，清热固摄五剂即好转。（蔡庄等．蔡氏女科经验选集·蔡伯春医案．上海中医药大学出版社，1997年）

复习思考题

1. 试述妊娠眩晕的发病机理及其与妊娠　证的关系。
2. 阴虚阳亢、痰浊壅盛妊娠眩晕证如何鉴别、治疗？
3. 妊娠眩晕与妊娠合并内科眩晕（妊娠合并原发性高血压）应如何鉴别？

（刘宏奇）

5.14　妊娠痫证

目的要求

1. 掌握妊娠痫证的定义、辨证论治。
2. 熟悉妊娠痫证的病因病机。
3. 了解妊娠肿胀、妊娠心烦、妊娠眩晕、妊娠痫证的内在联系。

重点内容

1. 妊娠痫证的定义，与妊娠眩晕以及妊娠肿胀、妊娠心烦的联系。

2. 病因病机及辨证论治：①肝风内动，治以滋阴清热，平肝息风，方用羚角钩藤汤；②痰火上扰，治以清热开窍，豁痰息风，方用半夏白术天麻汤送服安宫牛黄丸。

3. 诊断：妊娠中晚期有高血压、水肿、蛋白尿史，妊娠晚期、临产时、新产后，突发抽搐、昏迷。须与妊娠合并癫痫、癔病相鉴别。

妊娠晚期，或临产时、新产后，表现眩晕头痛，突然昏不知人，双目上视，牙关紧闭，四肢抽搐，全身强直，腰背反张，少顷可醒，醒后复发，甚或昏迷不醒者，称为妊娠痫证，又称“子痫”。妊娠痫证是产科的危急重症，一旦发生，常危及母儿生命。

本病相当于西医学的重度妊娠高血压综合征中的子痫。

妊娠肿胀、妊娠心烦、妊娠眩晕、妊娠痫证均与西医学中妊娠高血压综合征有密切的关系。临床多数患者，开始表现为妊娠肿胀、妊娠心烦，随着病情的发展，或治疗不及时，进而成为妊娠眩晕。妊娠眩晕之重症，则常为妊娠痫证之先兆。此时，必须积极、准确、及时予以治疗，否则极易发展成为妊娠痫证。妊娠痫证一旦发生，母儿死亡率急剧增高。因而，及时诊断和治疗妊娠肿胀、妊娠心烦以及妊娠眩晕，是预防妊娠痫证、确保母儿健康的重要措施。此外，临床也有少数患者，在发病之初即表现为妊娠眩晕，甚至无任何病史及先兆，即突发子痫抽搐。

5.14.1 病因病机

本病的发生机理为风、火、痰相互作用，上扰清空，走窜筋络而致。或为肝阳上亢，肝风内动；或为痰火上扰，蒙蔽清窍。

1）肝风内动 肝藏血，主筋脉，心藏神，其充在脉。孕妇素体阴虚，孕后阴血下聚胞宫以养胎，致阴血益虚，肝血不足，肝阳上亢，血虚不足以养筋，生风化燥；肾精亏不足以养心神，心火偏亢。风火相煽，上扰清窍，走窜筋络，以致神志昏迷，抽搐，发为子痫。

2）痰火上扰 素体阴虚，因孕益虚，阴虚热盛，煎熬津液，炼液为痰，痰热互结；或孕妇素体脾虚，孕后更虚，脾虚湿蕴，日久成痰，痰郁化热，以致痰热互结；或肝郁脾虚，气郁痰滞，郁久化热，痰火交织。痰火上蒙清窍，走窜筋络，以致昏迷抽搐，遂发妊娠痫证。

5.14.2 诊断与鉴别诊断

5.14.2.1 诊断

1）妊娠中晚期，有妊娠肿胀、妊娠心烦、妊娠眩晕病史（高血压、水肿、蛋白尿史）。发作前，常有头痛、眼花、恶心、呕吐等先兆症状。

2）有子痫发作之临床表现　妊娠晚期，或临产时，或新产后，突然眩晕倒仆，昏不知人，眼球固定，瞳孔散大，牙关紧闭，口角、面部抽搐，数秒后，四肢强直，两手握固，腰背反张，全身抽搐，双目上视，呼吸暂停，颜面青紫，约几十秒至一、两分钟后，抽搐渐止，陷入昏迷状态，少顷可醒，醒后复发，甚或昏迷不醒。

3）查体　血压可高达 21.3/14.6kPa（160/110mmHg）及其以上，可伴有不同程度的水肿。

4）尿蛋白（++~++++）　血液检查：测定血红蛋白、红细胞压积、血浆黏度、全血黏度、血浆蛋白、血小板计数、电解质、二氧化碳结合力等，以及肝肾功能检查，以了解病情轻重。

5）眼底检查、心电图、胎盘功能检查、胎儿成熟度检查等，也须同时进行。

5.14.2.2　鉴别诊断

妊娠痫证当与妊娠合并癫痫、癔病相鉴别。

1）与妊娠合并癫痫大发作鉴别　妊娠合并癫痫表现为妊娠前有癫痫病史或外伤史；发作前无头痛、眼花、恶心、呕吐等先兆症状；无高血压、水肿、蛋白尿之表现及病史；发作时突然意识丧失，开始抽搐即为全身抽搐。子痫发作前有头痛、眼花等先兆，抽搐时首先表现面部、口角的肌肉抽搐，而后波及全身。

2）与妊娠合并癔病性抽搐鉴别　妊娠合并癔病性抽搐常见于较年轻孕妇，多有明显的精神诱发因素，发作时肢体强直，类似抽搐，但并非典型抽搐，无意识障碍及呼吸暂停，面色红润，持续时间长，达 10 分钟至数小时；暗示法可使症状加重或停止；无高血压、水肿、蛋白尿等病史及表现。

5.14.3　辨证论治

（1）辨证要点

妊娠痫证应以抽搐、昏迷之前的全身症状结合抽搐、昏迷时的特征进行辨证。发作前头胀痛且晕，发作以抽搐为主，抽搐后颜面潮红者，多为肝阳上亢，肝风内动之征；发作前头重如蒙，抽搐后昏迷不醒，口流涎沫，息粗痰鸣者，多为痰火上扰之候。

（2）治疗原则

妊娠痫证一旦发生，治疗当以镇痉息风，安神定志为要，同时结合病证，或清热平肝，或化痰除热。本病属产科危急重症，应积极进行中西医结合治疗，以尽快控制抽搐，以保护母婴平安为目的。

5.14.3.1　肝风内动

主证　妊娠晚期，或临产时及新产后，头痛头晕，突发四肢抽搐，昏不知人，两目上吊，牙关紧闭，腰背反张，须臾醒，醒复发，甚或昏迷不醒，颜面潮红，手足心热，心悸而烦，口干咽燥，舌红或绛，苔少或花剥，脉弦细而数或弦劲有力。

证候分析　阴虚肝旺，肝阳上亢，故头痛头晕；肝血不足，筋脉失养，肝风内动，筋脉拘急，故四肢抽搐，两目上吊，牙关紧闭，腰背反张；阴亏水火失济，风火相煽，上扰心神，故昏不知人，心悸而烦；阴虚内热，虚火外浮，则颜面潮红，手足心热。口干咽燥，舌红或绛，苔少或花剥，脉弦细而数或弦劲有力，均为阴虚阳亢，肝风内动之候。

治法　养阴清热平肝，镇痉息风。

方药　羚角钩藤汤(《重订通俗伤寒论》)。

羚羊角　桑叶　川贝母　生地　钩藤（后下）　菊花　茯神　白芍　生甘草　鲜竹茹

本方旨在凉肝息风，增液舒筋。方中羚羊角、钩藤清热解痉，镇肝息风；桑叶、菊花清肝明目息风；白芍、生地养阴清热，柔肝舒筋；竹茹、贝母清热化痰；茯神宁心安神；甘草缓急和中。

5.14.3.2　痰火上扰

主证　妊娠晚期，或临产时及新产后，头痛胸闷，恶心呕吐，突发昏不知人，两目上吊，牙关紧闭，四肢抽搐，腰背反张，须臾醒，醒复发，甚或昏迷不醒，气粗痰鸣，口流涎沫，面浮肢肿，舌质红，苔黄腻，脉弦滑而数。

证候分析　痰火互结，上蒙清窍，故头痛，昏不知人；痰火内蕴，气机不畅，则胸闷；痰火互结，走窜筋络，火盛风动，筋脉拘急，故两目上吊，牙关紧闭，四肢抽搐，腰背反张；痰热互结于胸，故气粗痰鸣；痰湿内盛，故口流涎沫，面浮肢肿。舌质红，苔黄腻，脉弦滑而数，亦系痰火内盛之征。

治法　清热豁痰，息风开窍。

方药　半夏白术天麻汤(《医学心悟》)送服安宫牛黄丸(《温病条辨》)。

半夏　白术　天麻　橘红　茯苓　炙甘草　蔓荆子　生姜　大枣

牛黄　郁金　水牛角　黄连　黄芩　栀子　朱砂　雄黄　冰片　麝香　珍珠　金箔衣

半夏白术天麻汤重在化痰息风，健脾祛湿。方中半夏燥湿化痰，降逆止呕；天麻化痰息风；白术健脾燥湿，治痰之本；橘红理气化痰；蔓荆子散风除湿；姜枣调和脾胃；炙甘草调和药性。安宫牛黄丸旨在清热豁痰开窍。方中牛黄清心豁痰开窍；水牛角清心凉血；麝香开窍醒神；黄连、黄芩、栀子清热解毒；雄黄豁痰清热；郁金、冰片芳香祛秽，通窍开闭；朱砂、金箔、珍珠镇心安神。

【文献摘要】

《沈氏女科辑要笺正》：妇人卒倒不语，或口眼歪斜，或手足瘈疭，皆名中风。或腰背反张，时昏时醒，名为风痉，又名子痫。古来皆作风治，不知卒倒不语名为厥，阴虚失纳，孤阳逆上之谓。

《胎产心法》：妊娠子痫，乃为恶候，若不早治，必致堕胎，其证或口噤项强，手足挛缩，言语謇涩，痰涎壅盛，不省人事；或忽然眩晕卒倒，口不能言，状如中风，实非中风之证，不可作中风治。即或无痰，言语如常，但似风状，多因血燥、血虚，亦不可概以风治而误也。……乃是血虚而阴火炎上，鼓动其痰。

《杏轩医案》：子痫疾作之由，因子在母腹，阴虚火炽，经脉空疏，精不养神，气不养筋，而如厥如痫，神昏失守，手足抽掣。

【病案举例】

案一　汪氏。

主诉：怀孕足月，忽患肝风痉厥之子痫，当痉厥剧烈时，竟分娩矣，产妇则昏厥不省人事，肢痉肉瞤，面青目赤，龂齿咬唇，恶露不能畅行。邀余诊时，已逾三十小时。

诊查：按脉数劲，观舌则勉强将牙关撬开，见其舌边红刺。

治法：一反产后忌用凉药以免瘀阻之说而治之。

处方：羚羊尖2g（磨汁服）　生石决明30g（先煎）　明天麻10g　钩藤钩10g　生地15g　鲜石斛12g　元参10g　甘菊花10g　白芍药10g　丹皮10g　阿胶10g（烊冲）　淡菜10g

制成大剂煎服。药后一剂知，再剂而痉平神清，调理旬余而瘥。

按语：盖素体阴虚，当怀孕期间，尤须血养，营血不足，则化燥生风。经云“阴虚生热，热生燥，燥生风”，即此理也。况产前已见痉厥，肝阴大伤，产后阴虚，更属明显，故亢阳飞越，风动不定，壮烈之火，势必灼尽有限之阴而后已，倘泥“产后必须逐瘀，产后忌用凉药”，则必致阴伤液竭，不救而亡。（董建华主编．中国现代名中医医案精华一·周筱斋医案．北京出版社，1990：197～198）

案二　鱼场下坡王××之妻，24岁。

初诊：1952年仲秋。

主诉：妊娠逋近七月，肢面浮肿，头痛目眩，泛恶欲呕，因家道不丰，仍日夜操劳不辍。一日突发肢搐神迷、目吊口噤、全身痉挛、乍作乍止。举家惶惶，不知所措，急遣人邀余往诊。

诊查：余至时正值发作，入视其状，见四肢抽搐有力，面青唇紫，少顷抽定，诊脉弦滑，舌质暗红、边有瘀斑。询之烦热心悸，头目疼痛。

辨证：余退而语其夫：此子痫也，乃因素体血虚，怀孕期间血聚养胎，致阴血更亏。阴虚火旺，火旺则化风，肝风内动，筋脉失养，遂有此证。前者头痛目眩、泛恶欲呕，已是内风欲动之兆，乃不知静养，以致于此。倘反复发作，对于母体、胎儿恐有危害。其夫坚请：但求保全大人，胎儿虽殒勿须顾忌。余然其说，遂书方如下：

先予熊胆0.6g，研末，冲入竹沥水15克，即服，以清热解痉兼涤痰涎（倘无熊胆，可以蛇胆或鸡胆代之），后服下方药。

处方：秦当归12g　杭白芍24g　刘寄奴12g　桃仁泥9g　南红花9g　麦门冬9g　黑芝麻12g　嫩钩藤12g　紫贝齿15g　白僵蚕9g　苏地龙9g　条黄芩9g　磁雅连9g

水煎，嘱服一剂，以观动静。翌日晨其夫来告，谓头煎服后抽搐渐平，随服二煎头痛亦减。余曰：病虽稍定，恐有复萌，原方药再服一剂，冀得无虞。

药后再被邀诊，病妇脉缓神清，抽痛未作，惟口干纳差，肿势依然。再予育阴清热、养血活血、兼舒筋化湿之剂。

处方：秦当归12g　赤白芍各9g　天仙藤12g　南红花12g　茯苓皮15g　宣木瓜9g　香附米6g　麦门冬9g　肥玉竹9g　女贞子12g　桑寄生12g　黄芩6g　黄连6g　白僵蚕9g　六神曲12g　两剂

数年后，王某携一小儿与余邂逅途中，谈及往事，谓其妻服二诊方后，诸症悉退，搐未再发，并足月顺产一子，即此儿也。

按语：子痫的发病机理，主要为阴血不足，肝阳上亢，化火生风。《素问·生气通天论》说："阳气者，精则养神，柔则养筋。"今肝阳化风，奔逆于上，则阳气不能柔养筋脉，而致筋脉拘挛绌急，气血运行也必因而涩滞不畅；又因阴血既亏，则血液运行无力，也会导致血脉涩滞，络中血瘀，故子痫发病过程中，瘀血的因素是存在的。同时由于肝气上旋，挟气血上奔于头，以致气血逆乱，冲任失调，胞宫供血不足，胎儿也将不得充分滋养。此时若单纯息风潜阳，而不予疏利血脉，导血下流，则逆上之气血即不能速反，《内经》说："气反则生，不反则死。"因此，"非惟胎妊骤下，将见气血涣散，母命亦难保全。"故对子痫的治疗，在辨证施治的基础上，针对病情，选用适当的活血化瘀之品，有利于舒缓筋脉，调畅血行，导血下流，调养冲任，不仅能达到"治风先治血，血行风自灭"，从而缓解症状之目的，而且能佐助镇肝息风之品，有补阴益血、滋养胎儿之功。余早年也曾恪守古人"用行血消血之剂，胎必坠而祸不旋踵"之戒，对子痫未敢骤用活血化瘀之药，后应病人家属"但保大人，勿虑胎儿"的请求而试用之，竟得母子俱安，由此益感《内经》"有故无殒，亦无殒也"之论，确是信而有征。(董建华主编．中国现代名中医医案精华·哈荔田医案．北京出版社，1990年)

复习思考题

1. 何谓妊娠痫证？其发生机理如何？
2. 预防妊娠痫证发生的有力措施是什么？预防妊娠痫证有何意义？
3. 试述妊娠痫证与妊娠合并癫痫的鉴别要点。

(刘宏奇)

5.15 胎水肿满

目的要求

1. 熟悉胎水肿满的定义及诊断要点。
2. 了解胎水肿满的病因病机、临床表现、治法及代表方剂。

重点内容

1. 胎水肿满的定义。
2. 病因病机及辨证论治：脾气虚弱，治以健脾渗湿，养血安胎，方用鲤鱼汤。
3. 诊断：腹大异常，B超最大羊水平面>7cm。注意有无胎儿畸形。应与多胎妊娠、巨大儿、鬼胎相鉴别。

妊娠至五、六月后，因胎水过多，出现腹大异常、胸膈胀满、甚则喘不得卧者，称为胎水肿满，亦称“子满”。

本病相当于西医学的“羊水过多”。

5.15.1 病因病机

本病的发病机理为脾气虚弱，水渍胞中。孕妇素体脾虚，或贪凉饮冷伤脾，孕后气血下聚养胎，脾之生化负担加重，致脾气益弱，运化失司，水湿不运，留聚于胞，发为胎水肿满。

5.15.2 诊断与鉴别诊断

5.15.2.1 诊断依据

1）一般仅见腹大异常，严重者见胸膈胀满，甚则喘不得卧，紫绀，或有下肢及外阴浮肿，腹壁、下肢静脉曲张。

2）体检时见腹部有液体振荡感，胎位不清，胎心遥远或听不到。

3）B超检查：显示胎儿与子宫壁间的距离增大，最大羊水深度超过7cm，胎儿肢体呈自由体态。

4）羊水过多常由胎儿畸形引起，故在诊断羊水过多时，应进一步通过羊水及母血甲胎蛋白（α-FP）含量测定、羊膜腔造影及胎儿造影、B超检查明确诊断。

5.15.2.2 鉴别诊断

本病应与多胎妊娠、巨大胎儿、鬼胎相鉴别，一般通过B超等辅助检查手段不难做出明确诊断。

5.15.3 辨证论治

脾气虚弱

主证　妊娠中后期，胎水过多，腹大异常，胸膈胀满，甚则喘不得卧，神疲肢软，舌淡胖，苔白腻，脉沉滑无力。

证候分析　中土虚衰，脾虚失运，水湿停聚，侵淫胞中，而见胎水过多，腹大异常；水湿上迫胸膈心肺，则胸膈胀满，喘不得卧；脾虚中阳不振，则神疲肢倦。舌淡胖，苔白腻，脉沉滑无力，亦均脾虚湿盛之征。

治法　健脾渗湿，养血安胎。

方药　鲤鱼汤(《千金要方》)。

鲤鱼　白术　白芍　当归　茯苓　生姜

本方旨在健脾胃，利水湿，养气血，安胎元。方中鲤鱼善行胞中之水，以除湿消肿；白术、茯苓、生姜健脾渗湿行水；当归、白芍养血安胎，使水湿去而胎不伤。

若兼阳虚畏寒肢冷者，加桂枝，以干姜易生姜以温阳化气行水；腹胀明显者，加陈皮、枳壳、莱菔子健脾理气消胀；喘甚不得卧者，加葶苈子泻肺行水；兼肾虚腰痛者，加杜仲、川断、菟丝子益肾安胎强腰膝。

本病常伴有胎儿畸形，一经确诊，应立即采取措施终止妊娠。无胎儿畸形者，积极治疗的同时，应严密监测羊水量及胎儿状况，尽可能维持到足月分娩。

【文献摘要】

《诸病源候论》：胎间水气子满体肿者，此由脾胃虚弱，脏腑之间有停水，而挟以妊娠故也。妊娠之人，经血壅闭，以养于胎，若挟有水气，则水血相博，水渍于胎，兼伤脏腑。……水渍于胞，则令坏胎。

《胎产心法》：所谓子满者，妊娠至五六个月，胸腹急胀，腹大异常，或遍身浮肿，胸胁不分，气逆不安，小便艰涩，名曰子满。又为胎水不利。若不早治，生子手足软短有疾。甚至胎死腹中。宜服千金鲤鱼汤治其水。如脾虚不运，清浊不分，佐以四君五皮。亦有束胎饮以治子满证甚效。

《叶氏女科证治》：妊娠五六月间，腹大异常，胸膈胀满，小水不通，遍身浮肿，名曰子满，此胞中蓄水也，若不早治，生子手足必软短，形体残疾，或水下即死。

【病案举例】

郭××，女，33岁，营业员，初诊：1976年11月12日。

婚后八年未育，经多方治疗始孕，前曾胎漏下血而住院保胎，现已孕六个半月，腹形膨大如临产状，腰脊酸楚，面浮肢肿，倦怠无力，行走不便，近半月体重增加4千克，脘腹胀满。脉细苔薄腻。产科检查认为两周来体重腹围增加较速，超过孕月，B超又显示为羊水平段9.6厘米，诊断为羊水过多。辨证为脾肾不足，水湿内停。宜健脾补肾，理气行水。

炒白术15g　淮山药12g　桑寄生9g　炒川断9g　茯苓皮15g　天仙藤9g　苏梗6g　陈皮4.5g　生黄芪12g　大腹皮9g　生姜片3片

服药七剂后尿量增多，面浮肢肿已消，体重减轻2千克，药症合拍，原方加桂枝2克，续服七剂。于11月26日二诊时自述尿量显增且畅，体重又减1千克，腰酸腹胀等症均除。产科检查已能触及胎方位，胎心音清晰。B超复查羊水平段6.5厘米。停药后产科随访，羊水已停止进展，耻上宫底高度符合孕月，至1977年2月足月顺产一女婴，母婴健康。（蔡庄等．蔡氏女科经验选集·蔡伯春医案．上海中医药大学出版社，1997年）。

复习思考题

1. 试述胎水肿满的主要临床表现。与子肿有何不同？
2. 胎水肿满的病因病机是什么？如何治疗？
3. 胎水肿满的诊断要点是什么？为什么在诊断胎水肿满后还应进一步检查有无胎儿畸形？检查确诊有胎儿畸形者，应如何处理？

（刘宏奇）

5.16 胎气上逆

目的要求

1. 熟悉胎气上逆的定义。
2. 了解胎气上逆的分型及代表方剂。

重点内容

1. 胎气上逆的定义。
2. 病因病机及辨证论治：①肝气犯脾，治以疏肝健脾，理气行滞，方用紫苏饮；②胎热上逆，治以清热泻火，理气行滞，方用枳壳汤加味。

孕妇自觉胸胁胀满，甚或喘急，烦躁不安者，称为胎气上逆，又名“子悬”、“胎上逼心”。

5.16.1 病因病机

本病的发病机理为妊娠后将养失宜，气血失和，胎气上逼，气机不利，壅塞胸胁而致病。常见病因有肝气犯脾和胎热气逆。

1）肝气犯脾　素性抑郁，或恚怒伤肝，肝气郁而不达，复因孕后血聚养胎，肝血不足，胎体渐大，障碍气机，均致肝郁益盛，肝气伤脾，湿浊上犯，而成子悬。

2）胎热气逆　素体阳盛，或孕后过食辛热之品，体内蕴热，热及胎元，致胎热气逆，上逼心胸，发为子悬。

5.16.2 诊断与鉴别诊断

5.16.2.1 诊断依据

1）患者可有情志不和、饮食失节、感受寒凉等诱发因素。

2）多见于妊娠中晚期，发作时胸胁或胸脘胀满，如有物悬阻胸膈，甚或影响呼吸，致喘息气急，烦躁不安。

3）妇产科检查多无异常发现。

5.16.2.2 鉴别诊断

本病应与妊娠合并心脏病、胎水肿满相鉴别。

1）与妊娠合并心脏病鉴别　妊娠合并心脏病，孕前常有心脏病史，症状以心悸怔忡，喘息气促，甚不得卧，下肢浮肿为主，心肺听诊有阳性发现，X线检查心界扩大，肺部病变。胎气上逆则以胸胁胀满，如有物阻隔为主要特点，心肺听诊及X线检查均无异常发现。

2）与胎水肿满鉴别　胎水肿满虽也可出现胸膈胀满，但其病因及主要症状为胎水过多，腹大异常。B超可见羊水平段超过7cm。胎气上逆者则腹部检查及B超均属正常。

5.16.3 辨证论治

（1）辨证要点

本病辨证应以素体状况及兼证，结合舌脉综合分析判断。

（2）治疗原则

本病的治疗以理气行滞为主，佐以健脾、清热。

5.16.3.1 肝气犯脾

主证　妊娠期，胸闷胁胀，甚或喘急不安，心烦易怒，嗳气纳呆，大便稀溏，苔薄，脉弦缓。

证候分析　肝郁犯脾，气血失和，胎气上逆，壅塞胸胁，故胸闷胁胀，甚或喘急不安；肝失条达，故心烦易怒；肝气横克脾胃，脾失健运，胃失和降，故嗳气纳呆，大便稀溏。苔薄，脉弦缓，亦为肝木克脾之象。

治法　疏肝健脾，理气行滞。

方药　紫苏饮(《普济本事方》)。

紫苏　陈皮　大腹皮　当归　白芍　川芎　人参　甘草

本方重在理气和血，健脾行滞。方中紫苏、陈皮、大腹皮宽中理气；当归、白芍养血柔肝；川芎和血行滞；人参、甘草健脾益气。

5.16.3.2 胎热气逆

主证　妊娠期，胸闷胁胀，甚或喘急不安，心烦不安，口苦咽干，尿黄便结，舌红，苔黄，脉弦滑数。

证候分析　热盛及胎，胎气上逆，气机不利，壅塞胸胁，故胸闷胁胀，甚或喘急不安；热扰于心，心神不安，故心烦不寐；热邪伤津，故口苦咽干，尿黄便结。舌红，苔黄，脉弦滑数，为热盛之征。

治法　清热泻火，理气行滞。

方药　枳壳汤(《证治准绳》)加紫苏、栀子。

枳壳　黄芩

方中黄芩清热；枳壳行气；加入紫苏、栀子以助行滞泻火。

【文献摘要】

(《医宗金鉴》)：孕妇胸膈胀满，名曰子悬。更加喘甚者，名曰胎上逼心。俱宜紫苏饮。

(《沈氏女科辑要笺正》)：子悬是胎元之上迫，良由妊妇下焦气分不疏，腹壁逼窄，所以胎渐居上，而胀满疼痛乃作。

《妇科玉尺》：妊娠四、五月来，本君相二火养胎，平素有火，而胎热气逆，胎上凑心不安，胸膈胀满，名曰子悬。

《傅青主女科》：妊妇有怀抱忧郁，以致胎动不安，两胁闷而疼痛，如弓上弦，人止知是子悬之病也，谁知是肝气不通乎。

《医学心悟》：子悬者，胎上逼也。胎气上逆，紧塞于胸次之间，名曰子悬。其症由于恚怒伤肝者居多，亦有不慎起居者，亦有脾气郁结者，宜用紫苏饮加减主之。

【病案举例】

曹××，21岁，已婚。

初诊：1959年12月。怀孕8个月，因气恼而气机上逆，胸胁间有气团壅塞，一度昏厥。今患者自揉胸部，据述前日气塞而昏厥，苏醒后胸胁闷胀，恶心呕吐，现心烦口燥，腰背酸楚，不思饮食，似有异物阻塞，异常难受。按脉滑数，舌苔黄腻。证系气郁使然，首先宜心情宽畅。

苏梗6g，白术6g，陈皮6g，白芍6g，合欢皮9g，带壳砂仁24g（后下），淡子芩9g，钩藤12g（后下），杜仲9g，续断9g，姜竹茹9g，两剂。

复诊：情绪较佳，面貌已无苦闷之象，服药颇见功效，呕逆已停，胸腔闷胀已瘥，现胃口似稍开，略能饮食，稍感腰酸和胎动，其他无所苦，按脉亦不如上次之数，舌苔由黄腻而变为薄黄，症已大好，宗原意续予宽胸健脾、解郁安胎以善其后。

苏梗6g，合欢皮9g，白芍9g，代代花2.4g，带壳砂仁4.5g（后下），白术6g，陈皮6g，钩藤12g（后下），菟丝子9g，覆盆子9g，茯苓9g。

按：……本例即因情志刺激，气郁而挟热上扰，引起气机窒塞，呕逆而烦躁，内热口燥，不思饮食，治疗当以清热解郁，疏肝降逆为主。本证古来多以苏梗为君药，盖既理气宽中，又有止呕之功，复有安胎之效，对本证非常适合。白芍柔肝缓急，并能健脾止痛，亦为要药。合欢皮能化郁息怒，令人欢乐无忧，可使肝气条达。竹茹、砂仁健脾降逆。杜仲、川断为王肯堂杜仲丸（杜仲、川断、枣肉）主药，安胎壮腰膝。复用钩藤、黄芩以清肝经郁热，阻其上扰。服后见效颇速，呕逆胸闷等症，次第减轻。惟经此证骚扰后，胎儿为之不安，所以有腰酸胎动之感，复诊遂以健脾安胎为主，以确保母体和胎儿健康。（朱南孙等．朱小南妇科经验选．人民卫生出版社，1981年）

复习思考题

1. 何谓子悬？其发病机理是什么？
2. 胎气上逆的治疗原则是什么？常用方剂有哪些？

（刘宏奇）

5.17 妊娠咳嗽

目的要求

1. 熟悉妊娠咳嗽的定义及辨证论治。
2. 了解其病因病机。

重点内容

1. 妊娠咳嗽的定义。
2. 病因病机及辨证论治：①阴虚，治以养阴润肺，止咳安胎，方用百合固金汤；②痰饮，治以健脾化痰，止咳安胎，方用六君子汤；③外感，治以疏风散寒，宣肺止咳，方用桔梗汤。
3. 诊断：妊娠期间，咳嗽不已。应与痨嗽相鉴别。

凡妊娠期间，咳嗽不已者，称为妊娠咳嗽，亦称“子嗽”。

本病可见于西医学的妊娠合并上呼吸道感染、急慢性支气管炎等引起的咳嗽。

5.17.1 病因病机

本病的发病机理为肺失濡润，清肃失职。常见原因有阴虚、痰饮、外感。

1）阴虚　素体阴虚，孕后阴血下聚养胎，阴虚尤甚，阴虚火旺，虚火上炎，灼肺伤津，肺失濡润，发为咳嗽。

2）痰饮　素体脾胃虚弱，运化失职，水湿内停，聚湿成痰，上凌于肺，肺失清肃，而致咳嗽。

3）外感　孕后体虚，或起居不慎，外感风寒，寒邪束肺，肺失宣降，发为咳嗽。

5.17.2 诊断与鉴别诊断

5.17.2.1 诊断依据

1）本病患者孕前有慢性咳嗽史，或孕后贪凉饮冷、感受外邪等病史。

2）妊娠期间，咳嗽不已。

3）胸透或胸部摄片有助于本病的诊断。但X线对胎儿可以造成伤害，孕早期宜慎用。

5.17.2.2 鉴别诊断

本病应与痨嗽相鉴别，一般通过胸部摄片、痰培养等辅助检查手段不难做出诊断。

5.17.3 辨证论治

（1）辨证要点

妊娠咳嗽，因发病原因不同，所以临床表现也各有特征，如阴虚所发多干咳无痰；痰饮引起者每见胸闷气促多痰；风寒束肺起病必有寒热表证。

（2）治疗原则

治疗原则以清热润肺，化痰止咳为主，阴虚者，则宜养阴润肺；痰饮者，当健脾化痰；外感者，又应疏风散寒。因咳嗽发生于妊娠期间，易动胎，故治疗宜治病与安胎并举，对过于降气、豁痰、滑利等碍胎药物须慎用。

5.17.3.1 阴虚

主证　妊娠期间，咳嗽不已，干咳无痰，甚或痰中带血，口干咽燥，五心烦热，舌红苔少、脉细滑数。

证候分析　阴虚火旺，上灼肺津，故干咳无痰，口干咽燥；肺络受损，则痰中带血；阴虚内热，故五心烦热。舌红少苔，脉细滑数，为阴虚内热之征。

治法　养阴润肺，止咳安胎。

方药　百合固金汤(《医方集解》)。

百合　生地　熟地　麦冬　玄参　桔梗　贝母　当归　白芍　甘草

本方旨在养肺阴，清虚热，止咳嗽。方中百合、麦冬润肺生津止咳；二地、玄参滋阴清热；当归、白芍养血敛阴；桔梗、贝母、甘草清肺化痰止咳。

若痰中带血者，加阿胶、炒蛤粉、旱莲草、仙鹤草滋阴清热止血；若五心烦热甚者，加地骨皮、白薇滋阴清热；大便干结者，加肉苁蓉、胡麻仁润肠通便。

5.17.3.2 痰饮

主证　妊娠期间，咳嗽痰多、胸闷气促，甚则喘不得卧，神疲纳呆，舌淡苔白腻，脉濡滑。

证候分析　脾虚生痰，痰饮上犯，肺失肃降，故咳嗽痰多，胸闷气促，甚则喘不得卧；脾虚中阳不振，故神疲纳呆。苔白腻、脉濡滑，为痰饮内停之征。

治法　健脾化痰，止咳安胎。

方药　六君子汤(《和剂局方》)。

党参　白术　茯苓　甘草　半夏　陈皮　生姜　大枣

本方旨在补脾胃、化痰湿、止咳嗽。方中四君子汤健脾运湿；生姜、半夏、陈皮祛痰行气止咳，大枣补脾。

若胸闷痰多者，加苏子、瓜蒌仁、枇杷叶宽胸顺气，化痰止咳。

若化火者，症见咳嗽咯痰不爽，痰液黄稠，舌红苔黄腻、脉滑数。治宜清肺化痰，止咳安胎。方用清金化痰汤(《统旨方》)。

黄芩 山栀 桑皮 桔梗 麦冬 贝母 知母 橘红 茯苓 甘草 瓜蒌仁

本方旨在清肺化痰，润肺止咳。方中黄芩、山栀清热降火；麦冬、知母、贝母清热润肺，化痰止咳；桑皮、瓜蒌仁清热泄肺，消痰散结；桔梗、甘草宣肺利咽；茯苓健脾渗湿；橘红利气化痰。

5.17.3.3 外感

主证 妊娠期间，咳嗽痰稀，头痛鼻塞流涕，恶寒发热，骨节酸楚，苔薄白，脉浮滑。

证候分析 风寒束肺，郁遏气道，肺气不宣，则咳嗽痰稀、鼻塞流涕；风寒束表，营卫失和，故头痛、恶寒发热、骨节酸楚。苔薄白，脉浮滑，为风寒在表之征。

治法 疏风散寒，宣肺止咳。

方药 桔梗散(《妇人大全良方》)。

天门冬 桑白皮 桔梗 紫苏 赤茯苓 麻黄 贝母 人参 甘草

本方旨在解表宣肺止咳。方中麻黄、紫苏宣肺散邪；桔梗、甘草宣肺利咽；天冬、贝母润肺化痰，桑皮、赤茯苓泄肺利湿化痰。

【文献摘要】

《陈素庵妇科补解》：妊娠咳嗽因感冒，寒邪伤于肺经，以致咳嗽而不已也。肺主气，外合皮毛，腠理不密则寒邪乘虚入肺。或昼甚夜安，昼安夜甚；或有痰，或无痰，名曰子嗽，久则伤胎，宜紫菀汤。

《医宗金鉴》：妊娠咳嗽，谓之子嗽。嗽久每致伤胎。有阴虚大动、痰饮上逆，有感冒风寒之不同。因痰饮者，用二陈汤加枳壳、桔梗治之；因感冒风寒者，用桔梗汤，即紫苏叶、桔梗、麻黄、桑白皮、杏仁、赤茯苓、天冬、百合、川贝母、前胡也；若久嗽，属阴虚，宜滋阴润肺以清润之，用麦味地黄汤治之。

【病案举例】

朱××，25岁，已婚，工人。

初诊：1月12日，怀孕7个月，咳嗽已3个月，咯痰不爽，略有喉痒，恶寒潮热，胸胁闷胀，泛之欲吐，脉象滑数，舌苔薄白。证属风寒袭肺，痰湿内蕴。治当宣肺疏散。

紫苏叶梗各6g 前胡4.5g 藿香梗4.5g 新会皮6g 制半夏6g 姜竹茹9g 玉桔梗4.5g 白术6g 炙款冬9g 炙甘草3g 象贝粉3g（吞）

二诊：1月15日，服药后寒热已退，咳嗽已爽，食欲不振，略有腰酸，慎防久咳伤胎。治以化痰安胎，并祛余邪。

焦白术6g 新会皮6g 桔梗24g 沙参6g 炙款冬6g 淮山药9g 杜仲9g 续断9g 炙甘草2.4g 杏仁6g

三诊：1月18日。咳嗽已瘥，痰亦渐清，胃口稍开，腰酸仍然。腰为肾之府，不容忽视。

治拟固肾养金。

炙款冬 6g 炙紫菀 6g 肥麦冬 6g 苏梗 6g 白术 6g 白芍 6g 菟丝子 9g 覆盆子 9g 五味子 2.4g 炙甘草 3g

四诊：1 月 21 日。服药调治后，胸闷已宽，咳嗽已少，有胎动不安，腰酸不舒，肺脏余邪已清。但胎已受震。治以镇咳安胎。

枇杷叶 6g（包） 蒸百部 9g 炙紫菀 6g 炙款冬 6g 蛤粉炒阿胶 9g 杜仲 9g 续断 9g 五味子 2.4g 炙甘草 2.4g 苎麻根 9g

五诊：1 月 31 日。咳嗽已停，诸恙次第就愈，稍有腰酸乏力，邪去扶正，以复康宁。治拟固肾安胎。

太子参 4.5g 白术 6g 麦冬 6g 杜仲 9g 续断 9g 菟丝子 9g 五味子 2.4g 熟地 9g 茯苓 9g 苎麻根 9g 南瓜蒂 2 枚。（朱南孙等．朱小南妇科经验选．人民卫生出版社，1981 年）

复习思考题

1. 何谓子嗽，子嗽不已会引起什么不良后果？
2. 阴虚、痰饮之子嗽怎样辨证论治？

（李　虹）

5.18 妊娠小便淋痛

目的要求

1. 掌握妊娠小便淋痛的定义。
2. 掌握其辨证论治。
3. 熟悉诊断与鉴别诊断。
4. 了解其病因病机。

重点内容

1. 妊娠小便淋痛的定义。
2. 病因病机及辨证论治：①阴虚火旺，治以滋阴清热通淋，方用知柏地黄丸；②心火偏亢，治以清心泻火通淋，方用导赤清心汤；③下焦湿热，治以清热利湿通淋，方用加味五淋散。
3. 诊断：妊娠而兼小便淋漓涩痛；尿常规、晨尿细菌计数有阳性体征，应与转胞相鉴别。

妊娠期间，尿频、尿急、淋漓涩痛者，称为妊娠小便淋痛，亦称“子淋”。

本病相当于西医学的妊娠合并泌尿系统感染的疾病。妊娠小便淋痛是临床常见的妊娠合并症，其发生与妊娠后泌尿系统的生理变化有一定关系。

5.18.1 病因病机

本病的发病机理为膀胱郁热，气化失司。常见原因有阴虚津伤、心火偏亢、下焦湿热。

1）阴虚火旺　素体阴虚，孕后阴血愈伤，阴虚火旺，下移膀胱，灼伤津液，则小便淋漓涩痛。

2）心火偏亢　素体阳盛，孕后嗜食辛辣，热蕴于内，引动心火，心火偏亢，移热小肠，传入膀胱，灼伤津液，则小便淋漓涩痛。

3）下焦湿热　孕期摄生不慎，感受湿热之邪，湿热蕴结，灼伤膀胱津液，发为小便淋漓涩痛。

5.18.2 诊断与鉴别诊断

5.18.2.1 诊断依据

1）孕前可有或无尿频、尿急、淋漓涩痛的病史。

2）妊娠期间出现小便频急，淋漓涩痛，甚则点滴而下，小腹拘急等症。可伴发热，甚则高热寒战及腰痛。

3）晨尿细菌计数　同菌种数>10^5/ml 时有意义；尿液镜检每高倍视野见到 1 个以上细菌有意义。尿常规检查见红细胞、白细胞或少量蛋白。

5.18.2.2 鉴别诊断

本病应与转胞相鉴别，转胞可出现排尿困难或淋漓而下之症，与子淋类似，但没有排尿热灼疼痛之证。

5.18.3 辨证论治

（1）辨证要点

辨证中重点了解尿频、尿痛的情况，其病程的长短、反复发作的情况等可作为辨别虚实的依据，尚须结合其他兼证、舌脉综合分析，才能确定证型。

（2）治疗原则

治疗大法以清润为主，不宜过用通利，以免损伤胎元。必予通利者，应佐以固肾安胎之品。

5.18.3.1 阴虚火旺

主证　妊娠期间，小便频数，淋漓涩痛，量少色黄，午后潮热，五心烦热，大便干结，颧赤唇红，舌红，苔少或无苔，脉细滑而数。

证候分析　阴虚内热，移热于膀胱，膀胱气化不利，故小便频数，淋漓涩痛，量少色黄；阴虚内热，故五心烦热，午后潮热；虚热上浮，则颧赤唇红；阴虚津液不足，则大便干结。舌红，苔少或无苔，脉细滑而数，为阴虚津亏之征。

治法　滋阴清热通淋。

方药　知柏地黄丸(《医宗金鉴》)。

本方旨在滋阴清热，通淋止痛。方中熟地、山茱萸滋阴补肾，养血润燥；丹皮清肝胆相火，兼泻血中之热；茯苓、泽泻利水通淋；知母、黄柏泻命门相火。

若潮热盗汗显著者，酌加麦冬、五味子、地骨皮、牡蛎粉滋阴清热敛汗；尿中带血者，酌加女贞子、旱莲草、小蓟养阴清热，凉血止血。

5.18.3.2 心火偏亢

主证　妊娠期间，小便频数，淋漓涩痛，尿量少，色深黄，面赤心烦，甚者口舌生疮，舌红、少苔，脉细滑数。

证候分析　心火偏亢，移热小肠，传入膀胱，故小便频数，淋漓涩痛，尿少色黄；心火上炎，灼伤苗窍，则面赤心烦，口舌生疮。舌红、苔少，脉细滑数，为心火偏旺所致。

治法　清心泻火、通淋。

方药　导赤清心汤(《通俗伤寒论》)。

鲜生地　辰茯神　细木通　原麦冬　粉丹皮　益元散　淡竹叶　辰灯心　莲子心　童便

本方旨在清心泻火，通淋止痛。方中生地、丹皮凉血清热；木通、竹叶、灯心、益元散、童便利水通淋以泻心火；麦冬、莲心、茯神养心阴、清心火而宁心神。

小便热痛甚者，酌加栀子、黄芩以清热解毒；热伤阴络尿中带血者，酌加炒地榆、藕节、大小蓟以凉血止血；伴发热者，重用丹皮，酌加白茅根以清热。

5.18.3.3 下焦湿热

主证　妊娠期间，突感小便频急、灼热，小便淋漓涩痛，尿色黄赤，口苦咽干，胸闷食少，面色黄垢，舌红，苔黄腻，脉滑数。

证候分析　湿与热搏，蕴结膀胱，气化不行，水道不利，故小便频急、灼热，小便淋漓涩痛，尿色黄赤；湿热熏蒸于上，故口苦咽干；湿困脾胃，则胸闷食少。舌红、苔黄腻，脉滑数，为湿热内盛之征。

治法　清热利湿、通淋。

方药　加味五苓散(《医宗金鉴》)。

黑栀子　赤茯苓　当归　白芍　黄芩　甘草梢　生地　车前子　泽泻　木通　滑石

本方旨在清热利湿，通淋止痛。方中黑栀子、黄芩、滑石、木通清热泻火通淋；茯苓、泽泻、车前子利湿通淋；甘草梢泻火、止痛、缓痛，使火热之邪俱由小溲而出。佐当归、白芍、生地养血安胎。

若热盛毒甚而见高热寒战者，酌加金银花、连翘、蒲公英、丹皮以清热解毒；湿热灼伤阴络，尿中带血者，酌加大小蓟、侧柏叶、炒地榆以凉血止血。

【文献摘要】

《妇人大全良方》论曰：夫淋者，由肾虚膀胱热也。肾虚不能制水，则小便数也。膀胱热，则小便行涩而数不宣。妊娠之人胞系于肾，肾间虚热而成淋，疾甚者心烦闷乱，故谓之子淋也。

《沈氏女科辑要笺正》：小便频数，不爽且痛，乃谓子淋。妊妇得此，是阴虚热炽，津液耗伤者为多，不比寻常淋痛，皆由膀胱湿热郁结也。故非一味苦寒胜湿，淡渗利水可治。转胞亦是小溲频数，不能畅达，但不必热，不必痛，则胎长而压塞膀胱之旁，府气不得自如，故宜归、芎之开举。窃谓此证与子悬，正是两两对峙，彼为胎元之太升，此是胎元之太降。惟子淋与转胞，必不可竟认作同是一病。

【病案举例】

王××，女，29岁。1964年夏初诊。

患者素体阴虚，怀孕四个月后小便频数淋漓，涩痛难忍，量少色深黄，两颧潮红，心烦不眠，大便不畅。舌质红，舌苔薄黄少液，脉细数而滑。

素体阴亏，孕后血聚养胎，阴液更亏。肾与膀胱相表里，阴亏则肾水不足，命门火旺，移热于膀胱，脬为火灼，津液涩少，故小便淋漓涩痛。治宜滋阴燥湿通淋。方用六味地黄汤加减。方药为生地6g，山药6g，丹皮6g，泽泻6g，云苓6g，淡竹叶4g，滑石4g，二丑3g，3剂，一日一剂，水煎服。

二诊：小便涩痛减轻，尿量增多，色淡黄，心烦潮热好转，大便溏，舌脉同前。原方去滑石、二丑，加通草3g、五味子6g、琥珀1.5g（冲服），两剂。

三诊：小便通利，两颧潮红消失，心烦不眠较前好转。舌淡红，舌苔白而润，脉细而滑。继服二诊方两剂，诸症消除，病愈。（甘肃人民出版社．中医医案医话集锦．甘肃人民出版社，1981年）

复习思考题

1. 何谓子淋？为什么说子淋的发生以热证多见？
2. 子淋的主要特征是什么？
3. 试述子淋常见证型的鉴别要点。
4. 子淋与一般淋证在治疗上有何不同？

（李　虹）

5.19 妊娠小便不通

目的要求

1. 熟悉妊娠小便不通的定义及辨证论治。
2. 了解其病因病机及诊断。

重点内容

1. 妊娠小便不通的定义。
2. 病因病机及辨证论治：①气虚，治以补气、升陷、举胎，方用益气导溺汤；②肾虚，治以温肾扶阳，化气行水，方用肾气丸。
3. 诊断：妊娠期小便不通，以致小腹胀急疼痛为特点；应与子淋相鉴别。

妊娠期间，小便不通，小腹胀急疼痛，心烦不得卧者，称为妊娠小便不通，亦称“转胞”或“胞转”。

本病相当于西医学的因妊娠子宫压迫膀胱、尿道而形成的尿潴留。

5.19.1 病因病机

本病的发病机理为胎气下坠，压迫膀胱，以致膀胱不利，水道不通，尿不得出。

1）气虚　素体虚弱，中气不足，妊娠后胎儿逐渐增大，气虚无力举胎，胎重下坠，压迫膀胱，水道不利，溺不得出。

2）肾虚　素体肾气不足，孕后肾气愈虚，系胞无力，胎压膀胱，水道不利，或肾虚不能温煦膀胱化气行水，故小便难。

5.19.2 诊断与鉴别诊断

5.19.2.1 诊断依据

1）妊娠期小便不通，以致小腹胀急疼痛。

2）小便虽频数量少，但排尿时无刺痛灼热感。

3）尿常规检查正常。

5.19.2.2 鉴别诊断

本病应与子淋相鉴别。详见子淋。

5.19.3 辨证论治

（1）辨证要点

本病临床上以虚证为多见。辨证要点重在结合全身症状及舌脉，辨其为气虚、肾虚。

（2）治疗原则

本病的治疗原则以补气升提，助膀胱气化为主。不可妄用通利之品，以免影响胎元。

5.19.3.1 气虚

主证 妊娠期间，小便不通，或频数量少，小腹胀急疼痛，坐卧不安，面色 白，神疲肢倦，头重眩晕，大便不爽，舌淡苔薄白，脉虚缓滑。

证候分析 气虚不能载胎，胎压膀胱，水道不通，故小便不利，或频数量少；溺停膀胱，膀胱胀满，故小腹胀急疼痛，坐卧不安；气虚下陷，清阳不升，中气不足，故面色 白，神疲肢倦，头重眩晕；气虚排便无力，则大便不爽。舌淡苔薄白，脉虚缓滑，为气虚不足之象。

治法 补气、升陷、举胎。

方药 益气导溺汤(《中医妇科治疗学》)。

党参 白术 扁豆 茯苓 桂枝 升麻 桔梗 通草 乌药

本方旨在益气导溺。方中党参、白术、茯苓、扁豆补气健脾以载胎；升麻、桔梗升提举胎；乌药温宣下焦之气；桂枝、通草化气行水而通溺。

5.19.3.2 肾虚

主证 妊娠期间，小便不通，小腹胀满疼痛，坐卧不宁，面色晦黯，畏寒肢冷、腰酸腿软，舌淡苔白润，脉沉滑无力。

证候分析 肾虚系胞无力，胎压膀胱或命门火衰，不能温煦膀胱化气行水，故小便不通；溺停膀胱，膀胱胀满，故小腹胀满疼痛，坐卧不宁；肾虚，阳气不振，则面色晦黯，畏寒肢冷，腰酸腿软。舌淡苔白润，脉沉滑无力，均为肾虚之候。

治法 温肾扶阳，化气行水。

方药 肾气丸(《金匮要略》)去丹皮。

干地黄 山药 山茱萸 泽泻 茯苓 丹皮 桂枝 附子

本方旨在温肾化气行水。方中地黄、山萸、山药补肾滋肾；泽泻、茯苓渗利行水；桂枝通阳化气；附子温阳化气行水。附子为妊娠禁忌药，用时量要小，宜久煎。丹皮泻火伤阳，故去之。

【文献摘要】

《金匮要略》：问曰：妇人病饮食如故，烦热不得卧，而反倚息者，何也？师曰：此名转胞，不得溺也。以胞系了戾，故致此病。但利小便则愈，宜肾气丸主之。

《医宗金鉴》：妊娠胎压、胞系了戾，不得小便，饮食如常，心烦不得卧者，名曰转胞。宜用丹溪举胎法。令稳婆香油涂手举胎起，则尿自出，以暂救其急。然后以四物汤加升麻、人参、白术、陈皮煎服。服后以指探吐，吐后再服再吐，如此三四次，则胎举而小便利矣。如不应，则是有饮，用五苓散加阿胶以清利之。

【病案举例】

王××，38岁，已婚。

初诊：1960年6月。素禀虚弱，复又多产，刻下怀孕4个月，胃呆腰酸，昨起小溲不通，小腹坠胀难受，脉细滑，苔薄白。证属转胞，肾气不足，胎位下垂所致。治拟固肾托胎。

升麻2.4g，五味子4.5g，杜仲9g，菟丝子9g，淮山药9g，白术6g，带皮茯苓9g，陈皮6g。

上方嘱服一剂，明日再来复诊。因证象颇急，小溲再不通利，会引起不利后果，所以观察服药后动静如何，再作对策。第二天患者来述，药后小便业已通畅。

复诊：昨服固肾托补药后，胎位稍起，膀胱气化已复，小溲通畅，腹胀顿宽，腰酸好转，现稍感耳鸣目花，再遵原意以巩固疗效。

升麻2.4g，五味子4.5g，黄芪9g，孩儿参4.5g，狗脊9g，菟丝饼9g，山药9g，炒枳壳4.5g，覆盆子9g，白术6g，茯苓9g。

按语：转胞……盖因肾气不足，胞络松弛，子宫素有后倾，妊娠胎位较下，压迫尿道，因此小腹坠胀而小便不通。治疗以升提举胎，温补肾气，使系胞有力，胎位稍升，则排泄道路通畅，小溲溺出如注矣。

方以升麻、五味子升提举陷、固带脉升胎位；黄芪补气提神，加陈、术、苓等，脾胃健则中气足，小便通利则胀痛瘥。或问："本症即为小溲不通，为何用收敛之菟丝饼、覆盆子"？盖证由肾气不足而引起，肾系胞，胞络为肾所主，上两味药能固肾，固肾即能健壮胞络，胞稍升后小便自利，若多用通利疏通之品，与病并无禅益。（朱南孙等．朱小南妇科经验选．人民卫生出版社，1981年）。

复习思考题

1. 简述转胞的病理与妊娠的关系。
2. 转胞与子淋的临床表现有何不同？
3. 简述转胞的治疗原则与辨证论治。

（李　虹）

5.20 妊娠瘙痒

目的要求

1. 掌握妊娠瘙痒的辨证论治。

2. 熟悉妊娠瘙痒的定义及病因病机。

重点内容

1. 妊娠瘙痒的定义。

2. 病因病机及辨证论治：①阴虚血燥，治以滋阴养血，疏风止痒，方用当归饮子；②湿热蕴结，治以清热利湿，止痒安胎，方用茵陈五苓散。

3. 诊断：妊娠期间，皮肤瘙痒，血清胆酸增高。

妊娠期间，出现以四肢、腹部皮肤发痒，甚则遍及全身为主要症状，产后症状自然消失者，称为妊娠瘙痒，也称“妊娠身痒”。本病母体症状虽有轻有重，但均对胎儿有一定影响，若治不及时，常可导致胎萎不长、早产、胎死不下，故应予以足够的重视。

本病见于西医学妊娠期肝内胆汁郁积症以瘙痒为主者。另如风疹、荨麻疹、牛皮癣等，虽亦可致痒，但属妊娠合并皮肤科疾病，其发生与妊娠无直接关联，故不属本节讨论范畴。

5.20.1 病因病机

本病的发生多由阴血不足或血热内蕴，致肌肤失养，生风化燥而致。

1）阴虚血燥　素体阴虚，或因多产房劳，暗耗阴血，加之孕后阴血下聚冲任以养胎，阴血益亏，生风化燥，致肌肤失养，发为妊娠瘙痒。

2）湿热蕴结　素体肥胖，痰湿内停，或因脾虚，运化失司，水湿不运，滞而化热，湿热蕴于体内，滞于肌肤，发为妊娠瘙痒。

5.20.2 诊断依据

1）妊娠期间（多见于妊娠晚期），四肢、腹部瘙痒，甚则周身瘙痒，夜间尤甚，瘙痒随孕周的增加而加重，分娩后1~2天迅速消失。

2）部分患者可出现食欲减退、乏力、纳减、恶心呕吐、大便色淡、小便色深，情绪变化及失眠。

3）皮肤可见搔抓所致的抓痕。

4）血清胆酸增高，>1.5μmol/L。

5）血结合胆红素、转氨酶略增高或正常，碱性磷酸酶升高。

5.20.3 辨证论治

（1）辨证要点

本病以周身瘙痒为主证，若瘙痒而皮肤干燥，伴见口干咽燥，心烦不寐，舌红苔少，脉细滑数，常属阴虚血燥；若肌肤萎黄而痒，伴恶心呕吐，纳少尿黄，苔黄腻，脉滑数或濡，常为湿热蕴结。

（2）治疗原则

妊娠瘙痒，虽以母体瘙痒为主要症状，但常易影响胎儿发育，导致胎萎不长、早产，甚至胎死不下。故治疗应本着“治病与安胎并举”的原则，在辨证的同时，随证加入养血、益肾安胎之品。

5.20.3.1 阴虚血燥

主证　妊娠后期，周身皮肤干燥，瘙痒难忍，入夜尤甚，心烦急躁，夜寐不安，手足心热，口燥咽干，小便短赤，舌质红，苔少，脉细滑数。

证候分析　阴虚血少，生风化燥，肌肤失养，故周身皮肤干燥，瘙痒难忍，心烦急躁；入夜阴气当令，而阴虚不能与之相应，故夜间痒甚，以致夜寐不安；阴虚内热，故手足心热；阴亏津少，则口燥咽干，小便短赤。舌质红，苔少，脉细滑数，为阴血不足之征。

治法　滋阴养血，疏风止痒安胎。

方药　当归饮子(《外科正宗》)。

本方重在养血疏风，使阴血充盛，肌肤得养，瘙痒自除。方中当归、白芍、首乌、生地养血益阴，兼安胎元；川芎活血行气，血行而风自灭；防风、荆芥、白蒺藜祛风止痒；黄芪、甘草益气健脾，以资化源。

若手足心热、口燥咽干明显者，酌加元参、知母、地骨皮养阴清热；瘙痒难忍，夜寐不安者，加白鲜皮、珍珠母、夜交藤止痒宁心安神。

5.20.3.2 湿热蕴结

主证　妊娠晚期，周身瘙痒，肌肤萎黄，胸脘痞满，纳食不佳，恶心呕吐，头重身困，小便黄赤，舌质红，苔黄腻，脉滑数或濡。

证候分析　湿热郁于体内，溢于肌肤，故周身瘙痒，肌肤萎黄；湿阻中焦，气机不畅，故胸脘痞满；湿困脾土，运化失司，胃失和降，故纳食不佳，恶心呕吐；清阳不升，浊阴不降，故头重身困；湿热下注，故小便黄赤。舌质红，苔黄腻，脉滑数或濡，亦为湿热之征。

治法　清热利湿，止痒安胎。

方药　茵陈五苓散(《金匮要略》)加白鲜皮、地肤子、僵蚕、寄生。

茵陈　桂枝　茯苓　白术　猪苓　泽泻

茵陈五苓散旨在清利湿热。方中茵陈清热除湿；五苓散利水渗湿。加入白鲜皮、地肤子、僵蚕清热祛湿，疏风止痒；寄生益肾安胎。

恶心呕吐明显者，酌加半夏、竹茹化痰除湿；若湿阻气机，见脘腹胀满明显，加枳壳、木香理气行滞；若兼胎萎不长者，酌加菟丝子、续断、当归以益肾养血安胎。

【文献摘要】

《竹林女科》：妊娠遍身瘙痒名为风痹，此皮中有风也。

复习思考题

1. 何谓妊娠瘙痒？
2. 妊娠瘙痒对胎儿有何影响？
3. 妊娠瘙痒应如何治疗？

（刘宏奇）

5.21 妊娠黄疸

目的要求

1. 掌握妊娠黄疸的辨证论治。
2. 熟悉妊娠黄疸的定义及病因病机。

重点内容

1. 妊娠黄疸的定义。
2. 病因病机及辨证论治：①湿热蕴结，治以清热利湿，退黄止痒，方用茵陈五苓散。②肝胆郁滞，治以疏肝利胆退黄，方用大柴胡汤。
3. 诊断：妊娠晚期，肌肤面目发黄，或伴皮肤瘙痒，血清胆酸增高，血结合胆红素增高。与妊娠合并内外科黄疸鉴别。

妊娠晚期，出现面目肌肤发黄，或伴四肢、腹部甚全全身瘙痒，产后自然消失者，称为妊娠黄疸，又称“子黄”。

妊娠黄疸可见于妊娠期肝内胆汁郁积症出现黄疸者。古人所论之妊娠黄疸，尚应包括妊娠合并黄疸性肝炎、妊娠期间因结石、炎症、肿瘤等引起的胆道梗阻所致的黄疸，但因其属妊娠合并内、外科疾病，其发生与妊娠无直接关联，故不属本节所论范畴。

5.21.1 病因病机

本病的发生是因湿热熏蒸肝胆，或肝胆郁滞，致胆汁不能正常排泄，外溢肌肤所致。

1）湿热蕴结　素体肥胖，痰湿内停，或因脾虚，运化失司，水湿不运，滞而化热，湿热蕴于体内，熏蒸肝胆，致肝胆疏泄失常，胆汁外溢于肌肤，发为妊娠黄疸。

2）肝胆郁滞　素为抑郁不乐之人，肝气不舒，孕后阴血下聚养胎，肝血不足，肝之疏泄更加不畅，加之孕后期胎体渐大，亦障碍气机升降，致肝胆郁结，胆汁不能正常排泄，蕴积体内，泛溢肌肤，发为妊娠黄疸。

5.21.2 诊断及鉴别诊断

5.21.2.1 诊断依据

1）妊娠晚期，肌肤面目发黄，或仅见目珠发黄，或伴四肢、腹部甚则周身瘙痒，或先有瘙痒，数日或数周后出现黄疸，大便色淡、小便色深，分娩后逐渐消退。

2）部分患者可出现食欲减退、乏力、纳减、恶心呕吐，瘙痒重者可有情绪变化及失眠，皮肤可见瘙痒所致的抓痕。

3）血清胆酸增高，>1.5μmol/L。

4）血结合胆红素升高，转氨酶略增高，碱性磷酸酶升高。

5.21.2.2 鉴别诊断

妊娠黄疸应与妊娠合并内外科黄疸相鉴别。

1）与妊娠合并黄疸性肝炎鉴别　妊娠合并黄疸表现为全身乏力，甚至发热，以及厌食、恶心、呕吐症状明显，一般不伴瘙痒。常有病毒性肝炎接触史。查体肝脾肿大。实验室检查肝功能损害明显，尤以转氨酶及血清胆红素升高明显，肝炎病毒抗体检测阳性。与妊娠黄疸常伴瘙痒，全身及消化道症状不明显，肝功轻度异常，肝炎病毒抗体检测阴性，症状于产后迅速消失不同。

2）与妊娠合并胆道梗阻性黄疸鉴别　妊娠合并胆道梗阻性黄疸是由于妊娠期合并胆结石、胆道感染、肿瘤，造成胆道部分或完全梗阻而引起。临床上在出现黄疸的同时，常伴不同程度腹痛，亦可伴发热，经 B 超检查常可明确病因。

5.21.3 辨证论治

（1）辨证要点

本病以身目发黄，或伴肌肤瘙痒为主症，辨证时应结合全身症状及舌脉综合分析。

（2）治疗原则

妊娠黄疸，虽以母体黄疸、瘙痒为主要症状，但常易影响胎儿发育，导致胎萎不长、早产，甚至胎死不下。故治疗同时应注意胎元发育，若合并胎萎不长，则应本着“治病与安胎并举”的原则，在辨证的同时，随证加入养血、益肾安胎之品。

5.21.3.1 湿热蕴结

主证　妊娠晚期，面目肌肤泛黄，或伴周身瘙痒，脘腹胀满，纳食不佳，恶心呕吐；头重身困，小便黄赤，舌质红，苔黄腻，脉滑数或濡。

证候分析　湿热内蕴，加之胎体变大，气机升降失调，以致湿热郁而不达，熏蒸肝胆，致胆汁外溢肌肤，故见目珠、皮肤黄染；湿热溢于肌肤，则皮肤瘙痒；湿困脾土，运化失司，胃失和降，故脘腹胀满，纳食不佳，恶心呕吐；湿阻气机，清阳不升，浊阴不降，故头重身困；湿热下注膀胱，故小便黄赤。舌质红，苔黄腻，脉滑数或濡，亦为湿热之征。

治法　清热利湿，退黄止痒。

方药　茵陈五苓散(《金匮要略》)去桂枝，加栀子、黄芩、白鲜皮。

茵陈五苓散旨在清利湿热。方中茵陈清热除湿；五苓散利水渗湿。去辛热之桂枝，以防助热，加栀子、黄芩以助清肝胆实热；白鲜皮以清利湿热止痒。

若皮肤瘙痒明显，加地肤子、僵蚕、蝉蜕清利湿热，疏风止痒；恶心呕吐明显者，酌加半夏、竹茹化痰除湿；若兼胎萎不长者，酌加菟丝子、续断、当归以益肾养血安胎。

5.21.3.2 肝胆郁滞

主证　妊娠晚期，身目泛黄，心情抑郁，两胁胀痛，善叹息，口苦咽干，恶心欲吐，腹部胀满，大便干结，小便短赤，舌质红，苔薄微黄，脉弦滑。

证候分析　肝胆气机不利，疏泄失常，胆汁不能正常排泄，外溢肌肤，故见皮肤泛黄，目珠黄染；肝气不舒，经脉不畅，故心情抑郁，两胁胀痛，善叹息；气郁化热，故口苦咽干，大便干结，小便短赤；肝气横克脾土，故恶心欲吐，腹部胀满。舌质红，苔薄微黄，脉弦滑，为肝胆郁热之征。

治法　疏肝利胆，清热退黄。

方药　大柴胡汤(《金匮要略》)加茵陈、金钱草、郁金。

柴胡　白芍　黄芩　半夏　大黄　枳实　生姜　大枣

本方旨在疏理肝胆之气滞，清泻肝胆积热，加入茵陈、金钱草、郁金以加强疏肝利胆，清热除湿退黄之效。方中柴胡、白芍疏肝；半夏、生姜和中；大黄、黄芩、枳实清热利胆退黄；大枣缓和药性。

病在妊娠期，故腹胀便结不重者，应以郁金、枳壳替代大黄、枳实，既可行气疏肝，又无伤胎之虞；纳呆食少者，酌加陈皮、木香、白术健脾行气；伴胎萎不长者，加当归、首乌、黄芪益气养血安胎。

【病案举例】

江××，女，28岁，工人，初诊：1987年4月8日。

孕将6月，遍身瘙痒难忍，夜分尤甚，不能安寐，皮肤抓痕累累，曾服西药，已近一旬，未见好转，伴有小便短赤，纳少心烦，便艰，眼目微黄。肝功能测定：GPT 66U，黄疸指数7U，总胆红素13.6μmol/L，尿胆素阳性。无肝炎接触史，产科诊断为ICP（妊娠期肝内胆汁郁积症，编者注）。脉细弦略滑，苔薄腻质红。曾流产2次，小产1次，小产前亦曾出现皮肤瘙痒。此乃湿热熏蒸，内侵肝胆，外渍肌肤。治宜清热利湿，分消内外。

绵茵陈15g 黑山栀4.5g 炒苍术6g 淡子芩4.5g 生川军4.5g 葎草15g 紫草9g 莶草12g 白鲜皮12g 土茯苓15g 大生地9g

二诊：4月14日

投剂5天皮肤瘙痒略减，溲频色黄，大便欠实。脉弦滑，苔薄质红。原法续进。原方加水牛角30g（先煎）。

先后服药十二剂，皮肤瘙痒显著减轻，夜能入寐，眼目黄染亦退，溲清纳可，再续服上药1周后，肝功能及尿胆红素复查，均恢复正常。足月顺产一男婴。

按语：妊娠合并肝内胆汁郁积症主要表现为黄疸和皮肤瘙痒。柏春先生认为其病机主要是热蕴湿郁，故治疗不外乎清热利湿。常规除应用《伤寒论》茵陈蒿汤清热利湿外，还采用祛风散湿的治法。李时珍云“凡风药可以胜湿”，《内经》曰“湿淫所胜，助风以平之”，方内投用较大剂量的 莶草、白鲜皮祛风散郁除湿；妙用一味葎草，其意在于清热利尿，俾湿热从小便而出；方内用大黄配黄芩，柏春先生认为这一药对于妊娠晚期湿热实证，既可祛邪，又不碍胎。临床应用确有殊效。（蔡庄等．蔡氏女科经验选集·蔡柏春医案．上海中医药大学出版社，1997年）

复习思考题

1. 何谓妊娠黄疸？
2. 妊娠黄疸的常见证型有哪些？如何辨证论治？

（刘宏奇 冯俊婵）

5.22 妊娠失音

目的要求

1. 熟悉妊娠失音的定义。
2. 了解妊娠失音的分型及代表方剂。

重点内容

1. 妊娠失音的定义。

2. 病因病机及辨证论治：①肺阴亏虚，治以养阴润燥，清肺开声，方用养金汤；②肾阴不足，治以滋肾养阴，清热利咽，方用麦味地黄丸。

因妊娠而出现声音嘶哑，音浊不扬，甚或不能出声者，称为妊娠失音，亦名“子㉓”。

5.22.1 病因病机

本病的发生与肺、肾二脏关系密切。音出于喉，发于舌本。喉者，肺之门户，肺主声音；肾脉循喉咙，系舌本。肺肾阴虚，喉舌失荣，以致失音。

1）肺阴亏虚　素体阴虚，肺阴不足，孕后血聚养胎，致肺金失于濡润，声道燥涩，发音不利，发为妊娠失音。

2）肾阴不足　孕妇素体肾阴亏虚，因孕重虚，加之胎体渐长，气机不畅，津液不能上荣舌本，以致声音嘶哑，甚至失音。

5.22.2 诊断依据

1）孕妇于妊娠后，尤其妊娠晚期，突发声音嘶哑，音浊不扬，甚至音哑不能出声。

2）无外感症状，也无特殊体征。

5.22.3 辨证论治

（1）辨证要点

本病辨证，重在辨清病在肺、在肾。病在肺者，声音嘶哑，呛咳气逆；病在肾者，声音嘶哑，头晕耳鸣，腰膝酸软，手足心热。

（2）治疗原则

病起于肺肾阴虚，治当养阴润燥，滋肾润肺。

5.22.3.1 肺阴亏虚

主证　妊娠八九月，突发声音嘶哑，音浊不扬，甚至音哑不能出声，喉燥咽干，或呛咳气逆，舌红少津，脉细数。

证候分析　阴津不足，肺失濡润，声道燥涩，发音不利，故妊娠后声音嘶哑，音浊不扬，甚至音哑不能出声；肺津不能输布咽喉，则喉燥咽干；阴虚肺燥，肺失肃降，故呛咳气逆。舌红少津，脉细数，为肺阴亏虚之征。

治法　养阴润燥，清肺开声。

方药　养金汤(《沈氏尊生书》)。

生地　阿胶　杏仁　知母　沙参　桑白皮　蜂蜜　麦冬

本方旨在养阴益肺，使肺金得润，则声道不燥，其声自扬。方中沙参、麦冬养阴润肺；生地、知母滋阴清热生津；杏仁、桑白皮清金泻肺，止咳化痰；阿胶滋阴养血，兼可安胎；蜂蜜润燥益喉。

5.22.3.2　肾阴不足

主证　妊娠后期，声音嘶哑，甚至不能出声，咽喉干燥，头晕耳鸣，腰膝酸软，手足心热，舌红，苔少或花剥，脉滑细数。

证候分析　肾阴不足，复因妊娠后期，胎体碍气机升降，津液不得上承，故声音嘶哑，甚至不能出声，咽喉干燥；肾虚精血不足，髓海失养，外府失荣，故头晕耳鸣，腰膝酸软；虚火外浮，则手足心热。舌红，苔少或花剥，脉滑细数，亦为阴虚有热之征。

治法　滋肾养阴，清热利喉。

方药　麦味地黄丸(《医级》)。

熟地　山药　山萸肉　泽泻　茯苓　丹皮　麦冬　五味子

本方旨在养益肾阴，生津清热。方中以六味地黄丸滋补肾阴；麦冬、五味子生津润燥，润喉利咽。

【文献摘要】

《素问》：“人有重身，九月而瘖，此为何也?”岐伯对曰：“胞之络脉绝也”。帝曰：“何以言之?”岐伯曰：“胞络者系于肾，少阴之脉，贯肾系舌本，故不能言。”帝曰：“治之奈何?”岐伯曰：“无治也，当十月复。”

《女科证治约旨》：妊娠音涩之候，名曰子瘖。由于少阴之脉，下养胎元，不能上荣于舌，故声音不扬。待足月生产，自能复常，本非病也。即《内经》妇人重身，九月而瘖之谓，可不必治。如必欲治之，宜加味桔梗汤主之。桔梗、甘草、元参、麦冬、金石斛、细辛。

《陈素庵妇科补解》：肺为百脉之家，五脏之本，上至吸门，下至幽门，一身之气，皆能统摄。

复习思考题

1. 何谓妊娠失音？其发生为何与肺、肾有关？
2. 妊娠失音如何治疗？

（刘宏奇　冯俊婵）

5.23 胎位不正

目的要求

1. 掌握胎位不正的定义。
2. 熟悉中医常用转胎方法。

重点内容

1. 胎位不正的定义。
2. 病因病机及辨证论治：①气虚，治以益气养血，安胎转胎，方用八珍汤加味；②气滞，治以理气行滞，安胎转胎，方用保产无忧散。
3. 诊断：腹部四步触诊法；B超。
4. 其他疗法：膝胸卧位；灸至阴。

妊娠32周以后，胎先露为胎头以外的其他部位者，称为“胎位不正”。此时，若不经人为干预纠正，较难转为正常胎位，成为难产的主要因素之一。常见的胎位不正即臀位与横位。

本病属西医学胎位异常的范围。胎位异常除上述位置外，还包括了临产时胎头位置不正常，如持续性枕后位及枕横位、面位、额位、高直位、前不均倾位等，均为临产病症，不属本节论述范围。

5.23.1 病因病机

本病的发病机理为气虚、气滞，引起气机失调，胎气不和。

1）气虚　孕妇素体虚弱，中气不足；或孕后过逸，久卧伤气；或产育过众，气血耗乏，中气大亏，气虚无力促胎转动，以致胎位不正。

2）气滞　素为肝郁之体，孕后阴血聚以养胎，致肝血虚，肝气更加不畅，气机不利，胎儿回旋受碍，遂致胎位不正。

5.23.2 诊断依据

1）多见于初产妇腹壁过紧、或经产妇腹壁过松、合并羊水过多或过少、胎头过大、胎儿过小，以及胎儿畸形和骨盆狭窄等。

2）妊娠32周后，腹部检查：四部触诊法查胎位为臀位或横位。

3）B 超检查提示：胎先露为臀或肩。

5.23.3 辨证论治

（1）辨证要点

胎位不正因其本身无明显症状，故其辨证应以素体状况结合全身症状、舌脉综合分析。素即食少懒言，神疲肢倦，舌质胖大，脉缓者，多为气虚；素情怀不畅，伴胸胁胀痛，脉弦者，多为气滞。

（2）治疗原则

妊娠 28 周后，应定时进行胎位检查。胎位不正者，一经发现，宜及时治疗，尽早转胎，以避免难产的发生。治疗以辨证施治与膝胸卧位、灸至阴相结合为佳。同时注意若有胎儿畸形、胎儿发育异常及骨盆狭窄，应采取相应处理方法。

5.23.3.1 气虚

主证　妊娠后期，胎位不正，神疲肢软，倦怠嗜卧，气短懒言，小腹空坠，面色㿠白，舌淡，苔白，脉缓滑。

证候分析　素体虚弱，正气不足，无力转胎，以致胎位不正；气虚中阳不振，故神疲肢软，倦怠嗜卧，气短懒言；中气不足，失于升举，故小腹空坠；气虚阳气不布，故面色㿠白。舌淡，苔白，脉缓滑，亦为气虚之象。

治法　益气养血，安胎转胎。

方药　八珍汤(《正体类要》)加黄芪、续断、枳壳。

熟地　白芍　当归　川芎　党参　白术　茯苓　甘草

八珍汤旨在益气养血，以四物养血润胎；四君子补气转胎。加入黄芪增加益气之力；续断补肾安胎；枳壳行气转胎，使补而不滞。

5.23.3.2 气滞

主证　妊娠后期，胎位不正，胁肋胀痛，精神抑郁，嗳气叹息，舌苔薄白，脉弦滑。

证候分析　气机郁滞，升降失调，胎气不和，转动受阻，致胎位不正；气机郁滞，肝郁不舒，故胁肋胀痛，精神抑郁，嗳气叹息。舌苔薄白，脉弦滑，为气滞之征。

治法　理气行滞，安胎转胎。

方药　保产无忧散(《傅青主女科》)。

当归　川芎　厚朴　菟丝子　川贝母　枳壳　羌活　荆芥穗　艾叶　黄芪　白芍　生姜　炙甘草

本方旨在疏导气机，转胎安胎。方中厚朴、川贝母、枳壳调气行滞，以利胎儿转动；当归、川芎、白芍养血和血，润泽胞胎；羌活、荆芥、艾叶升举胎元；黄芪补气以载胎；菟丝子补肾安胎；生姜、甘草和脾胃以安中气。

其他疗法

1）膝胸卧位 嘱孕妇排空膀胱，松解裤带，先在床上坐下跪动作，然后将胸部尽可能贴在床面，两臂平放于两侧，头取侧位不枕枕头，膝部着床，大腿与床面垂直，与小腿在 窝处呈直角。每次15分钟，每日2次，连续7~10日为一疗程。

2）灸至阴穴 睡前解开腰带，平卧床上，用艾条灸至阴穴，左右两穴各15分钟，每日1次，5~7日为一疗程。

以上两法配合，效果更佳。先艾灸，再膝胸卧位，然后侧卧向儿背对侧入睡。每日1次，5日为一疗程。

【文献摘要】

《妇人大全良方》：妇人以血为主，惟气顺则血和，胎正则产顺。

《傅青主女科》：产母之气血足，则胎必顺，产母之气血亏，则胎必逆；顺则易生，逆则难产。气血既亏，母身必弱，子在胞中，亦必弱；胎弱无力，欲转头向下而不能，此胎之所以有脚手先向下者也。

复习思考题

1. 何谓胎位不正?
2. 中医常用的转胎方法有哪些?
3. 保产无忧散治疗何种胎位不正?

（刘宏奇 冯俊婵）

5.24 过期不产

目的要求

1. 熟悉过期不产的定义，治疗原则及大法。
2. 了解过期不产的分型及代表方剂。

重点内容

1. 过期不产的定义。

2. 病因病机及辨证论治：①气血虚弱，治宜益气养血，促胎产出，方用八珍汤加香附、枳壳、牛膝；②气滞血瘀，治宜行气活血，催生下胎，方用催生顺气饮。

3. 过期不产的诊断及辅助检查：核实预产期；胎盘功能检查（B超，胎动计数，E/C比值，胎心监护等）。

4. 治疗大法：促胎娩出。

妊娠超过42周仍未分娩，称为过期不产。过期不产者，其难产率、围产儿发病率及死亡率均明显高于足月分娩者，临床应予以重视。

本病即西医学过期妊娠。

5.24.1 病因病机

本病的发生为气血为病，或因气血虚弱，无力送胎娩出；或为气滞血瘀，碍胎外出。

1）气血虚弱　平素血虚气弱，或孕后贪逸，久卧伤气，致气虚血少，血虚则胞宫失于濡养，不能滑利下胎；气虚则胞脉气机不畅，无力送胎下行，以致过期不产。

2）气滞血瘀　孕妇素多抑郁，气机不畅，气不行则血滞，胞脉壅阻，气滞血瘀，阻碍胞胎下行，以致过期不产。

5.24.2 诊断依据

1）医者须了解患者平素月经情况，重新核实预产期。

2）平素月经规律（每28天左右一行），妊娠达到42周（294天）尚未分娩；或平素月经不规律、记不清，或哺乳期受孕，据子宫大小、出现妊娠反应、胎动及首次听到胎心音的时间估算妊娠周数，达到42周尚未分娩。

3）诊断过期妊娠同时，应进行以下辅助检查以了解胎儿、胎盘情况：①B超：了解胎儿大小、羊水量、胎盘成熟度。②胎动计数，12小时胎动累计数<10次，或逐日下降超过50%，提示胎盘功能不良，胎儿缺氧。③尿雌三醇/尿肌酐（E/C）比值测定：E/C比值<10或下降超过50%，提示胎盘功能衰退。④胎心监护仪检测：无激惹试验（NST）无反应，宫缩应激试验（CST）出现胎心晚期减速者，提示胎儿缺氧。⑤其他：根据需要还可进行彩色超声多普勒、胎儿心电图、羊膜镜检查以监测胎儿、胎盘情况。

5.24.3 辨证论治

（1）辨证要点

本病辨证，当首辨虚实。根据全身症状、舌脉进行分析判断。

（2）治疗原则

本病发病乃气血为病，故治疗以调理气血，促胎外出为治疗大法。如有胎儿缺氧、胎盘功能不良时，宜行剖宫产尽快结束分娩。正常阴道分娩者亦应加强产程监护，做好新生儿抢救准备及过熟儿监护。

5.24.3.1 气血虚弱

主证 妊娠足月，逾期半月未产，面色不华，气短懒言，神疲乏力，头晕眼花，舌淡嫩，脉细弱。

证候分析 气血虚弱，无力送胎下行，故妊娠足月，逾期不产；气血不能上荣，故面色不华，头晕眼花；气虚中阳不振，故气短懒言，神疲乏力。舌淡嫩，脉细弱；为气血不足之象。

治法 益气养血，促胎产出。

方药 八珍汤(《正体类要》)加香附、枳壳、牛膝。

八珍汤旨在补养气血。方中四君健脾益气；四物养血益阴；加入香附、枳壳行气以助胎产出；牛膝引药下行，促胎娩出。

若气虚明显者，酌加黄芪益气；血虚明显者，酌加枸杞子、龟板、鸡血藤助其运润，利胎下行。

5.24.3.2 气滞血瘀

主证 妊娠足月，逾期半月未产，胸腹胀闷不适，心情郁闷或烦躁不安，腹痛时作，但无规律，舌紫黯边有瘀点，脉弦涩有力。

证候分析 气滞血瘀，阻碍胎儿下行，故妊娠过期不产；气机不畅，肝失调达，故胸腹胀闷不适，心情郁闷或烦躁不安；瘀血内停，胞脉不通，故见腹痛时作；并非临产阵痛，故痛无规律。舌紫黯有瘀点，脉弦涩有力，为气滞血瘀之征。

治法 行气活血，催生下胎。

方药 催生顺气饮(《陈素庵妇科补解》)。

当归 川芎 木香 乌药 广陈皮 枳壳 红花 冬葵子 车前子 肉桂 生芝麻

本方旨在行气滑利，活血下胎。方中当归、川芎养血活血；红花活血化瘀；木香、乌药、陈皮、枳壳理气行滞；冬葵子、车前子、生芝麻甘润滑利下胎；佐以肉桂温通，以助气血运行而催生。

若兼神疲乏力、嗜睡懒言，加党参、黄芪益气；兼心烦口渴者，去肉桂，加竹叶、生地清热泻火；体壮无虚者，加桃仁、牛膝促胎外出。

【文献摘要】

《诸病源候论》：过年不产，由挟寒冷宿血在胞而有胎，则冷血相搏，令胎不长，产不以时。若其胎在胞，日月虽多，其胎翳小，转动劳羸，是挟于病，必过时乃产。

《张氏医通》：月数过期而不产者，属气虚。

《女科经纶》：然虽孕中失血，胎虽不堕，气血亦亏，多致逾月不产……凡十月之后未产者，当服大补气血之药以培养之，庶无分娩之患也。

复习思考题

1. 何谓过期不产？如何诊断？确诊过期不产后还应进行哪些检查？其目的是什么？

2. 过期不产如何辨证论治？其治疗大法是什么？

（刘宏奇　冯俊蝉）

6

产后病

概　述

目的要求

1. 掌握产后病的发病机理、诊断与治疗原则。
2. 熟悉产后病的定义、范围。

重点内容

1. 产后病的定义。
2. 产后病的范围，常见的产后病。
3. 产后病的主要发病机理。
4. 产后病的诊断。
5. 产后病的治疗原则及论治规律。

产妇在产褥期内发生与分娩或产褥有关的疾病，称为产后病。

新产后，古代指产后一个月内，现根据临床实际，定为产后7天内为新产后。

产褥期，指胎儿娩出后至产妇生殖器官恢复至正常状态所需的时间，一般指产后6周内。

临床上常见的产后病有：产后血晕、产后痉症、产后血崩、产后腹痛、产后身痛、产后恶露不绝、产后大便难、产后发热、产后排尿异常、产后自汗盗汗、缺乳、乳汁自出等。此外，尚有产后浮肿、产后郁冒、产后虚羸、产后蓐劳等，但因其临床少见，且辨治与内科大致相同，故不在本章讨论。产后诸多疾病，发生于新产之后，其中属危急重症者，有产后血晕、产后痉症、产后血崩、产后发热等。古代医家对产后常见病和危重证概括为“三病”、“三冲”、“三急”。所谓“三病”，即《金匮要略》中所云：“新产妇人有三病，一者病痉，二者病郁冒，三者大便难”；“三冲”，即《张氏医通》所论的：“冲心”、“冲肺”、“冲胃”。其临床表现：冲心者，心中烦躁，卧起不安，甚则神志不清，语言颠倒；冲肺者，气急，喘满，汗出，甚则咳血；冲胃者，腹满胀痛，呕吐，烦乱。张氏还指出它们的预后：“大抵冲心者，十难救一；冲胃者，五死五生；冲肺者，十全一二。”，对于“三急”，张氏曰“产后诸病，惟呕吐、盗汗、泄泻为急。三者并见必危”。

在前人所论的产后病中，有的涉及范围较广，从今天的认识，已不再属于妇产科范围，如产后“三急”之呕吐、泻泄、产后痢、产后疟疾等。

产后病的病因病机可概括为以下三个方面：

一是亡血伤津，阳易浮散，元气亏损。由于产时产后出血、分娩用力、汗出伤津，以致阴血骤虚，或复因产前阴血不足，产后调摄失常，以致亡血伤津，阳气浮散。从而导致产后血晕（崩）、产后痉症、产后发热、产后大便难、产后缺乳等病发生。

二是瘀血内阻，气机不利，血不畅行，败血妄行。产后元气亏虚，运血无力，气虚血滞，血不畅行；或寒邪乘虚入胞，血为寒凝，以致恶露不畅，留而成瘀；或复因产前宿有气滞血瘀，以致产后瘀血内阻，败血为患，血不归经，而致产后血晕（崩）、产后腹痛、产后发热、产后恶露不绝、产后身痛等病发生。

三是外感六淫或饮食房劳所伤。产后气血俱虚，百脉空虚，元气受损，腠理不密，脏腑功能低下，抗病能力减弱；或因素体虚弱，稍有感触；或产时产后，生活失慎，均可导致营卫失调，脏腑功能失常，而出现产后发热、产后身痛、产后自汗、盗汗、产后排尿异常等病。

从以上病机可以看出，产后发病离不开三个方面：一是产后特殊的生理变化；二是患者平素体质因素；三是产后失于调摄，三者相互关联，而致发病。

产后病的诊断，在运用四诊八纲的同时，根据新产后的特点，尤需重视“三审”的运用。即先审小腹痛与不痛，以辨恶露有无停滞；次审大便通与不通，以验津液的盛衰；再审乳汁的行与不行和饮食多少，以察胃气的强弱。此三者，对产后诸证之辨治，具有一定的指导意义。临证时还应据不同病证，了解有关病史和证候，如分娩方式、有无难产、产伤；孕前有无宿疾等。必要时还应配合检查，包括体格检查、妇科检查、化验室及辅助检查等，进行综合分析，作出正确诊断。

产后病的治疗应根据亡血伤津、瘀血内阻，多虚多瘀的特点，本着“勿忘于产后，亦勿拘于产后”的原则，结合病情进行辨证论治。其治疗大法可概括为补虚、祛邪两方面。补虚又分为补益气血，养阴生津；祛邪则主指活血化瘀。此外，又因妇人产后多外感，故在补虚祛瘀的同时予以疏风解表，清热解毒之法。正如《景岳全书》所说：“产后气血俱虚，诚多虚证。然有虚者，有不虚者，有全实者，凡此三者，但当随证随人，辨其虚实，以常法治疗，不得执有成心，概行大补，以致助邪。”即产后多虚应大补气血为主，但用药须防滞邪、助邪之弊；产后多瘀，当以活血行瘀之法，但又须佐以养血，使邪去而正不伤。选方用药，必须顾护气血。开郁勿过于耗散，消导必兼扶脾，祛寒勿过于温燥，清热勿过用苦寒。同时，治疗产后病，还应注意补虚扶正与逐邪祛瘀的关系，因产后多虚，用药不宜过于攻破，故古人有“产后三禁”之论，即禁大汗，以防亡阳；禁峻下，以防亡阴；禁通利小便，以防亡津液。

产后病的预防，重在调护。包括起居谨慎，适当活动，勿过早从事重体力劳动，以防劳倦伤气以致恶露不绝，阴挺下脱等症；寒温适宜，居室避风，但须保持空气流通，不可当风而卧，被服厚薄适宜，以免伤寒或中暑；饮食宜清淡而富营养，易消化，不宜吃寒凉、生冷或过于辛热、煎炒、肥腻食品，以防滞血动血，或化燥伤阴；应保持心情愉快、安和，最忌悲伤、忧郁，以防扰动气血，肝郁气滞，而致恶露不绝，产后缺乳等症；产后百日之内，应禁交合，以防冲任损伤，邪毒入胞，而生诸疾；讲究卫生，注意乳房、外阴清洁，勤洗勤换内衣裤，防止感染。

复习思考题

1. 产后病的定义是什么？
2. 产后病的病因病机如何？
3. 何谓“产后三审”？
4. 何谓产后“三冲”、“三急”、“三病”？
5. 治疗产后病，用药时应注意什么？
6. 产后病治则是什么？常用的治法有哪些？

（张文红）

6.1　产后血晕

目的要求

1. 掌握产后血晕的辨证论治。
2. 熟悉产后血晕的病因病机。
3. 了解产后血晕的急救措施。

重点内容

1. 产后血晕的定义。
2. 产后血晕的病因病机及辨证论治：①血虚气脱，治以益气固脱，方用清魂散；②瘀阻气闭，治以活血逐瘀，方用夺命散。

产妇分娩后，突然头晕眼花，不能起坐，或心胸满闷，恶心呕吐，或痰涌气急，甚则神昏口噤，不省人事，称为“产后血晕”，又称“产后血运”。

本病是产后危急重症之一，若不及时抢救，常可危及产妇生命，或因气血虚衰而变生他病。

本病可见于西医学产后出血引起的虚脱、休克、羊水栓塞、妊娠合并心脏病、产后心衰等病证。

6.1.1 病因病机

本病的主要病机不外虚实两端，虚者阴血暴亡，心神失养；实者瘀血上攻，扰乱心神。

1）血虚气脱　产妇素体气血虚弱，复因产时失血过多，以致营阴下夺，气失依附，阳气虚脱而致血晕。

2）瘀阻气闭　产后胞脉空虚，因产感寒，血为寒凝，瘀滞不行，加之产后元气亏虚，气血运行失常，以致血瘀气逆，并走于上，扰乱心神，而致血晕。

6.1.2 诊断与鉴别诊断

6.1.2.1 诊断依据

1）病史：多发生于产后数小时内。有多胎妊娠、羊水过多、难产、产时失血过多，妊娠合并心脏病等病史。

2）症状：头晕目眩，不能坐起，或晕厥，不省人事，心胸满闷，恶心呕吐，或痰涌气急，甚至昏迷不醒。

3）产科检查：胎盘、胎膜是否完整，子宫收缩情况，软产道有无损伤，或恶露量少。

4）实验室检查：检查血小板计数、凝血酶原时间、纤维蛋白原定量、血清蛋白降解产物、鱼精蛋白副凝试验等，有助诊断。

5）其他：描记心电图、血压、心功能检测，及时发现休克。

6.1.2.2 鉴别诊断

本病应与产后子痫、产后郁冒、产后中暑、产后癫痫等病相鉴别。

1）与产后子痫鉴别　两者都可发生于新产之际，症急势危。子痫多在孕晚期有高血压、水肿、蛋白尿等病史。而本病以晕厥，不省人事，口噤、昏迷不醒为特征。

2）与产后郁冒鉴别　二者皆有眩晕症状，但病因不同，发病时间及证候轻重各异。郁冒是因亡血复汗，感寒而致。可发生于新产后、满月内一段时间，眩晕症状较轻，仅见头目眩晕，神志尚清，兼有外感之症，如但见头汗出，寒热往来等，恶露可无变化，而本病症情危重，可致昏晕，不省人事，应注意明辨。

3）与产后中暑鉴别　产后中暑发生于盛夏酷暑季节，新产后产妇突然晕闷或昏不知人，并出现体温高，汗出多等中暑症状，恶露多无改变。

4）与产后癫痫鉴别　患者素有癫痫病史，适于产后发作，有典型的癫痫发作过程，四肢抽搐，口吐白沫，口中有叫声，过后如常人，无恶露变化。

6.1.3 辨证论治

（1）辨证要点

本病辨证应根据眩晕特点、恶露多少及有无胸腹胀痛、舌脉等结合起来分辨虚实。虚证为脱证，恶露量多，面色苍白，心悸愦闷，渐至昏厥，眼闭口开，手撒肢冷；实证为闭证，恶露量少或不下，面色紫黯，心腹胀痛，胸闷气急，神昏口噤，两手握拳。

（2）治疗原则

血虚气脱者，治宜益气固脱；血瘀气闭者，治宜行血逐瘀。若患者已处于昏迷状态，则应中西医结合急救，使其苏醒，再行辨证论治。

6.1.3.1 血虚气脱

主证　产时产后出血过多，突然昏晕，心悸愦闷不适，渐至昏不知人，面色苍白，眼闭口开，手撒肢冷，冷汗淋漓，舌淡无苔，脉微欲绝或浮大而芤。

证候分析　心主血藏神，产后失血过多，血不养心，心神失守，故心悸，烦闷不舒，甚则昏不知人；出血过多，气随血脱，阳气虚衰，失于温煦，则面色苍白，四肢厥冷；气虚不摄，营阴外泄，则冷汗淋漓。舌淡无苔，脉微欲绝或浮大而虚，是血虚气脱之征。

治法　益气固脱。

方药　清魂散(《丹溪心法》)。

人参　荆芥　泽兰叶　川芎　甘草

本方旨在补气益血，固脱醒神。方中人参、甘草补气固脱；荆芥理血升散以清窍；川芎活血上行头目，合泽兰叶辛散芳香以醒神。

心神清醒之后，继以大补气血，方用加味当归补血汤(《医理真传》)去葱白、甜酒，加人参、熟地。

黄芪　当归　鹿茸　麦芽　炮姜　炙草　葱白　甜酒

方中当归入心补血，黄芪大补脾肺之气，当归得黄芪则血有所附，黄芪得当归则气有所依；鹿茸益精助真阳，佐姜、草以温中健脾；麦芽疏理气机，使补而不滞。

6.1.3.2 瘀阻气闭

主证　产后恶露不下，或下也甚少，小腹疼痛拒按，甚则心下满闷，气粗喘促，神昏口噤，不省人事，两手握拳，牙关紧闭，面色紫黯，唇舌均紫，脉涩。

证候分析　产后感寒，内袭胞中，余血浊液遇寒凝滞，停蓄于内不得外出，故恶露不下，或下也甚少；瘀血内阻，故小腹疼痛拒按；败血停留，气机不畅，逆上攻心、攻肺、攻胃，攻心则扰乱神明，清窍闭塞，以致神昏口噤，不省人事；攻肺则肺失清肃之职，症见心下满闷，气粗喘促；攻胃则胃失和降，而见恶心呕吐，瘀血内停，筋脉失养而拘急，故两手握拳，为闭证之象。面色青紫，唇舌紫黯，脉涩有力，为血瘀之征。

治法　行血逐瘀。

方药　夺命散(《妇人大全良方》)加当归、川芎。

没药　血竭

本方旨在活血祛瘀，开闭醒神。方中没药、血竭活血理气，逐瘀止痛；加入当

归、川芎以增强活血行瘀之力。若兼胸闷呕哕者，加姜半夏、胆南星以降逆化痰。

其他疗法

1）将铁器烧红，焠醋中，以熏其鼻孔，促其苏醒。

2）醋韭煎：韭菜切细入瓶中，注热醋，以瓶口对产妇鼻孔，促其苏醒。(《妇人大全良方》)。

3）独行散(《妇人大全良方》)：五灵脂半生半炒 60 克为末，每服 6 克，温酒调下。

4）针刺眉心、人中、涌泉穴。艾灸百会（实证不宜)。

【文献摘要】

《陈素庵妇科补解》：产后血晕，因败血冲心故也。……心藏神主血，产后气血两亏，心神已恍惚不足，梦寐惊恐，乃瘀血乘虚冲逆，神为其散，失其主宰，遂至昏晕，不省人事，非辛热之药安能以逐瘀。

产后血晕，有虚有实，有寒有热。然虚而晕，热而晕者，十之六七。实而晕，寒而晕，十之二三也。产妇分娩后阴血暴亡，阳气下陷，神无所养。心为一身之主，得血则安，失则烦躁不宁，故发昏晕，卒然人事不知，此虚候也。亦有血虚、阴火载血，妄行上逆，神不能安。

人之一身，心藏神，肺藏魄。心为神明所主，肺主气，胃为水谷之海，肺居至高而最清，纤毫浊秽皆不可犯。血，阴类。败血乃可去而不可留之物。宜通不宜瘀，宜下不宜上。然瘀而反能冲上者，虚火随气而炎上也。入心则神无所依。入肺则窍为之塞，喘急所自来也。入胃则阻水谷，水入则吐，谷入则吐，久则胃气败故发呃忒，黑气见于口鼻，三者皆为不治之症也。

《医宗金鉴》：产后血晕恶露少，面唇色赤是停瘀，恶露去多唇面白，乃属血脱不须疑。虚用清魂荆芥穗，人参芎草泽兰随，腹痛停瘀佛手散，醋漆熏洗总相宜。

《傅青主女科》：分娩之后，眼见黑花，头眩昏晕，不省人事者，一因劳倦甚而气竭神昏，二因大脱血而气欲绝，三因痰火乘虚泛上而神不守。当急服生化汤二三帖也，外用韭菜细切，纳入有嘴瓶中，用滚醋二盅冲入瓶内，急冲产妇鼻中即醒。

【病案举例】

王××，女，27 岁，已婚。

患者禀赋怯弱，1959年冬季分娩后，出血频多，头晕目眩，胸闷心悸，泛泛欲吐，一度昏厥，不省人事，经家人运用土法，以醋烧沸使气熏两鼻，始缓缓苏醒，前来门诊。

患者面色皖白，声音低微，感全身酸软无力，头目昏暗，耳鸣作响，恶露不多，指头麻木。手指微微抖动，如落叶然。按脉虚细无力，舌淡少苔。此乃产后出血太多，血少气弱，血液不能正常供应指梢及脑部，于是出现这种症状，返家后宜卧床休息，调补后当能好转。

初诊：12月26日，产后出血过多，暴虚而难能荣灌全身，一度昏厥，感畏寒气弱，恶露量少色淡。证属气血不足。治拟充养气血。

大黄芪9g 焦白术6g 陈皮6g 炒当归9g 川芎4.5g 白芍6g 杜仲9g 续断9g 熟地9g 砂仁3g（后下） 狗脊9g 淮山药9g 桂枝2.4g

二诊：12月28日。服药后未再昏厥，感头眩心荡，夜寐不安，腰酸殊甚，食欲不振，皆血亏气弱，冲任受损，治拟健脾益气兼填奇经。

巴戟肉9g 狗脊9g 杜仲9g 续断9g 归身9g 川芎4.5g 黄芪9g 熟地9g 白术9g 茯苓9g 陈皮6g

三诊：12月30日。服药调理后，精力稍充，指麻亦愈。胃口虽已稍开，食后仍有饱满感。脾应中宫属土，为气血之泉源。治拟调补后天，重视充养。

潞党参4.5g 白术9g 新会皮6g 白茯苓9g 炒枳壳4.5g 苏梗6g 枸杞子9g 白芍6g 广郁金6g 带壳砂仁4.5g（后下） 焦内金9g

四诊：1960年1月2日。诸恙次第就愈，胃纳馨而精神亦佳。治拟宽中健脾。

黄芪9g 潞党参4.5g 归身9g 白芍9g 炒枳壳4.5g 广郁金6g 薏苡仁12g 白术6g 茯苓9g 陈皮6g （朱南孙主编. 朱小南妇科经验选. 人民卫生出版社，1981年）

复习思考题

1. 试述产后血晕的定义。
2. 产后血晕的病因病机如何？
3. 产后血晕临床分几型？各型如何治疗？

（张文红）

6.2 产后血崩

目的要求

1. 熟悉产后血崩的定义。
2. 了解其分型与代表方剂。

重点内容

1. 产后血崩的定义及概述。

2. 病因病机及辨证论治：①气虚，治以补气固冲，摄血止崩，方用升举大补汤；②血瘀，治以活血祛瘀，理血归经，方用化瘀止崩汤；③产伤，治以益气养血，生肌固经，方用牡蛎散；④暴怒伤肝，治以平肝清热，固冲止血，方用丹栀逍遥散。

产妇分娩后，突然阴道大量出血者，称为产后血崩。

本病相当于西医学的产后出血，它与产后宫缩乏力、软产道损伤、胎盘胎膜部分残留、凝血功能障碍等有关（见表6-1）。若救治不及时，可引起虚脱，甚至危及产妇的生命，故为产后危急重症之一。如系胎盘、胎膜部分残留宫内，或软产道损伤所引起的产后阴道大出血，应及时手术止血。

表 6-1 产后出血的鉴别诊断及处理原则

诊断	出血时间	出血性质	子宫形态	处理原则	
				西医	中医
子宫收缩乏力	胎盘娩出后	阵发性阴道出血，色暗红或挟血块	宫缩差，宫体软	按摩子宫或用宫缩剂	益气养血，佐以化瘀
胎盘滞留或残留	胎盘娩出前或后	出血量少或多，或呈持续性出血	收缩较差，宫体较软	给子宫收缩剂，或人工胎盘剥离或做钳刮术	活血化瘀，佐以益气
产道损伤	胎儿娩出后	持续性出血，量多，色鲜红，有血块	宫体收缩好、硬	缝合修补裂伤处	
凝血机制障碍	胎盘娩出后	持续性出血，量多，质稀薄，无血块	宫缩较好，宫体硬	高凝状态用抗凝药为主，纤溶阶段以抗纤溶为主	早期可酌用活血化瘀止血法

6.2.1 病因病机

主要机理有气虚血失统摄；瘀血留滞新血不得归经；或产伤损伤脉络；暴怒伤肝而致血不得藏。

1）气虚　产妇体质素弱，正气不足，或产程过长，用力太过，加之产时失血耗血，正气愈虚，或产后疲劳过度，或房事不慎，以致冲任不固，不能摄纳血海之血。

2）血瘀　产时血室正开，寒邪乘虚而入，余血浊液为寒邪凝滞，瘀阻冲任，新血不得归经，而致崩下不止。

3）产伤　产时助产不当，或产力过强，产程进展过快，或胎儿过大，以致产道损伤，脉络破损，遂致流血不止，而致血崩。

4）暴怒伤肝　产后血气俱虚，复因暴怒伤肝，不能藏血，以致血崩不止。

6.2.2 诊断与鉴别诊断

6.2.2.1 诊断依据

1）症状　阴道出血量多急迫，大多发生在产后24小时内，出血量达到或超过500ml。严重者血压骤降，甚至肢冷、汗出、神昏。

2）检查　多见于子宫收缩乏力、胎盘滞留、软产道损伤。

3）实验室检查　血常规、血小板计数、凝血因子Ⅶ、Ⅷ检测，及其他凝血功能的检查有助于诊断。

4）B超检查　可了解有无胎膜、胎盘部分残留的情况。

6.2.2.2 鉴别诊断

本病尚可因出血过多而致昏迷，故需与产后其他疾病引起的神昏进行鉴别。如产后子痫，产后痉证，产后中暑引起的神昏进行鉴别。鉴别要点可见产后血晕节。

另产后血晕与产后血崩都属产后危急重症，故亦应进行鉴别，历代医家对此无明确的记载，但从产后血晕与产后血崩的定义，发病原因，临床表现诸方面综合分析，可认为产后血晕主证为产后头目眩晕，不能坐起，甚则神昏口噤，不省人事，重点在于头目眩晕及神昏等症，而产后血崩以阴道出血量多为辨病的焦点，不一定出现眩晕、神昏症状，但从发病原因看，血晕可以由血崩而引起，但除了出血而致血晕外，瘀阻气逆亦可导致，二者当有区别，应予注意。

6.2.3 辨证论治

（1）辨证要点

本病的辨证应依据出血量、色、质、有无损伤及全身症状来分辨虚实。若出血伴头晕目眩，气短懒言，面色苍白，属气虚；若恶露量多，有血块，伴小腹疼痛拒按，脉沉涩，属血瘀；若有产伤则诊断明确；若出血量多，色紫，心烦易怒，头胀眩晕，嗳气太息，属暴怒伤肝。

（2）治疗原则

本病若救治不及时，可危及产妇的生命，故必须本着“急则治其标，缓则治其本”的原则，积极抢救。若为气虚，则宜补气固崩出血；若为血瘀，则宜化瘀活血止崩；若为产伤，则宜积极修补、缝合，并给予益气养血生肌治疗；若因暴怒伤肝，则宜平肝清热，固冲止血。

6.2.3.1 气虚

主证 新产后，突然阴道大量出血，血色鲜红，头晕目眩，心悸怔忡，气短懒言，肢冷汗出，面色苍白，舌淡，脉虚细。

证候分析 因产气虚，冲任不固，统摄无权，故令阴道大量出血，血色鲜红；因无瘀滞，故无腹痛；气虚不摄，营阴下脱，清窍失养，故头目晕眩；血脱不能上奉于心，心失所养，则心悸怔忡；气虚下陷，故气短懒言；气虚，腠理不密，卫气不固，则肢冷汗出；气虚血少，不能上荣于面，故面色苍白。舌淡，脉虚数，为气虚血脱之征。

治法 补气固冲，摄血止崩。

方药 升举大补汤(《傅青主女科》)去黄连，加地榆炭、乌贼骨。

黄芪 白术 陈皮 人参 炙甘草 升麻 当归 熟地 麦冬 川芎 白芷 黄连 黑芥穗

本方旨在补气固冲止崩。方中人参、黄芪、白术、甘草、升麻、乌贼骨益气升提，固冲摄血；熟地、当归、川芎补血益精；麦冬养阴生津；白芷辛香醒神；黑芥穗、地榆炭固经止血。若昏不知人，肢冷汗出，脉微细欲绝者，为气随血脱，宜补气固脱，方用独参汤(《十药神书》)人参。若冷汗淋漓，四肢厥逆者，宜回阳救逆，方用参附汤；若伴阴道出血不止，则于参附汤中加姜炭，以止血。

6.2.3.2 血瘀

主证 新产后，突然阴道大量出血，挟有血块，小腹疼痛拒按，血块下后腹痛减轻，舌淡黯，或有瘀点瘀斑，脉沉涩。

证候分析 本病由于瘀血内阻，新血难安，血不归经而妄行，故阴道大量出血，挟有血块；瘀血留滞，胞脉阻滞，不通则痛，故小腹疼痛拒按；血块排出，胞脉瘀阻稍缓，则腹痛减轻。舌淡黯，有瘀点瘀斑，脉沉涩，为血瘀之征。

治法 活血祛瘀，理血归经。

方药 化瘀止崩汤(《中医妇科学》)。

炒蒲黄 五灵脂 当归 川芎 三七粉 益母草 南沙参

本方旨在活血祛瘀，止血固冲。方中五灵脂、益母草活血祛瘀以止痛；当归、川芎养血活血；炒蒲黄、三七粉活血止血，理血归经；沙参益气养阴，祛瘀而不伤正，使瘀去血归。

6.2.3.3 产伤

主证 新产后，突然阴道大量出血，血色鲜红，持续不止，软产道有裂伤，面色苍白，舌淡，苔薄，脉细数。

证候分析 本证是由于急产、难产、助产不当而致软产道损伤，经脉破损，故使阴道出血量多，不止，血色鲜红；失血过多，故见面色苍白。舌淡，苔薄，脉细数，均为失血伤阴之征。

治法 益气养血，生肌固经。

方药 牡蛎散(《证治准绳》)。

煅牡蛎 川芎 熟地黄 白茯苓 龙骨 续断 当归 炒艾叶 人参 地榆 五味子 甘草

本方旨在益气养血，生肌固崩止血。方中人参、甘草益气；熟地、当归、川芎养血补血；续断补肾续筋；龙骨、牡蛎育阴潜阳，生肌止血固经；茯苓、五味子交通心神，补气滋阴；炒艾叶、地榆止血。若有明显裂伤，应及时缝合止血，继以中药调治。

6.2.3.4 暴怒伤肝

主证 新产后，阴道出血暴下不止，血色紫红或挟有血块，心烦易怒，头胀眩晕，胸闷饱胀，嗳气太息，胸胁疼痛，舌苔薄白，脉弦细。

证候分析 本证由于产后气血本虚，加之暴怒伤肝，肝不藏血，以致产后出血暴下不止，肝郁化火，灼伤阴液，故见血色紫红或挟有血块，肝火旺盛，故见心烦易怒，肝阴受灼，肝阳上亢，故见头胀眩晕，肝郁克脾，肝失疏泄气机之职，故见胸闷饱胀，嗳气太息，胸胁疼痛。舌苔薄白，脉弦细，为肝气郁滞之象。

治法 平肝清热，固冲止血。

方药 丹栀逍遥散(《女科撮要》)去煨姜加旱莲草、生地炭以清热凉血。

本方旨在清肝泻热，固冲止血。方中柴胡、薄荷、栀子、丹皮疏肝解郁，清热凉血；当归、白芍养血柔肝；白术、茯苓、炙甘草补气培脾和中。若出血过多，酌情去当归，加牡蛎、茜草、炒地榆以凉血固冲止血。

【文献摘要】

《女科经纶》引陈无择云：血崩不是轻病，况产后有此，是谓重伤。

《产育宝庆集》：产后伤耗经络，未得平复而劳役损动，致血暴崩下，淋漓不止。

《陈素庵妇科补解》补按云：血多亡阴，危证也。产后阴血已亏，岂宜后有血崩之症。血脱补气，此为要论。况脾生血，劳役则伤脾；心主血，惊则伤心；肝藏血，怒则伤肝。心为君火，肝为相火，脾郁则生火，三经之火迫血妄行，势若崩涌，不可遽止，因而昏晕闷乱者有之矣。

《医宗金鉴》：产后阴血已亡，更患崩证，则是血脱气陷，其病非轻，当峻补之。宜用十全大补汤加阿胶、升麻、续断、枣仁、山萸、炮姜炭，以升补其脱陷可也。若因暴怒伤肝血妄行者，宜逍遥散加黑栀、生地、白茅根以清之。若因内有停瘀者，必多小腹胀痛，当用佛手散、失笑散，以补而逐之。

【病案举例】

周××，女，35岁，营业员。

初诊：1985年3月22日。

剖腹产后二旬，儿不供乳，出血量多如崩，色黯，曾用抗生素、催产素，及中药生化汤，出血量未减。眩晕形寒，心慌气短，面色晄白，汗出涔涔，纳谷不馨，大便欠实。脉濡，舌淡白，边有齿印。乃产后虚损，气不摄血。姑拟益气摄血，养营理虚。

潞党参12g 炙黄芪9g 熟地炭12g（砂仁3g拌炒） 当归炭9g 焦白术6g 怀山药9g 杭白芍9g 炮姜炭2g 淡附块6g 陈棕炭9g（包煎） 蒲黄炭9g（包煎） 陈阿胶9g（烊冲） 大枣15g

二诊：3月26日

药后出血已止，自汗形寒，气短便溏等症均减，纳谷稍增，惟夜寐不安。脉濡苔薄。再宗原治。

原方去炮姜、蒲黄炭、淡附块、陈棕炭、加山萸肉9g，酸枣仁6g，茯神9g。

按语：《女科经纶》谓："产后已亡血，而又有崩证，似非轻病，多属阴虚气脱所致。"《血证论》谓："产后血崩，乃荣气空虚，不能摄血归经，大剂归脾汤主之。如兼汗出气喘者，乃是血脱气散之危症，参附汤加阿胶、熟地、茯苓、炙甘草以救之。"本案周某，剖腹产后出血如注，气血大耗，脉濡，舌淡胖，形寒自汗，心慌气短，便溏神倦，属于《血证论》中所谓的血脱气散，气不摄血之危急之症。柏春先生遵唐容川治血证以止血、消瘀、宁血、补虚之四要为立方宗旨。习用《傅青主女科》的救败求生汤（人参、当归、白术、熟地、山萸、山药、枣仁、附子）加味救急治之。药用党参、黄芪、山药、白术、大枣健脾益气，摄血归经；熟地、当归、白芍、阿胶滋阴补虚，养血止血；缘血虚则气无以守，应从阴化阳，故配用附块、炮姜助阳以化气。正如傅青主所谓：阳回而气回，自可摄血以归经，生精而续命矣。伍入陈棕炭、蒲黄炭则可祛瘀止血。（蔡庄等. 蔡氏女科经验选集. 上海中医药大学出版社，1997年）

复习思考题

1. 产后血崩的病因病机是什么？
2. 产后血崩的辨证论治如何？分几型？代表方剂各是什么？
3. 产后血崩与产后血晕如何鉴别？

（张文红）

6.3 产后痉证

目的要求

1. 熟悉产后痉证的分型与代表方剂。
2. 了解其定义及病因病机。

重点内容

1. 产后痉证的定义及概述。
2. 产后痉证的病因病机及辨证论治：①阴血亏虚，治以滋阴养血，柔肝息风，方用三甲复脉汤加减；②感染邪毒，治以解毒镇痉，理血祛风，方用撮风散加减。
3. 注意与产后子痫、癫痫产后发作鉴别。

新产后或产褥期内，产妇发生手足抽搐，项背强直，甚或口噤，角弓反张，称为产后痉证，又称“产后发痉”、“产后痉病”、“产后痉风”。

若因产后创伤，感染邪毒而发痉者，为“产后破伤风”，是产后急重症之一。解放以后，由于我国大力推广新法接生，其发病率已大大下降，临床已少见。若因阴血虚而发痉者，类似于西医学的“手足搐搦症”。

6.3.1 病因病机

本病的发生，多因产后亡血伤津，心肝血虚，筋脉失养；或亡血复汗，正气不足，分娩时创伤，邪毒乘虚直窜筋脉，筋脉挛急而发痉。

1）阴血亏虚　产后失血伤津，营阴耗损，或素禀阴血不足，因产重虚，血少津亏，脉络空虚，筋脉失养；血虚生风，肝风内动，以致拘急抽搐。

2）感染邪毒　多因接生不慎，局部创伤，胞脉空虚或伤口不洁，邪毒乘虚而入，伤动血脉，直窜筋络，致筋脉拘急发病。

本病有轻重之分，血虚者症情较缓，若属感染邪毒者，则症情急重，若治不及时，将气血暴亡，真气欲脱，甚可危及产妇生命。

6.3.2 诊断与鉴别诊断

6.3.2.1 诊断

1）产后发生四肢抽搐，项背强直，甚则口噤，角弓反张即可诊断为本病。

2）妇检：若为感染邪毒者，局部有不洁创口。若失血过多，则可见到软产道损伤，或子宫收缩乏力，或有胎盘滞留等。

3）实验室检查：失血过多可见血色素降低及红细胞减少，另血象、血钙、细菌培养有助于诊断。

6.3.2.2 鉴别诊断

本病须与产后子痫、产后癫痫及产后高热抽搐等病相鉴别。

1）与产后子痫鉴别　产后子痫多发生在分娩后24小时左右，以抽搐昏迷为主要症状，而无角弓反张现象，多有产前子痫、子晕病史。于产后反复发作，常伴有高血压、水肿、蛋白质等体征。

2）与癫痫鉴别　癫痫产后发作，易与产后痉证相混，但癫痫患者常有癫痫病史，突然仆倒，抽搐，神志不清，口吐白沫，口中作六畜叫声，无角弓反张，移时苏醒如常人。

3）与产后高热抽搐鉴别　产后高热抽搐体温明显升高，超过38℃以上，抽搐与热势成比例，可伴有恶露臭秽，腹痛，无角弓反张。

6.3.3 辨证论治

(1) 辨证要点

产后痉证，有虚实两端，病因不同，证候有异。若产后失血过多，复有大量汗出，骤然发痉，面色苍白，舌淡，脉细者，属血虚；若发痉而面呈苦笑，项背强直，角弓反张，发热恶寒，脉浮者属感染邪毒。

(2) 治疗原则

本病的治疗以息风镇痉为主。若属阴血亏虚者，应养血柔肝息风；若为感染邪毒发痉，应解毒镇痉息风。临证不忘产后多虚多瘀的特点，用药不可过于辛温耗散，以防耗血伤津更伤阴液，致生他变。若系感染邪毒者，应中西医结合抢救。

6.3.3.1 阴血亏虚

主证　产后出血过多，骤然发痉，头项强直，牙关紧闭，四肢抽搐，面色苍白或萎黄，舌淡红，少苔，脉细。

证候分析　产后亡血伤津，筋脉失养，血虚生风，肝风内动，则四肢抽搐，头项强直，牙关紧闭；血虚不能上荣于面，故面色苍白或萎黄。舌淡红，少苔，脉细，皆为阴血亏虚之象。

治法　滋阴养血，柔肝息风。

方药　三甲复脉汤(《温病条辨》)加天麻、钩藤、石菖蒲。

白芍　阿胶　龟板　鳖甲　牡蛎　麦冬　干地黄　炙甘草　麻仁

本方旨在养血滋阴、使津充血足，筋脉得养，则诸证自愈。方中白芍、阿胶、麦冬、地黄、麻仁滋阴养血；龟板、鳖甲、牡蛎育阴潜阳；天麻、钩藤平肝息风；菖蒲芳香开窍；甘草健脾和中。

若兼外感风寒，伴见汗出恶风或发热，脉浮弦者，宜养血祛风，方用滋荣活络汤(《傅青主女科》)去黄连。

当归　川芎　熟地　人参　黄芪　茯神　天麻　炙草　陈皮　荆芥穗　防风　羌活　黄连

本方旨在养血祛风。方中当归、川芎、地黄养血祛风；人参、黄芪、炙草、茯神扶脾生血，益气固表；荆芥、防风、羌活祛风胜湿；天麻息风止痉；陈皮醒胃行气；黄连苦寒，非血虚所宜，故去之不用。

若出血过多，加贯众炭、地榆根以止血。

若汗出过多，加山萸肉、糯稻根、浮小麦止汗。

6.3.3.2 感染邪毒

主证　新产后或产褥期内，头项强痛，发热恶寒，牙关紧闭，随之口角搐动，面呈苦笑，四肢抽搐，项背强直，甚则角弓反张，舌正常，苔薄白，脉浮而弦。

证候分析　产后气血两亏，百脉空虚，邪气易侵，若接生不慎，产伤感染，邪毒乘虚而入，邪在肌表，正邪交争，故见恶寒发热，头项强痛；邪窜经络，侵入筋脉则四肢抽搐，项背强直，面呈苦笑，口角抽动，甚则角弓反张。邪属新感，尚未入里，故舌正常。脉浮而弦，为外感风动之征。

治法　解毒镇痉，理血祛风。

方药　撮风散加桑寄生、白芍，也可用止痉散合华佗愈风散，或玉真散。

(1) 撮风散(《证治准绳》)

蜈蚣　钩藤　朱砂　蝎尾　麝香　僵蚕　竹沥汁

本方旨在解毒镇痉息风，养血、柔肝。方中蜈蚣、蝎尾、僵蚕解毒镇痉息风；钩藤平肝息风；麝香芳香开窍；朱砂安神定志；桑寄生、白芍养血柔肝，竹沥汁清热祛痰。

(2) 止痉散(《经验方》)合华佗愈风散(《普济本事方》)

全蝎　蜈蚣　炒僵蚕　桑寄生

荆芥穗豆淋酒（即以炒黑豆淬酒，取酒冲服）。

两方合用旨在解毒祛风止痉。方中全蝎、蜈蚣、僵蚕解毒镇痉祛风；桑寄生养血舒筋缓急；荆芥有理血祛风镇痉之功；豆淋酒有解毒活血之效。

(3) 玉真散(《外科正宗》)

白芷　南星　天麻　羌活　防风　白附子

本方旨在祛风镇痉止痉。方中天麻、南星、白附子祛风镇痉止风；羌活、防风、白芷祛风散寒。

若挟痰热，兼喉中痰鸣，气喘急促，脉弦滑者加天竹黄、胆南星、竹沥汁以祛痰清热。

若热盛神昏者，可与安宫牛黄丸、紫雪丹（方见产后发热节中）合用。

若病至后期，邪毒隐伏，气血暴亡，真气欲脱，症见头摇喘促，汗出不止，面白肢厥，手撒口开，或两手撮空，脉浮大散乱或沉紧者，宜益气救脱，应急煎参附汤(《校注妇人良方》：人参　附子）或独参汤、生脉散急救。

其他疗法

针刺：取穴大椎、百会、风府、承山、阳陵泉、曲池、合谷、涌泉穴轮换针刺。

预防

本病的预防、护理非常重要，它对预防本病的发生及发生后的预后具有重要意义。

预防处理为正确及时处理产伤。对于已污染的伤口应做彻底的清理；对急产、滞产或产道有污染和损伤者，尤其伤口未经及时处理，超过几小时者，可预防性注射破伤风抗生素（TAT），以增强被动免疫能力。

护理的处理为减少刺激。凡声、光、触动等刺激，均可诱发患者抽搐，故病员应置于安静 、弱光的病室，一切治疗、操作均应轻柔，且相对集中，以防多次扰动。注意口腔清洁，保持呼吸道通畅，及时清除呼吸道分泌物。备开口器，有义齿要取出，以防落入呼吸道引起窒息。定时翻身，以防褥疮和其他并发症发生。

【文献摘要】

《女科撮要》：产后发痉因失血过多、元气亏极或外邪相搏，其形牙关紧急、四肢劲强，或腰背反张，肢体抽搐。若有汗而不恶寒者，曰柔痉。若无汗而恶寒者，曰刚痉。然产后患之，实由亡血过多，筋无所养而致。故伤寒汗下过多，溃疡脓血大泄，多患之，乃败症也。若大补血气，多保无虞。若攻风邪，死不疑矣。

《景岳全书》：产后发痉乃阴血大亏证也，其证则腰背反张，戴眼直视或四肢强劲，身体抽搐。在伤寒家虽有刚痉、柔痉之辨，然总之则无非血燥、血枯之病，而实惟足太阳与少阴主之。盖膀胱与肾为表里，肾主精血，而太阳之脉络于头目项背，所以为病若此。若其所致之由，则凡如伤寒误为大汗以亡液，大下以亡阴，或溃疡、脓血、大泄之后，乃有此证。故在产后亦惟去血过多，或大汗大泻而然，其为元气亏极、血液枯败也。可知凡遇此证，速当察其阴阳，大补气血，用大补元煎或理阴煎及十全大补汤之类，庶保其生。若认为风痰，而用发散消导之剂，则死无疑矣。

《女科经纶》缪仲淳曰：产后血虚，角弓反张，病名曰痉。痉者劲也，去血过多，阴气暴虚，阴虚生内热，热极生风，故外现风证，其实阴血不足以养筋所致。是厥阴肝经大虚之候，宜益阴补血，清热则愈。

《胎产心法》：凡妇人冲脉为血脉之海，血脉充足，若流畅无滞，气血冲和，则关节清利而无病矣。至于产后劳损脏腑，气血暴竭，百骸少血濡养，多有阴虚内热，热极生风，虽外证如风，实内脏阴血不足，气无所主……产后大虚，再经辛散消克，则神愈亡而血愈竭，是以心血竭而妄言愈甚，肝血竭而内虚生风成搐，肺气竭而发喘，鼻孔黑如烟煤，脾气竭而四肢不为所用，胃中元气告匮，不能散精，痰壅愈甚，治之者，仍不识为虚证，反用胆星、苏子以化痰降气，梨汁以清痰降火，僵蚕、柴胡、天麻以止搐，诸如此等药类，杂进交攻，罔知顾本，遂致殒命，良可恸也。

《医学心悟》：产后汗出不止，皆由阳气顿虚，腠理不密，而津液妄泄也。急用十全大补汤止之。如不应，用参附、芪附、术附等汤。若病势危急，则以参、芪、术三汤合饮之。或如汗多亡阳，遂变为痉，其症口噤咬牙，角弓反张，尤为气血大虚之恶候，更当速服前药，庶可救疗。或问，无汗为刚痉，有汗为柔痉，古人治以小续命汤者，何也？答曰：此外感发痉也，病属外感，则当祛邪为急。若产后汗多发痉，此内伤元气，气血大亏，筋无所养，虚极生风，籍非十全大补加附子，安能敛汗液、定搐搦，而救此垂危之症乎？且伤寒汗下过多，溃疡脓血大泄，亦多发痉，并宜补养气血为主，则产后之治法更无疑矣。

《医宗金鉴》：产后血气不足，脏腑皆虚，多汗出，腠理不密，风邪乘虚袭入，遂成痉证。手三阳之筋结于颔颊，风入颔颊则口噤，阴阳经络周环于身，风中经络，则头项、肩背强直，如角弓反张之状。产后患此，皆属虚象。惟宜用八珍汤加黄芪、附子，肉桂，大补其阴阳，少佐防风以治之。若见头摇喘促，两手撮空者，则为真气去，邪气独留，必死之候，故曰莫望生也。

《产科心法·下集·产后发痉》：产妇汗多发痉，俗谓产后惊风，实非风也，乃肝血空虚，不能荣筋，以至手足抽搐，有似中风之状，更有口噤咬牙，角弓反张，此气血大虚之恶候。……

《沈氏女科辑要笺正卷下》：“沈尧封曰，仲景论腰背反张为痉。无汗者为刚痉，主以葛根汤。有汗者为柔痉，主以桂枝加葛根汤。桂枝汤乃治中风主方，故有汗之痉属风。……有汗柔痉，更有二种，一则因虚而受外来之风，一则血虚则筋急，并无外感之风。有风者，虽汗出，必然恶风，主以华元化愈风散。只血虚而无风者，必不恶风，纯宜补血。

【病案举例】

李××，女，35岁，成都××信箱，工人。

初诊：1975年4月5日。

病情：据其爱人说，病人中年初产，分娩时痛苦异常，汗出如雨。产程长，产后又大量失血。刚分娩完毕，突发痉病。口噤不开，旋即昏倒，不省人事。背强而直，牙关紧闭，四肢抽搐，面青唇绀，呼吸迫促。

脉型：沉细如丝。

舌：牙关紧密，无从察舌。

治则：补气益血。

处方：第一方（急救方）

红参30g

浓煎，和童便，撬开牙关，灌服。

第二方：补中益气汤加减。

红参30g　生黄芪60g　鹿角胶20g（冲服）　阿胶20g（冲服）　鱼鳔胶20g（冲服）　金樱子60g（浓煎继服）

二诊：1975年4月6日清晨。

病情：病人服第一方后2小时，面色好转，神志清醒，要吃稀饭。自言少腹痛，恶露频频而下。接服第二方后，能宁静入睡，天明方醒，人觉爽快。恶露渐少，但有腥臭味。腹胀而痛，有下坠感。产后未解大便。

脉型：迟缓。

舌：舌质淡红，苔薄白。

治则：补气益血，佐以消炎。

处方：河间地黄饮子合银甲煎剂加减。

红参10g　鸡血藤18g　生黄芪30g　益母草24g　炒升麻10g　炒蒲黄10g　炒五灵脂12g　鹿角胶12g（冲服）　阿胶10g（冲服）　蒲公英24g　鱼腥草24g　桔梗10g　槟榔3g　木香2g　琥珀末6g（冲服或布包煎）

（1天1剂，连服4天）

三诊：1975年4月11日。

病情：病人服上方3剂后，其爱人来说：患者病情基本痊愈。恶露渐净，食欲大增，每天能吃6个鸡蛋。乳汁充足，体力渐恢复，能下床为婴儿洗涤。请求暂不服药。笔者嘱其可暂停药，如再出现病情，宜更方继服，不失机宜。

疗效：病情痊愈。

按语：本病例中年初产，产程过长，痛苦太甚，汗透重衣，产时失血过多，形成气血大虚之候。故第一方采取独参汤佐童便，以益气止血敛汗。第二方最重要，以红参益气，鸡血藤调节心肌，养心肌；生黄芪、金樱子敛汗；鹿角胶、阿胶、鱼鳔胶温煦督阳，补血养血，血得畅流，则痉病解。本方师胶艾汤之意，疗效比胶艾汤大，为笔者治疗产后发痉病血虚型的常用方。（王渭川著. 王渭川疑难病症治验选. 四川科学技术出版社，1984年）

（张文红）

6.4 产后腹痛

目的要求

1. 掌握产后腹痛的辨证分型，治法及代表方剂。产后腹痛的诊断。
2. 熟悉产后腹痛的病因病机。

重点内容

1. 产后腹痛的定义。
2. 产后腹痛的病因病机及辨证论治：①血虚，治以补血益气，方用肠宁汤；②血瘀，治以活血祛瘀，方用生化汤。
3. 产后腹痛的诊断与鉴别诊断。

产妇分娩后，出现小腹阵阵作痛难忍者，称为产后腹痛，又称“儿枕痛”。

胎盘娩出后，由于子宫收缩复旧，常有阵发性腹痛，但疼痛一般比较轻微，3~5天即可自然消失，称为“宫缩痛”，不需治疗。若腹痛过期仍不消失或腹痛明显者，则属病态，需要治疗。

本病相当于西医学的产后宫缩痛过强及产褥感染引起的腹痛。

6.4.1 病因病机

本病的主要机理有血虚不荣而痛与血瘀不通而痛虚实两端。

1）血虚 由于产时失血过多，或产前素体血虚，加之产时耗血，致产后胞脉空虚、失养；又气随血耗，运血无力，血行迟滞，而致腹痛。

2）血瘀 产后脏腑空虚，血室大开，易感外邪，若调摄失宜，风寒之邪乘虚侵入胞中，血为寒凝，气机被阻而作腹痛；或因产后情志不遂，肝气郁结，血为气结而为瘀，瘀阻冲任，胞脉失畅，不通则痛，故致腹痛。

6.4.2 诊断与鉴别诊断

6.4.2.1 诊断依据

1）产妇产后出现小腹疼痛，阵阵发作，难以忍受。

2）产科检查 腹痛发作时，小腹可扪及变硬的子宫，或按之痛甚，或有腹肌紧张。

3）实验室检查　可见到轻度贫血或有炎性改变。

4）B 超　可了解子宫腔内有无胎盘胎膜残留。

6.4.2.2 鉴别诊断

产后腹痛亦可由其他原因引起，故本病应与伤食腹痛、产后痢腹痛等病相鉴别。

1）与伤食腹痛鉴别　伤食腹痛多有伤食史，痛在脘腹部，恶露可无改变，常见大便异常，脘腹胀满，嗳腐吞酸，或见大便稀溏、臭秽。

2）与产后痢腹痛鉴别　产后痢腹痛窘迫，见里急后重，大便脓血。

6.4.3 辨证论治

（1）辨证要点

产后腹痛是以腹痛的性质为重点，结合恶露的色质、全身症状与舌脉变化而辨其虚实。如腹痛绵绵，喜温喜按，恶露量少色淡，头晕心悸，舌质淡红，脉虚细者，属血虚证；如腹痛且胀，触之有块，按之痛甚，恶露量少，色黯有块，四肢不温，脉沉涩者，属血瘀证。

（2）治疗原则

重在调畅气血，虚者养血益气，实则活血化瘀，热结者清热祛瘀。但产后多虚多瘀，用药贵在平和，忌用攻下破血之品。

6.4.3.1 血虚

主证　产后小腹绵绵作痛，喜温喜按，恶露量少色淡，头晕眼花，心悸失眠，大便燥结，舌质淡红，苔薄白，脉细弱。

证候分析　产后营血亏虚，胞脉失养，或气随血耗，气虚运血无力，血行迟滞，致令小腹绵绵作痛，喜温喜按；阴血亏虚，冲任血少，故见恶露量少，色淡；血虚上不荣清窍，则头晕眼花，血少不能荣心养神，则心悸失眠；血虚津亏，肠道失于濡润，则大便秘结。舌淡红，苔薄白，脉细弱，均为血虚之象。

治法　养血益气。

方药　肠宁汤(《傅青主女科》)。

当归　阿胶　熟地　人参　山药　续断　麦冬　肉桂　甘草

本方旨在益气养血止痛。方中当归、熟地、阿胶养血滋阴以补虚；人参、山药、甘草益气健脾以资化源；续断补肝肾，益精血；麦冬养阴生津；佐以少量肉桂以温通血脉。若大便燥结甚者，肠宁汤去肉桂，加火麻仁、柏子仁、肉苁蓉以增润肠滋液通便之效；若腹痛喜热熨、畏寒肢冷者，加吴茱萸、小茴香、炮姜以温经散寒；若恶露行而不畅，加桃仁、茜草根、益母草以活血化瘀。若兼寒者，症见面色青白，小腹疼痛，得热痛减，形寒肢冷，或大便溏薄，舌淡，脉细而迟。治宜养血温中，方用当归建中汤(《千金翼方》当归　桂枝　白芍　甘草　生姜　大枣　饴糖)。

6.4.3.2 血瘀

主证 产后小腹疼痛，拒按，或得热痛减，恶露量少，涩滞不畅，色紫黯有块，或伴胸胁胀痛，或面色青白，四肢不温，舌质黯，苔白滑，脉沉紧或弦涩。

证候分析 产后百脉空虚，寒邪乘虚入胞，血为寒凝，或因肝郁气滞，血行不畅，滞而不通，故小腹疼痛拒按，恶露量少，色紫黯有块；血得热则行，凝滞稍通，故腹痛暂缓；肝郁气滞不宣，则胸胁胀痛；寒凝血瘀，阻遏阳气不能宣达，故面色青白，四肢不温。舌质黯，苔白滑，脉沉紧或弦涩，均为瘀血内停之征。

治法 活血祛瘀，散寒止痛。

方药 生化汤(《傅青主女科》)。

当归 川芎 桃仁 炮姜 炙甘草

本方旨在活血化瘀，使血行流畅，则疼痛自止。方中当归、川芎补血活血；桃仁祛瘀止痛；炙甘草补气缓急止痛；炮姜温经止痛。若属寒凝血瘀，证见小腹冷痛、绞痛，得热痛减，脉沉紧或沉弦者，加小茴香、吴茱萸以增强温经散寒之功；偏气滞者，症见胀甚于痛，胸胁满闷，酌加台乌药、延胡、枳壳以疏肝理气止痛；若兼气虚，证见神疲肢倦，气短乏力，可酌加黄芪、党参以益气补虚；若瘀而化热，方用卷荷散(《证治准绳》卷荷、红花、当归、蒲黄、丹皮)。如症情急重，兼烦躁，发热，谵语，脉虚者，可用大承气汤(《伤寒论》大黄、芒硝、厚朴、枳实)。

【文献摘要】

《胎产心法》：……产后恶露不尽，留滞作痛，亦常有之，然与虚痛不同，必其由渐而甚，或大小便不行，或小腹硬实作胀，痛极不可近手，或自下上冲心腹，或痛极牙关紧急，有此实证，当速去之，近上者，宜失笑散；近下者，以通瘀煎；未效，用决津煎为善。又有腹痛定于一边及小腹者，此是侧卧，败血留滞所致。

《医宗金鉴》：去血过多虚痛，去少壅瘀有余疼，伤食恶食多胀闷，寒入胞宫见冷形。血虚当归建中治，瘀壅失笑有奇功，伤食异功加查曲，胞寒香桂桂归芎。

《沈氏女科辑要笺正》：腹痛、少腹痛，初产之时甚多，俗谓之儿枕痛。此则瘀血尤存，或临蓐时未免稍受寒凉，苟非盛夏炎天，生化汤是为正治。……如痛在既在产数日之后，则苟非痰食，多属血虚气滞，尧封养血二字最佳。

血瘀不通，腹有结痛，言其常耳。若既失血太多，则气亦虚馁，滞而为痛，亦属不少。凡崩漏产后，血虚而痛，尤其多数。甚则有血色紫瘀，而痛属虚证者，盖血不循经，已离脉管，必黑必瘀，非凡是紫块皆为实结，庸手不知，反加攻导，其害胡可胜言。且以脉言之，失血太多，阴竭阳亢，又多刚劲不和之态，亦不可误为脉力坚搏，遂视为实证凭据。

【病案举例】

许××，女，28岁，已婚，农民。

患者于1960年夏季，产后4天时，暑天贪凉，晚间未盖好腹部，以致感受风寒，翌晨小腹冷痛，痛势剧烈，恶露骤止，腰酸肢软，头眩目花，家人抬来门诊。

初诊：8月15日。产后感寒，头痛畏寒，胸闷腰酸，恶露阻滞，腹痛殊甚，脉象细迟而涩，舌苔薄白。症属寒邪侵袭，瘀滞内留。治拟温宫祛瘀。

炒荆防各4.5g 炮姜4.5g 焦楂炭9g 生蒲黄9g 五灵脂9g（包） 川芎4.5g 当归9g 川牛膝9g 大熟地9g 制香附9g 乌药9g

二诊：8月17日。服药后头眩腹痛略瘥，刻感腰酸不舒，肢节疼痛。治拟固肾养血，健脾温络。

防风、防己各6g 陈艾6g 当归9g 白术6g 茯苓9g 陈皮6g 杜仲6g 续断9g 狗脊9g 牛膝9g

三诊：8月19日。经调治后，腹痛停止，恶露亦行，惟量不多，腰酸肢软，精神疲惫，脉象细迟，舌淡苔薄。治拟养血温中，祛瘀生新。

当归9g 炮姜2.4g 炒川芎4.5g 牛膝9g 制香附9g 杜仲9g 续断9g 白术6g 炒枳壳4.5g 白芍6g 陈皮6g

上方服二剂后，恶露正常，诸恙次第就愈。（朱南孙. 朱小南妇科经验选. 人民卫生出版社，1981年）

复习思考题

1. 何谓产后腹痛？
2. 产后腹痛的病因病机如何？临床如何辨证论治？
3. 产后腹痛应与何种腹痛相鉴别？

（张文红）

6.5 产后发热

目的要求

1. 掌握产后发热的定义及辨证论治。
2. 熟悉其病因病机。

重点内容

1. 产后发热的定义及概述。

2. 病因病机及辨证论治：①感染邪毒，治以清热解毒，凉血化瘀，方用解毒活血汤加减；②外感，治以养血祛风，散寒解表，方用荆防四物汤；③血虚，治以养血益阴，和营退热，方用地骨皮饮加减；④血瘀，治以活血祛瘀，和营清热，方用血府逐瘀汤加减。

另外，由伤食发热，治以保和丸；蒸乳发热，治以下乳涌泉散。

3. 鉴别诊断

本病应与伤食与蒸乳、乳痈引起的产后发热进行鉴别。

产褥期内，出现发热持续不退，或突然高热寒战，并伴有其他症状者，称为产后发热。

产后一二日内，由于产时过度疲劳、失血，使产妇阴血骤虚，阳无所附，阳气浮越于外，营卫失和，而有轻微的发热，但短时即能自行营卫调和，其热不治自退。此属生理性发热。若发热持续不退，或突然出现寒战高热，则应视为产后发热。此种产后发热尤以产后十余日内多见，且以发热并伴有其他症状为其特点。不论是何种产后发热，由热为阳邪，易耗气伤津，令产妇气阴亏损更甚。尤其是感染邪毒之产后发热，若治疗不当，其热邪可迅速传入营血，甚则内陷心包而发生痉厥、昏迷之危候。

本病感染邪毒型发热，相当于西医学的产褥感染。其重症，可危及产妇的生命，应予重视。

6.5.1 病因病机

引起产妇发热的原因有很多，而与本病关系密切的主要病因病机有感染邪毒，正邪交争，外邪袭表，营卫不和；阴血骤虚，阳气外浮；败血停滞，营卫不调。

1）感染邪毒　由于分娩时的产伤和出血，元气受损，或接生消毒不严，护理不慎，或产褥不洁，邪毒乘虚侵入胞中，蔓延全身，正邪交争，致令发热。

2）血瘀　产后情志不遂，或为寒邪所客，瘀阻冲任，故恶露不畅，瘀血停滞，阻碍气机，郁而发热。

3）外感　产后失血伤气，百脉空虚，腠理不密，卫外之阳不固，以致风、寒、暑、热之邪乘虚而入，营卫不和，因而发热。

4）血虚　由于产时或产后失血过多，阴血暴虚，阳无所附，以致阳浮于外而发热。

6.5.2 诊断与鉴别诊断

6.5.2.1 诊断依据

本病多发生于产褥期，以新产后多见。

1）病史　产程过长、胎膜早破、手术产、产后出血、胎盘胎膜残留等患者多发。

2）症状　发热恶寒，或低热不退，或乍寒乍热，或高热寒战，伴见恶露异常，小腹疼痛等症。

3）体检　可见生殖器官局部感染征。

4）实验室检查　可见贫血及炎性改变。阴道分泌物、宫腔排出物培养，可出现致病菌阳性。

5）B 超检查对盆腔脓肿有诊断意义。

6.5.2.2 鉴别诊断

本病须与蒸乳、乳痈发热、伤食发热、产后小便淋痛发热等病相鉴别。

1）与蒸乳、乳痈发热鉴别　蒸乳、乳痈发热，多发生于产后 3~4 天后，乳汁下少或不下，乳房胀硬，红肿，热痛，甚则溃腐化脓，发热并伴有乳房局部症状是其特点。

2）与伤食发热鉴别　伤食发热多于产后数日而发，多有伤食史，发热伴脘痞、腹胀、纳减或大便异常，与本病不同。

3）与产后小便淋痛发热鉴别　小便淋痛，除发热外主要有尿频、尿急、尿痛症状，可作鉴别。

6.5.3 辨证论治

（1）辨证要点

产后发热，病因不同，症状各异。若高热寒战，伴小腹疼痛，拒按，恶露臭秽，为感染邪毒发热；甚或高热、寒战，神昏、惊厥，属产后发热危重症。寒热时作，恶露量少，小腹拒按，为血瘀发热；恶寒发热，肢体疼痛，咳嗽流涕，为外感发热；炎热季节，身热多汗，口渴心热，体倦少气，为中暑发热；如产后失血过多，微热自汗，为血虚发热。

（2）治疗原则

本病的治疗，应以调气血，和营卫为主。用药时应注意产后多虚多瘀的特点，避免犯虚虚实实之戒。而感染邪毒者，症重势危，必要时可中西医结合抢救、治疗。

6.5.3.1 感染邪毒

主证　产后发热恶寒，或高热寒战，小腹疼痛拒按，恶露量或多或少，色紫黯或如败酱，其气臭秽，伴烦躁，口渴喜饮，尿少色黄，大便燥结，舌红苔黄，脉数有力。

证候分析　新产血室正开，百脉空虚，邪毒乘虚内侵，损及胞宫、胞脉，正邪交争急剧，故见发热恶寒，或高热寒战；邪毒与瘀血互结，以致小腹疼痛拒按，恶露量或多或少，色紫黯；热毒熏蒸，故恶露如败脓，其气臭秽；热扰心神，故见烦躁、热灼津液，故烦躁口渴，尿少色黄，大便燥结。舌红苔黄，脉数有力，均为邪毒感染内热炽盛之象。

治则　清热解毒，凉血化瘀。

方药　解毒活血汤(《医林改错》)加银花、黄芩。

连翘　葛根　当归　赤芍　柴胡　枳壳　生地　红花　桃红　甘草

本方旨在清热，凉血，化瘀，解毒。方中银花、连翘、黄芩、葛根、柴胡、甘草清热解毒；生地、赤芍凉血解毒；当归配之以和血；桃仁、红花活血行瘀；枳壳理气行滞。

本证之产后发热，因产妇体质强弱不同，临床变证多而复杂，传变快，故当随证处治。

若高热不退，汗出多，烦渴引饮，脉虚大或虚大而数者，属热盛津伤之候。治以清热除烦，益气生津，方用白虎加人参汤(《伤寒论》)。

石膏　知母　粳米　甘草　人参

本方旨在清热益气，除烦、止渴，为热盛津伤之常用方。方中石膏、知母清热除烦，甘草、粳米、人参益气生津。

若高热不退，烦渴引饮，大便燥结，恶露不畅，秽臭如脓，小腹疼痛拒按，甚则全腹满痛，神昏谵语，舌紫黯，苔黄而燥，或焦老芒刺，脉滑数者，此为热结在内，应急下存阴，方用大黄牡丹汤(《金匮要略》)加败酱草、红藤。

大黄　牡丹皮　桃仁　冬瓜仁　芒硝

本方旨在泻热祛瘀，清热解毒，急下存阴。方中大黄、芒硝泻瘀热结聚，清热解毒，软坚散结；丹皮清热活血；桃仁活血散瘀滞；冬瓜仁清湿热，排脓散结消痈；加红藤、败酱草，以增强其清热解毒之功。

若高热汗出，心烦不安，斑疹隐隐，舌红绛，苔少或花剥，脉弦细数者，此为热入营分。治宜清营解毒，散瘀泻热。方用清营汤(《温病条辨》)加紫地丁、红蚤休。

玄参　麦冬　生地　金银花　连翘　竹叶心　丹参　黄连　水牛角

本方旨在清热解毒，散瘀凉血。方中玄参、生地、麦冬甘寒清热养阴；黄连、竹叶心、连翘、银花清心解毒；水牛角咸寒，清营分之热毒；丹参活血散瘀，以防血与热结；加紫地丁、红蚤休，以增强其清热解毒之功。

若属热陷心包，证见高热不退，神昏谵语，甚或昏迷，面色苍白，四肢厥冷，脉微而数，治宜清心热，养阴液及芳香开窍。方用清营汤(《温病条辨》)送服安宫牛黄丸(《温病条辨》)、紫雪丹[《温病条辨》石膏　寒水石　磁石　滑石　犀角(水牛角代)　羚羊角　沉香　玄参　青木香　升麻　丁香　硝石　麝香　朱砂　炙甘草　朴硝]。

安宫牛黄丸旨在清心、豁痰、醒神、开窍。方中牛黄味苦性凉，其气芳香，既能清热，又善豁痰开窍，息风定惊；水牛角主清心、肝、胃之热，善通诸窍；郁金辛开苦降，芳香宣达，通窍开闭；朱砂镇心安神，珍珠善清心肝之热，尤能镇惊安神。

紫雪丹旨在清热解毒，镇痉开窍。方中石膏、滑石、寒水石甘寒清热，并用羚羊角清肝息风以解痉厥；水牛角清心以解热毒；麝香芳香以开心窍；玄参、升麻、甘草清热解毒，玄参并能养阴生津；朱砂、磁石、重镇安神，青木香、丁香、沉香行气宣通；更用朴硝、硝石清热散结，共奏清热解毒，镇痉开窍之功。

6.5.3.2　外感

主证　产后发热恶寒，头痛，肢体疼痛，鼻塞流涕，咳嗽，苔薄白，脉浮紧。

证候分析 产后元气虚弱，卫外之阳不固，腠理不密，风寒之邪乘虚而入，正邪交争，则发热恶寒，头痛，肢体疼痛；肺开窍于皮毛，肺窍不利，则鼻塞流涕，咳嗽。苔薄白，脉浮紧，均为风寒感冒之征。

治法 养血祛风，散寒解表。

方药 荆防四物汤(《医宗金鉴》)加苏叶。

荆芥 防风 川芎 当归 芍药 地黄

本方旨在补血祛风解表。方中四物汤养血扶正；荆芥、防风、苏叶祛风散寒解表。

若邪犯少阳，证见寒热往来，胸胁痞满，口苦，咽干，作呕，舌苔薄白，脉弦或弦数，方用小柴胡汤(《伤寒论》)。

柴胡 黄芩 人参 炙甘草 生姜 大枣 半夏

本方旨在和解少阳，扶正补中。方中柴胡散邪透表，使半表之邪得以外宣；黄芩除热清里，使半里之邪得以内撤；半夏降逆和中；人参、甘草补正和中以祛邪；生姜、大枣配甘草以调和营卫。

若外感风热，症见发热，微恶风寒，头身疼痛，咽痛口干，咳嗽，微汗，苔薄黄，脉浮数，治宜辛凉解表，疏风清热，方用银翘散(《温病条辨》)

金银花 连翘 竹叶 荆芥穗 薄荷 牛蒡子 桔梗 淡豆豉 甘草 芦根

本方旨在疏散风热，辛凉解表。方中银花、连翘清热解毒，轻宣透表；荆芥穗、薄荷、淡豆豉辛散表邪、透热外出；牛蒡子、桔梗、甘草合用，能解毒利咽散结，宣肺祛痰；竹叶、芦根甘凉轻清，清热生津止渴。

若产时正值炎热酷暑季节，外感暑邪，气津两伤，证见身热多汗，口渴心烦，体倦少气，舌红少津，脉虚数。治宜清暑益气，养阴生津。方用清暑益气汤(《温热经纬》)。

西洋参 石斛 麦冬 黄连 竹叶 荷梗 知母 甘草 粳米 西瓜翠衣

本方旨在清暑益气，养阴生津。方中西瓜翠衣清热解暑；洋参益气生津；黄连、知母、竹叶清热解毒除烦；甘草、粳米益胃和中。

6.5.3.3 血虚

主证 产时产后失血过多，身有微热，自汗，恶露量或多或少，色淡质稀，腹痛绵绵，头晕眼花，心悸少寐，手足麻木，舌淡红，苔薄，脉细弱。

证候分析 因产失血伤津，阴血骤虚，阳无所依，虚阳外浮，故身有微热自汗；血虚不能上荣清窍，则头晕眼花；血不养心，则心悸少寐；气随血耗，气虚冲任不固，则可见恶露量多；血虚冲任不足，则恶露量少；气血虚弱，则恶露色淡质稀；血虚不荣，则小腹绵绵作痛；血虚四肢失养，故手足麻木。舌淡苔薄，脉细弱，为血虚之征。

治法 养血益阴，和营退热。

方药 地骨皮饮(《和剂局方》)加桑寄生、首乌。

生地 当归 白芍 川芎 地骨皮 丹皮

本方旨在滋阴清热养血。方中四物汤养阴益血，地骨皮、丹皮退虚热；加桑寄生、首乌以增养血益阴之效。

若血虚阴亏者，症见午后热甚，两颧红赤，口渴喜饮，小便短黄，大便秘结，舌嫩红，脉细数。治宜滋阴养血清热。方用加减一阴煎(《景岳全书》)加白薇。

本方旨在滋阴养血清热。方中熟地、白芍、生麦冬滋阴养血；生地、地骨皮、知母、白薇滋阴清热凉血；甘草和中。

6.5.3.4 血瘀

主证　产后乍寒乍热，恶露不下，或下亦甚少，色紫黯有块，小腹疼痛拒按，舌紫黯，或有瘀斑瘀点，脉弦涩。

证候分析　产后瘀血内阻，营卫失调，阴阳失和，则乍寒乍热；瘀血内停，阻滞胞脉，则恶露不下或下亦甚少，色紫黯有块；胞脉瘀阻不通，则腹痛拒按。舌紫黯，有瘀斑瘀点，脉弦涩有力皆为血瘀之象。

治法　活血祛瘀，和营除热。

方药　血府逐瘀汤(《医林改错》)加减。

另：产后伤食发热与蒸乳发热亦为产后常见病，故其治疗方法应该掌握。

1）伤食发热　证见发热，不思饮食，吞酸嗳腐，脘腹胀满，舌苔厚腻，脉濡滑，治宜健脾和胃，消导化滞，方用保和丸(《丹溪心法》)。

连翘　山楂（炒）　神曲（炒）　莱菔子　制半夏　陈皮　茯苓　麦芽(炒)

本方旨在消导化积和胃。方中山楂、神曲、麦芽善消一切饮食积滞；莱菔子、半夏、陈皮、茯苓消痰行滞；食积发热，故以连翘清热散结。

2）蒸乳发热　证见发热恶寒，甚成高热寒战，乳汁涩滞不畅，乳房胀痛，或局部红肿焮热、硬结，治宜疏肝清热，通络下乳，方用下乳涌泉散(《清太医院配方》)。(请参考缺乳节)

【文献摘要】

《女科经纶》引吴蒙斋曰：新产后伤寒，不可轻易发汗。产时有伤力发热；有去血过多发热；有恶露不去发热；有三日蒸乳发热；有早起劳动，饮食停滞发热。状类伤寒，要在仔细详辨，切不可便发汗。大抵产后气血空虚，汗之则变筋惕肉眴，或郁冒昏迷，或搐搦，或便秘，其害非轻。

《医宗金鉴》：产后发热之故，非止一端，如食饮太过，胸满呕吐恶食者，则为伤食发热。若早起劳动，感受风寒，则为外感发热。若恶露不去。瘀血停留，则为瘀血发热。若去血过多，阴血不足，则为血虚发热。

《沈氏女科辑要笺正》：新产发热，血虚而阳浮于外者居多。亦有头痛，此是虚阳升腾，不可误为胃寒，妄投发散，以煽其焰。此惟潜阳摄纳，则气火平而热自已。如其瘀露未尽，稍参宣通，亦即泄降之意，必不可过于滋填，反增其壅。感冒者，必有表证可辨，然亦不当妄事疏散。诸亡血虚家，不可发汗……惟和其营卫，慎其起居，而感邪亦能自解。

【病案举例】

外感发热型

夏×× 女，30岁，成都××信箱，职工。

初诊：1975年6月4日。

病情：产时大汗畏热，曾进冷饮冷食。产后出血量多，腹剧痛。发热38.8℃，恶露多，有块状物。下痢赤白夹杂，一昼夜达30次左右。下时腹痛如刺，肛门有灼热感。体力大衰，饮食不进，心跳过速，气紧。小便短黄。脉型：弦涩。舌：舌质淡红，边蓝，苔白腻如积粉。

治则：疏风清热，祛湿健脾，行血化瘀。

处方：银翘散合四物汤加减。

泡参30g 鸡血藤18g 生黄芪60g 黄连6g 广木香6g 赤芍6g 槟榔6g 葛根9g 桔梗9g 秦皮炭9g 蒲黄炭9g 甘露消毒丹9g 茵陈12g 白头翁12g 炒北五味子12g 琥珀末6g（冲服或布包煎）

（1天1剂，连服1周）

二诊：1975年6月11日。

病情：病人服上方4剂后，精神好转，能进饮食，不感心悸气紧，体温正常。恶露减少，但仍有块状物少许。腹胀，乳汁少。脉型：弦涩。舌：舌质淡红，苔薄黄。

治则：行血化瘀佐以益气。

处方：银翘散合四物汤加减。

党参24g 生黄芪24g 蒲公英24g 益母草24g 王不留行24g 黄连3g 连翘12g 银花9g 鸡内金9g 厚朴3g 蔻仁3g 广木香3g 山楂9g 琥珀末6g（冲服或布包煎）

（1天1剂，连服1周）

疗效：病人服上方6剂后，食欲增进，乳汁渐多，腹胀、恶露消失，病情痊愈。

按语：产妇发热，治疗时要兼顾其产后元气大虚，脾气不足，正不敌邪等特殊情况，谨慎用药，本病例虽因外感致病，但有心悸气紧，舌边蓝，舌苔白腻如积粉等症状，皆为产后气虚脾弱之候。故治疗时以疏风清热，祛湿健脾，行气活瘀为治则，处方中黄连、甘露消毒丹、琥珀末、白头翁清热祛湿解毒；泡参、黄芪益气补虚；木香、槟榔行气导滞；葛根解表；五味子、鸡血藤敛养心气。复诊处方虽有增减，但仍守前法，祛邪而不伤正，补正而不留邪。（王渭川著. 王渭川疑难病症治验选. 四川科学技术出版社，1984年）

复习思考题

1. 何谓产后发热？其主要病机是什么？

2. 试述感染邪毒证产后发热的临床表现及治疗方药，并说明如何随证加减用药。

3. 产后发热之血瘀证及血虚证的表现特点及治疗有何不同？

4. 产后发热应与何种发热进行鉴别？

（张文红）

6.6 恶露不绝

目的要求

1. 掌握恶露不绝的定义与辨证论治。
2. 了解其病因病机。

重点内容

1. 恶露不绝的定义及概述。
2. 恶露不绝的病因病机及辨证论治：①气虚，治以补中益气摄血，方用补中益气汤加减；②血热，治以养阴清热，凉血止血，方用保阴煎加减；③肝郁化热，治以丹栀逍遥散以舒肝解郁，清热凉血；④血瘀，治以活血化瘀，理血归经，方用生化汤加减。
3. 与产后血崩鉴别。

产后恶露持续 3 周以上，仍淋漓不尽者，称为产后恶露不绝。又称“恶露不尽”、“恶露不止”。

本病类似于西医学的晚期产后出血。

6.6.1 病因病机

本病的发病机理主要为冲任不固。恶露乃血所化，出于胞中而源于血海。若脏腑受病，气血失调，冲任不固，则可导致恶露过期不止。

1）气虚 素体虚弱，因产耗气伤血，正气愈虚；或因产后操劳过早伤及脾气，气虚则冲任不固，血失统摄而致恶露不绝。

2）血热 素体阴虚，复因产时失血伤津，营阴愈亏，虚热内生。或因产后过食辛辣温燥之品；或感受热邪；或肝郁化火；以致热伏冲任，迫血妄行而致恶露不绝。

3）血瘀 产后胞脉空虚，寒邪乘虚入胞，与血相搏，血为寒凝而为瘀；产后元气本亏，若因劳倦，气虚无力运血，败血滞留成瘀；或因七情郁结，气滞血瘀；或宿有瘀积瘀阻；或胞衣残留，阻滞冲任；以致恶血不去，新血难安，恶露淋漓不止。

6.6.2 诊断与鉴别诊断

6.6.2.1 诊断依据

1）产后恶露持续3周以上，或伴小腹坠胀疼痛。

2）妇科检查 可见子宫复旧不良，或有子宫轻度感染征。

3）实验室检查 如合并感染可有白细胞升高现象。如合并贫血可见到相应血象改变。对怀疑绒癌及恶性葡萄胎应进行相关检查。

4）B超 可发现胎盘、胎膜残留。

6.6.2.2 鉴别诊断

本病须与产后血崩鉴别。产后血崩主要指产后7天内，尤其是产后24小时内阴道大量出血，而与本病阴道出血淋漓3周以上，二者不同。

6.6.3 辨证论治

（1）辨证要点

本证之辨证，应从恶露的量、色、质、气味等辨别寒、热、虚、实。如量多、色淡红、质清稀、无臭气，多为气虚；色红或紫、质稠黏而臭秽，多为血热；色紫黯有块，多为血瘀。

（2）治疗原则

本病的治疗应遵循“虚者补之，瘀者攻之，热者清之”的原则分别施治。

6.6.3.1 气虚

主证 产后恶露过期不止，淋漓不断，量多，色淡质稀，无臭味，精神倦怠，四肢无力，气短懒言，小腹空坠，面色皖白，舌淡，苔薄白，脉缓弱。

证候分析 气虚统摄无权，冲任不固，故恶露过期不止，淋漓不断，量多，血失气化，故恶露色淡，质稀，无臭味；气虚中阳不振，则精神倦怠，四肢无力，气短懒言；中气不足，无力升提，则小腹空坠；气虚清阳不升，则面色皖白。舌淡，苔薄白，脉缓弱，均为气虚之象。

治则 补中益气摄血。

方药 补中益气汤(《脾胃论》)加鹿角胶、艾叶炭、乌贼骨。

本方旨在补益中气止血固涩。若兼肝肾亏损，症见恶露日久不止，腰酸膝软，头晕耳鸣者，加补肝肾、固冲任之品，如杜仲、菟丝子、川断、巴戟天等，或用大补元煎(《景岳全书》)加阿胶、金樱子。

若气虚运血无力，挟瘀滞，可加益母草、五灵脂、三七参等活血祛瘀止血之品。

6.6.3.2 血热

主证 产后恶露过期不止，量较多，色深红，质稠黏，气臭秽，口燥咽干，面色潮红，舌质红少苔，脉虚细而数。

证候分析 产后营阴耗损，虚热内生，气郁化热或感热邪，热扰冲任，迫血妄行，故恶露过期不止，量较多；血被热灼，则色深红，质稠黏，气臭秽；虚热浮于上，故见面色潮红；阴液不足，则口燥咽干。舌红苔少，脉虚细无力，亦为血热津亏之象。

治则 养阴清热，凉血止血。

方药 保阴煎(《景岳全书》)加旱莲草、乌贼骨、炒地榆。

本方旨在养阴清热、凉血止血。若肝郁化热，恶露不止，量或多或少，色深红，两胁胀痛，心烦，舌尖边红，苔薄，脉弦细数。治宜舒肝解郁，清热凉血。方用丹栀逍遥散(《女科撮要》)加旱莲草、生地、茜草炭等。

6.6.3.3 血瘀

主证 产后恶露过期不止，淋漓量少，色黯有块，小腹疼痛拒按，块下痛减，舌紫黯，或有瘀点，脉弦涩。

证候分析 瘀血阻滞冲任，新血不得归经，故恶露过期不止，淋漓量少，色黯有块；瘀血内阻，不通则痛，故小腹疼痛拒按；块下瘀滞稍通，故使痛减。舌紫黯，脉弦涩，为瘀血阻滞之征。

治则 活血化瘀、理血归经。

方药 生化汤(《傅青主女科》)加益母草、牡蛎、三七。

本方旨在活血祛瘀，使血归经。若兼气虚，伴见小腹空坠者加党参、黄芪；若兼肝郁，症见腹胀，脉弦者，加郁金、木香、川楝子；如大量出血或长期反复不止，疑有胎盘、胎膜残留时，应做刮宫术。

【文献摘要】

《景岳全书》：产后恶露不止，若因血热宜保阴煎、清化饮；有伤冲任之络而不止者，宜固阴煎加减用之；若肝脾气虚不能收摄而血不止者，宜寿脾煎或补中益气汤。若气血俱虚而淡血津津不已者，宜大补元煎或十全大补汤；若怒火伤肝而血不藏者，宜加味四物汤；若风热在肝而血下泄者，宜一味防风散。

《医学心悟》：产后恶露不绝，大抵因产时，劳伤经脉所致也。其症：若肝气不和，不能藏血者，宜用逍遥散。若脾气虚弱，不能统血者，宜用归脾汤。若气血两虚，经络亏损者，宜用八珍汤。若瘀血停积，阻碍新血，不得归经者，其症腹痛拒按，宜用归芎汤，送下失笑丸，先去其瘀而后补其新，则血归经矣。

《医宗金鉴》：产后恶露……若日久不断，时时淋漓者，或因冲任虚损，血不收摄；或因瘀行不尽，停留腹内，随化随行者。当审其血之色，或污浊不明，或浅淡不鲜，或臭、或腥、或秽，辨其为实、为虚，而攻补之。虚宜十全大补汤加阿胶、续断，以补而固之；瘀宜佛手散，以补而行之。

【病案举例】

袁××，女，27岁，成都××信箱，工人。

初诊：1978年4月6日。

病情：产后二十多天，恶露淋漓不止。腰酸痛，小腹胀，自汗，口渴，喜饮水。胃口不开，纳食少，睡眠差，梦多。小便色黄。脉型：弦数。舌：舌质红，无苔。

治则：柔肝清热，理气调冲止血。

处方：清化饮加减。

生地12g 熟地12g 白芍12g 麦冬15g 山药20g 连翘12g 制香附10g 台乌10g 木香6g 女贞子24g 旱莲草24g 乌贼骨15g 茜草根12g 冬瓜仁20g 砂仁3g

（1天1剂，连服1周）

疗效：病人服上方2剂后，病情好转，自感舒服。连服6剂，诸症悉解，病情痊愈。

按语：本病例属产后恶露不绝的肝虚血热型。病人因分娩时婴儿死亡，气郁在心，郁久化火，灼伤津液，加上产时出血，伤阴耗液，故有口干、尿黄、舌红、无苔等症状。血不养心则眠差，多梦。冲任亏损则腰酸痛，加上血热，形成恶露不绝。治则为柔肝清热，理气调冲止血。方中生熟地、白芍、麦冬、山药养阴生血；制香附、台乌、木香调畅气机；女贞子、旱莲草滋肾柔肝，以调冲任；乌贼骨、茜草根清热散结，收摄止血；连翘清心火，解血热；冬瓜仁利小便，使热随小便而去；砂仁健脾养胃。由于辨证准确，用药恰当，故服药几剂后，病情即愈，疗效较显著。（王渭川著．王渭川疑难病症治验选．四川科学技术出版社，1984年）

复习思考题

1. 何谓产后恶露不绝？
2. 产后恶露不绝的病因病机是什么？
3. 产后恶露不绝的辨证论治如何？每型的代表方剂是什么？

（张文红 冯俊婵）

6.7 产后身痛

目的要求

1. 掌握产后身痛的定义与辨证论治。
2. 熟悉其主要机理及诊断。

重点内容

1. 产后身痛的定义。
2. 产后身痛的病因病机及辨证论治：①血虚，治以益气养血，温经通络，方用黄芪桂枝五物汤；②血瘀，治以养血活血，通络止痛，方用生化汤；③风寒(湿)，治以养血祛风，散寒除湿，方用独活寄生汤；④肾虚，治以补肾强腰，养血祛风，方用养荣壮肾汤。

3. 诊断：产褥期内，出现肢体、关节酸痛、麻木、重著。应与痹证相鉴别。

妇女产褥期内，出现肢体、关节酸痛、麻木、重著者，称为产后身痛，亦称“产后关节痛”、“产后遍身疼痛”。

西医学的产后坐骨神经痛、栓塞性静脉炎、多发性肌炎，以及产后关节、韧带复旧不佳、缺钙等出现类似症状时，可参考本病辨证论治。

6.7.1 病因病机

本病发生的主要机理，是产后气血虚弱，经络失养，或风寒湿邪侵袭，气血凝滞。其常见病因病机有血虚、血瘀、风寒（湿）、肾虚。

1）血虚　素体气血不足，产时或产后失血过多，阴血亏虚，四肢百骸、筋脉关节失之濡养，而致肢体麻木，甚或疼痛。

2）血瘀　产后恶露去少，余血未尽，留滞经络，日久不散，气血运行受阻，发为产后身痛。

3）风寒（湿）　产后气血俱虚，腠理不固，若起居不慎，则风寒湿邪乘虚而入，留于经络、关节、肌肉，致使气血运行不畅，瘀滞而作痛。

4）肾虚　素体肾虚，胞络系于肾，产时伤动肾气，耗伤精血，腰为肾之府，足跟为肾经所过，肾虚故见腰痛、足跟痛等症。

6.7.2 诊断与鉴别诊断

6.7.2.1 诊断依据

1）本病患者可有产时或产后失血过多，产褥期汗出不止，起居不慎，感受风寒，或居处阴冷潮湿史。

2）产褥期间出现肢体、关节酸楚、疼痛、麻木、重著，关节活动不利等症。

3）体格检查可见关节活动受限，或关节肿胀等。

4）可查血常规、血沉、血钙等以作参考。

6.7.2.2 鉴别诊断

本病须与痹证相鉴别。二者临床表现相似，均可见肢体、关节疼痛、重著、酸楚、麻木等症，但发病时间不同，本病发生于产褥期内，而痹证任何时候均可发病。同时痹证尚可出现关节肿胀或红肿灼热，甚至变形，而产后身痛则无。另外，血沉、抗“O”、及类风湿因子等实验室检查有助于鉴别诊断。

6.7.3 辨证论治

（1）辨证要点

本病辨证，主要根据疼痛的部位、性质，并结合兼证与舌脉。如肢体酸痛、麻木，伴见面色萎黄、头晕心悸，舌质淡红，苔少，脉细弱者，属血虚证；如疼痛较重，按之痛甚，伴见恶露量少色黯，舌质紫黯，脉弦涩者，属血瘀证；如疼痛游走不定，或冷痛而热敷痛减，或重著而痛，伴见恶寒畏风，舌质淡，苔薄白，脉浮紧者，属风寒（湿）证；若见腰背酸痛，足跟痛，伴腿软乏力者，属肾虚证。

（2）治疗原则

治疗宜以养血活血，通络止痛为主。血虚者，养血益气，佐以温经通络；血瘀者，养血化瘀，通络止痛；外感风寒（湿）者，养血益气，祛邪通络；肾虚者，补肾强腰，壮筋骨。

6.7.3.1 血虚

主证　产后遍身疼痛，肢体麻木，酸楚，面色苍白或萎黄，肌肤不华，头晕心悸，舌淡红，苔少，脉细无力。

证候分析　产后血虚未复，百骸空虚，筋脉失养，故遍身关节疼痛，肢体麻木、酸楚；血虚不能上荣于头面、外荣于肌肤，故面色苍白或萎黄、头晕、肌肤不泽；血虚心失所养故心悸。舌质淡红，苔少，脉细无力，皆为血虚之象。

治法　益气养血，温经通络。

方药　黄芪桂枝五物汤(《金匮要略》)加当归、鸡血藤、秦艽、防风。

本方旨在补血益气，通络止痛。方中白芍、当归、鸡血藤养血活血通络；黄芪益气以生血，且助血之运行；桂枝温经通络；秦艽、防风祛风止痛；生姜、大枣调和营卫。

疼痛较重者，酌加威灵仙、姜黄、海风藤以祛风通络，除湿止痛；上肢痛甚者，加桑枝，下肢痛甚者，加牛膝以通络止痛；头晕眼花、心悸怔忡者，酌加枸杞、制首乌、龙眼肉、阿胶等以补血。

6.7.3.2 血瘀

主证　产后遍身疼痛，按之痛甚，关节屈伸不利，小腹疼痛拒按，恶露量少，色黯，舌质紫黯，或边有瘀斑、瘀点，苔薄白，脉弦涩。

证候分析　产后恶露不畅，瘀血阻于经络、肌肉、关节之间，血瘀气滞，不通则痛，故产后遍身疼痛，按之痛甚，关节屈伸不利；瘀血阻滞，胞脉不利，故小腹疼痛拒按，恶露量少，色黯。舌质紫黯，苔薄白，脉弦涩均为瘀血内阻之征。

治法　养血活血，通络止痛。

方药　生化汤(《傅青主女科》)加桂枝、没药、牛膝。

本方旨在养血通络，化瘀止痛。加桂枝温经通络；没药、牛膝化瘀止痛。

若身痛较甚，脉络青紫者，酌加红花、鸡血藤以增活血行瘀，通络止痛之功；痛处冷感明显，喜温热者，加姜黄、细辛以散寒止痛。

6.7.3.3 风寒（湿）

主证　产后周身关节疼痛，屈伸不利，或痛处游走不定，或痛有定处，疼痛剧烈，或肢体肿胀，重著麻木，恶风畏寒，舌质淡，苔薄白，脉浮紧。

证候分析　产后体虚，腠理不密，风寒湿邪乘虚而入，留滞经络关节，气血运行受阻，不通则痛，故见周身关节疼痛，屈伸不利；风性善行而数变，若风胜则痛处游走不定；寒性收引凝滞，寒胜则痛有定处，疼痛剧烈；湿性重浊、黏腻，湿胜则肢体肿胀，重著麻木；风寒束表，故恶风畏寒。舌质淡，苔薄白，脉浮紧亦为风寒之征。

治法　养血祛风，散寒除湿。

方药　独活寄生汤(《千金要方》)。

独活　桑寄生　秦艽　防风　细辛　当归　白芍　川芎　干地黄　杜仲　牛膝　人参　茯苓　甘草　桂心

本方具有祛风胜湿，温经散寒，养血益气，补益肝肾之功。方中四物汤养血和血；人参、茯苓、甘草益气固表；独活、秦艽、防风祛风胜湿；桑寄生、杜仲、牛膝补肝肾，强筋骨；细辛搜风散寒止痛；桂心温经散寒，活血通络。

临床症状以风胜为主，加羌活祛风止痛；以寒胜为主，加草乌散寒止痛；以湿胜为主，加苍术、木瓜、苡仁以除湿；恶露量少，色黯，挟有血块，小腹疼痛者，加山楂、益母草以化瘀。

6.7.3.4 肾虚

主证　产后腰脊酸痛，甚或难于俯仰，胫膝酸软，足跟痛，目眶黯黑，头晕耳鸣，夜尿多，舌质淡黯，苔薄白，脉沉细。

证候分析　素体肾虚，产时耗伤肾气，精血亏虚，腰为肾之府，肾主骨生髓，肾虚腰府失养，骨髓不充，故腰脊酸痛，甚或难于俯仰，胫膝酸软；足跟为肾经所过之处，肾虚足跟失养，故足跟痛；肾虚髓海不充，故头晕耳鸣；肾虚膀胱气化失常，故夜尿多。目眶黯黑，舌质淡黯，苔薄，脉沉细，均为肾虚之象。

治法　补肾强腰，养血祛风。

方药　养荣壮肾汤(《叶氏女科证治》)加熟地。

当归　川芎　独活　肉桂　防风　杜仲　川断　桑寄生　生姜

本方旨在补肾养血，祛风强腰，壮骨止痛。方中杜仲、川断、桑寄生补肾强腰，壮筋骨；加熟地滋肾填精补血；当归、川芎养血活血；肉桂、生姜温经散寒；防风、独活祛风胜湿，通络止痛。

【文献摘要】

《妇人大全良方》：产后百节开张，血脉流散，遇气弱则经络、分肉之间血多留滞，累日不散，则骨节不利，筋脉急引，故腰背不得转侧，手足不能动摇，身热头痛也。若医以为伤寒治之，则汗出而筋脉动惕，手足厥冷，变生他病。但服趁痛散除之。

《陈素庵妇科补解》：产后遍身疼痛，因产时损动，血气升降失常，留滞关节，筋脉引急，是以遍身疼痛也。然既遍身作痛，则风寒余血十有五六，治宜调和营卫，祛关节间之风，经隧间瘀血，加以行气补血之药，则痛自止。若误作历节白虎诸证，则卫气益虚，营气愈涸，必有筋急拘挛之患，宜秦艽寄生汤。

《叶天士女科》：产后遍身疼痛，因气血走动，升降失常，留滞于肢节间，筋脉引急，或手足拘挛，不能屈伸，故遍身肢节走痛，宜趁痛散。若瘀血不尽，流于遍身，则肢节作痛，宜如神汤。

趁痛散：当归　白术　牛膝　黄芪　生姜　肉桂　薤白　独活　桑寄生

如神汤：当归　延胡索　桂心

《沈氏女科辑要笺正》：此证多虚，宜滋养，或有风寒湿三气杂至之痹，则养血为主，稍参宣络，不可峻投风药。

【病案举例】

案一　田××，女，36岁，门诊简易病历。初诊日期：1972年3月29日。

主诉：流产后腰背疼痛已5周。

现病史：患者于5周前自然流产，以后逐渐发现腰背疼痛，手脚发凉，头发胀，遇冷后症状加重。局部无红肿。化验血沉、抗“O”均正常。

舌象：舌质淡。脉象：细滑。

西医诊断：腰痛待查。

中医辨证：气血两亏，肾气不足。

治法：益气养血，兼补肾气。

方药：当归9g　白芍9g　川芎3g　熟地9g　生黄芪15g　桑寄生15g　川断9g　菟丝子9g　狗脊9g

治疗经过：4月12日，服上方10剂后，手脚渐温，头已不胀，腰背疼痛稍减，但仍怕冷。方药如下：

生黄芪15g　桑寄生15g　川断9g　菟丝子9g　狗脊9g　茯苓12g　干姜6g　甘草3g　白术9g

4月24日，服上方5剂后，症状皆除，基本痊愈。（北京中医医院、北京市中医学校编. 刘奉五妇科经验. 人民卫生出版社，1982年）

案二　李××，女，30岁，已婚，1972年10月7日初诊。

产后二月余，周身关节疼痛酸楚，下肢尤甚，遇冷加重，按摩则舒，四末凉麻，腰背酸软，头晕无力，心悸眠差，面色少华，舌淡苔白，脉象沉细，此产后血虚，筋脉失养，肝肾不足，复感外邪所致。治拟益气养血，温经散寒。

处方：绵黄芪15g　秦当归、炒白芍各12g　鸡血藤、川独活、怀牛膝各12g　川桂枝6g　金狗脊（去毛）、炒杜仲、桑寄生各12g　威灵仙9g　北防风、炙甘草各4.5g。3剂。

二诊　（10月11日）

药后关节痛减，头晕肢麻亦轻，舌淡苔薄白，脉来沉细，前法已获效机，仍守原方出入。

上方去防风、桂枝，加党参12g、鹿角片9g。5剂。

三诊　（10月18日）

上方共服七剂，身痛肢麻已止，惟感体倦乏力，心悸寐差，乳汁不多，舌脉如前。此邪去正虚，拟仍前法，兼予安神通乳之味。

处方：绵黄芪 15g 野党参 12g 秦当归 9g 杭白芍 12g 云茯苓、炒白术各 9g 鸡血藤 12g 炒杜仲、桑寄生各 12g 川续断、鹿角片、路路通各 9g 炙甘草 4.5g。5 剂。

上方服后诸症均安，乳汁增多，嘱服丸剂以资巩固。每日上午服八珍益母丸一付，临睡前服人参归脾丸一付，连服 10 天。

按语：本例肢体酸痛，手足凉麻，恶冷喜暖，按摩觉舒，诸因产后血虚，风寒乘袭所致；腰背酸软，下肢痛甚，则系肝肾不足，督脉虚弱之故。血不上荣则头晕面萎，心失奉养，故心悸寐差。气能生血，血虚须益气，故治用参、芪、归、芍、鸡血藤等益气养血，以舒筋脉；杜仲、狗脊、寄生、牛膝、鹿角等补肝益肾，温养督脉，以壮腰膝；再加桂枝、防风、独活、灵仙等温通经脉，逐散风寒，共奏益气血，补肝肾，温通经络，蠲痹止痛之效。末诊则专事补虚扶正，并用丸药缓调，冀其康复。(哈荔田. 哈荔田妇科医案医话选. 天津科学技术出版社，1982 年)

复习思考题

1. 何谓产后身痛？其病因病机如何？
2. 产后身痛分几型？各型的辨证要点何在？治疗方法有何不同？
3. 产后身痛与内科痹证如何鉴别？

(王玉荣)

6.8 产后大便难

目的要求

1. 熟悉产后大便难的分型与代表方剂。
2. 了解其定义、病因病机及诊断。

重点内容

1. 产后大便难的定义。
2. 病因病机及辨证论治：①血虚津亏，治以养血润肠，方用四物汤；②阴虚内热，治以滋阴清热，润肠通便，方用两地汤合麻仁丸；③肺脾气虚，治以补益肺脾，润肠通便，方用润燥汤。
3. 诊断：分娩后发生大便困难。

产后大便艰涩，或数日不解，或便时干燥疼痛，难以排出者，称为产后大便难，又称“产后大便不通”。属新产三病之一。

本病相当于西医学之产后便秘。

6.8.1 病因病机

本病的发病机理为血虚津亏，阴虚内热，肠燥失润，或肺脾气虚，传导无力。

1）血虚津亏 素体血虚，产时或产后失血过多，或产时用力出汗、产后汗出不止，致阴血亏损，肠道失于濡润，而为大便难。

2）阴虚内热 素体阴虚，产时血水俱下，阴液益亏，阴虚则内热，热伤津液，津少液亏，肠道失于濡润，因而大便艰涩难解。

3）肺脾气虚 素禀气虚，因产失血耗气，肺脾之气益虚，脾气虚则运化无力，肺气虚则肃降失司，大肠传导失职，而致大便数日不解，或难解。

6.8.2 诊断依据

1）本病患者素体虚弱，或有滞产、难产史，产时、产后失血过多，或汗出不止。

2）大便数日不解，或干燥艰涩疼痛难出，或大便不坚，努责难出，饮食如常，无呕吐、腹痛等症。

3）体检腹部柔软，无压痛及反跳痛，或可触及肠型。肛门检查正常，或有肛裂、痔疮。

6.8.3 辨证论治

（1）辨证要点

本病辨证当根据大便难下的特点及全身症状辨其在气、在血、有热、无热。

（2）治疗原则

本病治疗应以养血益气，滋阴润燥为主。血虚津亏者，养血润燥；阴虚内热者，滋阴养血润燥；肺脾气虚者，补脾益肺，润肠通便。

6.8.3.1 血虚津亏

主证 产后大便干燥，数日不解，或解时艰涩难下，但腹无胀痛，饮食如常，伴心悸失眠，皮肤不润，面色萎黄，舌质淡，苔薄白，脉细。

证候分析 产时产后失血过多，或素体血虚，因产更虚，营血不足，津液亏耗，肠道失于濡润，故产后大便干燥，数日不解，或解时艰涩难下；证非里实，故饮食如常，腹无胀痛；血不养心，故心悸失眠；血虚不能上荣于面，外荣于肌肤，故面色萎黄，皮肤不润。舌质淡，苔薄白，脉细，均为血虚之征。

治法 养血润肠。

方药 四物汤(《和剂局方》)加肉苁蓉、生首乌、柏子仁、火麻仁。

本方为养血润燥通便之剂。方中四物汤养血润燥；肉苁蓉、生首乌、柏子仁、火麻仁补血养阴，润肠通便。

若精神倦怠，气短自汗者，酌加黄芪、太子参以益气；咽干口燥，舌红者，加生地、玄参、麦冬以养阴滋液。

6.8.3.2 阴虚内热

主证 产后大便数日不解，解时艰涩，大便坚结，伴胸满腹胀，五心烦热，口干咽燥，小便短赤，舌质红，苔薄黄，脉细数。

证候分析 素乃阴虚之体，因产阴液更亏，阴虚生内热，肠液被灼，肠中干涩，故产后大便数日不解，解时艰涩，大便坚结；燥屎内停，气机阻滞，故胸满腹胀；阴虚内热，故五心烦热，两颧潮红；热伤津液，故口干咽燥，小便黄赤。舌质红，苔薄黄，脉细数，均为阴虚内热之征。

治法 滋阴清热，润肠通便。

方药 两地汤(《傅青主女科》)合麻仁丸(《证治准绳》)。

麻仁 枳壳 人参 大黄

两地汤滋阴清热，增液润燥；麻仁丸润肠通便。方中生地、地骨皮、玄参、麦冬养阴清热润燥；白芍和血敛阴；阿胶养血滋阴；麻仁润肠通便；枳壳、大黄通下泻热；佐人参以扶助正气。

6.8.3.3 肺脾气虚

主证 产后大便数日不解，或时有便意，努责难出，大便不坚，伴见汗出短气，神疲乏力，舌质淡，苔薄白，脉缓弱。

证候分析 素体虚弱，分娩用力耗气，其气益虚，肺气虚肃降失司，脾气虚运化无力，大肠传导失职，故产后大便数日不解，努责难出；气虚下陷，故时有便意；非火热燥结，故大便不坚；气虚卫外不固，故汗出；肺气不足，故短气；脾气虚升举旁达无力，故神疲乏力。舌质淡，苔薄白，脉缓弱，均为气虚之征。

治法 补益肺脾，润肠通便。

方药 润燥汤(《万氏妇人科》)加黄芪。

人参 甘草 当归 生地 枳壳 槟榔汁 火麻仁 桃仁泥

本方旨在补气养血，润肠通便。方中人参、黄芪、甘草补脾气、益肺气；当归、生地养血滋阴润肠；枳壳、槟榔行气导滞；火麻仁、桃仁润肠通便。

【文献摘要】

《圣济总录》：论曰大肠者，传导之官，变化出焉。产后津液减耗，胃中枯燥，润养不足，糟粕壅滞，故大便难而或致不通，凡新产之人，喜病此者，由去血多，内亡津液故也。

《陈素庵妇科补解》补按：大肠者传导之官，气化出也，言糟粕从大肠而出，故曰传导也。一日一便，乃其常度，或痢、或泻、或结不通，凡此，皆病也。产后水血俱下，水者浊浆，血者瘀血，津液内亡，大肠干燥，水谷结而不下，则愈闭滞，胸腹胀闷，轻用泄利之药则伤胃，或于补气养血药中略加一二润肠通结之品则可。

此症亦有因血虚火燥而致者。养血清火以润燥，滋阴则大便如常，然不可纯用寒凉，致变百出。所谓清火者清其由血虚而生之火，非外因风热之火也。丹皮、黄芩、生地、防风、沙参之属加于四物汤中则补血兼清火，大肠津液日生，自无枯涩之患矣。

《寿世保元》：产后大便不通，因去血过多，大肠干涸，或血虚火燥干涸，可不计其日期，饮食数多，以药通润之。必待腹满觉胀，自欲去下不能者，乃结在直肠，宜用猪胆汁润之。若服苦寒药润通，反伤中焦元气，或愈加难通，或通而泻不能止，必成败证。若属血虚火燥，用加味逍遥散。气血俱虚八珍汤。慎不可用麻子、杏仁、枳壳之类。

【病案举例】

于××，女，已婚，工人。

1959年10月就诊：近生第一胎，流血较多，头眩目花，面色萎黄，分娩后数日间，饮食如常而大便不爽，排出困难，最近3日未便，舌质淡而有薄苔，脉象细涩，恶露不多，色较淡，腹部并无膨胀感，证属血枯肠燥。治拟养血润肠。

油当归9g　炒黑芝麻12g　柏子仁9g　制香附6g　炒枳壳4.5g　焦白术6g　甜苁蓉9g　全瓜蒌9g　云茯苓9g　陈皮6g

服后，大便得以润下。(朱南孙等. 朱小南妇科经验选. 人民卫生出版社，1981年)

复习思考题

1. 产后大便难的主要发病机理是什么？
2. 产后大便难的治疗原则如何？
3. 简述产后大便难的分型、治法及代表方剂。

(王玉荣)

6.9 产后小便不通

目的要求

1. 熟悉产后小便不通的定义。
2. 了解其分型与代表方剂，其他疗法。

重点内容

1. 产后小便不通的定义及概述。

2. 产后小便不通的病因病机及辨证论治：①气虚，治以益气生津，宣肺通水，方用补气通脬饮；②肾虚，治以补肾温阳，化气行水，方用济生肾气丸；③气滞，治以疏肝理气，行水通便，方用木通散；④血瘀，治以养血活血，祛瘀通利，方用加味四物汤。

3. 本病应与产后小便淋痛等病进行鉴别。

产后发生排尿困难，小便点滴而下，甚至闭塞不通，小腹胀急疼痛者，称产后小便不通，亦称“产后癃闭”。

本病以产后 3 日内多见。

本病相当于西医学的产后尿潴留。以初产妇、难产、产程延长及手术助产者多见，是产后常见病之一。

6.9.1 病因病机

本病主要病机是膀胱气化功能失职。常见病因有气虚、肾虚、气滞、血瘀。

1）气虚　素体虚弱，产时劳力伤气，或失血过多，气随血耗，以致脾肺气虚，不能通调水道，膀胱气化不利，而致小便不通。

2）肾虚　禀赋薄弱，元气不足，复因分娩损伤肾气，以致肾阳不振，气化失司，膀胱气化不利，致令小便不通。

3）气滞　产后肝气抑郁，情志不畅，气机郁结，清浊升降失常，膀胱气化不利，故令小便不通。

4）血瘀　多因滞产逼脬，膀胱受压过久，气血运行不畅，而致膀胱气化不利，小便不通。

6.9.2 诊断与鉴别诊断

6.9.2.1 诊断依据

1）病史　患者常有产程过长及手术产的病史。

2）症状　产褥期间，小便点滴而下或闭塞不通，小腹胀急疼痛。

3）检查　小腹部膨隆，膀胱充盈，有触痛，尿常规检查多无异常。

6.9.2.2 鉴别诊断

本病应与产后淋证及小便生成障碍所致的尿少或无尿鉴别。

1）与产后淋证鉴别　产后淋证以小便频急涩痛，欲出未尽为特征，尿常规检查有红、白细胞。产后小便不通则表现为尿少或无尿，小腹胀急疼痛，尿常规检查基本正常。

2）与小便生成障碍所致的尿少或无尿鉴别　其特点为小便不下或下亦甚少，腹软无胀急疼痛感，行导尿术也无小便排出。而产后小便不通为有尿而排出困难，故小腹胀急疼痛，导尿有多量尿液排出。

6.9.3 辨证论治

（1）辨证要点

本病证分虚实，实者多由瘀血、肝郁所致，虚者多由气虚、肾虚所致。临证时根据发病的时间、小便色质，结合其他症状、舌脉以辨其虚实。产后小便不通，小腹胀急疼痛，小便清白，伴神疲倦怠属气虚；小便清白，腰膝酸软，属肾虚；小腹胀痛，精神抑郁，为气滞；小腹胀满刺痛，乍寒乍热属血瘀。

（2）治疗原则

本病总的治则为“通利小便”。但根据虚、实不同分别治之，实者疏利决渎以通之；虚者补气温阳以化之。

6.9.3.1 气虚

主证 产后小便不通，小腹胀急疼痛，精神委靡，气短懒言，面色㿠白，舌淡苔薄白，脉缓弱。

证候分析 脾肺气虚，不能通调水道，下输膀胱，膀胱气化不利，则产后小便不通；脬中尿液滞留而不得下行，则小腹胀急疼痛；气虚中阳不振，故精神委靡，气短懒言；清阳不升，则面色㿠白。舌淡，苔薄白，脉缓弱，为气虚之象。

治法 益气生津，宣肺行水。

方药 补气通脬饮(《女科辑要》)加桔梗、茯苓、通草。

黄芪 麦冬 通草

本方旨在补气以通小便。方中黄芪补益肺脾之气，气旺则水行；麦冬养阴滋液；通草甘淡利小便。

若汗多不止，咽干口燥者，可加生地、五味子、沙参以生津益肺；伴腰膝酸软者，加杜仲、川断、巴戟天以补肾壮腰膝。

6.9.3.2 肾虚

主证 产后小便不通，小腹胀急疼痛，腰膝酸软，面色晦暗，舌淡，苔薄白，脉沉迟。

证候分析 素体肾虚，复因分娩损伤肾气，肾阳虚损，不能化气行水，致膀胱气化不利，故令小便不通；尿积膀胱不得出，故小腹胀急疼痛；腰为肾之外府，肾虚则腰膝酸软。肾阳虚，不能化气，故面色晦暗。舌淡、苔薄，脉沉迟皆为肾阳虚之象。

治法 补肾温阳，化气行水。

方药 济生肾气丸(《济生方》)。

炮附子 茯苓 泽泻 山茱萸 炒山药 车前子 牡丹皮 官桂 川牛膝 熟地黄

本方旨在温阳化气利水通小便。方中附子、官桂温肾助阳；熟地、山药、山萸补肾滋阴；茯苓、泽泻、车前子、牛膝利水通调；丹皮泻肾中伏火。

若腰酸痛甚者，加巴戟天、杜仲、川断以补肾壮腰；小腹空坠者，可加黄芪、党参、升麻以益气升提。

6.9.3.3 气滞

主证　产后小便不通，小腹胀急疼痛，精神抑郁，甚或两胁胀痛，烦闷不安者，舌正常，脉弦。

证候分析　平素性情抑郁，产后情志不畅，肝郁气滞，致气机升降疏泄失常，膀胱气化不利，故小便不通，小腹胀痛；肝气郁滞，故胸胁胀痛，烦闷不安。舌正常，脉弦皆为气滞之象。

治法　疏肝理气，行水通便。

方药　木通散(《妇科玉尺》)。

枳壳　槟榔　木通　滑石　冬葵子　甘草

本方旨在疏理肝气，调畅气机，通调小便。方中枳壳、槟榔理气行滞，气行则水行；木通、滑石、冬葵子利水通小便；甘草和中。

若肝郁化火，症见心烦易怒，舌红，苔薄黄，脉弦数等，加黄芩、栀子、丹皮；若肝木克脾，症见食少便溏者，加白术、茯苓、薏苡仁、车前子以健脾行水。

6.9.3.4 血瘀

主证　产后小便不通，小腹胀满刺痛，乍寒乍热，舌暗，苔薄白，脉沉涩。

证候分析　因难产、滞产、产程过长，膀胱受压，气血循行受阻，瘀血阻滞，气机不畅，则膀胱气化不利，小便不通；尿不得出，故令小腹胀满刺痛；瘀血内阻，阴阳乖戾，营卫失调，故乍寒乍热。舌黯、苔薄白，脉弦涩均为血瘀之象。

治法　养血活血，祛瘀通利。

方药　加味四物汤(《医宗金鉴》)。

熟地　白芍　当归　川芎　蒲黄　瞿麦　桃仁　牛膝　滑石　甘草梢　木香　木通

本方旨在活血祛瘀，通利小便。方中熟地、白芍养血缓急止痛；当归、川芎养血活血；蒲黄、桃仁、牛膝活血祛瘀止痛；木香宣通气机；瞿麦、滑石、木草、甘草梢通利小便。

其他疗法

1）针刺取关元、气海、三阴交、阴陵泉、水道穴。

2）灸法　食盐炒用，加少量麝香，填脐中。葱白 10 余根，去粗皮，作一束，切约 1 指厚，加盐置脐上，用艾条灸至患者自觉有热气入腹内，小便可通。

3）耳针取膀胱穴。

【文献摘要】

《陈素庵妇科补解》：产后小便不通，因肠胃挟热，产后水血俱下，津液燥竭，热结膀胱，故不通也。亦有未产之前内积冷气，产时尿胞运动，产后腹胀如鼓，小便不通，闷乱欲死者。内亡津液，当滋肾水以培天乙之源；内积冷气，温下焦以利水则胀自已，可服木通散及葱白补骨脂分别主治。

【病案举例】

张××，29岁，工人。某院邀诊。产后12天，汗多而小便不行，曾多次行导尿术，又作针灸治疗，仍不能自行排尿。患者少腹胀满，精神软弱，脉细软，苔薄白。

证属气虚津伤，阳虚不能敛汗行水，治拟扶元益气，生津敛汗，佐以温通利水。

处方：党参、麦冬各12g　黄芪24g　炙甘草5g　玉竹30g　肉桂3g　泽泻9g　通天草15g

服药后汗止，小便自行。（何子淮．何子淮女科经验集．浙江科学技术出版社，1982年）

复习思考题

1. 何谓产后小便不通？
2. 产后小便不通的辨证论治如何？

（张文红　冯俊婵）

6.10 产后小便频数与失禁

目的要求

1. 了解产后小便频数与失禁的定义及概述。
2. 了解其病因病机及辨证论治。

重点内容

1. 产后小便频数与失禁的定义。
2. 产后小便不通的病因病机及辨证论治：①气虚，治以补气固摄，方用黄芪当归散；②肾虚，治以补肾温阳，固涩止遗，方用肾气丸；③产伤，治以益气养血，生肌固脬，方用完胞饮。

产后小便次数增多，甚至日夜数十次，称为小便频数。小便自遗，滴沥而下，不能约束者，称为小便失禁。

二者临床表现虽不同，然均与分娩或产伤有关，故合并讨论。本病之后者类似于西医学的产后尿失禁或膀胱阴道瘘。

6.10.1 病因病机

本病的主要发病机理为膀胱失约。常见的分型有气虚、肾虚和产伤。

1）气虚 多因素体虚弱，肺气不足，复因产程过长，耗气过多，或失血较多，气随血耗，肺气益虚。肺气虚不能制约水道，膀胱失于约束，不能藏纳小便而致产后小便频数或失禁。

2）肾虚 禀赋素弱，元气素虚，复因难产而伤气血，致使肾气更虚、开阖失司；肾阳不足，膀胱失于温煦而气化失司，故不能约制小便而发生小便频数与失禁。

3）产伤 多因难产、分娩时间过久、胎儿久压膀胱，致使被压处气血瘀阻，继而成瘘；或因粗暴的产科手术损伤膀胱而成瘘孔，不能贮纳小便，而致尿液漏下淋漓及失禁。

6.10.2 诊断与鉴别诊断

6.10.2.1 诊断

1）患者多有难产、产程过长及手术助产史。

2）凡分娩以后至产褥期中，出现小便次数增多或不能约束小便而自遗者，即可诊为本病。

3）检查时有尿液自阴道漏出，则尿瘘可探知。

6.10.2.2 鉴别诊断

本病须与产后小便淋痛鉴别（详见产后小便不通节）。

6.10.3 辨证论治

（1）辨证要点

本病辨证，重在了解兼证并参照舌、脉的变化。产后小便频数，失禁，如伴见面色少华、倦怠懒言、小腹坠胀、舌质淡、苔薄白，属气虚；如伴面色晦黯，头晕耳鸣，腰膝酸软，形寒肢冷，舌淡苔白，脉沉迟者，属肾虚；如新产后即出现小便频数、失禁，尿中挟有血丝，属产伤而致。

（2）治疗原则

本病以补气为主要治疗原则，加升提固涩之品，若气虚、肾虚所致，当补气温阳，固涩止遗；产伤所致者，宜补气固脬或手术修补。

6.10.3.1 气虚

主证 产后小便次数增多，或失禁，面色无华，倦怠乏力，语音低怯，小腹坠胀，舌质淡，苔薄白，脉细弱。

证候分析 产前体弱，复因产时耗气太多，或气随血耗致肺气虚弱，不能制下，膀胱失约，不能贮留小便，故小便次数增多；气虚血少，不能上荣于面，故面色不华；气虚故见语音低怯，倦怠乏力；气虚下陷，故小腹坠胀。舌质淡，苔薄白，脉细弱皆为气虚血少之征。

治法 补气固摄。

方药 黄芪当归散(《医宗金鉴》)加山茱萸、桑螵蛸、益智仁以固涩。

人参 白术 黄芪 当归 白芍 甘草 猪尿脬

本方旨在补气固涩，升陷缩泉。方中人参、黄芪、白术、甘草大补元气，以复制约水道之职；当归、白芍养血敛阴；山萸肉、猪尿脬补肾固脬；益智仁、桑螵蛸补肾固涩。

若小便频数，小腹胀者，加枳壳、小茴香以调气；若畏寒肢冷，脉沉迟者，加补骨脂、肉桂、附片以温肾扶阳；若溲时疼痛，小便淋漓色赤者，加蒲黄、琥珀、益母草以化瘀通淋。若小便频数，淋漓涩痛，尿色黄赤，苔薄黄、脉数者，当用清热通淋之法，可改用八正散(《和剂局方》)治疗。

车前子 瞿麦 萹蓄 滑石 栀子仁 炙甘草 木通 大黄 灯芯

6.10.3.2 肾虚

主证 产后小便次数增多，甚至日夜数十次，或小便自遗，尿色清白，面色晦黯，头晕耳鸣，腰膝酸软，四末冰冷，舌质淡，苔白润，脉沉迟而细。

证候分析 素体肾虚，或因产更虚，肾虚则膀胱失约，故小便次数增多，甚者日夜达数十次或小便自遗；气虚则阳不足，故尿液清白，阳虚生寒，则四末冰冷，肾虚精亏，故面色晦黯，头晕耳鸣，腰膝酸软。舌质淡、苔白、脉沉迟而细，皆为肾虚阳不足之象。

治法 补肾温阳，固涩止遗。

方药 肾气丸(《金匮要略》)去丹皮，加益智仁、桑螵蛸，牡蛎以加强固涩之功。

本方旨在温补肾阳，暖脬散寒，固涩止遗。方中附子温肾助阳而补命火；桂枝通阳化气；熟地、山茱萸、山药滋肾益精养血。丹皮泻火伤阴宜去之；茯苓、泽泻利水通利；益智仁、桑螵蛸、牡蛎有收敛固涩止遗之功。

若面色萎黄，头晕心悸者，加黄芪、阿胶、白芍、白术以补益气血；若胸胁不舒，加柴胡、陈皮、木香以舒肝解郁；若尿时疼痛，尿中挟有血丝，加炒蒲黄、白芨、琥珀末以生肌化瘀止血。

6.10.3.3 产伤

主证 难产或手术产后，不能约束小便，尿液自阴道漏出。初起淋漓疼痛，尿中挟有血丝，继而疼痛、血丝消失，小便失禁，舌质正常，苔薄白，脉缓。

证候分析 因难产使膀胱为胎儿压迫时间过久而致气血瘀阻而成瘘，或膀胱为产科手术损伤，不能蓄积小便或从破口处经阴道流出；因尿液浸渍破损处，故初起淋漓疼痛；离经之血随尿液而出，故尿中挟有血丝。久则形成瘘口，致小便失禁，血丝、疼痛渐消。病由外伤，内无寒热，故舌质正常，苔薄，脉缓。

治法　益气养血，生肌固脬。

方药　完胞饮(《傅青主女科》)。

人参　白术　生黄芪　茯苓　当归　川芎　桃仁　红花　益母草　白芨　猪、羊脬

本方旨在补气益血，化瘀生肌固脬。方中人参、生黄芪、白术、茯苓大补元气；当归、川芎、桃仁、红花、益母草养血活血，气血旺盛则可生肌止血，白芨生肌止瘘；猪、羊脬以脏补脏，以同类相求。

若药效不佳，或瘘道较大者，宜适时进行手术修补。

【文献摘要】

《万氏女科》：产后气血虚脱，满渎决裂，潴蓄不固，水泉不止，故数而遗也。

《张氏医通》：产后小便数，乃气虚不能制水，补中益气加车前、茯苓。若膀胱阴虚而小便淋漓，生料六味合生脉散，滋其化源，须大剂煎成，隔汤燉热，续续进之。产后遗尿不知，乃气虚不能统血也，补中益气汤。若新产廷孔未敛，溺出不知，此恒有之，至六七朝自止，不必治也。

复习思考题

1. 何谓产后小便频数与失禁？
2. 产后小便频数与失禁的辨证论治如何？

（张文红　冯俊婵）

6.11　产后自汗、盗汗

目的要求

1. 掌握产后自汗、盗汗的辨证论治。
2. 熟悉产后自汗、盗汗的定义、病因病机和诊断。

重点内容

1. 产后自汗、盗汗的定义。
2. 产后自汗、盗汗的病因病机及辨证论治：①气虚自汗，治以益气固表，和营止汗，方用黄芪汤；②阴虚盗汗，治以养阴清热，益气止汗，方用生脉散合止汗散。

3. 诊断：产后汗出过多，或持续时间过长，动则益甚者，为产后自汗；若睡中出汗较多，醒来即止者，为产后盗汗。应与产后中暑相鉴别。

产妇于产后出现涔涔汗出，持续不止，动则益甚者，称产后自汗。睡后汗出湿衣，醒来即止者，称产后盗汗。产后数日内微有汗出，为产后正常生理现象，不属产后自汗范围。

6.11.1 病因病机

本病主要机理为产后气虚，卫阳不固，或因产伤血，阴虚内热，热迫液泄。

1）气虚　产妇素体虚弱，复因产时耗气伤血，气虚益甚，卫阳不固，腠理不密，表虚而津液外泄，以致自汗不止。

2）阴虚　产妇营阴素弱，复因产时失血，营阴益虚，阴虚内热，睡时阳乘阴分，热迫液泄，故产后盗汗。

6.11.2 诊断与鉴别诊断

6.11.2.1 诊断依据

1）患者大多素禀气虚或阴虚，或有难产、滞产史，或产时、产后失血过多。

2）产后白昼汗多，动则益甚，持续多日不止者，为自汗。入睡周身涔涔汗出，醒后汗即渐止者，为盗汗。

3）体温多正常。

4）血常规检查，血色素正常或低于正常。

6.11.2.2 鉴别诊断

产后自汗应与产后中暑相鉴别。二者均表现为产后多汗。但产后中暑发生在炎夏酷暑之季，因感受暑邪，而骤发高热、汗出、神昏、嗜睡，甚则躁扰抽搐等。而产后自汗盗汗无季节性，无发热及神志的改变。

6.11.3 辨证论治

（1）辨证要点

产后自汗、盗汗，皆因虚所致，但有气虚、阴虚之别，故辨证时应以汗出时间为主，结合兼证与舌脉综合分析。

（2）治疗原则

治疗本病，应以补虚敛汗为主。气虚自汗者，治宜益气固表，佐以养血；阴虚盗汗者，治当养阴滋液，益气敛汗。

6. 11. 3. 1 气虚自汗

主证 产后汗出较多，或持续数日不能自止，动则益甚，时或恶风，倦怠乏力，气短懒言，语声低怯，面色晄白，舌质淡，苔薄，脉虚弱。

证候分析 素体气虚，因产耗气，气虚益甚，卫阳不固，腠理疏松，故产后汗出较多，或持续数日不能自止；动则伤气，故自汗益甚；汗出表虚更甚，故时或恶风；气虚阳衰，阳气不布，故倦怠乏力，气短懒言，语声低怯，面色晄白。舌质淡，苔薄，脉虚弱，皆为气虚之象。

治法 益气固表，和营止汗。

方药 黄芪汤(《济阴纲目》)。

黄芪 白术 防风 熟地黄 煅牡蛎 白茯苓 麦冬 甘草 大枣

本方有补气固表，滋阴养血，收涩止汗之功。方中黄芪益气固表；白术、茯苓、甘草健脾补气；熟地、麦冬、大枣养血滋阴；牡蛎固涩敛汗；防风疏散风邪，以之佐黄芪，使表固而不致留邪，防风得黄芪之配，祛邪而不伤其正。

恶风者，加桂枝和营解表；食少便溏者，加党参、淮山药以健脾。

6. 11. 3. 2 阴虚盗汗

主证 产后睡中汗出，甚则湿透衣衫，醒来即止，面色潮红，头晕耳鸣，口燥咽干，或五心烦热，腰膝酸软，舌质红，少苔，脉细数。

证候分析 营阴素亏，因产失血伤津，阴血益虚，阴虚则内热，入睡后阳乘阴分，热迫液泄，故睡中汗出，甚则湿透衣衫；醒后阳气外卫，故汗止；虚阳上浮，故面色潮红，头晕耳鸣；虚热灼津，故口燥咽干；阴虚内热，虚热扰心，故五心烦热；阴虚损及肝肾，故腰膝酸软。舌质红，少苔，脉细数，为阴虚内热之征。

治法 养阴清热，益气止汗。

方药 生脉散(《内外伤辨惑论》)合止汗散(《傅青主女科》)。

人参 麦冬 五味子

人参 当归 熟地 麻黄根 黄连 大枣 浮小麦

上两方旨在养阴益气，生津敛汗。方中人参益气生津；麦冬、五味子滋阴敛汗；当归、熟地、大枣补血以滋液；黄连清热；麻黄根、浮小麦敛汗。

口燥咽干甚者，加石斛、玉竹以生津滋液止渴；五心烦热者，加白薇、栀子以清热除烦。

【文献摘要】

《金匮要略》：产妇喜汗出者，亡阴血虚，阳气独盛，故当汗出，阴阳乃复。

《诸病源候论》：夫汗由阴气虚，而阳气加之，里虚表实，阳气独发于外，故汗出也。血为阴，产则伤血，是为阴气虚也。气为阳，其气实者，阳加于阴，故令汗出。而阴气虚弱不复者，则汗出不止也。凡产后皆血虚，故多汗，因之遇风则变为痉，纵不成痉，则虚乏短气，身体柴瘦，唇口干燥，久变经水断绝，津液竭故也。

《医宗金鉴》：产后血去过多则阴虚，阴虚则阳盛。若微微自汗，是营卫调和，故虽汗无妨。若周身无汗，独头汗出者，乃阴虚阳气上越之象也。若头身俱大汗不止，则恐有亡阳之虑也。

《傅青主女科》：产后睡中汗出，醒来即止，犹盗瞰入睡，而谓之盗汗，非汗自至之比。杂症论云，自汗阳亏，盗汗阴虚，然当归六黄汤又非产后盗汗方也，惟兼气血而调治之，乃为得耳。

【病案举例】

陆××，女，24岁，已婚，工人。

1959年冬季，第一胎产后，流血过多，体虚自汗，胸闷头眩，肢节酸楚，夜寐不安，乃来就诊。

初诊：11月12日。产后第25朝，恶露未净，自汗漐漐，睡不安，乳水缺少，头眩神疲，脉象虚细，舌质绛，苔薄。症属新产伤血，阴虚阳越，治宜养血固表。

炒归身9g 黄芪9g 五味子4.5g 炒阿胶9g 白术6g 枸杞子9g 陈皮6g 通草4.5g 浮小麦9g 糯稻根12g

二诊：11月14日。服药后自汗减轻，恶露亦止，夜寐尚安，刻有胸脘不宽，腿膝酸软。治以补气益血，调和阴阳。

潞党参2.4g 黄芪9g 远志肉9g 麦冬6g 炒归身6g 大熟地9g（砂仁2.4g，拌） 嫩桑枝9g 木瓜9g 白芍6g 通草6g 炙甘草2.4g

上方服后自汗已止。（朱南孙等. 朱小南妇科经验选. 人民卫生出版社，1981年）

复习思考题

1. 产后自汗与盗汗的病因病机及临床表现有何不同？
2. 产后自汗与盗汗的治疗方法及常用方药是什么？

（王玉荣）

6.12 缺　乳

目的要求

1. 掌握缺乳的辨证论治。
2. 熟悉缺乳的定义、发病机理。

重点内容

1. 缺乳的定义及概述。
2. 缺乳的病因病机及辨证论治：①气血虚弱，治以补气养血，佐以通乳，方用通乳丹；②肝郁气滞，治以疏肝解郁，通乳下乳，方用下乳涌泉散。

3. 缺乳与乳痈注意鉴别。

产妇在哺乳期内，乳汁甚少或全无，称为缺乳，亦称“产后乳无汁”、“产后乳汁不行”。

缺乳多发生在产后第二、三天至半个月内，也可发生在整个哺乳期。临床中以新产后的缺乳最为常见。乳汁缺乏以乳汁分泌的多寡和是否够喂养婴儿为标准。

缺乳发生有如下特点：

1）产后开始哺乳时即觉乳房不胀，乳汁稀少，以后稍有增多，但不够喂哺婴儿。

2）产后哺乳开始时即全无乳汁。

3）新产后哺乳正常，因突然高热或七情所伤后，乳汁骤减，不足喂养婴儿。

6.12.1 病因病机

本病的发病机理或为化源不足，无乳可下；或为肝郁气滞，乳络不通，乳不得下。

1）气血虚弱　乳汁为血所化，赖气以行，如素体脾胃虚弱，或孕期产后调摄失宜，或产后思虑过度伤脾，则气血生化不足，或产妇年岁已高，气血渐衰；或产时产后失血过多，或操劳过度，均可导致气血亏虚，乳汁乏源，致乳汁甚少或全无。

2）肝郁气滞　素性抑郁，或产后七情所伤，肝失条达，气机不畅，气血失调，以致经脉涩滞，阻碍乳汁运行，因而缺乳。

6.12.2 诊断与鉴别诊断

6.12.2.1 诊断

1）症状　哺乳期，乳汁甚少或全无，不足以喂养婴儿。

2）检查　双乳房松软不胀不痛，挤压乳汁点滴而下，质稀；或双乳胀满而痛，乳房结块，挤压乳房疼痛，乳汁下少，质稠。

6.12.2.2 鉴别诊断

本病应与乳痈进行鉴别。乳痈一般发生于产后第二至三周，初期常出现乳汁排泄不畅，表现为乳汁减少，但局部红、肿、热、痛，甚或有波动感，伴全身恶寒发热等症状。而本病除部分患者乳房可有结块，胀痛外，均无乳房红、肿、发热症状，亦无全身发热恶寒等表现。

6.12.3 辨证论治

(1) 辨证要点

乳汁缺乏，证有虚实。虚者，乳房松软不胀，乳汁清稀；实者乳房胀硬而痛，乳汁浓稠。虚者多由气血虚弱，无乳可下，实者多由肝郁气滞，乳汁不通，乳汁不下。

(2) 治疗原则

实者疏肝解郁；虚者补益气血。

6.12.3.1 气血虚弱

主证 产后乳少，甚或全无，乳汁清稀，乳房柔软，无胀感，神倦食少，面色无华，舌淡苔薄，脉细弱。

证候分析 气血为生乳之源，气虚血少，则生乳乏源，故见产后乳汁甚少或全无；乳汁清稀，乳房柔软无胀感；气血不足，阳气不振，脾失健运，故神倦食少；气虚血少，不能上荣，则面色无华。舌淡苔白，脉细弱，均为气血虚弱之象。

治则 补气养血，佐以通乳。

方药 通乳丹(《傅青主女科》)。

人参 黄芪 当归 麦冬 木通 桔梗 七孔猪蹄（二个，去爪壳）

本方为傅氏通乳专用方，主治产后气血两虚，乳汁不足。方中当归、麦冬养血滋液；猪蹄为血肉有情之品，补益滋养通乳；人参、黄芪既能补气健脾生血以化乳，又能补气行气以通乳；木通宣络通乳；桔梗载诸药入胸乳。

6.12.3.2 肝郁气滞

主证 产后乳汁甚少或全无，乳房胀硬疼痛乳汁浓稠，精志抑郁，胸胁胀痛，食欲减退，或身有微热，舌暗红，苔微黄，脉弦数。

证候分析 肝主疏泄，性喜条达，其经脉过乳头。今肝气郁结，气机不畅，乳络受阻，致乳汁甚少或全无。气滞乳积，故乳房胀硬而痛，乳汁浓稠；肝气郁滞，故胸胁胀痛，情志抑郁；肝气犯胃故食欲减退；乳积日久化热，则身有微热。舌暗红，苔微黄，脉弦数，均为肝郁气滞之象。

治法 疏肝解郁，通络下乳。

方药 下乳涌泉散(《清太医院配方》)

当归 白芍 川芎 生地黄 柴胡 青皮 花粉 漏芦 通草（或木通） 桔梗 白芷 穿山甲 王不留行 甘草

本方旨在疏理肝气，通络下乳。方中四物、天花粉补血增液；柴胡、青皮疏肝理气解郁；桔梗、通草理气宣络；漏芦、穿山甲、王不留行通络下乳，并能软坚散结；白芷祛风消肿止痛，甘草调和诸药，和脾胃。

若乳房胀甚，加橘络、丝瓜络、香附以增强通络下乳之功；若身有微热，或乳房热感，舌红脉弦数者，可加蒲公英、白蒺藜、赤芍、僵蚕以清热散结；若乳房胀硬热痛，触之有块者，外用蒲公英，捣烂敷于肿处，势欲成脓者，可按“乳痈”处理。

【文献摘要】

《诸病源候论》：妇人手太阳少阴之脉，下为月水，上为乳汁，妊娠之人，月水不通，初以养胎，既产则水血俱下，津液暴竭，经血不足者，故无乳汁也。

《古今医鉴》：妇人乳汁不通有两种。有血气壅盛，乳汁涩而不行者，有血气虚弱，乳脉绝少者。

《傅青主女科》：妇人产后绝无点滴之乳，人以为乳管之闭也，谁知是气与血之两涸乎！夫乳乃气血之所化而成也，无血固不能生乳汁，无气亦不能生乳汁。然二者之中，血之化乳，又不若气之所化为尤速。新产之妇，血已大亏，血本自顾不暇，又何以化乳？乳全赖气之力，以行血而化之也。今产后数日，而乳不下点滴之汁，其血少气衰可知。气旺则乳汁旺，气衰则乳汁衰，气涸则乳汁亦涸，必然之势也。世人不知大补气血之妙，而一味通乳，岂知无气则乳无以化，无血则乳无以生，不几向饥人而乞食，贫人而索金乎！治法宜补气以生血，而乳汁自下，不必利窍以通乳也。

复习思考题

1. 产后缺乳的病因病机是什么？
2. 产后缺乳每型的主证、治法、方药是什么？

（张文红　冯俊婵）

6.13　乳汁自出

目的要求

1. 熟悉乳汁自出的定义、分型及代表方剂。
2. 了解其病因病机及诊断。

重点内容

1. 乳汁自出的定义。
2. 病因病机及辨证论治：①气虚不摄，治以补中益气，固摄敛乳，方用补中益气汤；②肝经郁热，治以疏肝解郁，清热敛乳，方用丹栀逍遥散。
3. 诊断：产后乳汁不经婴儿吮吸或挤压而自然流出。乳泣为孕期乳汁自然流出。

4. 回乳及其方法。

产妇产后乳汁未经婴儿吮吸而不断自然流出者，称为乳汁自出。如产妇身体壮实，气血充盛，乳房胀满而溢，或已到哺乳时间，未行哺乳，而乳汁自流者，不属病态。

6.13.1 病因病机

本病的发生，或因气虚不固，摄纳无权，或因肝经郁热，迫乳外溢。

1）气虚不摄　因产耗气失血，或脾胃素弱，饮食劳倦，损伤脾胃，脾胃气虚，乳房属胃，胃气不固，摄纳无权，乳汁失约而自出。

2）肝经郁热　乳头属肝，肝藏血，主疏泄，性喜条达，恶抑郁，若产妇素性忧郁，或产后情志抑郁，恚怒伤肝，肝郁化热，肝火亢盛，疏泄太过，迫乳外溢，而致乳汁漏出。

6.13.2 诊断与鉴别诊断

6.13.2.1 诊断依据

1）素体虚弱，或劳倦、思虑过度，或素性抑郁，五志过极。

2）乳汁未经婴儿吸吮或挤压而自然流出。

3）双乳或一侧乳房乳汁点滴而下，渗湿衣衫，乳汁乳白色或黄白色，清稀或浓稠，乳房柔软或稍胀，无结块。

6.13.2.2 鉴别诊断

本病应与乳泣、闭经溢乳综合征等相鉴别。

1）与乳泣鉴别　乳泣为孕期乳汁自然流出。乳汁自出则是在产后哺乳期乳汁自然流出。

2）与闭经溢乳综合征鉴别　产后乳汁自出是在产后哺乳期间。而闭经溢乳综合征是闭经的同时伴有溢乳，且乳汁不多，常在挤压乳房时，挤出一些乳汁，多伴不孕，属月经病，而不是发生在产后。

6.13.3 辨证论治

（1）辨证要点

本病证分虚实。辨证应依据乳汁的量、质，乳房柔软或胀痛，并结合其他症状与舌脉进行。乳汁量少，质清稀，乳房柔软，多属气虚不摄；乳量较多，质浓稠，乳房胀痛，多属肝经郁热。

(2) 治疗原则

本病治疗以敛乳为原则，虚者补而敛之，热者清而散之。

6.13.3.1 气虚不摄

主证　产后乳汁不经婴儿吸吮而自出，量少，质清稀，乳房柔软无胀感，伴神疲乏力，面色少华，舌质淡，苔薄，脉细弱。

证候分析　产后中气不足，摄纳无权，故乳汁不经婴儿吸吮而自然流出；气虚血少，乳汁生化不足，故乳汁量少，质清稀；乳房无乳汁蓄积，故乳房柔软而无胀感；气血亏少，故神疲乏力，面色少华。舌质淡，苔薄，脉细弱，皆为气血虚弱之征。

治法　补中益气，固摄敛乳。

方药　补中益气汤(《脾胃论》)加芡实、五味子。

本方补益中气，固摄敛乳。加芡实、五味子以增固涩敛乳之力。

6.13.3.2 肝经郁热

主证　乳汁不经婴儿吮吸经常自然流出，量多，质浓稠，乳房胀痛，情志抑郁，烦躁易怒，胸胁胀满，口苦咽干，便秘尿黄，舌质红，苔薄黄，脉弦数。

证候分析　肝郁化热，肝火内炽，迫乳外溢，故乳汁不经婴儿吸吮而自然流出，且乳量较多；热灼乳汁，故乳汁浓稠；肝失调达，气滞不宣，故情志抑郁，乳房胀痛，胸胁胀满；肝热内盛，扰乱心神，故烦躁易怒；热伤津液，故口苦咽干，便秘尿黄；舌质红，苔薄黄，脉弦数均为肝经郁热之征。

治法　疏肝解郁，清热敛乳。

方药　丹栀逍遥散(《女科撮要》)去煨姜，加夏枯草、生牡蛎。

丹栀逍遥散疏肝解郁，清热泻火。方中柴胡、丹皮、栀子疏肝解郁散热；当归、白芍养血柔肝；白术、茯苓培脾；薄荷助柴胡疏达肝气；煨姜辛燥，非肝热所宜，故去而不用。加夏枯草清肝热；生牡蛎平肝敛乳。

若乳房胀痛有块者，加蒲公英、连翘、瓜蒌以清热散结；五心烦热，舌红少津者，加生地、麦冬、五味子以养阴清热敛乳。

附　回乳

若产妇因病不宜授乳，或产后不需哺乳者，或婴儿已到断乳之时，可予回乳。亦可用于堕胎或中期妊娠引产术后需回乳者。回乳的方法有：

1) 若乳汁不多，可逐渐减少授乳次数，即能使乳汁分泌减少，直至停止。

2) 麦芽煎　炒麦芽 60g 水煎代茶饮，每日一剂，连服 3~5 天。

3) 免怀散(《济阴纲目》)　红花 6g　赤芍 9g　归尾 9g　川牛膝 9g　水煎服，连服三剂。

4) 皮硝 120g，布包，排空乳汁后敷于乳房，潮湿后更换。

5) 针刺　取光明、足临泣穴。刺 1 寸深，中等刺激，留针 15~20 分钟，每日一次。

【文献摘要】

《校注妇人良方》：产后乳汁自出，乃胃气虚，宜服补药止之；若乳多满痛，用温帛熨之；未产而乳自出，谓之乳泣，生子多不育。

《医宗金鉴》：产后乳汁暴涌不止者，乃气血大虚，宜十全大补汤，倍用人参、黄芪。若食少乳多，欲回其乳者，宜免怀散，即红花、归尾、赤芍、牛膝也。若无儿食乳，欲断乳者，用麦芽炒熟，熬汤作茶饮之。

《胎产心法》：肝经怒火上冲，故乳胀而自溢。

【病案举例】

郝某，女，29岁，某商店职工，1979年6月20日诊。

乳汁稀薄，时时自乳头流出，喂乳时则乳不足，小儿食后大便次数多。舌淡脉细。

此乃产后气血两虚，气虚不能固摄，以致乳汁时时自流。血虚不能生乳，故乳汁少而稀薄。宜补气养血。

黄芪30g，当归15g，鹿角片10g，白芍10g，花粉10g，王不留8g，熟地15g，枸杞子10g，陈皮10g。取3剂，水煎服，每日一剂。

二诊（6月25日）：漏乳已减，乳汁渐稠，量渐多。再取原方5剂，每日一剂，乳足矣。（柳学洙. 医林锥指. 天津科学技术出版社，1984年）

复习思考题

1. 何谓乳汁自出？
2. 乳汁自出的发病机理如何？
3. 乳汁自出各型的主要特点是什么？常用的治法和方药如何？

（王玉荣）

7

前阴病

概　　述

目的要求

1. 熟悉前阴病的主要发病机理。
2. 了解前阴病的定义、范围。

重点内容

前阴病的主要发病机理为脏腑经络的损伤及前阴局部的感染所致。

妇人以前阴病变（包括阴户、玉门、产道）为主的疾病，称为前阴病。

常见疾病为阴痒、阴疮、阴肿、阴痛、阴吹、阴燥诸病。

前阴在女性生殖系统占有重要位置，借助经络与脏腑相通。《灵枢经・经脉第十》云：“肝足厥阴之脉……循股阴，入毛中，过阴器，抵小腹，是动则病……”。《灵枢・经筋第十三》“足阳明之筋……，聚于阴器，上腹而布”，“足太阴之筋……聚于阴器，上腹，结于脐”。总之，前阴通过经络、经筋直接或间接与脏腑连成一体，脏腑经络之损伤及前阴局部感染邪毒、病虫，或外伤，均可导致前阴疾病的发生。

前阴病的治疗，应以辨证论治为主。一般内服药以治本，配合外治法以治标，同时，应注意保持前阴清洁，特别是经期、经期前后、孕期、产褥期的卫生，防止湿热邪毒入侵，避免诸虫感染，对减少前阴病有重要意义。

7.1 阴　痒

目的要求

1. 掌握阴痒的定义、病因病机、辨证论治。
2. 熟悉其外治法。

重点内容

1. 阴痒的定义。
2. 阴痒的病因病机及辨证论治：①肝肾阴虚，治以调补肝肾，滋阴降火，方用知柏地黄汤；②肝经湿热，治以清肝泄热，除湿止痒，方用龙胆泻肝汤；③湿虫滋生，治以清热利湿，杀虫止痒，方用萆薢渗湿汤。
3. 外治法　蛇床子散、塌痒汤、珍珠散。

女性外阴及阴道瘙痒，甚则痒痛难忍，或伴带下增多者，称为阴痒，亦称“阴门瘙痒”或“阴䘌”。

本病相当于西医学“女阴瘙痒症”、“阴道炎”、“外阴炎”。

7.1.1　病因病机

本病发病机理为肝肾亏虚，精血不足，外阴失养，血燥生风作痒；肝经湿热，循经下注而作痒；感染病虫，虫蚀阴中而痒。

1）肝肾阴虚　素体肝肾不足，或年老体衰，精血两亏，或产乳过多，耗伤精血，血虚化燥生风。肝脉过阴器，肾主司二阴，肝肾阴亏，阴部失荣，化燥生风作痒，遂致阴痒。

2）肝经湿热　郁怒伤肝，肝郁克脾，脾虚湿盛，加之肝郁化火，湿热互结，注于下焦，湿热浸淫阴部，遂致阴痒。

3）湿虫滋生　脾虚湿盛，积久化热，下注任带二脉，湿热蕴积生虫；或外阴不洁，感染虫䘌，虫扰阴部，遂致阴痒。

7.1.2　诊断与鉴别诊断

7.1.2.1　诊断依据

1）医者应注意询问患者有无外阴不洁接触史，或有无滴虫、霉菌性阴道炎、或有无维生素 A、B 缺乏症及糖尿病病史。

2）外阴、阴道瘙痒，可波及肛门周围，奇痒难忍，或如虫行状，甚至灼热、疼痛，或伴带下量多、臭秽。

3）局部皮肤和黏膜外观正常或充血，或因长期搔抓引起皮肤增厚和粗糙，或仅有因搔抓过度出现的抓痕和血痂，或在阴毛间可找到阴虱。

4）阴道分泌物镜检正常，或可见滴虫、真菌。

7.1.2.2 鉴别诊断

本病应注意与阴燥、外阴尖锐湿疣等相鉴别。

1）与阴燥鉴别　阴燥除有外阴奇痒难忍外，尚有皮肤黏膜变白、变薄或增厚，如苔癣，失去弹性，甚至萎缩。本病只有外阴瘙痒，而无皮肤黏膜色素减退，两者较易鉴别。

2）与外阴尖锐湿疣鉴别　外阴尖锐湿疣好发于大小阴唇、会阴或肛门附近，为淡红色丘疹，逐渐增大，增多，融合成许多淡红色、暗红色或污灰色的疣状物，凹凸不平，甚者呈菜花状。患者自觉外阴瘙痒，并有压迫感。而本病除有外阴瘙痒外，局部皮肤或黏膜无疣状物，较易鉴别。

7.1.3 辨证论治

（1）辨证要点

一般根据阴痒的情况，带下的量、色、质、全身症状及舌脉，结合妇科局部检查进行辨证。阴部干涩，灼热瘙痒，或带下赤白相兼，则为肝肾阴虚；阴部瘙痒灼痛，带下量多，色黄如脓，心烦易怒，则为肝经湿热；阴部瘙痒，如虫行状，带下量多，如泡味状，或如豆腐渣状，秽臭，则为湿虫滋生。

（2）治疗原则

本病治疗着重调理肝、脾、肾的功能，本着“治外必本诸内”的原则，多采用内服与外治、整体与局部相结合进行施治。

7.1.3.1 肝肾阴虚

主证　阴部灼热疼痛，瘙痒难忍，干涩，带下量少或赤白相兼，头晕耳鸣，五心烦热，腰酸腿软，皮肤干燥，舌红少苔，脉细数。

证候分析　肝肾阴亏，精血不足，阴部失荣，则阴部干涩；血虚化燥生风作痒，则阴部灼热疼痛，瘙痒难忍；阴虚内热，热灼脉络，则带下量少或赤白，五心烦热；精血不足，清窍失养，肌肤失荣，则头晕耳鸣，皮肤干燥；外府失荣，骨失所养，则腰酸腿软。舌红少苔，脉细数，均为肝肾阴虚之征。

治法　调补肝肾，滋阴降火。

方药　知柏地黄丸(《医宗金鉴》)加制首乌、白鲜皮

本方旨在调补肝肾，滋阴降火。方中加制首乌、白鲜皮养血祛风止痒。

若带下量多，秽臭明显者，去茯苓，酌加土茯苓、野菊花解毒利湿；带中挟血，酌加茜草、乌贼骨凉血止带。

7.1.3.2 肝经湿热

主证 外阴及阴中瘙痒、疼痛，带下量多，色黄如脓，臭秽，心烦易怒，口苦而腻，头晕目眩，便秘溲赤，舌红，苔黄腻，脉弦滑而数。

证候分析 肝经湿热下注，伤及任带二脉，任脉不固，带脉失约，则带下量多，色黄如脓，臭秽；湿热郁遏，气机不畅，湿盛作痒，则阴中瘙痒、疼痛；湿热困阻，则头晕目眩，口苦而腻；肝郁化火，则心烦易怒；热邪伤津，则便秘溲赤。舌红，苔黄腻，脉弦滑而数，均为肝经湿热之征。

治法 清肝泄热，除湿止痒。

方药 龙胆泻肝汤(《医宗金鉴》)。

本方旨在清肝泄热，除湿止痒。若阴痒明显者，酌加白鲜皮、鹤虱杀虫止痒；口苦便秘者，加大黄泻火通便。

7.1.3.3 湿虫滋生

主证 阴部瘙痒，如虫行状，甚则奇痒难忍，带下量多，色灰黄呈泡沫状，或色黄白呈豆腐渣样，味秽臭，心烦少寐，胸闷口苦，舌红，苔薄黄，脉弦滑。

证候分析 外感虫淫，虫蚀阴中，故阴部瘙痒，甚至奇痒难忍；湿热下注，损伤任带二脉，故带下量多，色灰黄呈泡沫状，或色黄白呈豆腐渣样，味秽臭；湿热瘙痒，上扰心神，则心烦少寐；湿热内蕴；则胸闷口苦。舌红，苔薄黄，脉弦滑为湿虫滋生之征。

治法 清热利湿，杀虫止痒。

方药 萆薢渗湿汤(《疡科心得集》)

本方旨在清热利湿，杀虫止痒。方中萆薢、黄柏、赤茯苓、通草、滑石、泽泻清利湿热；薏苡仁健脾利湿；丹皮清热凉血。

若瘙痒难忍者，酌加白鲜皮、贯众、鹤虱杀虫止痒；阴部红肿疼痛者，酌加野菊花、紫花地丁清热解毒，消肿止痛。

外治法

1）塌痒汤(《疡医大全》)鹤虱 30g、苦参、威灵仙、归尾、蛇床子、狼毒各 15g。水煎趁热先熏，待温度适中后洗，临洗时加猪胆汁 1~2 枚疗效更佳。每日 1~2 次，7 天 1 疗程，外阴溃疡者勿用。本方对霉菌性阴道炎较为适用。

2）蛇床子散(《中医妇科学》)蛇床子、花椒、明矾、百部、苦参各 10~15g。煎汤乘热先熏后洗，每日 1 次，10 天为 1 疗程，外阴破溃者，去花椒。本方对滴虫性阴道炎较适用。

3）珍珠散(《中国医学百科全书》)珍珠、青黛、雄黄各 3g、黄柏 9g、儿茶 6g、冰片 0.03g，共研细末外涂。

【文献摘要】

《医宗金鉴》：妇人阴痒，多因湿热生虫，则其肢体倦怠，小便淋漓，宜服逍遥散、龙胆泻肝汤。

《万病回春》：妇人阴痒者，是虫蚀阴户也。治阴痒用蛇床子、白矾煎水淋洗即止。

《女科经纶》：足厥阴经、环阴器，妇人阴户，为肝经之分。是经血虚火燥，则为肿为痛，痛者火也，实则泻其子，龙胆泻肝汤，加味逍遥散。

《医学准绳六要》：阴中痒……瘦人燥痒属阴虚。

【病案举例】

李××，女，35岁，已婚。1972年6月15日初诊。两月来，外阴部发现有红色丘疹，瘙痒不堪，甚则疼痛，抓破后分泌黄白色液体，随后可干燥结痂。如此反复发作，以致心烦少寐，坐卧不安，并有胸闷不舒，口干且苦，小便赤涩，带多色黄等症。月经尚属正常，但经后诸症加重。刻诊经期始过，外阴奇痒，余症如前。舌质红，苔黄腻，脉滑数。此乃肝经郁火，湿热下注为患，拟清利湿热以止痒。

处方：龙胆草、川黄柏、炒山栀各9g 生苡米30g 赤茯苓、滑石块、车前子（布包）各9g 紫草根、干虎杖各12g，地肤子、白鲜皮、海桐皮各9g，六剂。水煎服。

另用紫地丁15g 川黄柏6g 淫羊藿叶6g 蛇床子9g，六剂，布包，泡水，坐浴熏洗，每日二次。另以珠黄散三瓶，黄柏面6g，紫荆皮粉9g，共研匀，香油调成糊状，摊于消毒纱布上，于临睡前贴患处，晨起去掉。

二诊：（6月23日）

经服上方，并配合外治法，一周后，阴痒显减，带下亦少，外阴部原有之溃疡均已干燥结痂，未见新溃疡面。余症亦均减轻，腻苔已退，脉滑略数。

嘱内服二妙丸，加味逍遥丸各一付，每日上、下午分服，白水送下，继用前述外治法。10天后结痂脱落，痒感消失，遂停药，于7月12日月经来潮，经后未见反复。

按语：本例外阴瘙痒，破溃流水，伴见带多质稠，口苦心烦，胸闷不舒等症，乃因肝经郁火，湿热下注所致。治以龙胆泻肝汤加减，泻肝火，利湿热，除带止痒。方中胆草、栀子、黄柏等清郁热泻肝火；赤苓、苡米、滑石、紫草根等利湿热、除带下，与白鲜皮、地肤子等配合并能祛风胜湿止痒。虎杖一药清热解毒，消炎定痛，止带之力颇著，配合外治法，更能增强解毒化湿、除带止痒、愈合创面的作用，因而获效较速。（哈荔田. 哈荔田妇科医案医话选. 天津科学技术出版社，1982年）

复习思考题

1. 何谓阴痒，其发病机理是什么？
2. 谈谈阴痒的治疗方法。

（李 华 戴 梅）

7.2 阴 疮

目的要求

1. 掌握阴疮的病因病机及辨证论治。
2. 熟悉阴疮的定义。

重点内容

1. 阴疮的定义。
2. 阴疮的病因病机及辨证论治：①湿热下注，治以清肝泻热，利湿解毒，方用龙胆泻肝汤；②肝肾阴虚，治以滋肾养肝，清热敛疮，方用知柏地黄丸；③正虚邪陷，治以益气养血，托毒生肌，方用托里消毒散。

妇女阴户生疮，甚则破溃，脓水淋漓，局部肿痛者，称为阴疮。又称“阴蚀”。本病相当于西医学的非特异性外阴溃疡，前庭大腺脓肿等疾病。

7.2.1 病因病机

本病的发病机理为湿热下注，蕴结成毒；或肝肾阴虚内热，熏灼阴户；或正气不足，不能托毒外达。

1）湿热下注 下焦感受湿热之邪，或七情内伤，肝郁化火，克侮脾土，脾虚湿热，湿热下注，蕴结成毒，腐肉化脓，遂致阴疮。

2）肝肾阴虚 年老体弱，精血不足。肾开窍于二阴，肝之经脉绕阴器，肝肾精血亏损，阴虚生内热，热邪熏灼，化腐成脓，遂成阴疮。

3）正虚邪陷 素体虚弱，或久病耗伤气血，气血不足，不能托毒外出，祛腐生肌，邪毒内陷，遂致阴疮久不愈合。

7.2.2 诊断及鉴别诊断

7.2.2.1 诊断依据

1）阴户红肿疼痛，伴全身发热畏寒。

2）一侧大阴唇下 1/3 处可见红肿硬块，并有明显压痛，或有明显波动感，甚则破溃化脓；或在外阴可见数目不等，程度各异的溃疡，表面有脓性分泌物。

3）白细胞总数升高。病灶处分泌物涂片可助诊断。

7.2.2.2　鉴别诊断

本病应与梅毒、前庭大腺囊肿、狐惑病等相鉴别。

1）与梅毒鉴别　梅毒初期表现为硬下疳，常单发，无痛无痒，触之坚实的结节，表面可糜烂，有少量渗出物。患者有不洁性交或感染史，梅毒血清试验阳性，暗视野螺旋体检查呈阳性。

2）与前庭大腺囊肿鉴别　前庭大腺囊肿亦可于前庭大腺处生肿块，局部皮色不变，肿块囊性、无压痛及脓性分泌物，无发热等全身症状。前庭大腺脓肿局部皮色发红，肿痛明显，有波动感，加压时于腺体开口处可见脓液溢出，且有发热等全身症状。两者较易鉴别。

3）与狐惑病鉴别　狐惑病表现为外阴溃疡并兼有眼部组织损伤、口腔溃疡，反复发作。伴有发热、寒战等全身症状，白细胞中度增加，血沉增快，淋巴细胞内含嗜亚尼林兰颗粒。与本病单纯外阴溃疡不同。

7.2.3　辨证论治

（1）辨证要点

本病辨证应以局部症状及全身情况分清其虚实。一般而言红肿热痛、脓稠臭秽，伴全身发热者为湿热下注；阴户溃烂、灼热、干涩，伴头晕目涩为肝肾阴虚；病程日久不愈，溃口流脓淌水，伴体倦神疲为正气不足。

（2）治疗原则

本病的治疗主要根据病的新久，局部病变的程度及脓成已否，参合其他证候及舌脉分别予以热者清之、湿者化之、虚者补之、下陷者托之。常配合外治法。

7.2.3.1　湿热下注

主证　阴部生疮，红肿热痛，甚者破溃流脓，黏稠臭秽，头晕目眩，发热恶寒，口干纳少，大便秘结，小便涩滞，舌红，苔黄腻，脉滑数。

证候分析　湿热下注，蕴结成毒，气血壅阻，腐肉成脓，故阴部生疮，红肿热痛，破溃流脓，秽臭；湿热熏蒸，则头晕目眩；湿热中阻，则纳少，热邪伤津，则口干，大便秘结，小便涩滞；热毒与气血相争，故发热恶寒。舌红，苔黄腻，脉滑数均为湿热下注之象。

治法　清肝泻热，利湿解毒。

方药　龙胆泻肝汤(《医宗金鉴》)。

本方旨在清肝泻热，利湿解毒。若热毒蕴盛，局部肿胀疼痛加剧，化脓破溃，脓水淋漓，臭秽难忍。治宜清热解毒，化瘀排脓，方用仙方活命饮(《校注妇人良方》)。

银花　穿山甲　皂角刺　当归尾　赤芍　乳香　没药　天花粉　陈皮　防风　贝母　白芷　甘草

本方旨在清热解毒，化瘀排脓。方中银花、甘草、天花粉、防风清热解毒祛风；穿山甲、皂刺、归尾、赤芍、乳香、没药活血化瘀，止痛消结；贝母、白芷、陈皮祛风排脓。如大便秘结，可加大黄、槟榔泻热通便。

7.2.3.2　肝肾阴虚

主证　阴户溃烂、灼热、干涩疼痛，病程缠绵，头晕目涩，颧红口干，五心烦热，腰膝酸软，舌红少苔，脉细数。

证候分析　肝肾不足，精血亏虚，肝经绕阴器，阴虚生内热，熏灼成疮，则阴户溃烂、灼热、干涩疼痛；精血不足，不能上承头目，则头晕目涩；阴虚内热，热邪外扰，则颧红口干，五心烦热；肾精不足，外府失养，骨失所荣，则腰膝酸软。舌红少苔，脉细数均为肝肾阴虚之象。

治法　滋肾养肝　清热敛疮。

方药　知柏地黄丸(《医宗金鉴》)。

本方旨在滋补肝肾，清热敛疮。

7.2.3.3　正虚邪陷

主证　阴户脓肿渐消，热去痛减，溃口流脓淌水，质清量少，经久难愈，神疲倦怠，食少纳呆，舌淡，苔薄白，脉沉缓。

证候分析　本证属脓已溃出，毒邪已排，故阴户脓肿渐消，热去痛减；病程较久，正气亏虚，难以托毒尽出，祛腐生肌，则溃口流脓淌水，质清量少，经久难愈；气血不足，脾胃虚弱，故神疲倦怠，食少纳呆。舌淡、苔薄白，脉沉缓均为正气不足，气血亏虚之象。

治法　益气养血　托毒生肌。

方药　托里消毒散(《外科正宗》)。

人参　白术　黄芪　甘草　茯苓　当归　白芍　川芎　银花　白芷　皂角刺　桔梗

本方旨在益气养血，托毒生肌。方中人参、白术、黄芪、茯苓、甘草益气扶正；当归、白芍、川芎养血和血；银花、白芷、皂角刺解毒消肿，排脓外出；桔梗助黄芪托毒外达。

若食少纳呆，可加鸡内金、焦三仙运脾消食；腰膝酸软，可加熟地、菟丝子、巴戟天益肾助阳，强腰骨；阴户肿胀硬结不消，可加鹿角胶、炮姜炭助阳通脉。

外治法

1）初肿期，可用金黄散(《医宗金鉴》)：生大黄、黄柏、姜黄、白芷各10g，南星、苍术、厚朴、陈皮、甘草各4g，天花粉24g。共研细末用香油调敷。本方旨在清热除湿，化瘀消肿止痛。

2）脓成期，不能自溃者，先切开引流排脓，后用生肌散撒敷疮面。生肌散(《经验方》)炙象皮、煅龙骨、赤石脂、血竭、制乳没、儿茶各30g，冰片10g，共研细末备用。本方旨在祛腐生肌。

【文献摘要】

1)《医宗金鉴》：妇人阴疮，名曰䘌。由七情郁火伤损肝脾，气血凝滞，湿热下注，久而虫生。虫蚀成疮，脓水淋漓，时疼时痒，有若虫行，少腹胀闷，溺赤频数，食少体倦，内热晡热，经候不调，赤白带下，种种证见，宜分治之。肿痛者，用四物汤加柴胡、栀子、龙胆草；若溃烂出水而痛者，用加味逍遥散；若重坠者，用补中益气汤。

2)《外科真诠》：阴户一边结肿，亦有两边结肿，其形如茧，内脓成自溃头，得之肝火热毒者轻，得之交合不洁者重。

复习思考题

何谓阴疮，如何辨证论治？

（李　华　戴　梅）

7.3 阴　　肿

目的要求

1. 熟悉阴肿的定义与主要病机。
2. 了解其分型与代表方剂。

重点内容

1. 阴肿的定义。
2. 阴肿的发病机理为肝经湿热，下注阴部；或寒湿凝结，痰瘀互阻。

女性外阴肿胀疼痛，或阴道口一侧或双侧出现囊性肿块者，称为阴肿。本病相当于西医学的外阴炎、前庭大腺囊肿。

7.3.1 病因病机

本病发病机理为肝经湿热，下注阴部；或寒湿凝结，痰瘀交阻。

1）肝经湿热　郁怒伤肝，肝郁气滞，郁久化热，肝郁脾虚，水湿不运，湿热互结，下注阴部，与气血相结，遂致阴肿。

2）寒湿凝滞　久居阴湿之地，或经期、产后冒雨涉水，寒湿凝滞，瘀积于内，邪气不能外达，内陷于肌肉；或平素阳虚，血运不畅，与痰湿相结，遂致阴肿。

7.3.2 诊断与鉴别诊断

7.3.2.1 诊断要点

1）外阴肿胀疼痛，伴有瘙痒；或外阴一侧或两侧可触及囊性肿物，无不适，或伴有外阴坠胀感。

2）妇科检查可见外阴皮肤及黏膜充血、肿胀。或前庭大腺处可触及囊性肿物，皮色不变，有一定移动性，无触痛，扪及有波动感，穿刺可抽出黏液或浆液。

7.3.2.2 鉴别诊断

本病应与前庭大腺脓肿鉴别。前庭大腺区红肿热痛，压痛明显，甚则破溃成脓，全身发热。与前庭大腺囊肿仅有局部囊性肿物，而无其他不适感不同。

7.3.3 辨证论治

（1）辨证要点

本病辨证时应根据局部症状，全身表现及舌脉辨其虚实。

（2）治疗原则

治疗重在辨证求因，审因论治方可奏效。

7.3.3.1 肝经湿热

主证 外阴红肿胀痛，灼热瘙痒、心烦少寐，口苦咽干，胸闷食少，带下量多，色黄质稠，大便不爽，舌红苔黄腻，脉弦数。

证候分析 脾虚生湿，肝郁化热，湿热下注，蕴于阴器，则外阴红肿胀痛，灼热瘙痒；肝经湿热扰及心神，阻于中焦，则心烦少寐，口苦咽干，胸闷食少；湿热下注伤及任带，则带下量多，色黄质稠；湿热停滞大肠，则大便不爽。舌红苔黄腻，脉弦数均为肝经湿热之征。

治法 清肝利湿，消肿止痛。

方药 龙胆泻肝汤(《医宗金鉴》)加蒲公英、紫花地丁。

本方旨在清肝利湿，消肿止痛。加蒲公英、紫花地丁增加清热解毒之功。

7.3.3.2 寒湿凝滞

主证 外阴部包块，皮色不变，推之可移，按之柔软，有坠胀感，或小便清长，大便溏薄，舌淡、苔薄白，脉沉迟。

证候分析 寒湿内阻，滞于肝脉，肝脉绕阴器，阴部气血运行不畅，痰瘀交阻，结于阴部，则外阴部包块，皮色不变，推之可移，按之柔软，有坠胀感；寒盛阳虚，脏腑失于温煦，则小便清长，大便溏薄。舌淡，苔薄白，脉沉迟均为寒湿凝滞之征。

治法 温经化湿，活血散结。

方药　阳和汤(《外科全生集》)加苍术、茯苓、莪术、皂角刺。

熟地　鹿角胶　姜炭　肉桂　麻黄　甘草　白芥子

本方旨在温经化湿，活血散结。方中熟地、鹿角胶养血助阳；姜炭、肉桂温经通脉；麻黄、白芥子通阳散滞而消痰结；甘草生用，解脓毒而调诸药；苍术、茯苓燥湿利水；莪术、皂角刺行气活血散结。

若坠胀明显者，酌加荔枝核行气消肿；大便溏者，酌加赤石脂、山药、白术健脾利水，涩肠止泻；气血不足，酌加党参、白术、当归、川芎益气养血。

【文献摘要】

《景岳全书》：妇人阴肿，大都即阴挺之类，然挺者多虚，肿者多热。如气陷而热者，升而清之，宜清化饮，如柴胡、防风之属。气闭而热者，利而清之，宜大分清饮、徙薪饮。肝肾阴虚而热者，加味逍遥散。气虚气陷而肿者，补中益气汤。因产伤阴户而肿者，不必治肿，但调气血，气血和而肿自退。或由损伤气滞无关元气而肿者，但以百草汤熏洗之为妙。

复习思考题

何谓阴肿？其诊断依据有哪些，如何辨证论治。

（李　华　戴　梅）

7.4 阴　　吹

目的要求

1. 熟悉阴吹的定义、分型与代表方剂。
2. 了解其主要病机。

重点内容

1. 阴吹的定义。
2. 阴吹分型与代表方剂：①脾气虚弱，方用补中益气汤；②腑气不通，方用麻子仁丸；③肝气郁结，方用逍遥散；④痰湿阻滞，方用橘半桂苓枳姜汤。

妇女阴道中时时出气，或气出有声，状如矢气者，称为阴吹。

7.4.1 病因病机

本病主要发病机理是胃气下泄，不循常道，逼走前阴。

1）脾气虚弱 脾胃虚弱，健运失职，气血亏虚，气虚下陷，腑气不循常道，从前阴而出，遂致阴吹。

2）腑气不通 素体阳虚，或过食辛燥之品，胃热内盛，灼伤津液，胃腑燥实，谷道欠通，逆走前阴，遂致阴吹。

3）肝气郁结 情志不畅，肝气郁结，疏泄失常，气机逆乱，气走前阴，遂致阴吹。

4）痰湿阻滞 素有痰湿蓄积，或脾虚失运，痰湿内生，痰湿壅滞中焦，浊气相干，谷气不能上升清道，反而下泄，从前阴而出，遂致阴吹。

7.4.2 诊断与鉴别诊断

7.4.2.1 诊断依据

1）妇女阴中时时出气，或气出有声，状如矢气。

2）妇科检查基本正常；或阴道壁松弛或合并外阴Ⅰ度、Ⅱ度陈旧性裂伤。

7.4.2.2 鉴别诊断

医者应通过妇科检查排除前庭、肛门、直肠阴道瘘及Ⅲ度会阴裂伤。这类阴吹非药物所能治。

7.4.3 辨证论治

（1）辨证要点

本病辨证应以大便是否秘结及全身症状为主。若大便秘结，腹部胀满者，为胃燥；大便通畅，肢倦神疲者，为气虚；大便通畅，胸闷脘痞者，为痰湿；若伴有明显的精神情志症状者，为气郁。

（2）治疗原则

治疗时应以调理脾胃气机为主。

7.4.3.1 脾气虚弱

主证 阴吹时断时续，时微时甚，肢倦神疲，气短懒言，胃脘痞满，或小腹坠胀，舌淡，苔白，脉细弱。

证候分析 脾虚中气不足，腑气不循常道，则阴吹时断时续，时微时甚；气虚中阳不振，则肢倦神疲，气短懒言，小腹坠胀；脾虚健运失职，则胃脘痞满。舌淡，苔白，脉细弱均为气虚之征。

治法 健脾益气，升清降浊。

方药 补中益气汤(《脾胃论》)加木香、枳壳。

本方旨在健脾益气，升清降浊。临床上加木香、枳壳调气降浊，使升中有降，降中有升，气机转运，脾胃和调。

7.4.3.2 腑气不通

主证 阴吹较剧，大便秘结，口干喜饮，口臭烦热，腹部胀满，小便短赤，舌红，苔黄，脉滑数。

证候分析 胃气燥实，腑气不通，胃气下泄，逼走前阴，则阴吹较剧，大便秘结；胃热炽盛，灼伤津液，则口干喜饮，口臭烦热，小便短赤；腑气不通，则腹部胀满。舌红，苔黄，脉滑数，均为胃燥之征。

治法 清热润燥，理气导滞。

方药 麻子仁丸(《金匮要略》)。

麻子仁 芍药 枳实 大黄 厚朴 杏仁 白蜜

本方旨在清热润燥，理气导滞。方中麻子仁、杏仁润肠通便；芍药养阴和里；白蜜润燥滑肠；大黄、厚朴、枳实泻热通下，破结除满，全方使腑气通畅，气循常道，阴吹自愈。

7.4.3.3 肝气郁结

主证 阴吹较轻，精神抑郁，喜叹息，夜不安眠，嗳气食少，舌苔薄白，脉弦或弦涩。

证候分析 肝气郁结，疏泄失常，气机逆乱，升降失常，谷气逼走前阴，则阴吹较轻；肝气郁滞，则精神抑郁，喜叹息；肝郁克脾，则嗳气食少；心肝郁结，神魂不安，则夜不安眠。舌苔薄白，脉弦或弦涩，均为气郁之征。

治法 疏肝理脾，开郁行气。

方药 逍遥散(《和剂局方》)加枳壳。

本方旨在疏肝理气。加枳壳增强行气降浊之功。

7.4.3.4 痰湿阻滞

主证 阴吹，带下量多，色白质黏稠，胸脘满闷，口腻痰多，舌淡，苔白腻，脉细滑。

证候分析 痰湿中阻，谷气不升，逆走前阴，则阴吹；痰湿下注，则带下量多、色白质黏；痰湿停滞中焦，气机升降失常，则胸脘满闷，口腻痰多。舌淡，苔白腻，脉细滑，均为痰湿内停之征。

治法 健脾和胃，燥湿化痰。

方药 橘半桂苓枳姜汤(《温病条辨》)加白术。

桂枝 茯苓 生姜 橘皮 制半夏 枳实

本方旨在健脾和胃，燥湿化痰。方中桂枝温化痰饮；白术、茯苓、制半夏、橘皮健脾燥湿化痰；生姜温中散寒；枳实泄下除痰。痰湿清除，腑气循于常道，阴吹自愈。

若湿热较盛，症见带下量多，色黄质黏稠，秽臭，上方去桂枝、生姜，加黄柏、土茯苓、萆薢清热利湿止带。

【文献摘要】

《医学顾问大全》：谷气不能上清道，复不能循环下走后阴，阴阳乖辟，遂使阴户有声，如谷道转矢气状，是谓阴吹病。

《金匮心典》：阴吹，阴中出声，如大便矢气之状，连续不绝，故曰正喧。谷气实者，大便结而不通，是以阳明下行之气不得从其故道，而乃别走旁窍也。

【病案举例】

于××，女，38岁，已婚，1973年7月12日初诊。

阴吹而正喧，迄已三月余，初不肯告人，亦不敢会客，后发作益频，日数次至数十次不等，发则连续不断，声如矢气，遂由其夫伴来求治。刻诊面色萎黄，神疲倦怠，腰酸膝软，气短声微，便溏溲频，带下清稀量多，脉象沉细无力。诊为脾肾两虚，中气下陷。《医宗金鉴》谓："气虚下陷大补治，升提下陷升柴添。"予补中益气汤加味。

处方：党参、黄芪各15g 白术9g 陈皮6g 炒杜仲、川续断、当归各9g 炮姜炭6g 乌贼骨9g 绿升麻、软柴胡、炙甘草各4.5g。3剂，水煎服。

外用，蛇床子9g 黄柏6g 吴茱萸3g。3剂，布包，泡水，坐浴洗。

数月后其夫来访，谓服药三剂，阴吹即减，再三剂而愈。守方服至二十余剂，并坚持外用熏洗药，带下亦止，精神体力均见恢复，迄未再犯。

按语：阴吹是妇女阴道有气排出，并带声响的一种疾病。其作为一个症状，也可伴随其他疾病出现，一般并不严重。作为主症出现时，则往往簌簌作响，连续不断，患者虽隐忍不肯告人，但因精神负担沉重，常能加重其他疾病。本病始见于《金匮要略·妇人杂病脉证并治篇》。如说："胃气下泄，阴吹而正喧，此谷气之实也，猪膏发煎导之。"说明本病的成因，是由于谷气实，胃气下泄所致。但谷气实如何能引起阴吹，诸家解释不一，因而对猪膏发煎的作用机理也就产生了不同看法。《良方大全》引程云来说："胃满则肠虚，肠满则胃虚，更虚更实，则气得上下，今胃中谷气实则肠胃虚，虚则气不得上下而肾又不能为关，其气但走胞门而出于阴户。膏发煎者，导小便药也，使其气以化小便，则不为阴吹之证也。"萧慎斋对这种解释颇不以为然，他认为："夫人谷气，胃中何尝一日不实，而见阴吹之证者，未之尝闻。"但他也并未谈出所以然的道理，因此主张"千百年之书，其阙疑可也。"至于认为猪膏发煎为"导小便药"的，尚有李时珍，吴谦等，他们大都是从猪膏发煎尚能治黄疸这一点推测而来，恐难为训。尤在泾则认为："谷气实者，大便结而不通，是以阳明下行之气，不得从其故道，及别来旁窍也。猪发膏煎润导大便，便通气自归矣。"其说是较有道理的。

阴吹与矢气相似，发病有虚实之别。实者多因热结肠胃，煎熬津液，致使大肠津枯，血脉不利，络中血瘀，大便不下，肠腔变窄，以致胃中浊气下行不畅。别走旁窍，发出声音，遂成为阴吹而正喧。方用猪膏润燥，乱发消瘀，合奏滋润通便，利血脉之效，以促使肠胃机能的恢复。从临床所见，本证多兼见口渴思饮，大便秘结，小腹急满等症状。除用猪膏发煎外，也可应用脾约丸化裁，以使便通气自归，并配合坐浴熏洗药资助治疗。

阴吹虚证，多由于素体脾弱，不慎卫生，复因操劳过度，房事不节，以致气血亏虚，中气下陷所致。临床并见体弱无力，腰膝酸软，面白气短，大便溏薄等症，可用十全大补汤，益气养血，升提中气。因此，同为阴吹而虚实殊异，治疗宜详为分辨，方不致误。（哈荔田. 哈荔田妇科医案医话选 · 天津科学技术出版社，1982 年）

复习思考题

试述阴吹的主要病机及治疗。

（李 华 戴 梅）

7.5 阴 燥

目的要求

1. 掌握阴燥的定义，辨证论治。
2. 熟悉阴燥的病因病机。
3. 了解其他疗法。

重点内容

1. 阴燥的定义。
2. 阴燥的病因病机及辨证论治：①血虚化燥，治以养血补肝，润燥止痒，方用四物汤；②脾肾阳虚，治以温肾补脾，祛风止痒，方用右归丸；③肝肾阴虚，治以滋补肝肾，润燥止痒，方用知柏地黄汤合二至丸。

女性外阴皮肤和黏膜不同程度地变白、粗糙，甚至逐渐萎缩者，称为阴燥，亦称“女阴白色病变证”。

本病相当于西医学“外阴白色病变”。多见于 40 岁左右妇女。

7.5.1 病因病机

本病的发病部位在外阴，主要病机为肝、脾、肾的功能失常。

1）血虚化燥　素体虚弱，或久病、劳欲过度，或脾虚化源不足，精血亏虚，肌肤失荣而致阴燥。

2）脾肾阳虚　素体阳虚，或过用寒凉及过度贪凉取冷，伤及肾阳，命门火衰，不能温煦脾阳，或劳倦过度，耗损脾阳，脾肾阳虚，外阴失于温煦而致阴燥。

3）肝肾不足　素体阴虚，或久病失养，或房劳多产，或失血过多，重耗精血，肝肾亏虚，外阴失于濡养而致阴燥。

7.5.2 诊断与鉴别诊断

7.5.2.1 诊断依据

1）病变好发于大阴唇内侧、小阴唇、阴蒂等部位，也可波及阴道。根据不同类型有不同的局部症状表现。主要为外阴皮肤变白，或呈灰白色，弹力减退，局部皮肤变粗糙，或干裂或薄脆或增厚，外阴或萎缩或阴道变窄。多伴有阴痒，或伴有溃烂肿痛。

2）病理检查有助诊断。一般在有皲裂、溃疡、隆起、硬结或粗糙处进行活检。为做到取材适当，可先用1%甲苯胺蓝涂病变区，待自干后，再用1%醋酸液擦洗脱色，凡不脱色区表示该处有裸核存在，提示在该处活检。镜下所示：表皮层角化过度，角质层显著增厚，棘细胞层肥厚，上皮脚不规则增生并分支，深入真皮层，基底层可见轻度液化变性。

7.5.2.2 鉴别诊断

本病应与白癜风鉴别。白癜风除外阴或肛门周围皮肤变白外，身体其他部位皮肤亦可发现白色改变，发白区外有色素沉着，故界限分明，皮肤呈正常光泽，无增厚、变硬、裂纹或溃疡，皮肤弹性正常，亦无瘙痒或疼痛等症。

7.5.3 辨证论治

（1）辨证要点

本病的主证是外阴变白，奇痒难忍。临证时应以病变的范围，局部症状，参合全身表现及舌脉，发病的久暂辨其虚、实。

（2）治疗原则

本病以外阴局部病变为主，故以调理肝、脾、肾功能为主，采用内、外合治。

7.5.3.1 血虚化燥

主证　外阴皮肤变白、干燥、皲裂，奇痒难忍，心烦失眠，头晕头痛，面色无华，舌偏红，苔薄白，脉细或微数。

证候分析　气血不足，外阴失养，血虚化燥生风，则外阴皮肤变白、干燥、皲裂，奇痒难忍；血虚不能上承头目，则头晕头痛，面色无华；血虚心失所养，则心烦失眠。舌偏红，苔薄白，脉细或微数，均为血虚化燥之象。

治法　养血补肝，润燥止痒。

方药　四物汤(《和剂局方》)加制首乌、枸杞子、鸡血藤、海桐皮。

本方旨在养血补肝，润燥止痒。方中加制首乌、枸杞子滋补精血；鸡血藤养血通络；海桐皮利湿杀虫止痒，与四物共奏养阴益血，润燥止痒之功。

若失眠多梦，可加枣仁、远志宁心安神；心烦口渴，可去熟地，加生地、丹皮、山栀子清热凉血除烦。

7.5.3.2 脾肾阳虚

主证 外阴皮肤变白，局部瘙痒，腰背酸软，尿频尿多，夜间尤甚，畏寒肢冷，纳呆便溏，舌淡胖，苔薄白，脉沉细无力。

证候分析 肾阳不足，脾阳不振，阳气不能敷布，外阴失于温煦，则外阴变白，局部瘙痒；肾虚则腰背酸软，尿频尿多，夜间尤甚；脾阳不振，则畏寒肢冷，纳呆便溏。舌淡胖，苔薄白，脉沉细无力，均为脾肾阳虚之象。

治法 温肾补脾，扶阳止痒。

方药 右归丸(《景岳全书》)。

本方旨在温补脾肾，扶阳止痒。若外阴瘙痒难忍，加荆芥、防风、地肤子祛风止痒。

7.5.3.3 肝肾阴虚

主证 外阴皮肤变白，局部干涩、瘙痒、灼痛，或性交困难，头晕目眩，双目干涩，腰膝酸软，或五心烦热，口干咽痛，舌红，苔薄白，脉细无力。

证候分析 肝肾亏损，精血不足，外阴失于滋养，则外阴皮肤变白、干涩、灼痛；血虚生风，则局部瘙痒；日久由痒转痛，则性交困难；肝肾不足，上不能荣养于窍，则头晕目眩，双目干涩；下不能滋养四肢，则腰膝酸软；阴虚虚热内盛，则五心烦热，口干咽痛。舌偏红，苔薄白，脉细无力，均为肝肾不足之象。

治法 滋补肝肾，润燥止痒。

方药 知柏地黄汤(《医宗金鉴》)合二至丸(《医方集解》)。

本方旨在补益肝肾，润燥止痒。若外阴瘙痒甚者，可加桑叶、鸡血藤、薄荷、菊花疏风清热，解毒止痒；外阴疼痛者，可加干地龙、红花、赤芍化瘀通络，消肿止痛。

外治法

1）仙灵脾、蛇床子各 15g，益母草 24g，苦参 15g，莪术、三棱、荆芥、防风各 12g，农吉利、鹿衔草各 30g，水煎熏洗，每日早晚各 1 次（山东医学院附属医院妇产科）。

2）鹤虱 30g，苦参、蛇床子、野菊花各 15g，煎水熏洗。严重者洗时加鲜猪胆汁 1 枚，与药汁搅匀，每日 2 次；1 个月为 1 疗程。(《高等中医院校教学参考丛书·中医妇科学》)。

3）白斑外敷方（上海中医药大学） 炉甘石 30g，密陀僧 12g，飞滑石 15g，煅龙骨、煅石膏、制南星、皂荚（去子筋）各 9g，枯矾、炮山甲各 6g，上药共为细末，用麻油或凡士林调匀，消毒处理，于每次坐浴后擦患处，每日 1~3 次。

4）二号霜（长春中医学院附属医院妇科） 丹参、鸡血藤、赤芍、莪术、补骨脂、何首乌、仙灵脾各 30~50g，水煎浓缩，以雪花膏为基质调为膏，再加入莪术油（莪术提取挥发油）和冰片适量。

其他疗法

（1）体针

1）肝肾阴虚 肝俞、肾俞、蠡沟、阴廉、三阴交，止痒。针用补法。

2）肝经湿热 肝俞、脾俞、曲骨、阴陵泉、三阴交、止痒。针用补法。

3）耳针 外生殖器、皮质下、内分泌、肾上腺、神门。毫针刺，用中、强刺激，每次选上穴3~4个，每日1次。

（2）激光穴位照射

曲骨、会阴、神门、血海。氦氖激光仪，照射距离2~5cm，每穴照射5分钟，每日或膈日1次，12次为1疗程，每疗程间隔5~7天。

（3）穴位注射疗法

肾俞、阴廉、脾俞、坐骨点（大转子与尾骨尖联线中点上2寸稍外方）。肾俞、阴廉为一组，脾俞、坐骨点为一组，两组穴位交替注射，每次每穴注射丹参注射液1~2ml，瘙痒甚者加注止痒穴。每日或隔日1次，10~15次为1疗程，经期停用。

复习思考题

1）何谓阴燥？

2）阴燥临床表现有哪些？应与哪些疾病相鉴别？如何鉴别？

3）阴燥如何辨证论治？

（李 华 戴 梅）

8

妇科杂病

凡不能归属于经、带、胎、产及前阴疾病范畴，而又与女性解剖、生理有密切关系的疾病，统称“妇科杂病”。

妇科杂病，包括范围很广，但常见疾患不外不孕症、阴挺、癥瘕、妇人腹痛、交接出血等。乳疾，因以女性多见，故古代、今人多有将其归入妇科杂病中者，但目前临证分科多参西医学而将其归入外科中，为避免重复，本书不再加以论述。

妇科杂病，临床证候不同，病因病机各异，诊断及治疗原则亦各具特色，但总体均属妇科疾病，病因病机不外淫邪因素、情志因素、生活所伤，作用于不同体质的机体后引发脏腑、气血、经络的功能失调，以致胞宫、胞脉、胞络损伤。诊断宜在四诊合参的基础上，适当结合妇产科检查及现代辅助诊断。同时，进一步根据不同病证，注重局部与整体相结合，以脏腑、气血为核心，辨证论治。

8.1 不 孕 症

目的要求

1. 掌握不孕症的定义、病因病机及辨证论治。
2. 了解不孕症常用辅助检查手段。

重点内容

1. 不孕症的定义。
2. 不孕症的病因病机及辨证论治。

1）肾虚：①肾气亏虚，治以补益肾气，填精益髓，方用毓麟珠；②肾阳亏虚，治以温肾助阳，化湿固精，方用温胞饮；③肾阴亏虚，治以滋补肾阴，调益冲任，方用养精种玉汤；

2）肝气郁滞，治以疏肝解郁，理血调经，方用百灵调肝汤；

3）痰湿内阻，治以化痰除湿，理气调冲，方用启宫丸；

4）瘀阻胞中，治以活血化瘀，调冲通络，方用少腹逐瘀汤。

3. 不孕症诊断依据：病史、妇科检查、辅助检查。

育龄期妇女，婚后或末次妊娠后，夫妇同居2年以上，男方生殖功能正常，未避孕而不受孕者称为不孕症。其中，从未妊娠者称为原发性不孕症，又称“无子”、“全不产”；曾经孕育过，现未再妊娠者，称为继发性不孕症，又称“断绪”。

本病西医学称为“女性不孕症”，其常见原因为卵巢及内分泌因素造成的不排卵及黄体功能不健、输卵管阻塞或功能失常以及免疫因素等。

8.1.1 病因病机

正常妊娠是男女双方在肾气盛，天癸至，冲任二脉通盛的前提下，女子月事以时下，男子精气溢泻，通过两性相合，以达两精相合而成。因而所有影响以上受孕环节者，均可造成不孕。不孕与男女双方均有关系。引起女性不孕的原因有二：一为先天性生理缺陷，二为后天因病而不孕。

女性先天性生理缺陷，古人总结为“五不女”，即螺、纹、鼓、角、脉，其中除脉之外，均为因生殖器官先天性异常所致的不孕症，部分可经手术治疗，部分即为终身性不孕，均非药物所能奏效，故本节不作论述。

后天因素所致不孕，主要因脏腑、冲任气血失调以致胞宫、胞脉不能摄精成孕。临床常见有肾虚、肝郁、痰湿、血瘀四种类型。

（1）肾虚

“肾主生殖”，“冲任之本在肾”，肾之阴阳（精气）是受孕的基础，肾虚直接影响孕育。

1）肾气亏虚　先天禀赋不足，肾气不充；或后天房事不节、体虚久病伤肾，致肾气亏虚，天癸不至，或至而不充，冲任虚衰，胞宫失养，不能摄精成孕。

2）肾阳亏虚　素为肾阳不足之体，或因久病伤及肾阳，或因经期涉水感寒，寒湿客于胞中，损伤肾中阳气。肾阳虚，命火不足，不能化气行水，致寒湿滞于冲任，壅阻胞脉；或因肾阳虚，冲任、胞宫、胞脉失于温煦，均致宫寒不能摄精成孕。

3）肾阴亏虚　素体阴虚，或房事不节，失血伤精，导致肾阴不足，冲任血少，不能摄精成孕；或因阴血不足，虚热内生，热扰冲任，不能摄精成孕。

（2）肝气郁滞

素情怀不畅，忧思郁怒，或因盼子心切，忐忑焦虑，致肝气不舒，疏泄失常，气血不和，冲任不得相资，不能摄精成孕。

(3) 痰湿内阻

素体肥盛之妇，禀受甚厚，或恣食膏粱厚味，痰湿壅盛；或素体脾虚，饮食不节，水失健运，痰湿内生，流注下焦，滞于冲任，壅阻气机，闭塞胞宫、胞脉，以致不能摄精成孕。

(4) 瘀滞胞宫

经期产后余血未净之时，不禁房事，或阴部失洁，或冒雨涉水感寒，以致邪入胞宫，与血相结，瘀血滞于胞宫、胞脉，不能摄精成孕。

8.1.2 诊断依据

(1) 病史

1) 本病患者可有月经失调，带下病、异常胎产史、结核病史及情志损伤等病史。

2) 育龄妇女，夫妇同居 2 年以上，未采取避孕措施，未妊娠。

3) 男方生殖系统发育正常及精液检查正常，或女性下述不孕检查中发现异常。

(2) 不孕妇女应做以下检查以明确不孕的西医学病因

1) 一般体检　注意发育（尤其是第二性征发育），营养状况，了解有无其他系统疾病。

2) 妇科检查　注意内外生殖器官发育，有无生殖器官畸形、炎症及肿瘤。

3) 辅助检查　①卵巢及排卵功能检查：基础体温监测；阴道脱落细胞涂片；宫颈黏液检查；月经前子宫内膜活组织检查；激素水平测定；B 超监测排卵。②输卵管通畅试验，常用有子宫输卵管碘油造影术、输卵管通气术、通液术、B 超下输卵管通液术。③免疫学检查：性交后精子穿透力试验；精子宫颈黏液接触试验。④其他检查：B 超、宫腔镜、腹腔镜、蝶鞍部 X 线检查。

8.1.3 辨证论治

(1) 辨证要点

不孕症的辨证，应注重与不孕关联较大的其他伴随症状，如月经、带下、腹痛等，以此作为辨证的要点，同时结合全身症状及舌脉，进行综合分析。临证之时，初潮较迟，月经后期，量少，或崩漏日久，腰酸，多属肾虚；心情郁闷、心烦急躁，多属肝郁；痰湿之证多见形体肥胖，带下量多；血瘀者多腹痛经少，经色紫暗有块。

(2) 治疗原则

本病治疗重点为温养肾气，调理脏腑气血，使经调病除，胎孕乃成。此外，在药物治疗的同时，应注意调畅情志，起居、房事有节，掌握自身的“䌷缊”、“的候”，适时合阴阳，以增加受孕机会。

8.1.3.1 肾虚

(1) 肾气虚

主证 婚久不孕，年逾18岁亦未行经，或月经初潮较迟，初潮后即出现月经稀发，或先后不定，量少，色淡质清，头晕耳鸣，腰酸腿软，发少枯黄，或身材矮小，形若幼女，舌质淡，苔薄白，脉沉尺弱。

证候分析 肾气不充，天癸不至或至而不健，故年逾十八尚未行经，或初潮较迟，月经稀发，身材矮小，形若幼女；肾气不足，冲任虚衰，胞宫失养，不能摄精成孕，故婚久不孕；肾气虚，封藏失职，冲任、血海蓄溢失常，故月经先后不定，肾气不足，阴不足则经血少，阳不足则经色淡而清；肾虚髓海不足，孔窍不利，故头晕耳鸣；肾主骨生髓，其华在发，腰为肾之府，肾虚致腰酸腿软，发少枯黄。舌质淡，苔薄白，脉沉尺弱，为肾气虚弱之征。

治法 补肾益气，填精益髓。

方药 毓麟珠(《景岳全书》)。

人参 白术 茯苓 芍药（酒炒） 川芎 炙甘草 当归 熟地 菟丝子 鹿角霜 杜仲（酒炒） 川椒

本方旨在补养肾气，养血益精，使肾气充，精血足，冲任通盛，胞宫得养，则可摄精成孕。方中以四君子健脾益气，以资生化之源；四物养血益阴；菟丝子、鹿角霜、杜仲补肾助阳益精；川椒温养督脉。

若见月经稀发、量少，身材矮小，可酌加紫河车、益母草、牛膝以增加补肾益精，调理气血之力；发少枯黄者，可加黑芝麻、何首乌以补肝肾精血而养发。

(2) 肾阳亏虚

主证 婚久不孕，月经后期，量少色淡，甚则闭经，腰酸腿软，小腹发凉，带下量多清稀，性欲淡漠，小便清长，大便时溏，形寒肢冷，面色晦暗，舌淡，苔白，脉沉迟无力。

证候分析 肾阳不足，冲任失于温养，以致宫寒不能摄精成孕，故婚久不孕；肾阳虚弱，不能化血行血，冲任不充，血海不能如期满盈，故使月经后期，量少色淡，甚则闭经；命火不足，胞宫、周身及外府失之温养，故小腹发凉，性欲淡漠，腰酸腿软，形寒肢冷，面色晦暗；肾阳不足，不能温煦脾阳及膀胱，水湿停滞，下注任带，故带下量多清稀，小便清长，大便时溏。舌淡，苔白，脉沉迟无力，为肾阳虚弱之征。

治法 温肾助阳，化湿固精。

方药 温胞饮(《傅青主女科》)。

巴戟天 补骨脂 附子 肉桂 杜仲 菟丝子 人参 芡实 白术 山药

本方旨在温补肾阳，养精益气，使火旺宫暖，精血充而胎孕成。方中补骨脂、菟丝子、杜仲补肾益精；巴戟天温肾暖宫；肉桂、附子温肾壮阳以助化阴；人参、白术健脾益气以除湿；山药、芡实补肾益脾，兼固任带。

若见带下量明显增多，色淡质清稀者，加金樱子、桑螵蛸温肾固精止带；若腰痛如折，加寄生、川断、仙灵脾以温肾阳止腰痛；月经后期、量少时，酌加丹参、当归、益母草养血调经。

若为寒客胞中，症见月经后期、量少，血色黯，小腹冷痛，畏寒肢冷，面色青白，脉沉紧。治宜温经散寒。方用艾附暖宫丸（《沈氏尊生书》）。

艾叶　香附　当归　吴茱萸　续断　肉桂、黄芪　川芎　白芍　生地

本方旨在温经散寒，养血调经。方中肉桂、艾叶、吴茱萸温经散寒暖宫；生地、白芍、川芎、当归养血调经；香附理气行滞；黄芪、续断益气补肾。

（3）肾阴亏虚

主证　婚后不孕，月经错后，量少色淡，或月经先期，量少色红，甚或崩漏不止，头晕耳鸣，腰酸腿软，五心烦热，口渴咽干，形体消瘦，皮肤不荣，舌质红，苔少，脉细数或沉细。

证候分析　肾阴亏虚，精血不足，冲任空虚，不能凝精成孕，故婚后不孕，月经错后，量少色淡；阴虚阳气偏旺，血海蕴热，则见月经先期，量少色红，甚或崩漏不止；肾阴虚，精血亏少，清窍外府失荣，则头晕耳鸣，腰酸腿软；肾精不足，肌肤失荣，故形体消瘦，皮肤不荣；阴亏火旺，则五心烦热，口渴咽干。舌质红，苔少，脉细数或沉细，亦为肾阴亏虚之征。

治法　滋补肾阴，调益冲任。

方药　养精种玉汤(《傅青主女科》)。

熟地　当归　白芍　山萸肉

本方旨在滋补肾之精血，使肾阴得养，冲任得调，自可摄精成孕。方中以熟地、山萸肉滋肾益精，当归、白芍养血调经。

阴虚明显时，加枸杞、龟板以增加滋补肾阴之力；阴虚火旺见月经先期、口渴心烦者，加女贞子、旱莲草、生地、丹皮以养阴清热；若见潮热，午后低热者，加青蒿、龟板、鳖甲、知母、地骨皮以清泻虚火。

8.1.3.2　肝气郁滞

主证　婚后多年不孕，月经周期先后不定，量亦或少或多，色紫红有小血块，经前、经期小腹、乳房胀痛，胸胁胀闷不舒，精神抑郁，或烦躁易怒，善叹息，舌质红，苔薄白，脉弦。

证候分析　肝气不疏，气血失调，冲任不能相资，故婚后多年不孕；肝失疏泄，血海蓄溢失常，故月经或先或后，量或少或多；肝郁气滞血瘀，故经色紫红有小血块，经前及经期小腹、乳房胀痛，胸胁胀闷不舒；肝郁则精神抑郁，肝气欲舒，则善叹息；郁而化热，则烦躁易怒。舌质红，苔薄白，脉弦，为肝气郁滞之征。

治法　疏肝解郁，理血调经。

方药　百灵调肝汤(《百灵妇科》)。

当归　赤芍　牛膝　通草　川楝子　瓜蒌　皂刺　枳实　青皮　甘草　王不留行

本方旨在疏肝行气；活血调经，使肝气疏畅，气调血畅，冲任相资，胎孕乃

成。方中当归、赤芍养血活血；川楝子、青皮解郁疏肝行气；瓜蒌、枳实宽胸理气，消除胀满；皂刺、牛膝活血化瘀通经；通草、王不留行行水活血通络。

若经前乳房胀痛明显，甚则有块，加橘皮、荔枝核、穿山甲通络散结；经行腹痛甚者，加元胡、蒲黄、五灵脂活血止痛。

若肝郁脾虚，兼见纳呆面黄，倦怠嗜卧，大便时溏。治宜疏肝理脾，养血调经，方用开郁种玉汤(《傅青主妇科》)。

当归　白芍　白术　茯苓　花粉　丹皮　香附

本方旨在疏肝解郁，健脾养血，调经助孕。方中当归、白芍养血柔肝；白术、茯苓健脾培土；香附调理三焦之气，疏肝解郁；丹皮凉血调肝，花粉清热生津。

8.1.3.3 痰湿内阻

主证　婚后日久不孕，月经后期、量少，渐致经闭，带下量多质黏腻，胸闷泛恶，形体肥胖，面色㿠白，苔白而腻，脉滑。

证候分析　痰湿壅盛，气机不畅，冲任不通，胞宫、胞脉受阻，不能摄精成孕，以致婚后日久不孕；冲任不通，血海不能如期满盈，以致月经后期，稀少，渐至经闭；痰湿流注下焦，影响任带，致带下量多质黏腻；痰湿中阻，气机不畅，困阻脾胃，故胸闷泛恶；清阳不升，故面色㿠白，形体肥胖。苔白而腻，脉滑，均痰湿内阻之征。

治法　化痰除湿，理气调冲。

方药　启宫丸（经验方）。

制半夏　苍术　香附　茯苓　神曲　陈皮　川芎

本方旨在燥湿化痰，理气和血，使痰湿祛，气机和畅，冲任、胞宫闭阻得启，经调孕成。方用苍术、半夏燥湿化痰；茯苓、神曲、陈皮健脾理气，化痰除湿；香附、川芎理气和血调经。

若痰湿内盛，胸闷气短者，酌加瓜蒌、南星、石菖蒲宽胸理气化痰；月经稀少，甚或闭经时，加鹿角霜、仙灵脾、丹参，兼以益肾调养气血调经；痰瘀互结成癥者，加昆布、海藻、白芥子、莪术、穿山甲以软坚散结，破瘀消癥。

8.1.3.4 瘀阻胞中

主证　婚后日久不孕，或曾经流产、生育后两年余不再怀孕，月经后期，量少，色紫黑有血块，甚或闭经，小腹疼痛拒按，临经尤甚，亦或月经不畅，淋漓日久不净，舌质紫黯，边尖有瘀点，苔薄白，脉弦涩。

证候分析　瘀阻冲任，胞宫、胞脉不通，故婚后日久不孕，月经后期，甚或闭经，量少，色紫黑有血块；瘀血内阻，不通则痛，故见小腹疼痛拒按；经行冲任气血外泻，瘀血阻滞外泻不畅则腹痛尤甚；瘀阻冲任、胞宫，旧血不祛，致新血不得归经，故可出现月经不畅，淋漓日久不净。舌质紫黯，边尖有瘀点，脉弦涩，为瘀血内停之征。

治法　活血化瘀，调冲通络。

方药　少腹逐瘀汤(《医林改错》)。

本方重在活血祛瘀，温经止痛。

若瘀久成癥者，加三棱、莪术、夏枯草、皂刺、穿山甲等活血散结消癥。

若血瘀日久化热者，症见小腹灼痛、拒按，月经量多色红，质黏有块，舌红苔黄脉滑数。治宜清热解毒，活血化瘀。方用血府逐瘀汤(《医林改错》)加红藤、败酱草、薏苡仁、金银花等。

【文献摘要】

《校注妇人良方·求嗣门》：窃谓妇人之不孕，亦有因六淫七情之邪，有伤冲任，或宿疾淹留，传遗脏腑，或子宫虚冷，或气旺血衰，或血中伏热，又有脾胃虚损，不能营养冲任。审此，更当察其男子之形气虚实何如，有肾虚精弱，不能融育成胎者，有禀赋微弱，气血虚损者，有嗜欲无度，阴精衰惫者，各当求其源而治之。

《备急千金要方》：凡人无子，当为夫妻俱有五劳七伤，虚羸百病所致，故有绝嗣之殃。夫治之法，男服七子散，女服紫石门冬丸，及坐药荡胞汤，无不有子也。

《医宗金鉴》：女子不孕之故，由伤其冲任也。经曰：女子二七而天癸至，任脉通，太冲脉盛，月事以时下，故能有子。若为三阴之邪伤其冲任之脉，则有月经不调、赤白带下、经漏、经崩等病生焉。或因宿血积于胞中，新血不能成孕，或因胞寒胞热，不能摄精成孕，或因体盛痰多，脂膜壅塞胞中而不孕。皆当细审其因，按证调治，自能有子也。

《景岳全书》：产育由于气血，气血由于情怀，情怀不畅则冲任不充，冲任不充则胎孕不受。

《女科经纶》引朱丹溪语：妇人久无子者，冲任脉中伏热也……其源必起于真阴不足，真阴不足则阳胜而内热，内热则荣血枯……肥盛妇人，禀受甚厚，恣于酒食，经水不调，不能成孕，以躯脂满溢，湿痰闭塞子宫故也。

《格致余论》：阳精之施也，阴血能摄之，精成其子，血成其胞，胎孕乃成。今妇人之无子者率由血少不足以摄精也。

《圣济总录》：所以无子者，冲任不足，肾气虚寒故也。

《广嗣纪要》：一曰螺，阴户外纹如螺蛳样，旋入内；二曰纹，阴户小如箸头大，只可通，难交合，名曰石女；三曰鼓花头，绷急似无孔；四曰角花头，尖削似角；五曰脉，或经脉未及十四而先来，或十五、十六而始至，或不调，或全无。此五种……不能配合太阳，焉能结仙胎也哉。

【病案举例】

案一　大石×××，日本专家，女，年四十许，已婚。

初诊：1976 年夏。

主诉：婚后十二年未孕，夫妇双方均做过生殖系统检查，已排除器质性病变，惟女方子宫稍有后倾，虽经日本、中国许多著名妇科医生诊治仍无奇效。今求子心切，欲借中医神力，遂我夫妇夙愿。

诊查：望其形体不丰，面色暗滞，神情抑郁，舌苔微黄；询知急躁多怒，经期乳房胀痛，月经按期，血量涩少，色紫黑成块，呃逆便结，手足干烧；诊其脉象，弦涩有力。

辨证：四诊所见，证属肝郁不孕，乃肝郁气滞，疏泄失常，胞脉受阻，以致不能摄精成孕。

治法：治以疏肝解郁，理血调经之法，方用百灵调肝汤加减。

处方：当归 15g　赤芍 15g　川牛膝 15g　川芎 15g　王不留行 15g　通草 15g　川楝 15g

瓜蒌 15g　丹参 15g　香附 15g　　皂刺 5g

水煎服，三剂。

二诊：进药三剂后，自觉食欲不振，体倦乏力。又加白术、山药各 15g 健中实脾。

三诊：再进药三剂，诸症减轻，饮食有味，乳胀消失，但现腰痛不适。遂守原方减瓜蒌、皂刺，加川断、寄生各 15g，嘱其久服。

1977 年，大石夫妇在黑龙江大学任教期满返回东京。翌年春大石夫人产一女婴，取名大石花，借松花江的“花”字，祝愿中日友谊源远流长。（董建华主编. 中国现代名中医医案精华三·韩百灵医案. 北京出版社，1990 年）

案二　张××，女，成人，已婚。

初诊：1971 年 6 月 23 日。

主诉：结婚四年未孕。月经后期，四十至五十天一次。平素腰腹寒痛，经前乳房作胀。本月月经 6 月 2 日来潮。

诊查：舌苔淡黄腻中剥，脉象沉细。

辨证：病因由于肝郁肾虚，寒气凝滞所致。

治法：治以疏肝益肾，温经散寒。

处方：当归 12g　茯苓 12g　青橘皮各 6g　制香附 6g　旋覆花 9g（包）　艾叶 6g　狗脊 12g　桑寄生 12g　牛膝 9g　益母草 12g　八剂

另：艾附暖宫丸 20 丸，早晚各服 1 丸。

二诊：7 月 5 日。头晕腰痛，泛恶纳差。舌苔淡黄腻尖刺，脉沉细滑。此属肾虚肝旺，脾胃不和，治以疏肝益肾、健脾和胃，佐以活血调经。

处方：党参 12g　茯神 12g　青橘皮各 6g　旋覆花 9g（包）　山药 12g　川断 12g　桑寄生 12g　灯芯 3g　白芍 9g　十六剂

另：益红片 200 片，每日三次，每次十片（本院自制附方于后）。

三诊：12 月 31 日。月经于 7 月 28 日和 9 月 16 日来潮两次；末次月经 11 月 16 日，量中等；腹痛乳胀，泛恶纳差。舌苔薄黄尖红，脉象细滑。肝胃不和，肾阴又虚。拟以疏肝和胃，佐以益肾。

处方：柴胡 6g　制香附 6g　橘皮 6g　姜竹茹 9g　黄芩 9g　桑寄生 15g　生地 12g　菟丝子 9g　三剂

四诊：1972 年 1 月 3 日。月经月余未至，口淡无味，喜酸厌油，乳房作胀。舌苔薄黄，脉滑。尿妊娠试验：阳性，现已怀孕。治再理气和胃，佐以益肾。

处方：生地 12g　黄芩 6g　桑寄生 15g　苎麻根 12g　姜竹茹 9g　橘皮 6g　川断 12g　苏梗 6g　旋覆花 6g（包）　三剂

以后继续调理，于 1972 年 8 月正常分娩。

按语：此例月经后期，腰痛腹冷喜热，属于肾阳虚而胞宫寒；经前乳胀，经期下腹胀痛，属于肝经气滞。主要病因在于肝肾，由于肝郁气滞，气滞则血亦滞，复以肾气虚而命火衰，不能温养冲任，致寒气凝滞，以疏肝益肾、温经散寒为治。以后随证加减。以使肾气充盈，肝气条达，气血通畅，胞宫得暖，月经得调，故能受孕。（董建华主编. 中国现代名中医医案精华三·钱伯煊医案. 北京出版社，1990 年）

复习思考题

1. 受孕的条件是什么？不孕症是怎样发生的？
2. 何谓不孕症、断绪、全不产？
3. 诊断不孕症时，应做哪些相关检查？
4. 临床不孕症的常见证型有哪些？如何辨证论治？
5. 不孕症的治疗，除药物治疗外，还应注意哪些问题？

（刘宏奇）

8.2 阴　挺

目的要求

1. 熟悉阴挺的临床分度、临床表现、治法及代表方剂。
2. 了解阴挺的病因病机及预防。

重点内容

1. 阴挺的定义。
2. 阴挺的病因病机及辨证论治：①中气下陷，治以补气升提，方用补中益气汤；②肾气亏虚，治以补肾固脱，方用大补元煎。
3. 诊断：根据子宫下脱的程度可分为Ⅰ、Ⅱ、Ⅲ度。

妇人阴中有物下脱，甚则挺出阴户之外者，称为阴挺，又称“阴菌”、“阴脱”。

本病相当于西医学的子宫脱垂（见图 8-1）、阴道前后壁膨出，本节主要讨论子宫脱垂。

8.2.1 病因病机

本病的发病机理主要是冲任不固，提摄无力。常见的病因分型有中气下陷和肾气亏虚。

1）中气下陷　分娩所伤，如临盆过早、产程过长，临产用力太过、产后操劳过早；或素体脾胃虚弱，或长期咳嗽、便秘努责，使脾虚气弱，中气下陷，冲任二脉失于提摄，故阴挺下脱。

2）肾气亏虚 肾居下焦，主封藏，司前后二阴。如产育过多过密，或房事不节，导致胞络损伤，肾气亏耗；或因素禀先天不足，肾气虚弱，封藏失职，任带不固；或肾阳虚，胞宫失于温煦，子脏虚冷，气下冲则令阴挺；或因年高体弱，肾元衰惫，肾阴不足，不能涵养子宫、胞络、胞脉而致之。

8.2.2 诊断与鉴别诊断

8.2.2.1 诊断依据

1）患者常有难产史，产时用力太过，产道损伤及产后操劳过早；或长期咳嗽，便秘；或多产房劳或年老体弱。

2）小腹下坠，阴道有物脱出，能还纳或不能还纳。或伴有带下量多，若因摩擦损伤，红肿溃烂，黄水淋漓，或带下色黄如脓，或挟血水，有秽臭气。严重者可导致尿频、排尿困难，癃闭或失禁，大便不利或秘结。

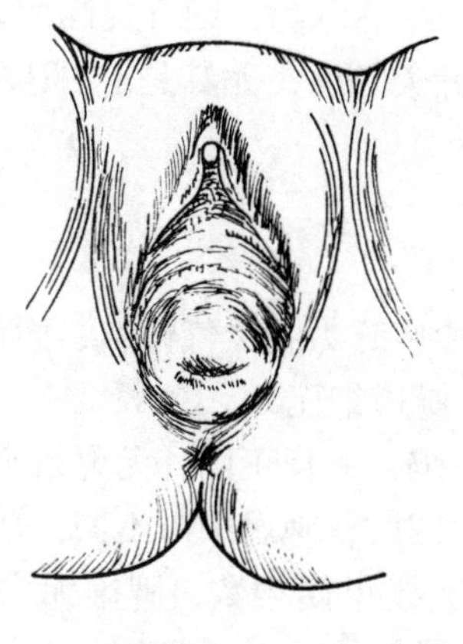

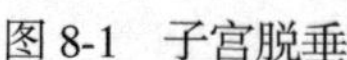

图 8-1 子宫脱垂

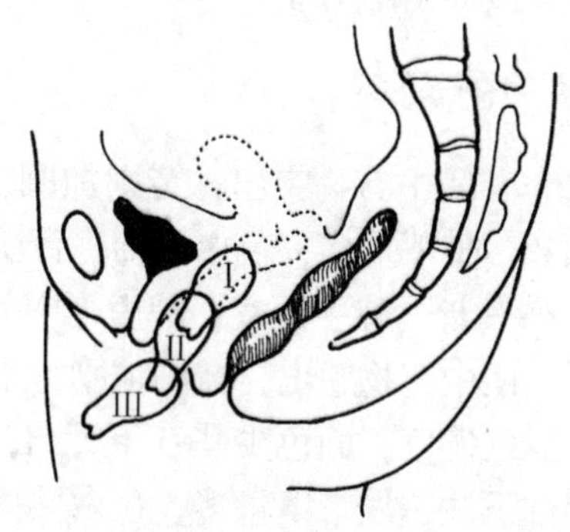

图 8-2 子宫脱垂分度

按其脱垂的程度，现代医学将其分为以下Ⅲ度（见图 8-2）：

Ⅰ度：按子宫颈外口下垂到坐骨棘以下，但不超越阴道口。

Ⅱ度：子宫颈及部分子宫体脱出于阴道口外。

Ⅲ度：整个子宫体脱出于阴道口外。

3）妇检：主要检查脱垂的程度及有无张力性尿失禁。

8.2.2.2 鉴别诊断

本病需与其他阴中有物下脱之疾病鉴别。

1）与黏膜下肌瘤鉴别 黏膜下肌瘤患者在脱出物中找不到宫颈口，前后阴道壁未脱出，在阴道内可触及到子宫颈。

2）与子宫颈延长症鉴别 子宫颈延长症患者前后阴道壁未脱出，前后穹窿部很高，妇检子宫体仍在盆腔内，仅子宫颈极度延长如柱状，有时伴肥大，突出于阴道口外。

3）与慢性子宫内翻症鉴别　慢性子宫内翻症患者肿块上亦找不到宫口，可找到两侧输卵管入口的凹陷，表面为红色黏膜，易出血，肛诊盆腔空虚，触不到宫体。

4）与阴道壁囊肿或肌瘤鉴别　阴道壁囊肿或肌瘤患者肿物源于阴道壁，宫颈无变化，子宫位置正常或被肿物挤向上方，常可被误诊为子宫脱垂。

8.2.3　辨证论治

（1）辨证要点

阴挺多为虚证，但在临床上应区分气虚、肾虚所致者。如子宫脱垂而有气馁神疲，小腹下坠多属气虚；经常腰酸腿软，腹坠溲勤者，多属肾虚。

（2）治疗原则

本病的治疗原则为：“虚者补之”、“陷者举之”、“脱者固之”，以益气升提，补肾固脱为主，若挟有湿热者，则当清热利湿以治标，湿热既除，则升提固涩以治本。本病除采用内治法外，还可配合外治法，如熏洗，针灸等法，尤其是Ⅱ、Ⅲ度之脱垂者，还要考虑手术治疗。

8.2.3.1　中气下陷

主证　阴中有物突出，劳则加剧，小腹下坠，神疲乏力，少气懒言、面色少华，小便频数。带下量多，色白质稀，舌质淡红苔薄白，脉虚细无力。

证候分析　脾主中气，脾虚则中气不足，气虚下陷，冲任不固，无力系胞，故子宫下脱，阴中有物脱出，劳则加剧，小腹下坠；脾主四肢，脾虚中阳不振，则见神疲乏力，少气懒言，面色少华；下元气虚，膀胱失约，故小便频数；脾虚无力运化水湿，湿浊下注，故带下量多，色白质稀。舌淡苔薄，脉缓弱，为气虚之征。

治法　补气升提。

方药　补中益气汤(《脾胃论》)加减。

本方旨在补中气,益脾胃,主升提,为治疗脾虚阴挺之首选方。方中黄芪、党参、甘草益气升提,黄芪须重用,疗效才佳。升麻、柴胡升提阳气,以助益气之功;当归补血。临症时可加用川断补肾,金樱子收涩之功。

若兼血虚者,加熟地、鹿角胶补血生血;若腰酸胀痛者,加用川断、杜仲、桑寄生、枸杞子补肾壮腰;若带下量多,则可用桑螵蛸、芡实、薏仁以固涩、利湿止带;若子宫脱出,表面溃烂,脓水淋漓,则按湿热处理(见后)。

8.2.3.2　肾气虚弱

主证　阴中有物脱出,腰酸腿软,小腹下坠,头晕耳鸣,小便清长,夜间尤甚,舌质淡红,苔薄白,脉沉细尺弱。

证候分析　腰为肾之府,肾虚冲任不固,带脉失约,不能系胞,故见阴中有物脱出,小腹下坠,肾虚精血不足,外府及髓海失养,故腰酸腿软,头晕耳鸣,肾气不足,下焦不固,膀胱失约,故小便清长,夜间尤甚。舌淡、苔薄,脉沉细,为肾虚之征。

治法 补肾固脱。

方药 大补元煎(《景岳全书》)加鹿角胶、升麻、枳壳。

本方旨在补肾固脱，用以治疗肾虚、无力系胞而致之阴挺。方中当归、熟地养血滋阴；杜仲、山萸肉、枸杞补肝肾；人参、山药、炙甘草健脾和中，补气固脱。临床上常在此方基础上加鹿角胶、升麻、枳壳以填精益气；若白带增多者，可加金樱子、芡实、牡蛎。若合并湿热亦按以下方法处理。

以上两型，在临床上都可因子宫脱出阴道口外，常因摩擦感染而致湿热蕴结，证见红肿溃烂，黄水淋漓，带下量多，色黄臭秽，或脓血夹杂，肛周肿痛，发热口渴，小便短赤，灼热而痛。轻者可在前方基础上，加黄柏、苍术、薏仁、芡实、土茯苓清热利湿；重者则以清热利湿为主，待湿热解除，再行扶正治疗，方用龙胆泻肝汤(《医宗金鉴》)。

其他疗法

阴挺的治疗，以增强体质，加强盆底组织的支持作用为原则。临床上可分为手术与非手术治疗两种。非手术治疗适用于Ⅰ、Ⅱ度子宫脱垂、有生育要求或年老体弱者，可应用辨证论治、综合下列方法使用，效果更好。

1) 针灸 主穴：维胞、子宫穴、三阴交；配穴：长强、百会、阴陵泉。每周行针2~3次，2~3周为一疗程。

2) 外治法 ①丹参、五倍子、诃子肉，煎水坐浴。②蛇床子、乌梅，煎水熏洗。③ 金银花、金樱子、土茯苓、蛇床子、黄柏、紫花地丁，水煎熏洗坐浴。

3) 单方草药 ①棉花根30g，枳壳30g，水煎服。②金樱子60g，水煎连服3~4日。

4) 子宫托 子宫托放入阴道内，可以支持骨盆底组织使子宫及阴道壁还纳，病人既能参加劳动，又有疗效，临床上以喇叭花形较常用。使用时应遵医嘱。

子宫脱垂多发生于劳动妇女，严重影响妇女的身体健康和工作。因此必须做好预防保健。

大力宣传计划生育，避免生育过多过密；推广新法接生，提高接生技术，注意保护会阴，如有损伤及时缝合，正确处理难产；加强妇女劳动保护，注意四期卫生，避免超重体力劳动，加强体育锻炼，有病积极治疗；注意保持大便通畅，积极治疗慢性支气管炎，腹泻、便秘等增加腹压的疾病；哺乳期不宜过长，以免引起子宫及其组织萎缩。

【文献摘要】

《诸病源候论》：腹络伤损子脏虚冷，气下冲则令阴挺出，谓之下脱。亦有因产而用力偃气而阴下脱者。

《诸病源候论》：产后阴脱者，由宿有虚冷，因产时用力过度，其气下冲，则阴下脱也。

《陈素庵妇科补解》产后阴脱，阴下挺出，由趣（音促）产劳力努咽太过，致阴下脱及阴下挺出，逼迫肿痛，或举痛，或房劳，或登高上楼皆能发作仍旧挺出，清水续续，不时而下，小便淋漓，夏日则 肿作烂。可服乌贼骨丸。

《医宗金鉴》：妇人阴挺，或因胞络伤损，或因分娩用力太过，或因气虚下陷，湿热下注。阴中突出一物如蛇，或如菌，或如鸡冠者，即古之 疝类也。属热者，必肿痛小便赤数，宜龙胆泻肝汤；属虚者，必重坠小便清长，宜补中益气汤加青皮、栀子。外用蛇床子、乌梅熬水熏洗之，更以猪油调藜芦末敷之，无不愈者。

【病案举例】

李××，女，55岁，成都××餐厅工作。

第一诊：1977年8月20日。

证状：生育子女七八个，当五十岁时，月经停后，小腹下坠。经××医院检查结果“子宫脱垂已近三级，部分宫体露出阴道外寸许。由于家庭劳动与工作劳动甚感劳累，并导致呼吸短促，而显气紧，胸痛心悸，脱出的宫体部分，与裤裆摩擦而见皮破红肿。体尚肥胖，食欲正常，睡眠较好。脉濡缓，苔白薄。

诊断：阴挺后期（子宫脱垂）。

辨证：气虚挟湿。

治则：补气清湿。

自制方：（王渭川验方）

潞党参30g 鸡血藤18g 生黄芪60g 桑寄生30g 炒升麻30g 槟榔10g 红藤24g 蒲公英24g 板蓝根24g 琥珀末6g

一周六剂，连服两周。

另用：

（1）蛇床子30g 黄柏30g 煎水、熏洗，坐浴。

（2）大青叶 黄柏 冰片 琥珀等分。研极细末，用菜油调擦患处。

疗效：显著好转。

第二诊：9月10日。

症状：脱出之物经熏洗、坐浴及外擦药后，已变软收缩，现已进入阴道。连日工作繁忙，幸未再脱。内服药已服完16剂。

嘱以内服药与外用药概不更换，继服用一月。

第三诊：10月15日。

症状：前方与外用药，继续又用了一个月，不但脱出的部分完全收缩，而且小腹下坠感已全部消失。后经随访，未再复发。（王渭川. 王渭川妇科治疗经验. 四川人民出版社，1981年）

复习思考题

1. 阴挺临床特点是什么？其病因病机如何分类？
2. 阴挺临床如何分度？如何与其他病症进行鉴别？
3. 阴挺临床分几型？每型如何辨证论治？
4. 阴挺临床上预防应注意什么？

（张文红）

8.3 癥 瘕

目的要求

1. 掌握癥瘕的定义及辨证论治。
2. 熟悉癥与瘕的区别及癥瘕的诊断要点。
3. 了解癥瘕的病因病机。

重点内容

1. 癥瘕的定义，癥与瘕的区别与联系。
2. 癥瘕的病因病机及辨证论治：①气滞，治以行气导滞，活血散结，方用香棱丸；②血瘀，治以活血化瘀，破积消癥，方用桂枝茯苓丸；③痰湿，治以化痰除湿，散结消癥，方用开郁二陈汤；④湿热，治以清热利湿解毒，祛瘀消癥，方用大黄牡丹皮汤。
3. 癥瘕的诊断：妇女下腹部胞中结块，伴有或胀，或满，或痛，或出血、或影响经、带、胎、产。妇科检查、B超等辅助检查有助于诊断。

妇女下腹部胞中有结块，伴有或胀，或满，或痛，甚或出血者，称为癥瘕。癥与瘕既有区别，又有联系。癥者，坚硬不散，固定不移，有形可征，痛有定处，病属血分；瘕者，聚散无常，痞满无形，推之可移，痛无定处，病属气分。但在发病过程中，每先有气聚成瘕，日久则血瘀成癥，因此两者难以截然分开，故常癥瘕并称。

本病相当于西医学的女性生殖系统肿瘤、盆腔炎性包块、子宫内膜异位症、陈旧性宫外孕等。

8.3.1 病因病机

本病的发生机理为脏腑失和，血气失调，气机阻滞，瘀血内停。以气滞、血瘀、痰湿及湿热为常见。

1）气滞 七情内伤，肝气郁结，或邪气阻滞经脉，气机郁滞，血行不畅，气血滞于冲任胞宫，积于小腹，结成癥瘕。

2）血瘀 恚怒伤肝，气逆血留；或忧思伤脾、气结血滞；或经期，产后，胞脉空虚，血室正开，风寒侵袭，凝滞气血；或余血未尽，房事不节，余血败精与邪相搏成瘀，瘀血结于胞中，积而成癥。

3) 痰湿　素体脾虚，或饮食不节，贪凉饮冷，损伤脾胃，或肝郁犯脾，运化失职，湿浊内停，聚而成痰，痰湿凝聚，与气血相并，积于胞中而成癥。

4) 湿热　经期产后，胞脉空虚，余血未尽之时，房事不禁，湿热邪毒乘虚而入；或脾失健运，湿由内生，流注下焦，蕴久化热，湿热之邪与气血相搏，结于胞中，发为癥瘕。

8.3.2　诊断与鉴别诊断

8.3.2.1　诊断依据

1) 妇女下腹部胞宫或胞脉、胞络部位结成包块，伴有或胀，或满，或痛，或影响经、带、胎、产，出现月经过多或过少、崩漏、闭经、痛经、带下增多、堕胎、小产、不孕等证。

2) 若结块较大，可见小腹隆起，或可于腹壁扪及包块；若包块较小，需进行双合诊或三合诊检查，根据包块的部位、大小、软硬、触痛、活动度等来区分子宫肿瘤、卵巢肿瘤、炎性包块及子宫内膜异位症等病变。

3) 酌情选用阴道脱落细胞学检查，宫颈刮片，诊断性刮宫，病理检查，甲胎蛋白测定，碱性磷酸酶测定，B 超，内镜，腹部 X 线平片，CT，磁共振成像（MRI）等检查对本病的诊断有重要意义。

癥瘕有良性、恶性之分，若包块生长缓慢，按之柔软活动，无明显压痛，表面光滑，边界清楚，多属良性；若包块增长迅速，质地坚硬，固定不移，表面凹凸不平，周界不清，多为恶性。恶性癥瘕或癥瘕恶变可出现疼痛，长期出血，或五色带下，有臭气，形体消瘦，面色晦黯等。

8.3.2.2　鉴别诊断

本病应与妊娠、内外科积聚相鉴别。

1) 与妊娠鉴别　妊娠有停经史，停经两个半月以后，多在小腹部可扪及一包块，并伴有不同程度的妊娠反应，如择食、厌食、厌油腻、恶心、呕吐等，子宫增大与停经月份相符，质软，妊娠试验阳性，B 超检查可见胎囊和胎心搏动等。

2) 与内外科积聚鉴别　内外科积聚除包块部位、症状不同外，可通过妇科检查及 B 超等辅助检查以鉴别。

8.3.3　辨证论治

(1) 辨证要点

本病的辨证要点是根据包块的性质、部位、大小、病程长短以及兼证和舌脉等，辨其在气在血，属痰湿还是湿热，新病还是久病。

(2) 治疗原则

癥瘕的治疗以活血化瘀，软坚散结，攻坚破积为原则。临床应根据气病、血病、新病、久病而灵活运用。如病在气者，以理气行滞为主，佐以理血。病在血者，以活血破瘀为主，佐以理气；痰湿者宜祛痰消积，行气活血共用；湿热者，应清热除湿，解毒散结，活血化瘀并施。新病体质较强者，宜用攻破；久病体质较弱者，应攻补兼施。攻伐当遵“衰其大半而止”之旨、不可猛攻、峻伐，以免损伤元气。

8.3.3.1 气滞

主证　小腹有包块，积块不坚，推之可移，痛无定处，时痛时止，伴小腹胀满，胸胁不舒，抑郁不乐，或月经失调，舌质淡，苔薄，脉沉弦。

证候分析　疏泄失常，气病及血而成癥瘕，故小腹有包块；然瘕以气聚而成，故虽有积块，但积块不坚，推之可移；气聚痛作，气散则止，故痛无定处，时痛时止；肝气不舒，气机郁滞，故小腹胀满，胸胁不舒，抑郁不乐；气郁血滞，冲任失调，则月经失调。舌淡，苔薄，脉沉弦亦为气机不畅之征。

治法　行气导滞，活血散结。

方药　香棱丸(《济生方》)。

木香　丁香　三棱　莪术　青皮　枳壳　川楝子　小茴香　朱砂

本方旨在理气行滞，破血消癥。方中木香、丁香、枳壳、小茴香行气导滞；青皮疏肝破气；川楝子行气止痛，并可清下焦郁热；三棱、莪术行气破血，消癥散积；朱砂护心宁神。

少腹痛甚者，加延胡索、田七以理气止痛；月经不调，经行后期量少者，加香附、丹参以行气活血；带下量多者，加茯苓、白芷、苡仁以健脾利湿。

8.3.3.2 血瘀

主证　小腹有包块，癥块坚硬，固定不移，疼痛拒按，经期延后，或闭经，或月经过多，经期延长，甚则崩中漏下，肌肤不润，面色晦黯，口干不欲饮，舌质紫黯，或边有瘀斑、瘀点，苔厚而干，脉沉涩。

证候分析　瘀血内结，积于小腹，故小腹有包块，癥块坚硬，固定不移，疼痛拒按；瘀血内阻，冲任失调，血海不充，则月经延后，或闭经；瘀血阻滞，新血不得归经，则月经过多，经期延长，甚则崩中漏下；瘀阻脉络，血运失常，上不荣面，则面色晦黯；外不荣肌肤，则肌肤不润；瘀血内阻，津液不得上承，故口干不欲饮。舌质紫黯，或边有瘀斑瘀点，苔厚而干，脉沉涩，均为瘀血内阻之象。

治法　活血化瘀，破积消癥。

方药　桂枝茯苓丸(《金匮要略》)。

本方旨在温经脉，化瘀血，消癥积。方中桂枝温经行气，通阳行血；茯苓淡渗下行，有助于行瘀血；丹皮、桃仁活血化瘀，并清瘀热；芍药祛瘀行滞。

月经延后，闭经者，加牛膝、泽兰以活血化瘀，引血下行；月经过多，经期延长、崩漏不止者，加炒蒲黄、三七粉、血余炭以化瘀止血；疼痛剧烈者，酌加延胡索、乳香、没药以行气活血，化瘀止痛；小腹冷痛者，加肉桂、吴茱萸、小茴香、炮姜以温经散寒止痛。

若瘀积甚，癥块坚硬，疼痛剧烈，月经闭止，兼肌肤甲错，两目黯黑，胸胁胀满，大便干结，宜攻坚逐瘀，可选用大黄 虫丸(《金匮要略》)。

大黄　黄芩　甘草　桃仁　杏仁　芍药　干地黄　干漆　虻虫　水蛭　蛴螬　虫

本方破血消癥，祛瘀生新。方中 虫、水蛭、虻虫、蛴螬搜剔通络，逐瘀消坚；大黄、干漆、桃仁通瘀化结；地黄、芍药养血活血，和营益阴；黄芩清瘀结之热；杏仁降气以利血行；甘草调和诸药。用丸剂者，取其“峻药缓攻”之意。

8.3.3.3 痰湿

主证 小腹有包块，甚者腹大如孕状，按之不坚，固定不移，时或作痛，经行愆期，甚则闭而不行，带下量多，色白质稠，胸脘痞闷，泛恶欲呕，舌质淡，苔白腻，脉弦滑。

证候分析 脾虚失运，水湿不化，湿聚成痰，痰湿阻滞胞络，积而成癥，故小腹有包块，按之不坚，时或作痛；痰湿阻于冲任，冲任失调，则经行愆期，甚则闭而不行；痰湿下注，故带下量多，色白质稠；痰湿中阻，胃失和降，则胸脘痞闷，泛恶欲呕。舌质淡，苔白腻，脉弦滑，均为痰湿阻滞之象。

治法 化痰除湿，散结消癥。

方药 开郁二陈汤(《万氏妇人科》)。

制半夏　陈皮　茯苓　青皮　香附　川芎　莪术　木香　槟榔　甘草　苍术　生姜

本方重在理气行滞，燥湿化痰，活血消癥。方中青皮、香附、木香、槟榔行气导滞；半夏、茯苓、陈皮、生姜燥湿化痰，降逆止呕；苍术燥湿健脾；川芎乃血中气药，擅长调经；莪术逐瘀消癥；甘草调和诸药。

若脾胃虚弱，纳差神疲者，去槟榔，加党参、白术以健脾益气；若形体壮实者，可加葶苈子、金礞石破坚逐邪。

8.3.3.4 湿热

主证 小腹有包块，疼痛拒按，下腹及腰骶部疼痛，经期延长，或经量增多，经前、经期腹痛加重，带下量多，色黄，质黏腻，或五色带下，有臭气，胸闷烦躁，发热口渴，便秘溲黄，舌质红，苔黄腻，脉弦滑或滑数。

证候分析 湿热之邪，蕴久成毒，阻滞冲任，气血凝滞，结成癥瘕，故小腹有包块，疼痛拒按，下腹及腰骶部疼痛；热扰冲任，迫血妄行，且瘀血阻滞，血不归经，故见经期延长，经量增多；瘀血内阻，经脉不畅，经前血海盛满，瘀滞更甚，故经前、经期腹痛加重；热毒壅盛，热扰心胸，营卫不和，故胸闷烦躁，发热；热盛伤津，则口渴，便秘溲黄。舌质红，苔黄腻，脉弦数或滑数，均为湿热瘀毒内蕴之征。

治法 清热利湿解毒，祛瘀消癥。

方药 大黄牡丹皮汤(《金匮要略》)加红藤、败酱草、赤芍、三棱、莪术、炙穿山甲。

本方具有苦寒泻下，清热除湿，活血化瘀，散结消癥之功。方中大黄泻湿热瘀结之毒；芒硝软坚散结，又助大黄促其速下；丹皮、桃仁凉血活血，破血祛瘀；冬瓜仁清利湿热，排脓；红藤、败酱草清热解毒；赤芍清热凉血，活血祛瘀；三棱、莪术、炙穿山甲行气破瘀，消癥散结。

若小腹包块疼痛，带下量多，黄稠如脓，或五色带下，秽臭难闻，疑为恶性肿瘤者，酌加白花蛇舌草、半枝莲、半边莲等以清热解毒消癥。若为恶性肿瘤，可根据病情需要，进行包括西医手术、放疗、化疗、生物治疗及中医中药治疗等疗法在内的综合治疗。

【文献摘要】

《灵枢》：肠覃何如……寒气客于肠外，与卫气相搏，气不得荣，因有所系，癖而内著，恶气乃起，息肉乃生。其始生也，大如鸡卵，稍以益大，至其成，如怀子之状，久者离岁，按之则坚，推之则移，月事以时下，此其候也。石瘕何如……石瘕生于胞中，寒气客于子门，子门闭塞，气不得通，恶血当泻不泻，衃以留止，日以益大，状如怀子，月事不以时下，皆生于女子，可导而下。

《三因极一病证方论》：多因经脉失于将理，产褥不善调护，内作七情，外感六淫，阴阳劳逸，饮食生冷，遂致营卫不输，新陈干忤，随经败浊，淋露凝滞，为癥为瘕。

《景岳全书》：瘀血留滞作癥，惟妇人有之，其证则或由经期，或由产后，凡内伤生冷，或外受风寒，或恚怒伤肝，气逆而血留，或忧思伤脾，气虚而血滞，或积劳积弱，气弱而不行，总由血动之时，余血未净，而一有所逆，则留滞日积，而渐以成癥矣。

《景岳全书》：癥瘕之病，即积聚之别名。《内经》止有积聚疝瘕，并无癥字之名，此后世所增设者，盖癥者征也，瘕者假也。癥者成形而坚硬不移者是也，假者无形而可聚可散者是也。

《医宗金鉴》：凡治诸癥积，宜先审身形之壮弱，病势之缓急而治之。如人虚，则气血衰弱，不任攻伐，病势虽盛，当先扶正气，而后治其病；若形证俱实，宜先攻其病也。经云：大积大聚，衰其半而止，盖恐过于攻伐，伤其气血也。

【病案举例】

案一 唐××，女，35岁，门诊简易病历。初诊日期：1970年6月20日。

主诉：小腹隐痛半年余。

现病史：半年来，因小腹隐痛，腰酸痛，白带量多、色黄有味，婚后10余年不孕，曾到医院检查诊为：右侧卵巢囊肿（约5×5×6cm）。左侧输卵管积水（约4×3×3cm）。曾嘱手术治疗，未同意，来我院门诊。平时食纳不佳，心烦易怒。

舌象：舌苔白腻，舌质暗。脉象：沉弦。

西医诊断：右侧卵巢囊肿，左侧输卵管积水。

中医辨证：湿热下注，痰凝络阻。

治法：清热利湿，行气豁痰。

方药：瞿麦12g 萹蓄9g 木通3g 车前子9g 滑石15g 黄芩9g 乌药9g 萆薢12g 半夏9g 礞石15g 木香3g 砂仁6g

治疗经过：7月3日，上方服15剂后，自觉腰痛、腹痛减轻。按上方5剂量做成蜜丸，每丸三钱，日服2丸。8月4日，在原医院检查称：右侧卵巢囊肿已消失，左侧输卵管积水呈索条状增厚。

8月6日来院复诊，上方加茯苓三钱，继服20剂后。另用5剂做成蜜丸，每丸重三钱，日服2丸，以巩固疗效。1972年6月22日曾在原医院复查，称宫旁两侧均属阴性。1972年7月3日来院复诊，一般情况良好，有时小腹偶痛，其他无不适。（北京中医医院、北京市中医学校编. 刘奉五妇科经验. 人民卫生出版社，1982年）。

案二　刘××，年二十五岁，经血不行，结成癥瘕。

病因：处境不顺，心多抑郁，以致月信渐闭，结成癥瘕。

证候：癥瘕初起时，大如核桃，屡治不消，渐至闭经。后则癥瘕侵长，三年之后，大如覆盂，按之甚硬，渐至饮食减少，寒热往来，咳嗽吐痰，身体羸弱。以为无可医治，待时而已。后忽闻愚善治此证，求为诊视。其脉左右皆弦细无力，一息近六至。

诊断：此乃由经闭而积成癥瘕，由癥瘕而侵成虚劳之证也。此宜先注意治其虚劳，而以清癥瘕之药辅之。

方用：生淮山药30g　大甘枸杞30g　生淮地黄15g　玄参12g　沙参12g　生箭芪9g　天冬9g　三棱4.5g　莪术4.5g　生鸡内金（黄色的，捣）4.5g　共煎汤一大盅，温服。

方解：方中用三棱、莪术非但以之消癥瘕也。诚以此证，廉于饮食，方中鸡内金故能消食。而三棱、莪术与黄芪并用，更有开胃健脾之功。脾胃健壮，不但善消饮食，兼能运化药力，使病速愈也。

复诊：将药连服六剂，寒热已愈，饮食加多，咳嗽吐痰亦大轻减，癥瘕虽未见消，然从前时或作疼，今则不复疼矣。其脉亦较前颇有起色，拟再治以半补虚劳半消癥瘕之方。

方用：生淮山药30g　大甘枸杞30g　生箭芪12g　沙参12g　天冬12g　生杭芍12g　三棱6g　莪术6g　桃仁（去皮）6g　生鸡内金（黄色的，捣）4.5g　共煎一大盅，温服。

三诊：将药连服六剂，咳嗽吐痰皆愈，身形已渐强壮，脉象又较前有力，至数复查。至此虚劳已愈，无庸再治。其癥瘕虽未见消，而较前颇软。拟再专用药消之。

方用：生箭芪18g　天花粉15g　生淮山药15g　三棱9g　莪术9g　怀牛膝9g　潞党参6g　知母9g　桃仁（去皮）6g　生鸡内金（黄色的，捣）6g　生水蛭（捣碎）6g　共煎汤一大盅，温服。

效果：将药连服十二剂，其瘀血忽然下降若干，紫黑成块，杂以脂膜，癥瘕全消。为其病积太久，恐未根除，俾日用山楂片两许，煮汤冲红蔗糖，当茶饮之，以善其后。（张锡纯. 医学衷中参西录·妇女科·血闭成癥瘕. 河北科学技术出版社，1985年）

复习思考题

1. 何谓癥瘕？癥与瘕有何区别与联系？
2. 癥瘕的病因病机是什么？
3. 试述癥瘕的诊断依据。
4. 癥瘕的辨证要点及治疗原则是什么？
5. 癥瘕分几型？临床表现如何？怎样治疗？

（王玉荣）

8.4 妇人腹痛

目的要求

1. 掌握妇人腹痛的定义与辨证论治。
2. 熟悉其病因病机。

重点内容

1. 妇人腹痛的定义。

2. 病因病机及辨证论治：①肾阳虚衰，治以温肾助阳，暖宫止痛，方用温胞饮；②血虚失荣，治以补血养营，和中止痛，方用当归建中汤；③气滞血瘀，治以行气活血，化瘀止痛，方用牡丹散；④湿热瘀结，治以清热除湿，化瘀止痛，方用清热调血汤加味；⑤寒湿凝滞，治以散寒除湿，化瘀止痛，方用少腹逐瘀汤加味。

3. 诊断：育龄期妇女，下腹部疼痛，带下异常，月经改变或伴有局部或全身症状，妇科检查见宫颈炎、盆腔炎、及盆腔瘀血症等阳性体征，并结合其他辅助检查可诊断。

4. 与宫外孕、肠痈鉴别。

妇女不在行经、妊娠及生产期间发生小腹或少腹疼痛，甚则痛连腰骶者，称为“妇人腹痛”。也称“妇人腹中痛”。

本病为中医妇科临床常见病之一，相当于西医学的盆腔炎及盆腔瘀血症等引起的腹痛。

8.4.1 病因病机

主要机理为冲任亏虚，胞脉失养，“不荣则痛”；冲任瘀阻，胞脉失畅，“不通则痛”。临床常见有肾阳虚衰、血虚失荣、气滞血瘀、湿热蕴结及寒湿凝滞等类型。

1）肾阳虚衰　先天禀赋不足，或房事不节，命门火衰；或行经期间摄生不慎，感受风寒，寒邪入里，损伤肾阳，冲任失于温煦，胞脉虚寒，血寒则凝，致血行迟滞发为腹痛。

2）血虚失荣　素气血虚弱，或忧思过度，或饮食不节，劳役过度，脾胃受损而化源不足；或大病久病，耗气伤血，冲任亏虚，胞脉失养；气血虚弱，运行无力，血行迟滞等均发为腹痛。

3）气滞血瘀　素性忧郁，或恼怒伤肝，肝失疏泄，气机不利，气滞而血瘀，瘀血阻于冲任、胞脉，不通则痛，发为腹痛。

4）湿热瘀结　宿有湿热内蕴，流注下焦，阻遏气机，血行不畅，瘀阻冲任；或经期产后，余血未尽，摄生不慎感受湿热之邪，湿热与血相搏结，致冲任、胞脉血行不畅，不通则痛，发为腹痛。

5）寒湿凝滞　经期产后，余血未尽，冒雨涉水，感受寒湿之邪，或久居寒湿之地，寒湿内侵，损伤胞脉，血为寒湿所凝，血行不畅，不通则痛，发为腹痛。

8.4.2　诊断与鉴别诊断

8.4.2.1　诊断依据

1）育龄妇女，曾有流产、生产史，宫腔内手术操作史，或放置宫内节育器。

2）下腹部疼痛，每在劳累、久站或性交后加重。可伴带下量多，色黄，有臭气，或月经量过多或频发。阴道肛门坠痛，经前乳房胀痛，经前期有排便痛，或疼痛伴发热，经前或经期加重，身体倦怠易疲劳。严重者可伴高热寒战。

3）妇科检查见宫颈肥大，充血或有糜烂。子宫体略增大，有压痛，活动受限或粘连固定；如猛一触动子宫颈或后穹窿，即引起严重的盆腔及腰骶部疼痛。宫旁或附件区有明显压痛，或附件增厚，有条索状物或包块等急、慢性盆腔炎症改变。

4）生殖器官急性炎症病变，检查血常规可见白细胞计数增高现象；盆腔 B 超、盆腔及输卵管碘油造影、盆腔静脉造影等均可协助诊断。

8.4.2.2　鉴别诊断

本病须与宫外孕及肠痈等相鉴别。

1）与宫外孕鉴别　宫外孕患者多有停经史，少腹部一侧突发撕裂样剧痛，并向全腹扩散，多伴有休克，后穹窿穿刺可抽出不凝血液，妊娠试验阳性，B 超见一侧附件低回声区，其内或有妊娠囊。

2）与肠痈鉴别　肠痈患者持续性腹痛，从上腹部开始经脐周而转移至右下腹，体温升高，盆腔检查无异常发现，直肠指检右侧高位压痛，白细胞计数增高，超声显像子宫附件区无异常。

8.4.3　辨证论治

（1）辨证要点

首先辨其疼痛的部位、性质、程度、及发作时间，结合局部、全身症状、月经及带下情况，以审其寒、热、虚、实。

（2）治疗原则

本病治疗以通调冲任气血为主。结合辨证或温补肾阳；或养血和中；或行气活血；或清热除湿；或温化寒湿以止痛。对于发病急、临床表现重者，必要时可采用中西医结合治疗。

8.4.3.1　肾阳虚衰

主证　小腹冷痛下坠，喜温喜按，腰酸膝软，头晕耳鸣，畏寒肢冷，小便频数，夜尿量多，大便不实，舌淡，苔白滑，脉沉弱。

证候分析　肾阳衰弱，命门火衰，冲任胞宫失于温煦，气血运行不畅，则发为腹痛。胞脉虚寒，则见小腹冷痛下坠，喜温喜按；腰为肾之府，肾虚外府不荣，髓海不充故见腰酸膝软，头晕耳鸣；阳虚不能外达故见畏寒肢冷；肾阳虚，膀胱失于温煦，气化失常故小便频数，夜尿量多；火不暖土，中焦失运，故大便不实。舌淡，苔白滑，脉沉弱为肾阳虚衰之征。

治法　温肾助阳，暖宫止痛。

方药　温胞饮(《傅青主女科》)。

本方旨在温补命门之火而止痛。方中巴戟天、补骨脂、菟丝子、杜仲补肾助阳，温脾止泻；白术、人参、山药健脾益气；芡实补脾益肾，止带缩尿；肉桂、附子温补命门之火而治下元虚冷。

若见疼痛较著者，可酌加香附、台乌药以行气止痛。

8.4.3.2　血虚失荣

主证　小腹隐痛、喜按，头晕眼花，心悸少寐，大便燥结，面色萎黄，舌淡，苔少，脉细无力。

证候分析　血为气之母，血虚则气弱，气血不足，冲任胞脉失于濡养；或运行迟滞而发为腹痛。气血虚弱，故小腹隐痛，喜按；血虚而清窍失养故头晕眼花；血虚心神失养故心悸少寐；血虚肠道失于濡润故大便燥结；血虚不能上荣头面故面色萎黄。舌淡，苔少，脉细无力均为血虚之征。

治法　补血养营，和中止痛。

方药　当归建中汤(《千金翼方》)。

本方旨在补气养血，缓急止痛。方中当归、白芍养血和营，缓急止痛；桂枝、生姜温通止痛；甘草、大枣、饴糖补气养血健中和营止痛。

8.4.3.3　气滞血瘀

主证　小腹或少腹胀痛，拒按，胸胁乳房胀痛，脘腹胀满，食欲不振，烦躁易怒，时欲太息，舌紫黯或有紫点，脉弦涩。

证候分析　肝失疏泄，气机升降不利，血行不畅，气滞血瘀，阻于冲任、胞脉，不通则痛而发为本病。故见小腹或少腹胀痛拒按；肝气郁结，脉络受阻故见胸胁乳房胀痛；肝失条达，气机不利故见烦躁易怒，时欲太息；肝气横逆克脾，脾土不健故见脘腹胀满，食欲欠佳。舌紫黯或有紫点，脉弦涩均为气滞血瘀之象。

治法　行气活血，化瘀止痛。

方药　牡丹散(《妇人大全良方》)。

牡丹皮　桂心　当归　延胡索　莪术　赤芍　荆三棱　牛膝

本方旨在行气滞，化瘀血，止疼痛。使气畅瘀消而痛自除。方中当归、牡丹皮养血活血散瘀；三棱、莪术、延胡索、赤芍、牛膝行气活血止痛；桂心温通经络。

若腹胀甚者，酌加川楝子，香附以疏肝理气；若见完谷不化者，可加党参、炒白术、茯苓以健脾益气。

8.4.3.4 湿热瘀结

主证 小腹疼痛拒按，有灼热感，或有积块，伴腰骶胀痛，低热起伏，带下量多，黄稠，有臭味，小便短黄。舌红，苔黄腻，脉弦滑而数。

证候分析 湿热下注，与血相搏结，阻遏气机，血行不畅，瘀阻冲任、胞脉发为本病。故见小腹疼痛拒按，有灼热感，或有积块；瘀阻胞脉，胞脉系于肾，腰为肾之府，故伴腰骶胀痛；湿热缠绵，故低热起伏；湿热积留，伤及任带故见带下量多，黄稠，有臭味；湿热壅遏下焦，故小便短黄。舌红，苔黄腻，脉弦滑数均为湿热瘀结之征。

治法 清热除湿，化瘀止痛。

方药 清热调血汤(《古今医鉴》)加败酱草、薏苡仁、土茯苓。

本方旨在清湿热、化瘀血、止疼痛。方中生地、丹皮、黄连清热解毒燥湿；当归、白芍养血活血止痛；川芎、桃仁、红花、莪术、延胡索活血化瘀止痛；香附理气止痛。加败酱草、薏苡仁、土茯苓以增强清热解毒祛湿之功。

若热结血瘀甚者，症见高热不退，神昏谵语，腹痛拒按，宜泻热化瘀散结，方用桃核承气汤(《伤寒论》)加金银花、连翘、白花蛇舌草。

桃仁　大黄　桂枝　炙甘草　芒硝

方中金银花、连翘、百花蛇草清热解毒化瘀散结；大黄、芒硝消热泻火、软坚散结；桃仁、桂枝活血逐瘀；炙甘草调和诸药。全方共奏清热化瘀之功。

8.4.3.5 寒湿凝滞

主证 小腹冷痛，痛处不移，得温痛减，带下量多，色白质稀，形寒肢冷，面色青白，舌淡，苔白腻，脉沉紧。

证候分析 寒湿内侵，客于冲任、胞中，其性重浊凝滞，与血相搏结，阻于经脉，血行不畅发为本病，故见小腹冷痛，痛处不移；得温则寒散，故见得温痛减；寒湿生浊，流注于下，任带受损而失固故见带下量多，色白质稀；寒湿之邪伤阳，失于温煦故见形寒肢冷，面色青白。舌淡，苔白腻，脉沉紧均为寒湿凝滞之征。

治法 散寒除湿，化瘀止痛。

方药 少腹逐瘀汤(《医林改错》)加苍术、茯苓。

全方散寒除湿，活血止痛。方中肉桂、小茴香、干姜温经散寒除湿；当归、川芎、赤芍养血活血化瘀；延胡索、五灵脂、蒲黄、没药化瘀止痛；加苍术燥湿化浊；茯苓健脾渗湿。

若腰痛者，可酌加川断、狗脊以强腰膝；若胀甚于痛者，可加乌药、香附、荔枝核。

本病急重证高热痛剧成脓者，当中西医结合综合治疗。若治疗不当或不坚持治疗，常致病情迁延难愈或反复发作，甚至影响胎孕。

【文献摘要】

《金匮要略》：妇人六十二种风，及腹中血气刺痛，红蓝花酒主之。

《妇人大全良方》：夫妇人小腹疼痛者，此由胞络之间夙有风冷，搏于血气，停结小腹，因风虚发动，与血相击，故痛也。

《校注妇人良方》：（妇人血气小腹痛）前症若气寒血结，用威灵仙散；气滞血瘀，用当归散；肝经血虚，用四物汤加参、术、柴胡；肝经湿热，用龙胆泻肝汤；肝脾气虚，用六君子汤加柴胡、芍药；肝脾虚寒，用六君子汤加柴胡、肉桂；若兼呕吐加木香；四肢逆冷，再加炮姜。

【病案举例】

刘××，女，23岁，已婚。1963年10月19日。

病情：第一胎产后4个月，婴儿病死，悲伤过度，少腹剧痛，经期持续9天，量多，有瘀块。经四川省××医院检查，诊断为输卵管炎、子宫颈炎。病人心情抑郁，心悸，食欲差，带黄而多。舌尖红，苔薄白，脉弦数。治则：疏肝理气，化浊消瘀，兼顾冲任。方药：逍遥散合银甲丸加减。

柴胡9g 明天麻9g 炒白芍9g 广木香9g 椿根皮9g 红藤24g 蒲公英24g 大青叶9g 续断24g 杜仲9g 生鳖甲24g 生蒲黄9g 银甲丸9g（吞服） 琥珀末6g（冲服或布包煎）

（1周6剂，连服3周）

病人服上药后，腹痛减，月经渐正常，其余各证均好转。1964年3月25日，经四川省××医院复查，子宫颈中度糜烂，子宫后倒，大小正常，有深压痛，附件有压痛。诊断为慢性盆腔炎好转。

以后共诊4次，随症选用下列药物：沙参12g 石斛9g 枸杞9g 槟榔6g 厚朴6g 败酱草24g 丹参9g 焦山栀9g。

疗效：诸症悉愈。1965年2月5日，顺产1男孩。后经成都××医院检查，盆腔炎已愈。

按语：本病例属肝郁气滞型。肝藏血，主疏泄，宜条达。病人因婴儿死亡，精神刺激，导致肝郁不舒，郁而化火，肝火迫血妄行，故有月经期长达9天，月经量多，少腹剧痛等症。治宜疏肝理气，化浊消瘀，兼故冲任。以逍遥散合银甲丸加减为主方。由于投方对症，故收效较速。（王渭川. 王渭川疑难病症经验选. 四川科学技术出版社，1984年）

复习思考题

1. 试述妇人腹痛的概念。
2. 试述妇人腹痛的病因病机及辨证论治。
3. 试述妇人腹痛与宫外孕及肠痈的鉴别诊断。
4. 妇人腹痛的辨证要点及治疗原则是什么？

（厉 健）

8.5 交接出血

目的要求

1. 熟悉交接出血的病因病机、辨证论治。
2. 了解交接出血的定义、诊断依据。

重点内容

1. 交接出血的定义。
2. 交接出血的病因病机、辨证论治：①心脾两虚，治以养心益脾，补气摄血，方用归脾汤；②肝火妄动，治以疏肝清热，凉血止血，方用丹栀逍遥散；③湿热蕴毒，治以清热利湿，化瘀解毒，凉血止血，方用止带方加味。
3. 诊断：妇女性交时或性交后阴道出血，排除新婚处女膜破裂出血、经期交合等原因外，即可认为是病态。

妇人每当交合，则阴道出血，量多少不一，称交接出血，亦称“交接辄血”。

本病相当于现代医学的性交出血。引起性交出血的原因主要有阴道炎、宫颈炎、宫颈癌等，偶可见于因阴道发育不良，或性行为过于粗暴而致的阴道壁或后穹窿裂伤。新婚性交出血，多系处女膜破裂，出血量一般较少，不属病态。

8.5.1 病因病机

本病主要发病机理为心脾两虚，肝胆郁火，统藏失司，或湿热蕴毒，损伤血络，迫血妄行。

1) 心脾两虚　体质素弱，或饮食失节，或劳倦过度，或思虑过多，损及心脾，脾虚气弱，心血不足，气血两伤，气虚不能摄血，血虚无以载气，统摄无权，致交接出血。

2) 肝火妄动　七情内伤，肝气郁结，郁而化火，下扰血海，迫血妄行，致使交接出血。

3) 湿热蕴毒　经期产后，胞脉空虚，余血未尽，房事不禁，湿热邪气乘虚而入，或素体湿盛，或肝旺脾虚，水湿运化失职，湿蕴化热，积久成毒，湿热邪毒凝聚胞中，热伤血络，而致交接出血，甚或崩中漏下。

8.5.2 诊断依据

1）妇女性交时或性交后阴道出血，出血量可多可少，甚者反复出血，长期不愈。

2）妇科检查，若为阴道炎症，可见阴道黏膜充血，白带增多；宫颈炎可见宫颈不同程度的糜烂、肥大，或可见息肉、裂伤、外翻等；早期宫颈癌宫颈光滑或轻度糜烂，随着病情发展，宫颈可见息肉状、乳头状或菜花状赘生物，触之易出血，或宫颈肥大而硬，甚至整个宫颈段膨大如桶状，表面光滑，或有轻度糜烂，或癌组织坏死脱落，形成凹陷性溃疡。

3）阴道炎患者阴道分泌物检查，常可找到致病微生物；宫颈刮片、宫颈活检可区别宫颈炎和宫颈癌。

8.5.3 辨证论治

（1）辨证要点

本病辨证应根据出血的量、色、质、兼证和舌脉辨其属虚还是属实。

（2）治疗原则

本病治疗，应根据辨证或补益心脾，清泄肝火，引血归经，或清热解毒除湿，凉血止血。

8.5.3.1 心脾两虚

主证 交接出血，量或多或少，色淡红，质稀，伴心悸怔忡，健忘，失眠多梦，少腹坠胀，神疲乏力，面色萎黄，舌质淡，苔薄，脉细弱。

证候分析 脾气虚弱，心血不足，不能统血摄血，故交接出血，量或多或少；脾气虚弱，血失温煦，故出血色淡红而质稀；心血虚，心失所养，则心悸怔忡，失眠多梦，健忘；气血虚弱，不能上荣于面，则面色萎黄。脾虚失于升举旁达，则少腹坠胀，神疲乏力；舌质淡，苔薄，脉细弱，均为心脾两虚之征象。

治法 养心益脾，补气摄血。

方药 归脾汤(《校注妇人良方》)加伏龙肝、仙鹤草。

本方旨在补脾益气，养心安神，固冲摄血。方中人参、白术、黄芪、炙甘草补脾益气，固冲摄血；当归、龙眼肉、大枣健脾养血；酸枣仁、茯神、远志养心安神；木香、生姜行气醒脾；加伏龙肝、仙鹤草扶中止血。

若出血量多，去当归之行血，酌加乌贼骨、龙骨、牡蛎以固涩止血；食少便溏者，加砂仁、淮山药以运脾实脾。

8.5.3.2 肝火妄动

主证 交接出血，量多，色红，或少腹胀痛，或胸闷、胁胀，乳房胀痛，或心烦易怒，或口苦咽干，尿黄便结，舌红，苔薄黄，脉弦数。

证候分析　肝郁化热，热扰冲任，迫血妄行，故交接出血，量多；血为热灼，故色红；气滞于肝经，故乳房、胸胁、少腹胀痛；肝火上炎，则口苦咽干；心神受扰，则烦躁易怒；热伤津液，则尿黄便结；舌红，苔薄黄，脉弦数，均为肝郁化热之征。

治法　疏肝清热，凉血止血。

方药　丹栀逍遥散(《女科撮要》)。

本方旨在疏解肝郁，清泄肝热，凉血止血。方中柴胡疏肝解郁散热；当归、白芍养血柔肝敛阴；茯苓、白术、炙甘草补中健脾，培土疏木；薄荷助柴胡疏达肝气；丹皮、栀子清肝解郁，泻热除烦；煨姜辛热，非肝火妄动者所宜，故去而不用。

临床可酌加生地、熟大黄以加强清热凉血之功；两胁或乳房、少腹胀痛者，酌加川楝子、延胡索、郁金以疏肝行气，活血止痛；出血量多者，去辛温活血之当归。

8.5.3.3　湿热蕴毒

主证　每当交合，则阴道出血，量多，色红，甚至崩中、漏下，带下量多，或赤白相兼，或五色杂下，状如米泔，臭秽难闻，小腹疼痛，腰骶酸痛，口苦咽干，尿黄便结，舌质红，苔黄腻，脉滑数。

证候分析　湿热邪毒内蕴，损伤血络，迫血妄行，故交接出血，量多，色红，甚至崩中、漏下；湿毒之邪蕴结于下焦，损伤任带二脉，带脉失约，任脉不固，故带下量多，或赤白相兼，或五色杂下，状如米泔，臭秽难闻；湿热毒邪蕴结胞中，瘀阻胞脉胞络，故小腹疼痛，腰骶酸痛；湿热上蒸，故口苦咽干；热邪伤津，故尿黄便结。舌质红，苔黄腻，脉滑数，皆为湿热蕴毒之征。

治法　清热利湿，化瘀解毒，凉血止血。

方药　止带方(《世补斋·不谢方》)加白花蛇舌草、土茯苓、薏苡仁、生地、地榆、三七粉、蒲黄。

本方旨在清热除湿解毒，化瘀凉血止血。方中猪苓、茯苓、泽泻、车前子、薏苡仁利水除湿；赤芍、牛膝、丹皮、生地、地榆、三七粉、蒲黄活血化瘀，凉血止血；茵陈、黄柏、栀子清热祛湿，泻火解毒；加白花蛇舌草、土茯苓清热解毒消癥。

此外，因新婚初次交合而少量出血者，一般无需治疗。若因性交粗暴所致损伤性出血，量多不止者，可用局部压迫止血法，若裂伤严重，则需手术缝合。

【文献摘要】

《妇人大全良方》：妇人交接出血，此肝火动而不能摄血。

《医学入门》：交接出血，乃房室有伤肝脾，虚不藏血。

《傅青主女科》：妇人有一交合则流血不止者，虽不至于血崩之甚，而终年累月不得愈，未免血气两伤，久则恐有血枯经闭之忧。此等之病，成于经水正来之时，贪欢交合，精冲血管也。……倘经水正旺，彼欲涌出而精射之，则欲出之血反退而缩入，既不能受精而成胎，势必至集精而化血。交感之际，淫气触动其旧日之精，则两相感召，旧精欲出，而血亦随之而出。治法须通其胞胎之气，引旧日之集精外出，而益之以补气补精之药，则血管之伤，可以补完矣。方用引精止血汤。

引精止血汤：人参、白术、茯苓、熟地、山萸肉、黑姜、黄柏、芥穗、车前子。

【病案举例】

潘××，女，39岁，1981年9月25日初诊。

16岁月经初潮，婚前均是“居经”，婚后月经周期正常。1978年8月后，每交合则阴道出血，量或多或少。1980年之后，病情加重，每交合后出血量多，色鲜红，夹血块。虽服中西药治疗，效果不满意。本月9日经行，迄今未净，量一般，色红夹块。脉弦细，苔薄白，舌质淡红。

诊断：性交出血。

辨证：阴血亏虚，冲任损伤。

治则：滋阴养血，调养冲任。

处方：鸡血藤20g、旱莲草20g、女贞子15g、首乌15g、藕节15g、太子参15g、益母草15g、茜草根10g、甘草5g，每日水煎服一剂，连服三剂。

二诊（9月28日）：药已，阴道出血已止，但腰部仍感不适，全身乏力。脉弦，苔薄白，舌质淡红。守上方去旱莲草、茜根，加北芪15g，川杜仲10g。每日水煎服一剂，连服三剂。

三诊至十诊（9月30日~10月19日）：守上方出入。这二十多天中，曾多次性交，仅在16日晚交合后出血。仍用阴柔之品以止血。药用：鸡血藤15g、丹参10g、白芍10g、旱莲草15g、女贞子10g、淮山药15g、合欢皮10g、太子参15g、藕节20g、夜交藤20g、甘草5g。每日水煎服一剂，连服三剂。

十一诊（10月21日）：月经来潮，量一般，色红无块，错后十二天，肢倦乏力。脉细缓，苔薄白，舌质淡红。拟用补益气血为主，佐以消瘀。药用：归身12g、川芎5g、白芍5g、熟地15g、党参15g、炙芪15g、海螵蛸10g、益母草10g。每日水煎服一剂，连服三剂。

十二诊（10月26日）：经行已净，无不适。脉细缓，苔薄白，舌质淡红。拟从肾根治。药用：菟丝子15g、太子参15g、首乌15g、肉苁蓉15g、茺蔚子10g、覆盆子10g、金樱子10g、玫瑰花3g、甘草5g。每日水煎服一剂，连服三剂。

十三诊至十九诊（10月29日~11月18日）：守本方出入，每天一剂。

二十诊（11月23日）：11月14日性交之后，阴道少量出血，色淡红，余无特殊。脉细，苔薄白，舌质淡红。用补肾止血。药用：当归身9g、白芍9g、熟地15g、淮山药15g、山茱萸9g、云苓5g、泽泻5g、丹皮5g、旱莲草15g、女贞子10g、茜草根10g。每日水煎服一剂，连服三剂。

二十诊至二十五诊（11月25日~12月9日）：守上方加泽兰9g，刘寄奴9g。每日水煎服一剂。

二十六诊（12月14日）：经行第三天，色量一般。脉细，苔薄白，舌质红。用调养肝肾之法。药用：归身12g、白芍9g、淮山药15g、熟地15g、山萸肉9g、云苓5g、泽泻5g、丹皮5g、益智仁10g。每日水煎服一剂，连服三剂。

二十七诊（12月18日）：经行5天干净，无不适。脉细，苔薄白，舌淡红。拟肝肾并补，调其冲任，以固其本。药用：菟丝子15g、川杞子9g、覆盆子9g、茺蔚子9g、太子参15g、泽兰9g、刘寄奴9g、淮山药15g、鸡血藤15g、甘草5g。每日水煎服一剂，连服五至十剂。

自此之后，停药观察，嘱病人暂时停止性生活三个月。经行正常，三个月后同房，无出血现象。

按语：交接出血，《傅青主女科》谓“贪欢交合，精冲血管”而引起，即是说由于房事纵欲，损伤冲任所致的病变。本例患者，多年交合出血，病情日益加重，1980年后，每交合则出血量多，色红，夹块，虽多方治疗，效果不满意。从脉证分析，证属阴血亏虚，冲任损伤之变。故初诊时以滋阴养血，调养冲任之法治之。药宗甘润补血养阴，微寒微酸阴柔之品以止血。二诊之后，根据病情不同变化，或用补气养血，或调养肝肾，在补养之中，加用少量化瘀之品，既扶正气，又化遗瘀，使阴血恢复，冲任得养，并适当调节房事，故虽交合而无出血之象。（班秀文. 班秀文妇科医

论医案选. 人民卫生出版社，1987 年）

复习思考题

1. 何谓交接出血？其主要发病机理如何？
2. 交接出血常见证型有哪些？试述各型的主要证候，治法及代表方剂。

（王玉荣）

中医妇科住院病历书写规范

【格式与要求】

由实习医师、进修医师和工作两年以内，(含两年) 住院医师书写。

姓名： 性别： 病案号：
年龄： 婚况：
职业： 出生地：
民族： 国籍：
家庭地址： 邮政编码：
入院时间：
病史采集时间：
病史陈述者： 可靠程度：
发病节气：记录急性疾患或慢性疾患急性发作时的节气。

问诊

主诉：简要记录患者感觉最痛苦的主要症状、体征发生的部位、性质、持续时间。主诉多于一项者，应按其发生的先后顺序列出。一般不宜用诊断或检查结果代替。文字要求简明扼要，一般不超过20个字。

现病史：围绕主诉，记录发病到就诊之前疾病发生、发展及诊治的详细过程。要求内容具体、准确。询问时要用通俗易懂的语言，但记录时用医学术语。现病史的内容包括：

1. 发病情况：发病时间、地点、起病形式、先兆症状、诱因。急性起病者，从住院日往前推算；发病时间较长者，从发病时开始，按时间的先后顺序，一直记录到就诊前。

2. 主要症状的特点及发展变化情况：要具体描述每一症状的发生、发展及变化。要具体记录发病后主要症状是持续存在，进行性加重，还是反复发作，逐渐加重；或是间断发作，时轻时重。入院前诊疗情况包括检查、诊断结果、治疗经过（所用的中、西药物应注明药名、用量用法、用药时间、效果及不良反应）。

3. 伴随症状：分别记录各伴随症状的特点及其与主症的关系，有鉴别诊断意义的阴性症状和体征。

4. 发病以来精神、饮食、二便、睡眠等变化情况（结合中医“十问”要求加以记录）。

既往史：记录既往健康状况，按时间顺序系统回顾过去曾患疾病的情况；急性传染病、地方病、职业病史；手术、外伤、中毒、输血史等。

个人史：记录出生地、居留地的变迁情况及期限，居住环境和条件，生活、饮食习惯及有无特殊嗜好，工作情况，情志状态等。

经带胎产史：月经史包括初潮年龄、行经期/周期、绝经年龄、月经量、色、质以及是否有伴随月经而发生的证候。白带的量、色、质、气味等情况。胎产史包括怀孕次数及胎产情况：有无难产史，流产史（人工流产、自然流产）。还应询问采取何种计划生育措施。

婚姻史：包括结婚年龄，配偶及子女的健康状况。

过敏史：记录药物、食物及其他过敏情况。

家族史：记录直系亲属和与本人生活密切相关的亲属的健康状况。如亲属已死亡则应记录其死因、死亡时间及年龄。

望、闻、切诊

神色形态：包括神志、精神、体态及气色。

声息气味：包括语言、呼吸、咳喘、呕恶、太息、呻吟、腹鸣、谵语及各种气味。

皮肤毛发：毛发的疏密、色泽、分布；肌肤温度、湿度、弹性以及斑疹、疮疡、瘰疬、肿块、浮肿等。

舌象：舌体（形、态），舌质（色、瘀点、瘀斑），舌苔（苔形、苔色、津液），舌底脉络（颜色、形态）。

脉象：寸口脉，必要时切人迎脉、趺阳脉。两周岁以下小儿察指纹。

头面五官颈项的望、闻、切诊：

胸腹部的望、闻、切诊：

腰背四肢爪甲的望、闻、切诊：

前后二阴及排泄物的望、闻、切诊：

体格检查：记录西医查体的一般情况、阳性体征及有鉴别诊断意义的阴性体征，各科或专科专病特殊检查情况。

妇科检查

外阴：________婚型；________产型。

阴毛分布：正常；异常。

阴道：________；黏膜：________。

分泌物：正常；

异常：量________；色________；气味________；清洁度________。

其他：

宫颈：大；中；小。

糜烂：轻；中；重。
触血：
其他：
宫体：位置：
大小：
形状：
质地：
活动度：
压痛：
附件：增厚：
包块：
压痛：
其他：

实验室检查（包括特殊检查）

记录入院时已取得的各种实验室检查结果及特殊检查结果。如血、尿、便常规、肝功、B 超、胸透、心电图、内窥镜、CT 等。

四诊摘要：将四诊所得资料（与辨证论治有密切关系）进行全面、系统、扼要的归纳，包括起因、病程、症状概述及有关阳性体征。

辨证分析：以四诊摘要为依据，要求从四诊、病因病机、证候分析、病证鉴别、病势演变等方面进行书写。要求思路清晰、有理有据，明确病位、证候属性、标本缓急、虚实程度，应有辨证结论。一般可按诊断、鉴别诊断、病因病机、证候分析、病位病性、标本虚实、辨证结论、预后转归顺序书写，如为证型鉴别，则宜放在辨证结论之后书写。

西医诊断依据：指主要疾病的诊断依据。并非所有疾病。一般包括病史、症状和体征，有关检查结果（实验室或物理检查结果）。

入院诊断

中医诊断：病（证）名
证型
西医诊断：病名

有几个病（证）写几个病（证），病名、证候诊断要准确。病类与证类名称应另行写出，并与病（证）名错后一格。以示从属本病的病类、证类名称。西医诊断写在中医诊断的下方，有几个病写几个病，病名应规范。参照 ICD—9，凡超过 2 种以上疾病诊断者，应按主次顺序排列。

治则治法：治则是治疗的指导原则，治法是指具体的治疗方法。

方药：运用成方要写出方名及加减，自拟方可不写方名。处方药物要求每行写四味药，药物名称右上角注明特殊煎服法，右下角写剂量，必要时写明煎法与服法。

辨证调护：指医师对护理级别、调养、给药、饮食等方面的具体要求。

实习医师签全名：×××

住院医师签全名：×××

主治医师签全名：×××

【示例】

住院病历

姓名：李××　　　性别：女　病案号：××××

年龄：29 岁　　　婚况：已婚

职业：工人　　　出生地：××省××市（县）

民族：汉　　　　国籍：中国

家庭住址：×市×街　　　邮政编码：××××××

入院时间：90 年 9 月 25 日 9 时

病史采集时间：90 年 9 月 25 日 9 时

病史陈述者：患者本人　　　可靠程度：可靠

发病节气：夏至前 3 天

问诊

主诉：带下量明显增多 3 个月，伴右侧少腹部疼痛 1 个月，加重 3 天。

现病史：患者于 90 年 6 月 20 日行人工流产术后，出现带下量明显增多，色黄，质黏稠，有臭味。因工作繁忙，且未引起重视，故未治疗。近一月来，无明显诱因，自觉右侧少腹部疼痛，时轻时重，拒按，劳累后加重，曾就诊于省××医院，诊断为“盆腔炎”。给以口服抗菌优，每次 2 片，每日 3 次，服药 1 周后自觉症状减轻而停药，3 天前，因劳累后，上述症状加重且伴小腹部有灼热感，腰骶部胀痛，口干不欲饮，小便灼热、短黄，于今日就诊于我科门诊，妇科检查：子宫活动度差，周围压痛明显，右侧附件区可触及索状物，压痛明显。诊断为：“盆腔炎”。为彻底治疗，收入住院。现患者带下量多，色黄质稠，有臭味，右侧少腹部疼痛，拒按，伴小腹部有灼热感，腰骶部胀痛，口干不欲饮，小便灼热、短黄。无发热恶寒。

既往史：既往体健，否认肝炎、结核等传染病史及其他慢性病史。

个人史：生于太原，未到远方久居，居住条件好，无潮湿之弊，无烟、酒及其他特殊嗜好。

经带胎产史：月经 13 岁 6/28 天，量中色红，有少量血块，轻度痛经，末次月经 90 年 4 月 3 日，量、色、质均正常。以往白带正常，于 90 年 6 月 20 日行人工流产术后出现带下异常（详见现病史）。孕$_2$产$_1$，87 年顺产一男孩，产后正常，无大出血及感染史，小孩生长发育正常，现以男用工具避孕，性生活正常。

婚姻史：24岁结婚，配偶年长3岁，体健，否认性病史。

过敏史：否认药物、食物及其他过敏史。

家族史：父母均健在，无家族遗传病史及肿瘤史。

望、闻、切诊

神色形态：神志清楚，精神正常，表情自然，面色微黄，尚有光泽，双目有神，形体适中，行动自如。

声息气味：语音正常，清晰有力，呼吸均匀和畅，未闻及咳喘、呕恶、呻吟、腹鸣、太息、谵语，未闻及异常气味。

皮肤毛发：头发黑密有光泽，分布均匀，全身肌肤润泽，色无异常，温、湿度适中。皮肤弹性好，无斑疹、疮疡、瘰疬、痞块、浮肿。

舌象：舌体大小适中，伸缩自如，舌质暗红，苔薄黄稍腻。

脉象：濡数。

头面五官颈项：头颅大小形态正常，无目窠浮肿，目珠不黄，瞳仁等大等圆，无鼻翼煽动，鼻腔通畅，耳轮红润不枯，无耳瘘耳疮，唇色暗红稍干，咽部色淡红，未见乳蛾，颈项对称，活动灵活，未见瘿瘤瘰疬，无青筋暴露。

胸腹：胸部形态正常，乳房对称，未触及肿块结节，虚里搏动应手，腹软，无癥瘕痞块，无青筋暴露，右侧少腹部按之痛。

腰背四肢爪甲：脊柱腰背无畸形，无压痛，活动灵活，四肢关节无畸形，活动正常，爪甲润泽。

前后二阴及排泄物：外阴及排泄物见专科情况。

体格检查

T：36.6℃　P：80次/分　R：20次/分　BP：16/9.3kPa

神志清楚，精神正常，营养中等，发育良好，查体合作，全身浅表淋巴结无肿大，皮下无结节，巩膜无黄染，双侧瞳孔等大等圆，对光反射存在，咽部正常，扁桃体无红肿，颈软无抵抗，胸廓对称无畸形，呼吸均匀，呼吸音清，双肺未闻及干湿性啰音，心界正常，心率80次/分，心律齐，各瓣膜听诊区未闻及病理性杂音。腹部平软，肝脾未触及，右下腹重按有压痛，无反跳痛，双肾区无叩击痛，脊柱无病理性弯曲，四肢无畸形，活动正常，神经系统检查，生理反射存在，未引出病理反射征。

妇科检查

外阴：已婚经产式，阴毛分布正常，阴部皮肤无白斑及溃疡。

阴道：通畅，分泌物较多，色黄，质稠有臭味，阴道黏膜稍充血。

宫颈：光，大小正常，无接触性出血。

宫体：前位，约6cm×4cm大小，质中等，活动度差，压痛（++）。

附件：右侧附件明显增厚，呈条索状，压痛（+++）；左侧无明显增厚，压痛（-）。

实验室检查

血常规：RBC：4.5×10^{12}/L　Hb：125g/L　WBC：9.8×10^{9}/L　N：0.65　L：0.35。

尿常规：正常；

便常规：正常；

胸透：心肺未见异常；

白带常规化验：滴虫（-），霉菌（-），阴道清洁度Ⅲ°。

四诊摘要

患者因行人工流产术后，带下量多，色黄质稠，有臭味，右侧少腹部疼痛、拒按，治未彻底，且因劳累而致上述症状加重，并伴小腹部有灼热感，腰骶部胀痛，口干不欲饮，小便灼热、短黄，舌质暗红，苔薄黄稍腻，脉濡数。

辨证分析

本病患者病起于人工流产术后见带下量明显增多，色黄质稠，有臭味，故属中医妇科“带下病”范畴。患者右侧少腹部疼痛，并伴腰骶部胀痛，故属中医妇科“妇人腹痛”范畴。本病当与“白浊病”相鉴别。后者是尿窍流出秽浊如脓之物，而带下秽物出自阴道，二者可资鉴别。

患者因行人工流产术后，正气不足，胞脉空虚，致湿热之邪乘虚而入，湿热流注下焦，伤及任带二脉，致任脉失约，带脉不固，而发为“带下病”。湿热之邪瘀阻胞脉，气机升降不利，血行不畅，不通则痛，而发为“妇人腹痛”。故见带下量明显增多，色黄质稠，有臭味；右侧少腹部疼痛，拒按；劳累后则正气更虚，正虚而邪盛，湿热损伤胞脉、胞络，故见小腹部有灼热感；胞络系于肾，腰为肾之府，湿热之邪伤及胞络，故见腰骶部胀痛；湿热蕴蒸，故口干不欲饮；湿热蕴结膀胱，气化不利，故见小便灼热、短黄；舌质暗红，苔薄黄稍腻，脉濡数，均为湿热内蕴之征。

综观舌脉症，本病病位在下焦，与任带二脉相关。属湿热下注之实证。该患者年轻，病程短，病证单一，若积极配合治疗，预后较好。

西医诊断依据

1. 患者　女性　29岁　已婚。

2. 人工流产术后，白带量多，色黄质稠，有臭味。伴右侧少腹部疼痛，拒按，劳累后加重。小腹部有灼热感，腰骶部胀痛。

3. 右下腹部有压痛。

妇科检查：阴道分泌物较多，色黄质稠有臭味；宫体活动度差，周围呈片状增厚，压痛（++）；右侧附件明显增厚，呈条索状，压痛（+++）。

4. 白带常规化验：未见滴虫、霉菌，阴道清洁度Ⅲ°。

入院诊断

中医诊断：1. 带下病
湿热下注
2. 妇人腹痛
湿热瘀结

西医诊断：慢性盆腔炎
急性发作

治则治法

实则泻之，治以清热利湿，并佐以化瘀止痛为法。

方药：

口服方：止带方加减

茯苓 15g	泽泻 10g	茵陈 10g	丹皮 10g
猪苓 15g	黄柏 10g	栀子 10g	红藤 10g
败酱草 10g	车前子（布包）10g	川楝子 10g	
元胡 10g	桃仁 10g	赤芍 10g	牛膝 10g

煎服方法：头煎加水 400ml，水煎 20 分钟，取汁 200ml，二煎加水 300ml，取汁 200ml，二煎相混，早晚分 2 次温服，日一剂。

辨证调护

1. 中医妇科护理常规，二级护理。

2. 中药口服并配合西医抗感染治疗。

3. 忌劳累，慎房事，宜清淡营养之饮食，忌生冷辛辣刺激之品，按时服药，保持外阴清洁。

实习医师：×××
住院医师：×××
主治医师：×××

（厉　健）

模拟试题

模拟试题（一）

一、名词解释：（每题2分，共10分）

1. 经早
2. 胎漏
3. 儿枕痛
4. 子晕
5. 断绪

二、填空题：（每空0.5分，共10分）

1. 我国现存最早的产科专著是《________》，是由 ________撰写的。

2. 刘完素《素问病机气宜保命集·妇人胎产论》指出："妇人童幼天癸未行之间，皆属________；天癸既行，皆从________论之；天癸已绝，乃属________经也"。

3. 由________所著《________》，指出"居经"、"避年"之说。

4. 崩漏的发病机理主要是________、________，常见病因有________、________、________和________四种。

5. 妊娠恶阻的主要发病机理是________，________。

6. 产后血晕的病机不外虚实两端，虚证________，心神失养，实证________，气逆攻心。

7. 前阴病的治疗，一般是________以治其本，配合________以治其标。

8. 阴肿病临床常分为肝经湿热及外伤两型，其治疗的最佳选方是________、________。

三、判断、改错题：（每题1分，共10分）

1.《逐月养胎法》是北齐杨子建的著作。（ ）

2. 清经散的药物组成为丹皮、白芍、地骨皮、熟地、茯苓、黄柏、青蒿。（ ）

3. 女子年逾18周岁月经尚未来潮，或初潮较迟，渐至闭经者，多属于气血虚弱之闭经。（ ）

4. 经断复来，是指妇女自然绝经二年以上，又见阴道出血者，类似于西医之绝经后出血。（ ）

5. 泰山磐石散可用于治疗由于肾气亏损而致之滑胎。（ ）

6. 妊娠腹痛的主要发病机理是胞脉阻滞，气血运行不畅。（ ）

7. 新产后阴道突然大量出血，可诊断为产后血晕。（　）

8. 产后高热不退，大汗出，烦渴引饮，脉虚大而数者，治以清热除烦，益气生津，方用白虎加人参汤。（　）

9. 癥瘕相当于现代医学的女性生殖系统肿瘤、盆腔炎性包块、子宫内膜异位症等。（　）

10. 养精种玉汤的药物组成为大熟地、当归、白芍、山萸肉、川芎。（　）

四、单项选择题：（每题 1 分，共 10 分）

1. 逆经是由明代哪位医家提出的？（　）

A 张景岳　　B 李时珍

C 王肯堂　　D 万　全

E 薛立斋

2. 妇科发展史上的第一首方剂是（　）

A 温经汤　　B 胶艾汤

C 四乌鲗骨一藘茹丸　　D 桂枝茯苓丸

E 当归芍药散

3. 在产生月经的机理中，与下列哪些脏腑关系最为密切（　）

A 心肝肾　　B 脾肺肾

C 心肝脾　　D 肝脾肾

E 心肺肾

4. 气虚月经先期的治则应是（　）

A 益气养血　　B 补益中气

C 益气健脾　　D 补气升陷

E 补气摄血

5. 下列哪组是举元煎的药物组成（　）

A 人参　黄芪　升麻　白术　炙草

B 党参　黄芪　升麻　柴胡　甘草

C 党参　黄芪　当归　升麻　甘草

D 人参　黄芪　升麻　白芍　甘草

E 人参　黄芪　白术　柴胡　升麻

6. 治疗湿热型经间期出血的最佳选方是（　）

A 清肝止淋汤　　B 甘露消毒丹

C 清热调血汤　　D 丹栀逍遥散

E 苓桂术甘汤

7. 泰山磐石散为妇科临床常用方，出自于（　）

A 《金匮要略》　　B 《景岳全书》

C 《千金要方》　　D 《产宝》

E 《大全良方》

8. 胎死不下的主要症状中，下列哪项不对？ ( )
A 胎动停止 B 胎心音消失
C 阴道无出血 D 口出恶臭
E 腹部不再继续增大，甚至缩小
9. 下列哪种产后病与血虚无关？ ( )
A 产后血晕 B 产后发热
C 产后大便难 D 产后身痛
E 产后恶露不绝
10. 癥瘕常用方中，下列哪项不妥？ ( )
A 香棱丸 B 桂枝茯苓丸
C 散聚汤 D 血府逐瘀汤
E 银花蕺菜饮

五、多项选择题：（每题 1 分，共 10 分）
1. 胞宫必须在下列何种条件下，才能发挥其正常功能 ( )
A 脏腑功能正常 B 经络通畅
C 气血旺盛 D 天癸以时而下
E 体质健壮
2. 关于受孕的条件，下述哪些是正确的？ ( )
A 女性必须肾气盛，天癸至，任通冲盛，月事以事下
B 男性必须肾气盛，天癸至，精气溢泻
C 受孕须有一定时机，掌握“ 缊的候”之时
D 必须男精女血充盈，两精相合
E 女性发育至 14 岁，男性 18 岁就具备受孕条件
3. 痛经临床常见证型有 ( )
A 气滞血瘀 B 湿滞阻滞
C 寒凝胞中 D 气血虚弱
E 肾气亏损
4. 肾阴虚可导致下列哪些妇科病？ ( )
A 闭经 B 经间期出血
C 月经先后无定期 D 崩漏
E 月经先期
5. 由气血虚弱导致的月经病有 ( )
A 经行头痛 B 经行身痛
C 经行乳胀 D 经行眩晕
E 经行口糜
6. 杞菊地黄丸可用于治疗下列哪种经行前后诸证？ ( )
A 经行口糜 B 经行眩晕
C 经行情志异常 D 经行头痛

E　经行发热

7. 妇科外阴疾病，选用外治法，常用以下哪类药物？　(　　)

A　清热　　B　解毒

C　祛风　　D　杀虫

E　收敛

8. 子肿的主要体征有　(　　)

A　水肿　　B　血压偏高

C　小便清长　　D　白细胞下降

E　小便检查有蛋白

9. 少腹逐瘀汤可用于治疗下列哪些妇科疾病？　(　　)

A　癥瘕　　B　妇人腹痛

C　痛经　　D　崩漏

E　不孕症

10. 下列哪些情况，宜从速下胎益母？　(　　)

A　胎漏　　B　胎动不安

C　胎元不正　　D　胎堕难留

E　胎死腹中

六、问答题：(共 30 分)

1. 崩漏的治疗原则是什么？治崩三法临床如何应用？　(8 分)
2. 试述妇人腹痛之寒湿凝滞型的主证、治法、方药。　(8 分)
3. 试述阴痒的辨证要点。　(7 分)
4. 妊娠　证与妊娠合并癫　如何鉴别？　(7 分)

七、病案分析：(要求：诊断、证型、辨证分析、治则、方药。每个病案 10 分，共计 20 分)

1. 某患者，女，50 岁，已婚。月经紊乱近 2 年，半月~3 个月一行，现停经半年，觉头晕耳鸣，腰酸腿软，烘热汗出，五心烦热，失眠多梦，口燥咽干，皮肤瘙痒，舌红苔少，脉细数。妇检未发现异常。

2. 某患者，女，35 岁，已婚。产后 5 天，患者分娩时因胞衣不下，经徒手剥离胎盘术娩出胞衣。产后 3 天，患者突然发热，恶寒，体温高达 39.5℃，小腹疼痛拒按，恶露初时量多，继则量少，色紫黯，或如败脓，其气臭秽，心烦不宁，口渴喜饮，小便短赤，大便燥结，舌红苔黄，脉数有力。

(张文红)

模拟试题（一）参考答案

一、名词解释：

1. 经早　即月经先期。月经周期提前 1~2 周者，称为“月经先期”。又称“经旱”。

2. 胎漏　妊娠期间，阴道少量出血，时下时止，或淋漓不断，而无腰酸腹痛者，称为“胎漏”。

3. 儿枕痛　产妇分娩后，小腹疼痛者，称为“产后腹痛”。又称“儿枕痛”。

4. 子晕　即妊娠眩晕。妊娠中晚期，头晕目眩，或伴面浮肢肿，甚则昏眩欲厥，称为“妊娠眩晕”。亦称“子晕”。

5. 断绪　指继发性不孕症。指女子婚后夫妇同居，配偶生殖功能正常，曾孕育过，未避孕而又2年以上未再受孕者，称为继发性不孕，又称“断绪”。

二、填空题：

1. 经效产宝　昝殷
2. 少阴　厥阴　太阴
3. 晋·王叔和　《脉经》
4. 冲任不固　不能约制经血　肾虚　脾虚　血热　血瘀
5. 冲气上逆　胃失和降
6. 阴血暴亡　瘀血停滞
7. 内服药调理脏腑　局部外治法
8. 龙胆泻肝汤　血府逐瘀汤

三、判断、改错题：

1. ×　杨子建改为徐之才
2. √
3. ×　气血虚弱改为肾虚
4. √
5. ×　肾气亏损改为气血虚弱
6. √
7. ×　产后血晕改为产后血崩
8. √
9. √
10. ×　去掉川芎

四、单项选择题：

1. B　2. C　3. D　4. E　5. A　6. A　7. B　8. C　9. E　10. D

五、多项选择题：

1. ABCD　2. ABCD　3. ACDE　4. ABD　5. ABD
6. BD　7. ABDE　8. ABE　9. BE　10. CDE

六、问答题：

1. 答：崩漏的治疗应根据病情缓急，出血的久暂，采用“急则治其标，缓则治其本”的原则，灵活运用“塞流、澄源、复旧”三法。

塞流即是止血。崩漏以失血为主，止血乃是治疗本病的当务之急。具体运用止血方法时，还要注意照顾崩与漏的不同点。治崩以固摄升提，不宜辛温行血，以免失血过多导致阴竭阳脱；治漏宜养血行气，不可偏于固涩，以免血止成瘀。塞流之药可酌用十灰散，云南白药等。

澄源即求因治本。崩漏可由多种因素引起，针对引起崩漏的具体病因，采用补肾、健脾、理气、清热、化瘀等法，使崩漏得到根本上的治疗。临床上塞流、澄源两法常常是同步进行的。

复旧即调理善后。在血止之后，以理脾益肾为主。复旧也需兼顾澄源。

总之，塞流、澄源、复旧有分别，又有内在联系，必须结合具体病情，灵活掌握。

2. 答：妇人小腹冷痛，痛处不移，得温痛减，带下量多，色白质稀，形寒肢冷，面色青白，舌淡苔腻，脉沉紧，治以散寒除湿，化瘀止痛。方用少腹逐瘀汤加减。

药物　小茴香　干姜　延胡索　没药　当归　川芎　肉桂　赤芍　蒲黄　五灵脂

3. 答：阴痒的辨证要点：阴部干涩，灼热，或皮肤变白，增厚或萎缩，甚则皲裂，夜间痒甚者为肝肾阴虚，阴痒伴带下量多，色黄如脓，稠黏臭秽，多为肝经湿热，阴部瘙痒，如虫行状，甚则奇痒难忍，灼热疼痛，伴有带下量多，色黄如泡沫状，或豆腐渣状，臭秽，多为湿虫滋生。

4. 答：癫　既往有类似发作史。发作前无头痛头晕，眼花，胸闷等先兆，一般不伴有高血压、水肿、蛋白尿等症状和体征，发作时突然出现意识丧失，抽搐开始即出现肌肉强直性收缩。而子痫患者有高血压、水肿、蛋白尿等体征，抽搐发作时有先兆，抽搐时初起为面部肌肉抽搐，以后波及到全身，与妊娠有关，未孕时无发作史。

七、病案分析：

1. 诊断：经断前后诸证

证型：肾阴虚

辨证分析：患者经断前后，天癸渐衰，肾阴不足，精血衰少，冲任失调，血海蓄溢失常，故月经紊乱，周期不定。精亏血少，髓海不充，故头晕耳鸣；腰为肾府，肾又主骨，肾阴不足，故腰酸腿软；肾阴不足，虚阳上越，故烘热汗出；水亏不制心火，心神不宁，故失眠多梦，五心烦热；阴虚内热，津液不足，口燥咽干；精血不足，肌肤失养，故皮肤干燥，舌脉皆为肾阴不足之证。

治则：滋肾益阴，育阴潜阳。

方药：六味地黄丸加生龟版、生牡蛎、石决明。

药物：熟地　山药　山茱萸　茯苓　丹皮　泽泻

2. 诊断：产后发热

证型：感染邪毒

辨证分析：新产后血室正开，百脉俱虚，邪毒乘虚内侵，损及胞脉胞络，正邪交争，致全身发热恶寒，高热寒战；邪毒与血相搏，结而成瘀，胞脉阻痹，则小腹疼痛拒按，恶露色紫黯；热迫血行，则恶露量多，热与血结则量少；热毒熏蒸，故恶露如败脓，其气臭秽；热扰心神，则心烦不宁；热为阳邪，灼伤津液，则口渴喜饮，小便短赤，大便燥结，舌脉皆为邪毒内盛之证。

治则：清热解毒，凉血化瘀。

方药：解毒活血汤加减。

药物：连翘　葛根　柴胡　枳壳　当归　赤芍　生地　红花　桃仁　甘草

（张文红）

模拟试题（二）

一、名词解释：（每题 2 分，共 10 分）

1. 试胎
2. 经乱
3. 子满
4. 癥瘕
5. 子悬

二、填空题：（每空 0.5 分，共 10 分）

1. 我国现存最早的产科专著是＿＿＿＿＿＿，由＿＿＿＿＿＿所著。

2. 中医妇科的第一张处方＿＿＿＿＿＿。

3. 治崩宜＿＿＿＿＿＿，不宜＿＿＿＿＿＿；治漏宜＿＿＿＿＿＿，不可＿＿＿＿＿＿，以免血止成瘀。

4. 易黄汤《傅青主女科》的药物组成为＿＿＿＿＿＿，＿＿＿＿＿＿，＿＿＿＿＿＿，＿＿＿＿＿＿，＿＿＿＿＿＿。

5. 凡妊娠 12 周内，胚胎自然殒堕者，称为＿＿＿＿＿＿；妊娠 12～28 周内，胎儿已成形而自然殒堕者，称为＿＿＿＿＿＿。

6. 产后病的治疗应根据＿＿＿＿＿＿、＿＿＿＿＿＿、＿＿＿＿＿＿的特点，本着＿＿＿＿＿＿的原则。

7. 经行吐衄的治疗原则以＿＿＿＿＿＿，＿＿＿＿＿＿为大法。

三、判断改错题：（判断正误，对的在题后划“√”，错的划“×”，并将题中错误部分用短线划出，将正确答案填入括号内，每题 1 分，共 10 分）。

1. 某孕妇末次月经为 1998 年 6 月 20 日，其预产期为 1999 年 4 月 4 日。（　　）

2. 某妇女月经先后无定期，经量或多或少，平时腰痛膝酸，经前乳房胀痛，心烦易怒，舌黯红，苔白，脉弦细，方选定经汤。（　　）

3. 月经周期基本正常，经期超过 7 天以上，甚则淋漓不尽者，称为“经期延长”。（　　）

4. 完带汤为治疗脾虚带下的常用方，是由肝、脾、肾三经同治的药物组成。（　　）

5. 妊娠腹痛的治法以调理气血为主。（　　）

6.《全生指迷方》白术散药物组成为白术、猪苓、茯苓皮、生姜皮、橘皮。（ ）

7. 乳汁自出发病机理主要为胃气不固、生化无权；或肝经郁热，迫乳自出。（ ）

8. 妇人腹痛气滞血瘀型方选膈下逐瘀汤。（ ）

9. 蛇床子散药物组成为蛇床子、明矾、苦参、百部、鹤虱组成。（ ）

10. 治疗气虚型阴吹可选用补中益气汤。（ ）

四、选择题：（从下列五个备选答案中选出1~5个正确答案，将其标号填入括号内，每题1分，共25分）

1. 我国现存最早医书对女子生理、病理有较系统的论述，要算：（ ）

A.《妇人婴儿方》　B.《内经》

C.《金匮要略》　D.《妇人大全良方》

E.《傅青主女科》

2. 下列哪些疾病，均与肝郁气滞有关。（ ）

A. 月经先后无定期　B. 经行发热

C. 经行吐衄　D. 经行乳房胀痛

E. 缺乳

3. 血热月经先期可选用下列哪些方剂。（ ）

A. 保阴煎　B. 两地汤

C. 清经散　D. 丹栀逍遥散

E. 清血养阴汤

4. 受孕之初，按月行经而无损于胎儿的，称为：（ ）

A. 居经　B. 暗经

C. 激经　D. 盛胎

E. 垢胎

5. 早期妊娠的生理现象是：（ ）

A. 小腹膨隆　B. 月经停止

C. 恶心欲吐　D. 乳房胀大

E. 腹部可闻及胎心音

6. 某妇，月经错后，量少，色紫黯有块，小腹冷痛拒按，得热痛减，畏寒肢舌黯苔白，脉沉紧，方选：（ ）

A. 少腹逐瘀汤B. 温经汤《妇人大全良方》

C. 温经汤《金匮要略》D. 艾附暖宫丸

E. 大营煎

7. 若肾阴亏损，精血不足，胞脉失养，可引起：（ ）

A. 月经后期　B. 月经过少

C. 闭经　D. 痛经

E. 经间期出血

8. 某妇经后小腹隐隐作痛，喜按，月经量少，色淡质稀，头晕耳鸣，腰酸腿软，小便清长，面色晦黯，舌淡，苔薄，脉沉细。方选： （ ）

A. 调肝汤　B. 固阴煎

C. 黄芪当归散　D. 滋血汤

E. 温经汤《金匮要略》

9. 下列哪项是妊娠恶阻发病的主要机理： （ ）

A. 脾胃虚弱，肝气偏旺

B. 冲气上逆，胃失和降

C. 肝火犯胃，胃失和降

D. 痰湿中阻，气机升降失常

E. 脾胃虚弱，胃气上逆

10. 柴胡疏肝散为治疗经行乳房胀痛首选方，其药物组成，即： （ ）

A. 柴胡、枳壳、白芍、炙甘草、川芎、郁金、陈皮

B. 柴胡、枳壳、白芍、炙甘草、川芎、香附、陈皮

C. 柴胡、枳壳、白芍、炙甘草、川芎、川楝子、陈皮

D. 柴胡、枳壳、白芍、炙甘草、川芎、玄胡、陈皮

E. 柴胡、枳壳、炙甘草、白芍、川芎、丹皮、陈皮

11. 某妇，52 岁，时而畏寒恶风，时而潮热汗出，腰膝酸痛，头晕耳鸣，五心烦热，舌红，苔薄，脉沉细，方用： （ ）

A. 六味地黄汤　B. 一贯煎

C. 右归丸　D. 二仙汤

E. 左归丸

12. 气虚、血热、血瘀可致哪些妇科疾病 （ ）

A. 月经过多　B. 月经先期

C. 经期延长　D. 崩漏

E. 经断复来

13. 带下病的治疗原则以……为主？ （ ）

A. 清热　B. 健脾

C. 除湿　D. 升阳

E. 舒肝

14. 妊娠恶阻经治疗无好转，出现下列哪些情况时，应考虑下胎益母。

（ ）

A. 体温升高　B. 形体消瘦

C. 心率增快　D. 双目无神

E. 黄疸

15. 某孕妇，停经 65 天，近两天小腹绵绵作痛，头晕心悸，失眠多梦，面色萎黄，舌淡苔薄白，脉细滑，方选： （ ）

A. 当归芍药散　B. 胶艾汤

C. 逍遥散　　D. 圣愈汤
E. 苎根汤

16. 随胎、小产的临产主要症状是：（　　）
A. 阴道流血　　B. 小腹下坠
C. 腰酸　　D. 腹痛
E. 尿频

17. 孕后胎儿渐大，阻塞气机，气机不畅，气滞湿郁，蓄积于胞，可致：（　　）
A. 子肿　　B. 子晕
C. 子满　　D. 子悬
E. 子烦

18. 临床纠正胎位不正的方法有：（　　）
A. 八珍汤　　B. 保产神效方
C. 胸膝卧位　　D. 艾灸至阴穴
E. 神效达生散

19. 新产三病，指的是：（　　）
A. 呕吐　　B. 郁冒
C. 盗汗　　D. 痉
E. 大便难

20. 产后大出血是指……小时，出血量达……以上者。（　　）
A. 400ml　　B. 500ml
C. 600ml　　D. 24 小时
E. 2 小时

21. 某产妇产后 8、9 天，小腹隐隐作痛，喜按，恶露量少，色淡，头晕眼花，心悸失眠，大便秘结，舌淡红，苔薄白，脉细弱。方选：（　　）
A. 当归芍药散　　B. 肠宁汤
C. 生化汤　　D. 八珍汤
E. 胶艾汤

22. 产后发热应根据多虚多瘀的特点，治疗应以……为主。（　　）
A. 清热解表　　B. 发汗解表
C. 调和营卫　　D. 和营退热
E. 和营解表

23. 临床常用回乳方法为：（　　）
A. 炒麦芽 60 克煎汤频服
B. 红花、赤芍、当归尾、川牛膝水煎服，连服三剂。
C. 减少哺乳次数
D. 朴硝 120g 分装纱布袋内，至两乳房外敷，待湿后更换之
E. 针灸治疗，取膻中，乳根

24. 某妇，29 岁，结婚三年未曾受孕，月经错后 40~50 天一行，量少，色淡，头晕耳鸣，腰酸腿软，心悸眠差，舌淡，苔少，脉沉细，方选：（　　）

A. 艾附暖宫丸　　B. 养精种玉汤
C. 毓麟珠　　D. 启宫丸
E. 百灵调肝汤

25. 补中益气汤可用于下列哪些妇科病。（　　）

A. 产后小便不通　　B. 子宫脱垂
C. 乳汁自出　　D. 产后小便频数与失禁
E. 恶露不绝

五、简答题：（每题 3 分，共 12 分）

1. 天癸的含义及作用。
2. 冲为血海。
3. 滑胎病证主要施治原则是什么？
4. 产后病的发病机理可概括为哪几个方面？

六、问答题：（共 18 分）

1. 湿热下注型带下病与脾阳虚型带下病主证、治法、方药各是什么？（10 分）
2. 胎漏、胎动不安与胎堕难留如何鉴别？（8 分）

七、病案分析：（要求：诊断、证型、辨证分析、治则、方药，共 15 分）

郑某某，女，28 岁，已婚，1990 年 3 月 18 日初诊。患者结婚 4 年未曾受孕，男方检查无异常发现，月经 18 岁初潮，2~3 个月来潮一次，量少色淡，面色晦暗，腰酸腿软，夜尿频多，大便不实，饮食睡眠尚可，舌淡苔白，脉沉迟。

（李　华）

模拟试题（二）参考答案

一、名词解释：

1. 试胎：妊娠八九个月时，或腹中痛，痛定仍然如常者，此名“试胎”。
2. 经乱：月经周期或前或后 1~2 周者，称为月经先后无定期，亦称“经乱”。
3. 子满：妊娠胎水过多，腹大异常，胸膈胀满，甚或喘不得卧者，称为“子满”。
4. 癥瘕：妇人下腹有结块，或胀、或满、或痛者，称为“癥瘕”。
5. 子悬：妊娠胸腹胀满，甚或喘急，烦躁不安者，称为胎气上逆，亦称“子悬”。

二、填空：

1. 《经效产宝》；昝殷

2. 四乌鲗骨一藘茹丸
3. 固摄升提；辛温行血；养血行气；偏于固涩
4. 山药、芡实、车前子、白果、黄柏
5. 堕胎；小产
6. 亡血伤津、瘀血内阻、多虚多瘀；勿拘于产后，亦勿忘于产后
7. 清降逆火，引血下行

三、判断改错题：

1. × 3月27日
2. √
3. × 甚或2周方净
4. √
5. √
6. × 茯苓 大腹皮 去猪苓 茯苓皮
7. × 乳失摄纳 去生化无权
8. × 牡丹散
9. × 花椒 去鹤虱
10. √

四、选择题：

1. B	2. A、B、D、E
3. B、C、D	4. C、D、E
5. B、C、D	6. B
7. A、B、C、D	8. A
9. B	10. B
11. D	12. A、D、E
13. B、C、D	14. A、C、E
15. A	16. A、D
17. C	18. A、B、C、D
19. B、D、E	20. B、D
21. B	22. C
23. A、B、C、D.	24. B
25. B、C、E	

五、简答题：

1. 答：天癸的含义及作用是天癸源于先天，为先天之精，藏于肾，受后天水谷精微的滋养，当人体发育到一定时期，肾气旺盛，肾中真阴不断得到充实，天癸逐渐成熟，此后，随着肾气的衰竭而竭止，天癸的作用为男女皆有，是促进人体生长、发育和生殖的物质。

2. 答：冲为血海是指冲脉与足阳明胃经相通，得后天水谷精微的濡养，又与肾脉相并而行，使肾中真阴滋于其中，先、后天之精皆归于冲脉，故冲为血海。

3. 答：滑胎病证主要施治原则为："预防为主，防治结合"。在未孕前宜以补肾健脾，益气养血，调固冲任为主。妊娠之后或怀疑有孕之后，即应保胎治疗，不要等到流产先兆症状出现才去保胎，服药期限应超过以往滑胎月份之后，且无胎漏、胎动不安征象时，方可停药观察。

4. 答：产后病的发病机理可概括为：一是失血过多，亡血伤津，虚阳浮散，或血虚火动，易致产后血晕，产后腹痛，产后发热，产后大便难等；二是瘀血内阻，气机不利，血行不畅，或气机逆乱，可致产后腹痛、产后血晕、产后发热、产后身痛、恶露不绝等；三是外感六淫或饮食房劳所伤等。

六、问答题：

1. 答：湿热下注型带下病的主证带下量多，色黄黏稠，有臭气，或伴阴部瘙痒，胸闷心烦，口苦咽干，纳食较差，小腹或少腹作痛，小便短赤，舌红，苔黄腻，脉濡数。治法：清热利湿止带，方选止带方。药物组成：猪苓、茯苓、车前子、泽泻、茵陈、赤芍、丹皮、黄柏、栀子、牛膝。脾阳虚主证带下量多，色白或淡黄，质稀薄，无臭气，绵绵不断，神疲倦怠，四肢不温，纳少便溏，两足跗肿，面色 白，舌质淡，苔白腻，脉缓弱。治法 健脾益气，升阳除湿。方药 完带汤 药物组成白术、山药、人参、白芍、苍术、甘草、陈皮、黑芥穗、柴胡、车前子。

2. 答：胎漏、胎动不安表现为妊娠后出现少量阴道流血，时下时止，或淋漓不断，腰酸腹痛，小腹下坠，妇科检查子宫颈口未开，胎膜未破，子宫大小与停经月份相符合；尿妊娠试验阳性，B 超提示活胎。而胎堕难留表现为阴道流血增多，腹痛加重，妇科检查子宫颈口已扩张，时有胚胎组织堵塞于子宫颈口，子宫与停经月份相符或略小。B 超检查，无胎心、胎动反射，显示子宫壁与胎膜之间的暗区不断增大，胎囊进入宫颈管内。

七、病案：

诊断①不孕症

②月经后期

证型：肾阳虚

辨证分析：患者禀赋不足，肾气亏虚，萌发月经动力不足，则月经初潮较晚；肾气久虚及阳，肾阳不足，命门火衰，冲任失于温煦，不能摄精成孕，故致不孕；阳虚气弱，不能生血行血，冲任空虚，血海不能按时满溢，则月经 2~3 月一行，量少色淡；腰为肾府，肾主骨生髓，肾阳虚外府失于温煦，则腰酸膝软；肾阳虚，气化失常，关门不固，则夜尿频多；肾阳虚不温煦脾阳，脾阳虚，运化失职，则大便不实；面色晦黯，舌淡、苔白，脉沉迟，为肾阳不足之征。

治则：温肾助阳，填精益髓

方药：毓麟珠或温胞饮

药物：人参、白术、茯苓、芍药、川芎、炙甘草、当归、菟丝子、鹿角霜、杜仲、肉桂、巴戟天。

（李　华）

方剂索引

一　画

一贯煎(《柳州医话》):沙参　麦冬　当归　生地　川楝子　枸杞子

二　画

二号霜（长春中医学院附属医院妇科）：丹参　鸡血藤　赤芍　莪术　补骨脂　何首乌　仙灵脾　冰片

二仙汤(《中医方剂临床手册》):仙茅　仙灵脾　巴戟　知母　黄柏　当归

二至丸(《医方集解》):女贞子　旱莲草

十全大补汤(《和剂局方》):当归　川芎　白芍　熟地　人参　白术　茯苓　甘草　黄芪　肉桂　生姜　大枣

八物汤(《济阴纲目》):当归　川芎　赤芍　熟地　延胡索　川楝子　木香　槟榔

八珍汤(《正体类要》):熟地　白芍　当归　川芎　党参　白术　茯苓　甘草

八正散(《和剂局方》):车前子　 蓄　瞿麦　滑石　栀子仁　炙甘草　木通　大黄　灯心

人参麦冬散(《妇人秘科》):人参　麦冬　茯苓　黄芩　知母　生地　炙甘草　竹茹

人参养荣汤(《和剂局方》):白芍　当归　陈皮　黄芪　肉桂　人参　白术　甘草　熟地　五味子　茯苓　远志　生姜　大枣

人参黄芪汤(《证治准绳》):人参　黄芪　当归　白术　白芍　艾叶　阿胶

九种心痛丸(《金匮要略》):附子　人参　干姜　吴茱萸　生狼牙　巴豆霜

三　画

三甲复脉汤(《温病条辨》)：白芍　阿胶　龟板　鳖甲　牡蛎　麦冬　干地黄　麻仁　炙甘草

大黄牡丹皮汤(《金匮要略》):大黄　牡丹皮　桃仁　冬瓜仁　芒硝

大黄 虫丸(《金匮要略》):大黄　黄芩　甘草　桃仁　杏仁　白芍　干地黄　干漆　虻虫　水蛭　蛴螬　 虫

大补元煎(《景岳全书》):人参　山药　熟地　杜仲　当归　山茱萸　枸杞　炙甘草

大营煎(《景岳全书》):当归　熟地　枸杞　炙甘草　杜仲　牛膝　肉桂

大承气汤(《伤寒论》):大黄　芒硝　厚朴　枳实

大柴胡汤(《金匮要略》):柴胡　白芍　黄芩　半夏　大黄　枳实　生姜　大枣

下乳涌泉散(《清太医院配方》):当归　川芎　花粉　白芍　生地　柴胡　青皮　漏芦　桔梗　通草（或木通）　白芷　穿山甲　甘草　王不留行

小半夏加茯苓汤(《金匮要略》):半夏　生姜　茯苓

小柴胡汤(《伤寒论》):柴胡　黄芩　人参　炙甘草　生姜　半夏　大枣

上海乙方（经验方）：党参　白术　炙升麻　女贞子　旱莲草　炒槐花　炒蒲黄　茜草　大小蓟

四　画

天王补心丹(《摄生秘剖》):人参　玄参　当归　天冬　麦冬　丹参　茯苓　五味子　远志　桔梗　酸枣仁　生地　朱砂　柏子仁

开郁二陈汤(《万氏妇人科》):制半夏　陈皮　茯苓　青皮　香附　川芎　莪术　木香　槟榔　甘草　苍术　生姜

开郁种玉汤(《傅青主女科》):白芍　香附　当归　白术　丹皮　茯苓　花粉

天仙藤散(《妇人大全良方》):天仙藤　香附　陈皮　甘草　乌药　生姜　木瓜　紫苏叶

木通散(《妇科玉尺》):枳壳　槟榔　木通　滑石　冬葵子　甘草

五味消毒饮(《医宗金鉴》):金银花　野菊花　蒲公英　紫花地丁　天葵子

五苓散(《伤寒论》):桂枝　白术　茯苓　猪苓　泽泻

内补丸(《女科切要》):鹿茸　肉桂　菟丝子　黄芪　白蒺藜　潼蒺藜　肉苁蓉　桑螵蛸　制附子　紫菀茸

止带方(《世补斋·不谢方》):茯苓　猪苓　泽泻　赤芍　丹皮　茵陈　黄柏　栀子　牛膝　车前子

止汗散(《傅青主女科》):人参　当归　熟地　麻黄根　黄连　大枣　浮小麦

止痉散(《经验方》):全蝎　蜈蚣

少腹逐瘀汤(《医林改错》):小茴香　干姜　延胡索　没药　当归　川芎　肉桂　赤芍　蒲黄　五灵脂

化瘀止崩汤(《中医妇科学》):炒蒲黄　五灵脂　益母草　南沙参　当归　川芎　三七粉

六君子汤(《和剂局方》):党参　白术　茯苓　甘草　半夏　陈皮　生姜　大枣

六味地黄丸(《小儿药证直诀》):熟地　山药　山茱萸　茯苓　泽泻　丹皮

升举大补汤(《傅青主女科》):黄芪　白术　陈皮　人参　炙草　升麻　当归　熟地　麦冬　白芷　黄连　黑芥穗　川芎

乌药汤(《兰室秘藏》):乌药　香附　木香　当归　甘草

丹栀逍遥散(《女科撮要》):丹皮　栀子　当归　芍药　柴胡　白术　茯苓　炙甘草　薄荷叶　煨姜

丹溪治湿痰方(《丹溪心法》):苍术　白术　茯苓　滑石　香附　川芎　当归　半夏

五　画

玉真散(《外科正宗》):白芷　南星　天麻　羌活　防风　白附子

玉女煎(《景岳全书》):生石膏　熟地　麦冬　知母　牛膝

左归丸(《景岳全书》):熟地　山药　山茱萸　枸杞　川牛膝　菟丝子　鹿胶　龟胶

右归丸(《景岳全书》):熟地　山药　山茱萸　枸杞　鹿角胶　菟丝子　杜仲　当归　肉桂　制附子

甘麦大枣汤(《金匮要略》):炙甘草　小麦　大枣

龙胆泻肝汤(《医宗金鉴》):龙胆草　栀子　黄芩　车前子　木通　泽泻　生地　当归　甘草　柴胡

艾附暖宫丸(《沈氏尊生书》):当归　生地　白芍　川芎　黄芪　肉桂　艾叶　吴茱萸　香附　续断

平胃散(《和剂局方》):苍术　厚朴　陈皮　甘草

六　画

当归饮子(《证治准绳》):当归　川芎　白芍　生地　防风　荆芥　黄芪　甘草　白蒺藜　何首乌

当归建中汤(《千金翼方》):当归　桂枝　白芍　甘草　生姜　大枣　饴糖

当归地黄饮(《景岳全书》):当归　熟地　山茱萸　杜仲　山药　牛膝　炙甘草

竹沥汤(《千金要方》):竹沥　黄芩　麦冬　茯苓　防风

血府逐瘀汤(《医林改错》):当归　生地　桃仁　红花　枳壳　赤芍　柴胡　甘草　桔梗　川芎　牛膝

华佗愈风散(《普济本事方》):荆芥穗　豆淋酒

安老汤(《傅青主女科》):人参　黄芪　白术　当归　熟地　山茱萸　阿胶　黑芥穗　香附　木耳炭　甘草

安冲汤(《医学衷中参西录》):白术　黄芪　生龙骨　生牡蛎　生地　白芍　海螵蛸　茜草　川续断

安宫牛黄丸(《温病条辨》):牛黄　郁金　犀牛角　黄芩　黄连　雄黄　栀子　朱砂　冰片　麝香　珍珠　金箔衣

导赤清心汤(《通俗伤寒论》):鲜生地　辰茯神　细木通　原麦冬　粉丹皮　益元散　淡竹叶　辰灯芯　莲子心　童便

阳和汤(《外科全生集》):熟地　鹿角胶　姜炭　肉桂　麻黄　甘草　白芥子

七　画

两地汤(《傅青主女科》):生地　玄参　白芍　麦冬　阿胶　地骨皮

苍附导痰丸(《叶天士女科诊治秘方》):茯苓　半夏　陈皮　甘草　苍术　香附　南星　枳壳　生姜　神曲

寿胎丸(《医学衷中参西录》):菟丝子　续断　桑寄生　阿胶

杞菊地黄丸(《医级》):熟地　山药　山茱萸　茯苓　泽泻　丹皮　枸杞　菊花

麦味地黄丸(《医级》):熟地　山药　山萸肉　泽泻　茯苓　丹皮　麦冬　五味子

芫花散(《妇科玉尺》):芫花　吴茱萸　秦艽　白僵蚕　柴胡　川乌　巴戟

苎根汤(《妇人大全良方》):干地黄　苎麻根　当归　芍药　阿胶　甘草

牡丹散(《妇人大全良方》):牡丹皮　桂心　当归　延胡索　莪术　牛膝　赤芍　荆三棱

牡蛎散(《证治准绳》):煅牡蛎　川芎　熟地黄　白茯苓　龙骨　续断　当归　炒艾叶　人参　五味子　地榆　甘草

启宫丸（经验方）：制半夏　香附　苍术　陈皮　神曲　茯苓　川芎

完带汤(《傅青主女科》):白术　山药　人参　白芍　苍术　车前子　甘草　陈皮　柴胡　黑芥穗

完胞饮(《傅青主女科》):人参　白术　茯苓　生黄芪　当归　川芎　桃仁　红花　益母草　白及　猪、羊脬

初中益气汤(《脾胃论》):人参　黄芪　甘草　当归　陈皮　升麻　柴胡　白术

补气通脬饮(《女科辑要》):黄芪　麦冬　通草

补肾固冲丸(《中医学新编》):菟丝子　续断　阿胶　鹿角霜　巴戟天　杜仲　当归　枸杞　党参　白术　砂仁　熟地　大枣

肠宁汤(《傅青主女科》):当归　熟地　麦冬　人参　阿胶　山药　甘草　续断　肉桂

八 画

苓桂术甘汤(《金匮要略》):茯苓 桂枝 白术 炙甘草
固阴煎(《景岳全书》):人参 熟地 山药 山茱萸 远志 炙甘草 五味子 菟丝子
固本止崩汤(《傅青主女科》):熟地 白术 黄芪 当归 黑姜 人参
易黄汤(《傅青主女科》):山药 芡实 黄柏 车前子 白果
肾气丸(《金匮要略》):干地黄 山药 山茱萸 茯苓 丹皮 桂枝 泽泻 附子
定经汤(《傅青主女科》):柴胡 炒荆芥 当归 白芍 山药 茯苓 菟丝子 熟地
知柏地黄汤(《医宗金鉴》):熟地 山药 山茱萸 茯苓 泽泻 丹皮 黄柏 知母
参附汤(《校注妇人良方》):人参 附子
参苓白术散(《和剂局方》):人参 白术 扁豆 茯苓 甘草 山药 莲子肉 桔梗 薏苡仁 砂仁
固下益气汤(《临证指南医案》):人参 白术 熟地 阿胶 白芍 炙甘草 砂仁 艾叶炭
固冲汤(《医学衷中参西录》):白术 黄芪 煅龙骨 煅牡蛎 山茱萸 白芍 海螵蛸 茜草根 棕炭 五倍子
固精丸(《济阴纲目》):牡蛎 桑螵蛸 龙骨 白石脂 白茯苓 五味子 菟丝子 韭子
金黄散(《医宗金鉴》):生大黄 黄柏 姜黄 白芷 南星 陈皮 苍术 厚朴 甘草 天花粉
免怀散(《济阴纲目》):红花 赤芍 当归尾 川牛膝
育阴汤(《百灵妇科》):熟地 山药 续断 桑寄生 山茱萸 海螵蛸 龟板 牡蛎 白芍 阿胶 炒地榆
卷荷散(《证治准绳》):卷荷 红花 当归 蒲黄 丹皮

九 画

荆防四物汤(《医宗金鉴》):当归 芍药 川芎 地黄 荆芥 防风
珍珠散(《中国医学百科全书·中医妇科学》):珍珠 青黛 雄黄 黄柏 儿茶 冰片
保阴煎(《景岳全书》):生地 熟地 白芍 山药 续断 黄芩 黄柏 甘草
保和丸(《丹溪心法》):连翘 山楂 神曲 莱菔子 制半夏 陈皮 茯苓 麦芽
保产无忧散(《傅青主女科》):当归 川芎 荆芥穗 黄芪 艾叶 厚朴 枳壳 菟丝子 川贝母 白芍 羌活 炙甘草 生姜
独参汤(《十药神书》):人参
独活寄生汤(《千金要方》):独活 桑寄生 秦艽 防风 细辛 当归 川芎 白芍 干地黄 桂心 茯苓 杜仲 人参 牛膝 甘草
顺经汤(《傅青主女科》):当归 熟地 白芍 丹皮 茯苓 沙参 黑芥穗
胎元饮(《景岳全书》):人参 当归 杜仲 白芍 熟地 白术 陈皮 甘草
香棱丸(《济生方》):木香 丁香 三棱 莪术 枳壳 青皮 川楝子 小茴香 朱砂
香砂六君子汤(《名医方论》):人参 白术 茯苓 甘草 木香 砂仁 陈皮 半夏 生姜 大枣
举元煎(《景岳全书》):人参 黄芪 升麻 白术 炙甘草
枳壳汤(《证治准绳》):枳壳 黄芩
荡鬼汤(《傅青主女科》):人参 当归 大黄 川牛膝 雷丸 红花 丹皮 枳壳 厚朴

桃仁

济生肾气丸(《济生方》):炮附子　茯苓　泽泻　山茱萸　炒山药　车前子　牡丹皮　官桂　川牛膝　熟地黄

养心汤(《证治准绳》):黄芪　茯苓　茯神　当归　川芎　半夏曲　柏子仁　远志　五味子　人参　酸枣仁　肉桂

养金汤(《沈氏尊生书》):生地　阿胶　杏仁　知母　沙参　麦冬　桑白皮　蜂蜜

养荣壮肾汤(《叶氏女科证治》):当归　川芎　独活　肉桂　防风　杜仲　川断　桑寄生　生姜

养精种玉汤(《傅青主女科》):熟地　山茱萸　白芍　当归

宫外孕Ⅰ号方（山西医学院附属第一医院）：赤芍　丹参　桃仁

宫外孕Ⅱ号方（山西医学院附属第一医院）：赤芍　丹参　桃仁　三棱　莪术

茵陈五苓散(《金匮要略》):茵陈　桂枝　茯苓　白术　猪苓　泽泻

十　画

泰山磐石散(《景岳全书》):人参　黄芪　当归　续断　黄芩　川芎　白芍　熟地　白术　炙甘草　砂仁　糯米

桃红四物汤(《医宗金鉴》):桃仁　红花　当归　川芎　白芍　熟地

桂枝茯苓丸(《金匮要略》):桂枝　茯苓　赤芍　丹皮　桃仁

桔梗散(《妇人大全良方》):天门冬　桑白皮　桔梗　紫苏　赤茯苓　麻黄　贝母　人参　甘草

桃核承气汤(《伤寒论》):桃仁　大黄　桂枝　炙甘草　芒硝

逐瘀止血汤(《傅青主女科》):生地　大黄　赤芍　丹皮　归尾　枳壳　桃仁　龟板

逐瘀止崩汤(《安徽中医验方选集》):当归　川芎　三七　没药　五灵脂　丹皮炭　炒丹参　炒艾叶　阿胶(蒲黄炒)　龙骨　牡蛎　乌贼骨

胶艾汤(《金匮要略》):当归　川芎　干地黄　白芍　艾叶　阿胶　甘草

逍遥散(《和剂局方》):柴胡　当归　白芍　白术　茯苓　甘草　煨姜　薄荷

柴胡疏肝散(《景岳全书》):柴胡　白芍　枳壳　川芎　香附　炙甘草　陈皮

调肝汤(《傅青主女科》):山药　阿胶　当归　白芍　山茱萸　巴戟　甘草

凉膈散(《和剂局方》):大黄　朴硝　甘草　山栀　薄荷叶　黄芩　连翘　竹叶

健固汤(《傅青主女科》):人参　茯苓　白术　巴戟　薏苡仁

消风散(《外科正宗》):荆芥　防风　当归　生地　苦参　苍术　蝉蜕　木通　胡麻仁　生知母　石膏　生甘草　牛蒡子

消癥散(《经验方》):千年健　续断　追地风　川椒　五加皮　白芷　桑寄生　艾叶　透骨草　羌活　独活　赤芍　归尾　血竭　乳香　没药

润燥汤(《万氏妇人科》):人参　甘草　当归　生地　枳壳　火麻仁　桃仁泥　槟榔汁

益阴煎(《医宗金鉴》):生地　知母　黄柏　生龟板　砂仁　炙甘草

益气导溺汤(《中医妇科治疗学》):党参　白术　扁豆　茯苓　桂枝　升麻　桔梗　通草　乌药

通窍活血汤(《医林改错》):赤芍　川芎　桃仁　红花　老葱　麝香　生姜　大枣

通乳丹(《傅青主女科》):人参　黄芪　当归　麦冬　木通　桔梗　猪蹄

十一画

十二画

温经汤(《妇人大全良方》):人参　当归　川芎　白芍　肉桂　莪术　丹皮　甘草　牛膝

温胆汤(《三因极一病证方论》):半夏　竹茹　枳实　陈皮　甘草　茯苓　生姜　大枣

温胞饮(《傅青主女科》):巴戟天　补骨脂　菟丝子　肉桂　附子　杜仲　白术　山药　芡实　人参

滋荣活络汤(《傅青主女科》):当归　川芎　熟地　人参　黄芪　茯神　天麻　炙草　陈皮　荆芥穗　防风　羌活　黄连

滋血汤(《证治准绳》):人参　山药　黄芪　白茯苓　川芎　当归　白芍　熟地

痛泻要方(《丹溪心法》):白术　白芍　防风　陈皮

紫苏饮(《普济本事方》):紫苏　陈皮　大腹皮　当归　白芍　川芎　人参　甘草

紫雪丹(《温病条辨》):石膏　寒水石　磁石　滑石　犀角（可用水牛角代）　羚羊角　沉香　玄参　青木香　升麻　丁香　硝石　麝香　朱砂　炙甘草　朴硝

十 三 画

塌痒汤(《疡医大全》):鹤虱　苦参　威灵仙　归尾　蛇床子　狼毒

催生顺气饮(《陈素庵妇科补解》):当归　川芎　乌药　木香　广陈皮　枳壳　红花　冬葵子　车前子　肉桂　生芝麻

解毒活血汤(《医林改错》):连翘　葛根　柴胡　枳壳　当归　赤芍　生地　红花　桃仁　甘草

十 四 画

膈下逐瘀汤(《医林改错》):当归　川芎　赤芍　桃仁　红花　枳壳　延胡索　五灵脂　丹皮　乌药　香附　甘草

毓麟珠(《景岳全书》):鹿角霜　川芎　白芍　白术　茯苓　川椒　人参　当归　杜仲　甘草　菟丝子　熟地

十 五 画

增液汤(《温病条辨》):生地　玄参　麦冬

撮风散(《证治准绳》):蜈蚣　钩藤　朱砂　蝎尾　麝香　僵蚕　竹沥

鲤鱼汤(《千金要方》):鲤鱼　白术　生姜　白芍　当归　茯苓

十 六 画

橘半桂苓枳姜汤(《温病条辨》):桂枝　茯苓　生姜　橘皮　制半夏　枳实

（冯俊婵　戴　梅）